企业合规师专业水平
培训辅导用书

General Theory of Corporate Compliance

THE GUIDANCE BOOK
FOR CORPORATE
COMPLIANCE
PRACTITIONER
PROFESSIONAL TRAINING

企业合规通论

中国国际贸易促进委员会商事法律服务中心 主编

中国法治出版社
CHINA LEGAL PUBLISHING HOUSE

《企业合规师专业水平培训辅导用书》
编委会名单

主　任：蔡晨风

副主任：陈正荣　张　顺

主　编：王志乐

副主编：张　顺　胡国辉　樊光中

编写人员（按章节顺序）

上　册

第一章：蒋　姮、李福胜

第二、三、四章：樊光中

第五、七、八章：郭凌晨

第六章：胡国辉

第九章：张　顺

第十章：丁继华

中　册

第一章：周　磊、李阿吉、李嘉杰、王克友、陈筝妮、吴剑雄

第二章：孙南翔

第三章：王　伟、杨　峰、张恩典、姜　川、张夕夜、
　　　　胡　晗、萧　鑫、欧阳捷、王天蔚、李文宇

第四章：李　艳、王　伟、邵　庆、王　彧、杨慧鑫

第五章：叶　研

第六章：单蔼然、张　俊、李善嘉、孙　瑜

第七章：华忆昕

第八章：金克胜、丁文严、张蕾蕾

第九章：任　清、霍凝馨、程　爽

下　册

张　顺、张智超、蒋方舟、张婧婧、王岱凌、周　全、韩　瑞

前　言

2021年3月18日，人力资源和社会保障部、国家市场监督管理总局、国家统计局三部门联合发布了企业合规师国家新职业。企业合规师成为国家正式职业，是新时代企业高质量发展的需要。2018年以来，我国政府有关部门陆续出台了一系列强化企业合规管理的政策指引，有力推动了企业合规管理工作的发展，这不仅对企业合规经营和强化合规管理进行了规制规范，也对合规管理人员的专业知识、业务素质、技术能力、操作水平提出更高的要求。企业合规管理正在向着专业化、职业化、规范化方向发展，需要大批掌握合规专业知识并具备实务专业技术能力的企业合规师。

企业合规师是从企业生产经营活动中孕育而生的职业，其工作的核心与本质是企业管理。《中华人民共和国职业分类大典》（以下简称《大典》）按专业和职业属性对我国社会现有职业进行了科学分类。2022年9月28日发布的最新版《大典》中，企业合规师新职业被归类为第二大类（专业技术人员）、第6中类（经济和金融专业人员）、第7小类（商务专业人员），明确了企业合规师职业的职业属性和专业分类。同时，从《大典》（2022年版）对于企业合规师的职业定义和工作内容可以看出，虽然企业合规师的工作属于经济、商务范畴，但与管理、法律、审计、风控等专业密不可分。企业合规管理体现出明显的交叉学科特征，而企业合规师也应当是以掌握企业合规管理专业知识为基础，同时具备跨学科、复合型知识结构的实务型专业技术人才。在当前企业合规实践方兴未艾、相关理论研究百家争鸣之际，厘清企业合规师的专业范围，推动形成该职业独立的知识和技术技能框架体系，显得尤为重要，这不仅是确保企业合规师这个职业持续健康发展的基础，更是科学开展企业合规管理专业人才培养，更好地服务于企业合规建设的重要前提。

为此，作为企业合规师国家新职业的申报单位，中国国际贸易促进委员会商事法律服务中心着眼于加快培养企业合规师专业人才，在有关政府部门和行业商协会组织的支持下，组织编写了这套企业合规师专业水平培训辅导用书。本书分为《企业合规通论》、《企业合规分论》和《企业合规制度规范选编》三册，从基本概念、基础理论、重点领域、实务操作等方面对企业合规管理所涉及的知识内容进行梳理，明确企业合规管理专有的知识领域和从业人员所需的技术技能，同时将企业合规管理常用的法律法规、标准规范等进行分类选编，便于读者加深对于所合之"规"的理解并在实际工作中参考使用。本书力求在以下三个方面进行探索，取得成效：

一是明确企业合规管理工作的内容和实质，探索企业合规师职责范围和专业边界。企业合规管理工作的内容和流程，具有内在逻辑联系。全面有效的企业合规管理，首先要树立正确的企业核心价值观，在此指导下确立企业合规义务，识别评估合规风险，将合规理念和合规管理的具体工作融入企业生产经营全过程。为保障合规要求得到遵循和落实，企业要设立专门合规岗位，明确职责，建立合规管理组织体系。为确保管理体系有效运行，企业要建立相应的管理制度和实施机制。为实现持续合规发展，企业要定期对合规管理体系运行的有效性进行评估和改进，并最终形成企业合规文化。上册《企业合规通论》结合国内外理论研究成果和企业实践经验，以"合规体系策划—体系建设—体系运行—有效性评价—持续改进"的合规管理工作流程为逻辑主线，对于企业合规管理的工作内容及其内在联系进行梳理总结，厘清企业合规有关基本概念，提炼出企业合规管理体系的构成要件和实务工作内容，分章论述，并在此基础上，建立起企业合规管理的整体框架。同时从企业合规管理的工作内容和职责要求出发，对企业合规师专业定位进行了探索。

二是关注企业合规管理重点领域，体现企业合规师职业的复合知识结构和综合能力要求。企业合规管理具有显著行业性特点，不同行业企业的合规风险及合规重点领域差异巨大，企业合规师需具备一定跨学科、跨专业知识技术和良好的沟通协调能力，了解本行业本企业相关的商业模式、业务流程、发展趋势及公司治理、企业管理相关实践，才能与企业各部门协同合作，将适用的法律法规、行业规章、内部规章制度、政策要求等融入合规管理工作，有效处理相关事务。中册《企业合规分论》聚焦企业合规管理中较普遍涉及的反商业贿赂、网络安全、数据保护、反垄断、反不正当竞争、税务管理、海外投资并购、知识产权、生态环保、出口管制等重点领域，结合企业合规管理工作内容和职责，拓展企业合规师知识外延，同时注意厘清与法律、财务、税务、信息技术等交叉学科和相关职业的专业边界。在坚持企业合规师专有知识技术要求基础上，充分考虑合规管理工作的专业性特点，体现企业合规师职业的复合知识结构和综合能力要求。

三是衔接融合现有权威的企业合规管理规范规定和标准，突出企业合规师职业实务性特点。合规管理源于企业实践，由于在提升企业治理水平中展现出的显著效果而得到广泛重视。但针对企业合规管理的系统化理论研究相对滞后,普遍适用的合规理论还比较欠缺。监管机构、标准化组织、行业协会等依据自身职能制定了不同的规定标准,指导规范企业的合规管理工作。此外,法律法规和国际条约、规则等也对企业经营活动产生规制作用。本书介绍的企业合规管理的概念、结构、方法和工具充分借鉴吸收公认合规理论的原则和观点,努力做到同现行权威规范、规定和标准衔接一致,能够在实际工作中落地实施。在下册《企业合规制度规范选编》中,将与企业合规管理相关之规进行了分类选编,便于工作中查阅检索并理解"法"与"规"在企业合规管理工作中的区别。

希望读者能够从我们这套教材中了解企业合规管理的来源与发展、现状与趋势,了解社会经济法治环境变化、企业发展形态变化、国际监管环境变化、合规管理标准变化对企业合规管理实践的影响,以及科技带来的数字化及合规管理工具对企业合规管理发展趋势的影响,从而明白为什么要强化企业合规管理体系建设。希望读者通过这套教材,掌握合规管理体系的基本构成、各模块之间以及各自与体系之间的关系、如何搭建合规管理体系等方法论,更好地服务企业高质量发展。总之,我们希望这套教材能够有助于企业合规师专业人才培养,同时对于企业合规师职业的健康持续发展有所贡献。

本书共100余万字,在本书编写过程中,各位参加编写的专家以高度的责任心,对三本教材的内容,逐字逐句进行研读、斟酌、修改,力求做到内容准确、逻辑严密、体例统一、通俗易懂,在此对他们的敬业精神和辛勤劳动,表示敬意和感谢!

同时,鉴于当前有关企业合规的基本理论、基本概念、基础知识、实务操作和企业合规师所应具备的职业素养等问题,尚在研究探讨和发展变化中,缺乏权威的统一定论,更由于本书编写时间仓促,工作浩繁,书中难免有疏漏和不足之处,敬请读者提出宝贵意见和建议,以便我们今后对本书进行修订完善。

中国国际贸易促进委员会
商事法律服务中心
2022 年 11 月 15 日

目 录

Contents

第一章　企业合规管理概论 / 001

第一节　企业合规基本概念 / 001

第二节　企业合规管理的基本原则 / 011

第三节　企业合规管理的分类 / 014

第四节　企业合规的意义和价值 / 016

第五节　企业合规管理发展历程 / 025

第二章　企业合规管理策划 / 035

第一节　企业合规管理策划概述 / 035

第二节　标准要求 / 035

第三节　企业合规管理体系策划 / 038

第四节　合规目标和实现策划 / 059

第五节　一体化协同管理规划 / 068

第六节　合规管理信息化策划 / 074

第三章　企业合规义务管理 / 078

第一节　企业合规义务管理概述 / 078

第二节　标准要求 / 078

第三节　企业内外环境分析 / 081

第四节　企业业务活动梳理 / 090

第五节　企业合规义务检索——合什么规 / 102

第六节　企业合规义务动态管理 / 106

第四章　企业合规风险识别与评估 / 114

第一节　合规风险识别与评估概述 / 114

第二节　合规风险评估要求 / 114

第三节　合规风险分类 / 116

第四节　合规风险分布特征 / 120

第五节　合规风险源 / 121

第六节　合规风险识别分析评估 / 126

第五章　企业合规管理组织 / 144

第一节　企业合规管理组织概述 / 144

第二节　企业合规管理组织的设计 / 146

第三节　企业合规管理机构的协同 / 159

第四节　企业合规管理中的领导力 / 167

第五节　企业合规师的定位及职责 / 173

第六章　企业制度文件管理 / 175

第一节　企业制度文件管理概述 / 175

第二节　制度文件的撰写 / 181

第三节　制度文件的生命周期管理 / 190

第四节　合规管理制度文件 / 193

第七章　企业合规管理实施与控制 / 198

第一节　合规管理实施与控制概述 / 198

第二节　合规培训宣贯 / 200

第三节　合规审查 / 206

第四节　合规考核 / 210

第五节　合规举报调查与处理 / 215

第六节　合规报告 / 221

第七节　合规危机应对 / 224

第八章 企业外部相关方合规管理 / 227

第一节 企业外部利益相关方合规管理概述 / 227
第二节 商业合作伙伴的合规管理 / 229
第三节 企业配合外部监管的合规管理 / 245
第四节 企业配合外部媒体的合规管理 / 247

第九章 企业合规文化建设 / 250

第一节 企业合规文化概述 / 251
第二节 企业合规文化的概念及特征 / 261
第三节 企业合规文化的渊源及内容 / 265
第四节 企业合规文化建设路径及评测 / 281

第十章 企业合规管理体系评价与改进 / 290

第一节 企业合规管理体系评价概述 / 290
第二节 企业合规管理体系评价的总体框架 / 301
第三节 企业合规管理体系评价的程序和方法 / 303
第四节 企业合规管理体系设计评价 / 305
第五节 企业合规管理体系执行评价 / 306
第六节 企业合规管理实践效果评价 / 308
第七节 企业合规管理体系评价报告 / 310

参编人员简介

第一章

企业合规管理概论

第一节　企业合规基本概念

企业合规是西方跨国公司最先提出的一个概念,其英文是 corporate compliance,是指企业的运营遵守相关的法律、法规、准则和规范。本书以下提到的合规,主要限于企业合规。

经济全球化的不断推进,在为企业带来更多发展机会的同时,还带来了极大的挑战。随着企业经营发展所面临的监管和竞争压力不断增加,如何在时代浪潮中抓住机会、规避风险成为每个企业都要面临的问题。

一、企业合规的内涵及范围

合规风险一般是指在经营管理过程中,企业违反合规义务,可能面临的法律制裁或监管处罚,或可能给企业带来财产损失和声誉损失的风险。

虽然目前合规在中国已经成为持续的热门话题,但对合规的概念存在许多层面的不同解释,甚至产生混淆。有的认为合规是要求企业规范地履行社会责任的一种社会倡议,有的认为合规就是要求企业依法依规经营,有的认为合规就是企业建规立制,即建立规章制度和管理流程。

"合规"一词是由英文"Compliance"翻译而来,从字面上看,合规就是"服从规则"。合规职能和合规文化目前没有普遍接受的定义,但是各机构均认为有必要加以明确。目前有以下三种定义依据被广泛接受:

第一是巴塞尔银行监管委员会 2005 年《合规与银行内部合规部门》的报告。报告提供了对合规风险定义,以及确保合规职能有效运行的 10 项原则。根据该报告,"合规风险,是指因为能遵循法律、监管规定、规则、自律性组织制定的有关准则(统称'合规法律、规则和准则')而可能遭受法律制裁或监管处罚、重大财务损失或声誉损失的风险"。

第二是国际标准化组织ISO 37301：2021《合规管理体系要求及使用指南》。根据该指南，合规是"满足所有的企业合规义务的结果"，指企业履行所有必须遵守的强制性的以及自愿选择遵循的非强制性的，明示的、隐含的或必须履行的需求或期望的结果。

第三是2011年英国8453号标准：规范金融服务公司的合规框架。这个标准定义了对合规文化的要求，提出"公司管理层应当通过政策、案例和适当的培训，来阐明公司的核心价值体系，以界定公司与客户、交易对手、监管机构、行业和市场的关系，明确公司对员工行为的期望，进而建立起公司的合规文化，促使公司运营的各层面能保持正直、诚信"。

总结以上定义，合规有狭义和广义之分。狭义的合规，是指落实监管对公司和（或）公司中特定人员及其行为的强制性要求。广义的合规，是指履行组织的全部合规义务，包括合规要求与合规承诺，有三种形态。第一是法规，指遵守公司总部所在国和经营所在国的法律法规及监管规定，包括国际通行规则和非国际通行规则等外部规定。第二是规制，指遵守企业内部规章制度，特别是响应合规监管和体现合规承诺的制度准则等内部规定。第三是规范，指遵守职业操守、道德规范、商业惯例、公序良俗等。[①]

合规与法律相关，但二者有不同之处。法不禁止皆可为，但合规比合法标准要高，合法的事不一定合规。从企业合规可进一步引出"合规风险"概念。这一概念来自巴塞尔银行监管委员会，是指企业因未能遵循法律、监管规定、规则、自律性组织制定的有关准则，而可能遭受法律制裁或监管处罚以及重大财务损失或声誉损失的风险。

近年来，合规的外延被不断扩大，"大合规"，也就是广义的合规，成为合规管理的潮流，特别是在大型公司和跨国公司中，大合规几乎成为公司治理的标准配置。

合规不仅是遵从规则，因为规则往往是限制企业经营行为的，对于企业来说，仅仅遵从规则并不能确保自身生存，而是必须在寻求利润和遵守规则之间进行平衡，这也就是合规职能作用所在。

随着移动互联网和自媒体的兴起，信息传播的方式和速度实现了前所未有的升级，企业违规对企业品牌、声誉等核心资产造成的损失被急剧放大，甚至可能一夜扩大到全球范围，使企业失去市场和业务伙伴等的信任。一旦企业的品牌和信任资产遭到严重破坏，在新媒体时代背景下造成的损失往往难以再挽回。如果出现这种情况，即使企业最终被认定并没有违反强制性监管规定，仍然可能对企业的生存造成直接威胁，甚至带来颠覆性灾难。所以合规管理实务中，合规的外延呈现明显的扩大趋势。

另外，随着互联网科学技术爆炸性增长，企业的经营方式、研发方式、流程管理、价值链构成等方方面面均出现许多全新的快速迭代或变化，这种变化的速度经常超出了法律调整的速

---

① 王志乐：《强化合规管理推进企业可持续发展》，载《深圳商报》2020年12月15日。

度。正是这种强制性法律法规尚未调整到的部分，蕴含着更多突变性的经营风险，需要企业审时度势提前布局和考虑，才不至于在未来出现因与强制性监管方向背道而驰而刹不住车的颠覆性风险。

在以上的时代背景下，许多企业的合规管理从原先狭义地专注于不违反强制性合规要求，转向更具前瞻性地将强制性规定尚未调整到位，但是对于企业的存亡可能具有重大影响的风险点，也纳入企业的合规义务中进行通盘考虑，并通过合规管理体系建规立制，内化为企业自身的规章制度，要求全员遵守。

二、企业合规的外延及层次

"规"的外延是分层级的，可按多种角度来分。比如，可以按约束力强弱，分为强制性和非强制性；按作用力方向，分为外规和内规。对"规"分层级，是因为"规"本身是复杂的，有一些是对企业的业务有深刻影响的，有一些是需要企业优先考虑的。

在广义的合规定义下，企业合规的外延至少可以分为三个层次。第一个层次是"合规则"，即符合强制性合规要求。第二个层次是"合规约"，即遵守合规承诺，属于符合那些虽然没有强制性外部要求，但是企业回应利益相关者要求，通过承诺的方式约定遵循的外部要求。第三个层次是"合规律"，这个层次是合规的最高水平，是在既无外部强制性要求，也无利益相关方要求承诺的情况下，企业审时度势，根据企业运营的市场环境的自身规律及其发展趋势，从风险预防的谨慎原则出发，自愿采取的最佳实践。

这三个层面的合规层层递进，企业可以在综合考虑自身发展的战略、规模、行业、阶段等因素的基础上，量体裁衣，纳入自身合规管理体系的建设中。

（一）企业合规的第一个层次："合规则"

根据 ISO 19600，"合规义务"包括"合规要求"和"合规承诺"。"合规要求"是指企业外部环境中，国家、行业、社区等外部组织对企业生产经营必须合规的强制法律、法规、行规、要求，是强制企业必须遵循的"合规要求"，这也就是本书中所指的"合规则"。

"合规则"是企业履行所有必须遵守的强制性的需求或期望的结果，主要指遵守法律法规明确的原则要求和条文规定。这是合规的第一个层次的含义，是合规义务中涉及"合规要求"的部分，也是合规管理的底线，是所有企业必须履行的。

强制性的法律法规都有纸写笔载，为什么还要进行这个"合规则"层面的合规管理体系建设呢？因为法律法规虽然会告诉你应当做什么，不能做什么，却无法告诉你在复杂的企业经营活动中具体应当怎么做。另外，即使同一件事情，也有很多不同的人群或机构提出不同的要求。规则太多了，有时相互之间还有冲突，让人无所适从。这就需要有人收集梳理全部规则后勘测、标识出一条线路，让大家通过它到达目的地，是"以规合规""外规内化"的过程。

"合规则"层次的合规，就是通过汇集分析众多的法律法规要求，对照是否与企业相关，规划应对的策略、行动方案，帮助企业确定其行为规范的底线。如果按照业务领域来划分的话，"合规则"涉及的专业面是比较广泛的，如法律、财务、审计、税务、工程、市场、投资等。

但与一般的法律风险不同，"合规则"层面合规管理要控制的风险是指企业因为违反行政法规、刑法而可能受到行政监管部门的处罚或者刑事责任的追究，以及由此所带来的资格剥夺和其他方面的损失。也就是说，"合规则"层面合规管理要控制的一般是"强监管""重处罚"领域的法律风险。

从"合规则"层面，不仅要考虑国内的规则，还要根据企业经营范围、行业、战略等具体情况，同时考虑遵守部分国际规则。这些规则又分为国际通行规则和国际非通行规则。

对于国际通行规则，如果企业因经营情况而受到其管辖，当然应该硬性遵从。国际通行规则一般包括联合国、世贸组织、货币基金组织、世界银行、亚洲开发银行、世界卫生组织等国际机构设置的相关标准和规定，以及这些机构与其他机构的相关跨机构制裁协议。例如，联合国《全球契约》《联合国反腐败条约》经济合作与发展组织（OECD）理事会《关于进一步打击国际商业交往中贿赂外国官员的建议》《内控、道德与合规最佳行为指南》《跨国公司行为准则》，世界银行《诚信合规指南》等法律法规，西方发达国家为主的33个国家在维也纳签署的规制常规武器和两用物项的出口管制多边法律体系《瓦森纳协定》等协议。如果企业的经营管理活动因为各种原因落入这些国际通行规则和标准的管辖，则这些国际规则理当列入"合规则"层次，进行硬性管理。

对于国际非通行规则，如果企业因为自身经营情况而受到其管辖，则也应该纳入"合规则"范畴进行管理。比如，美国等西方国家有些"长臂法律"，算不上是国际通行规则，但企业如果通过合同、支付、运输、仓储、转运、采购、融资、人员聘用等经营环节，涉及其管辖，那这些环节就需要进行"合规则"的硬性合规管理。例如，美国的《国际武器交易条例》《武器出口管理法案》《对敌交易法令》《国际紧急经济权利法》《出口管理法案》《出口管理条例》《反海外腐败法》《境外账户纳税合规法案》《伊朗交易监管法》《伊朗制裁法案》等出口管制法规，被认为是"有牙齿"的非国际通行规则，涉事企业及责任人将受到严厉制裁，主要包括民事罚款、进出口权利丧失、刑事罚款或个人长期监禁。所以企业对相关交易可能涉及的最终用途、最终用户，甚至支付、运输、仓储等各个环节，都需要审慎纳入"合规则"管理体系进行考虑和审查。

(二)企业合规的第二个层次:"合规约"

ISO 19600 合规义务的定义中,除了包括"合规要求",还包括"合规承诺"。"合规约"是第二个层次的合规,是企业自愿选择遵循非强制性的需求或期望的结果,涉及的就是 ISO 19600 合规义务中"合规承诺"部分的义务。比如,企业承诺履行社会责任,承诺遵守行业非强制性标准,承诺在履行合同过程或企业运营过程中恪守高标准的道德诚信准则等。企业将这些承诺内化为企业的内部规章制度,形成企业与各利益相关方和谐的利益关系,避免因各类纠纷的发生降低企业经营管理效率,或带来成本提高及企业品牌信誉伤害。

违反了第一个层次的"合规要求",企业要受到法律制裁,而违反了第二层次的"合规承诺",市场和客户会投反对票。"合规则"只调整基本的社会秩序和规范人们的基本行为,处理根本的利益冲突。"合规约"则还要关注规约、规范、规矩,协调好方方面面的关系,这样的话,企业才能有一个更理想的经营环境。

"合规约"体现着对共同利益积极拓展、严密保护及合理分配的承诺和要求。分析和保障利益相关人的合理诉求,消除冲突、纠纷,获得外来的信赖和支持,是合规管理的更高层次。目前不少企业还是只重视"合规则",不重视"合规约",结果常常"赢了官司,输了市场"。

至于选择哪些规约去承诺,根据自身情况,企业可以考虑优先承诺遵守国际通行的规则和标准。各个国家基于不同意识形态或价值观展开的博弈往往难以调和。但是,随着全球市场的形成和经济全球化的发展,在企业间和国家间市场竞争与合作的发展过程中,国际通行的商贸规则却逐步形成。拥有不同价值观或意识形态的企业和国家在商贸行为中可以找到共同认可和接受的规范。

在 20 世纪 70 年代新一轮经济全球化潮流刚刚启动的时候,OECD 就在 1976 年出台了《跨国公司行为准则》。这个准则包含有关信息公开、人权、劳资关系、环境、打击行贿、索贿和敲诈勒索、消费者权益、科学技术、竞争和税收等一系列的规则。这个准则经过 2000 年和 2011 年两次修订,逐步为 OECD30 多个发达国家政府接受,为跨国经营企业认可,成为约束跨国经营企业的国际通行规则。

2000 年,联合国全球契约组织提出十项原则,包括四大方面:人权、劳工、环境、反腐败。这些恰恰是我国企业走向世界应该遵循的规则,全球契约组织于 2000 年成立,起步时候只有 50 多家国际著名企业,现在已经发展到 1 万多家,为全球主要的企业参加和接受。参加这个组织就意味着承诺履行包括人权、劳工、环境和反腐败在内的十项原则。对这些规则不了解和不遵守,有可能就会遭遇国际舆论的谴责和执法部门的监管制裁。

（三）企业合规的第三个层次："合规律"

强制性外部监管要求以及利益相关者邀约背后，一般都体现了企业运营的市场规律。李克强总理在十三届全国人大三次会议政府工作报告中指出，高质量共建"一带一路"，要遵循市场原则和国际通行规则。将市场原则和国际通行规则并列。在某些情况下，特别是在"一带一路"等跨文化经营的背景下，确实还存在相当一部分对企业可持续发展至关重要的市场原则和规律，还没有转化为国际通行规则，既没有体现为强制性外部监管要求，也没有利益相关者来主动邀约遵从。对于这部分与企业相关的重要的市场原则和规律，需要企业结合自身发展战略、行业性质、商业模式等诸多要素，在企业合规义务设定中主动进行辨识、分析和评估，以确定是否纳入企业合规管理的范畴。这种合规管理就属于"合规律"层次的合规。

1. "合规律"管理的必要性

企业主动进行"合规律"层次的合规管理，通常是当企业处于复杂多变的市场环境和经营背景时，出于行稳致远的考虑，将一些与自身可持续发展密切相关的市场规律，主动纳入合规义务。

一是出于对市场偏好变化的研判与应对。企业出于对市场未来发展前景的预判，为了更好地贴近未来很可能会聚焦的市场关注点，增强在未来市场的竞争能力，提前消化未来转型过程中的风险、提高企业声誉和品牌价值、获得更多商业交易机会。

二是出于对监管方向变化的研判与应对。即出于对监管未来发展方向的预判，消化可能的政策性转型的压力，更好地应对监管部门未来很可能采取的监督、验收、考核和行政指导手段，以提前顺应很有可能升级的监管要求。

三是出于对异文化博弈的研判与应对。这一方面的动机最为常见。异文化思路认为当一个民族在治理另一个与自己文明不同的民族时，要因俗而治，也就是要认识和遵循不同文化和民族风俗背后体现的历史规律，采用符合不同文化特点的治理策略。当今，成功的跨国公司，往往是那些入乡随俗，因俗而治的公司。

2. "合规律"管理的挑战

"合规律"要求企业审时度势主动担负合规义务，属于最高层次的合规管理。是在遵循法规、信守规约的前提下，为了更好促进可持续发展，积极寻求最佳实践的道路，致力于优化内部规则、制度、标准，实质上体现着更好尊重客观规律的"法于道"的精深追求。

大道至简，这个层次的合规管理可以遵循的显性的现成的规矩和方法最少，最需要创造性，因而也最难。即使在不成熟的市场，也会有相对成熟的法律和社会服务机构。对"合规则"层面的强制性明文规定的规则的把握相对是容易的，对"合规约"层面的团体性标准等经过努力也是可以把握的，唯独对"合规律"层面的市场潜规则和隐性规矩的把握，是需要时间的积淀和历练的。

在现代社会，规则、制度、标准是企业管理的核心手段和形式。企业一旦更精细地把握住市场发展的规律及其发展趋势，建立起一套更好体现规律及其未来发展方向的规章制度和标准，这些内规所体现的最佳实践往往成为企业的核心竞争力，也就是软实力。比如，跨文化管理情境下的企业社会责任文化建设，就是跨国公司合规管理的重要组成部分，也被跨国公司普遍视为企业重要的软实力。

这种软实力方面，恰恰是我国企业"走出去"过程中的短板。这个短板在"一带一路"上体现得更加明显，是因为"一带一路"上的大多数国家规则体系不完善，导致"江湖政治"和"潜规则"盛行。

对于隐性规则背后体现的某种规律进行了解、分析、总结不可能一蹴而就，对于海外投资经历和经验不足的中国企业而言，困难是显而易见的。即使对这种"规"的认知好不容易获得了，而怎么去"合"也是很大的挑战，既需要非常专业而严格的管理，又需要非常精细而周到的创新。"合规律"管理所具有的这种特殊的性质、功能和制度结构，给我国企业的合规管理带来最大挑战。

以海外基础设施建设为例，建设中不可避免会涉及一些地上结构物，其中一些在我们看来平淡无奇的建筑，有时可能就是当地人心中的文化圣地。虽然当地法律没有明文规定，刚开始也没有机构提出相关要求，但是触碰这些文化敏感点，往往成为企业合规风险点燃的导火索，我国企业在这方面吃亏不少。

3. "合规律"管理重点环节

"合规律"层次的企业合规管理，要求企业在考虑外部强制性需求和期望、行业自律规则和其他社会公约的基础上，主动考虑经营所在地的道德规范等文化背景、市场特殊偏好、监管发展方向等因素所构成的与企业可持续发展相关的市场规律，并将对这种规律的总结和把握体现在企业的合规义务中，主动据此协调各种复杂的利益相关方关系，确保在复杂性和变动性较大的经营背景下，行稳致远。

"合规律"管理的起始环节及核心环节是利益相关者驱动型合规风险评估，这可以看成一种精细的公共关系管理。比如，在异文化博弈等敏感情况下，企业首先要根据当地国情特点，实事求是地全面识别自身经营管理可能涉及的所有重要利益相关方。在此基础上，在经营成果分配上要按文化上公认或尽可能公平的规则进行，在经营过程中避免侵犯各类重要利益相关方合理诉求，并将这个善意和结果主动传递给他们，获得他们的认可、信赖和支持，这样企业的可持续发展才能获得源源不断的外来助力。

但"合规律"这个层面的合规管理，因为其高度的复杂性、流动性和非显性等诸多特殊之处，肯定无法由合规部门独自实现，而是依赖于公司整体的文化和组织架构，尤其需要强调合规职能和合规文化的高度融合，以及合规管理三道防线之间全面高效配合联动。对一线业务部门作为第一道防线的首责职能有最高的要求，同时也需要合规、ESG（环境、社会与治理）、HSSE（健康、安全、安保、环境）、公共关系等诸多职能部门密切协调联动，形成第二道支持防线，还需要审计、监察等部门及时监督与问责形成第三道兜底防线。

三、合规与管理体系的融合

改革开放以来，中国现代企业制度逐步形成。中国社会主义市场经济体制不断发展，企业管理水平也不断提升。当企业越来越深刻地融入全球市场体系，中国企业管理也面临着越来越严峻的强化合规管理的挑战。

为推进企业管理提升以适应全球竞争，国务院国资委成立以来，于 2006 年推进国有企业全面风险管理体系的建立；2012 年，国务院国资委推进国企内控管理体系建设；2018 年，国务院国资委发布了《中央企业合规管理指引（试行）》；2019 年，各省市积极开展企业合规管理的立法和实践；2022 年，国务院国资委发布了《中央企业合规管理办法》，国家市场监督管理总局发布了 GB/T 35770—2022《合规管理体系 要求及使用指南》，为企业提供了更明确的合规管理指南。

企业建立法律风险防控体系、内控体系、廉洁风险防控体系，都是在不同层面保障着企业的合规运行。协调统一合规管理和其他监管职能，要避免出现风险导向职能资源分散，无法力出一孔的问题，也要避免各类风险信息沟通不畅，无法协同实施风险应对的问题。形成合规管理合力，对提升合规体系建设的有效性具有重要的现实意义，但首先必须厘清合规管理体系与企业其他管理体系的关系。

（一）企业合规管理与法务管理的关系

合规管理与法务管理都是企业风险管理的重要组成部分，二者相互融合、联系紧密，不存在吸收合并、孰轻孰重、延伸附属的关系。法务管理侧重的是"知"规，即对法律的解释和应用，即哪些行为是法律允许的、哪些行为是法律禁止的、违法行为的构成要件及法律后果等。而企业合规工作更加强调怎样"合"规，即怎样将辨识出来的合规义务落实到企业日常经营和管理的方方面面去遵从。

法务管理主要依据外部的法律法规、监管规定，强调规避与外部平等主体之间的潜在法律风险。从公司实践层面来看，日常主要由民事法律规则调整的民事法律主体之间的关系，如合同法、劳动法、公司法等主要涉及的民事合约类事务，由法律部门管理。合规部门主要是管理那些国家行政法规或刑事法律所调整的重大领域，即那些可能给企业带来颠覆性损失的重大法律风险，如反腐败、反垄断、反不正当竞争、贸易管制等，也就是"强监管、重处罚"的那部分法律事务。

(二) 企业合规管理与内控管理的关系

内部控制主要是为保证财务信息的准确性、可靠性，对企业人员、资产、工作流程和经营活动实施有效管控，保障遵循法律法规，降低企业经营风险，促进企业管理目标实现，提高经营效果和效率，实现企业价值最大化。经过十几年的改革发展，国有企业已经形成并建立了一套内部控制和风险管理体系，对企业财务、人、资产、工作流程实行有效监管。

合规管理与内控管理都是企业管理工具，二者本质上都是评估、防范、控制企业风险，动态管理促进企业经营目标的实现。存在相互关联、互为补充、协同联动的关系，均进行风险评估、风险控制、效果评价，遵从的运行机制和管理措施基本是一致的，比如，都有三道防线。

第一道防线是企业直接从事运营及管理的一线部门和人员，如生产、销售、会计、人事等专业人员，在日常工作中把绝大部分风险控制在第一线。第二道防线是内部、合规等职能管理部门及人员，监督检查第一道防线有效执行风险管理流程，完善控制措施，协助管理层监控风险。第三道防线是内部审计部门及人员，对舞弊、造假、浪费、贪腐等违规问题揭示并形成威慑，改善企业运营。

但合规与内控在工作内容和目标上各有侧重，主要在以下四个方面。

第一，合规控制的风险，主要是不合规行为引发法律、行政处罚，造成经济或声誉损失的可能性。内控控制的风险主要是企业财务信息不真实不完整，经营管理违法违规，造成资产损失的可能性。

第二，合规管理主要规范经营管理依法合规，规避可能的法律风险和声誉等财产损失。内控强调按工作流程办事，重在对操作风险中的内部舞弊管理。

第三，从工作侧重点来看，合规管理是从合规义务、合规风险识别入手，判定业务风险红线和底线，提出解决措施，更聚焦实体合规。内控管理则是依据企业内部规章制度，梳理业务操作流程上的各项风险点并提出管控措施，更强调程序合规。

第四，从工作依据看，合规管理既包括外部的法律法规、监管规定、国际条约等，还包括企业的商业行为准则、市场承诺以及员工的职业操守、公序良俗等，"外规内化"的范围更加广泛。而内控管理主要依据内部的规章制度查找流程缺陷，并实现内控管理的不断优化。

(三) 企业合规管理与内部审计的关系

合规管理和内部审计的工作对象都是企业内部的违规行为，但二者介入阶段和分工角色偏重不同。合规虽然遵从全面性原则，但合规偏向于更多承担事前预防职责，主要目标是为业务顺利开展保驾护航。内部审计部门主要承担事后监督和评价职责，对经营管理的合规性及合规管理的有效性开展审计评价，将有关结果通报企业高层和合规管理部门。实践中，合规管理部门与内部审计部门应加强联动，合规管理部门可根据风险识别和反馈情况，向内部审计部门提出审计建议，内部审计部门可以将审计评价结果反馈合规管理部门，协助合规管理部门有效应对审计出的合规风险点。

（四）企业合规管理与纪检监察的关系

纪检监察主要防控廉洁风险。党的十八大以来，构建务实管用的廉洁风险防控体系是国有企业落实党风廉政建设主体责任的一项重大政治任务。

廉洁风险是合规风险当中的一个专项，所以两者的风险防控方法是一致的。两者坚持标本兼治、惩防并举、注重预防的方针；都围绕生产经营管理的重点领域和关键环节，对主要业务流程、经营管理制度、关键岗位、关键环节，全面排查管理漏洞和腐败风险点，制定具体防范措施；都通过制度创新和流程改进，防范降低腐败风险；都建立前期预防、中期监督、后期处置的管理机制。但两者的工作内容各有侧重。

第一，工作重点不同。纪检监察工作集中关注所涉及对象在某个业务流程、某个环节，发生腐败行为的可能性；合规管理工作强调制度完善、事前防范、举报调查、宣传培训等。

第二，工作范围不同。纪检监察工作集中关注个人行为，将风险细化到岗位、到个人；合规管理工作范围涵盖公司治理、经营管理、生产服务等全过程和全领域，倡导"人人合规、事事合规、时时合规"，强调对业务上的违规举报查处。

第三，工作依据不同。纪检监察工作依据的是党纪党规；合规管理工作依据除法律法规、监管规定、企业规章制度，还包括职业操守、公序良俗等，范围较广。

（五）企业合规管理与其他管理体系的关系

企业现有的全面风险管理体系、质量安全体系、环保认证体系、人力资源管理系统等不同的管理体系，关联了不同的合规管理内容，体现了不同的监管要求，有着不同的管理目标和价值，缺一不可，但在实践中因各管理体系分属不同的层级、不同的部门行使，多体系同时运行，不可避免会出现互不兼容、管理体系与管理实际脱节的现象。

企业合规管理与以上管理体系具有一致性和协同性，可以通过以合规为抓手，优化、协调现有管理系统和资源，实现管理资源的融合和管理效益的最大化。可以将合规管理和内部控制体系合并，统一运行机制和管理措施，同时将廉洁风险防控、质量安全体系、环保认证体系、人力资源管理系统等植入内控、融入合规管理。形成以合规为抓手的全面风险管理体系，研究部署和运行监督形成联动。

第一，联动首先需要厘清规章制度和法律法规，形成以合规为导向的全面风险管理的统一行为规范。借助信息技术手段，建立电子制度对照索引，实现岗位与制度法规的匹配，搭建规章制度、流程共享平台，实现工作检索便捷。

第二，要协调形成岗位业务工作手册，使岗位业务开展的操作指南体系化。需统一梳理协调职权事项，明确岗位职责和内控流程，进行合规、内控或廉洁风险的识别评估，制定风控措施，设置关键时间节点，汇编视觉表单和制度法规，实现合规管理体系建设模块化。

第三，要实现风险管理的成果共享以及监督联动。须建立合规管理部门、监督检查部门与业务部门的协作配合机制，组织企管、财务、人事、审计等多业务联合检查，打破专业壁垒，实现监督联动、成果共享。签订合规风险责任书、承诺书，设置合规考核指标，实施合规分级授权，激发自主管理动力。

第四，通过全员合规文化建设从根本上促进体系融合。须通过多层级多方式合规培训，合规案例适时分享，新规则定期解读学习，违规案件处理通报等合规文化建设方式，在企业内部形成遇事找规、办事依规氛围，让员工将合规准则内化于心，外化于行。

第二节 企业合规管理的基本原则

合规管理是指以有效防控合规风险为目的，以企业和员工经营管理行为为对象，开展包括合规的风险识别、制度制定、组织保障、机制建设、文化建设、评价改进等有组织、有计划的管理活动。合规管理活动是否有效，有赖于遵循以下基本原则。

一、独立性原则

"风险导向"职能的两条生命线分别是专业性和独立性，合规职能亦不例外，应当首先符合独立原则。独立性是合规管理的首要原则。独立性是指合规职能的运行不受任何不当干扰和/或压力。[①]

在合规管理过程中，经常会出现合规管理制度"挂在墙上"，业务部门过于强势而不受合规部门的约束，高管不惜违法违规追求短期利益指标等现象，归根结底，是由于在合规管理中，没有解决诸如权力与合规的关系，也就是没有解决合规的独立性问题。

根据《合规管理体系要求及使用指南》（ISO 37301-2021），合规职能应拥有权限、地位和独立性。权限意味着合规职能被治理机构和最高管理者授予足够的权力；地位意味着其他人员很可能倾听和尊重他/她的意见；独立性意味着合规人员尽可能地不亲自参与可能暴露在合规风险之下的活动，履行其岗位时不应存在利益冲突。合规职能的独立性突出表现在以下三个方面：

---

① 参见《合规管理体系要求及使用指南》（ISO 37301-2021）。

第一，合规职能部门应该是独立的，不与组织、结构或其他因素冲突；应该可以自由行动、不受垂直管理者的干涉；应当配有体现有效合规重要性的适当能力、身份权限和独立性的人员，而且可以直接向治理机构报告。合规权限赋予、汇报路线、人员任免及考核等方面均应该按照独立性原则进行设置。

第二，合规调查职能应当是公正和独立的。一般应酌情考虑设立独立的委员会来监督调查活动，并保证调查的完整性和独立性。合规调查过程应由具备相应能力的人员独立进行，且避免利益冲突。

第三，合规审核职能，无论其为内部还是外部的，都应免于利益冲突并保持独立性，以履行其岗位职责。合规审核应该是获取审核证据并对其进行客观评价，以判定审核准则满足程度的系统的、独立的过程。而独立审核就是指与正在被审核的活动无责任关系、无偏见和利益冲突。

独立性需要客观性和公开性作为支撑。合规管理制度的制定与合规处罚的作出应该向内部公开，保证员工能够及时获取相关内容，这也是对合规职能独立性的制衡。

合规职能强调独立性原则，但并非合规管理的方方面面都要求独立。有些方面就更强调融合，而非独立。例如，合规管理不适宜单独实施，而是要与其他管理体系一起实施，如风险、反贿赂、质量、环境、信息安全和社会责任等，应该协同参考实施 ISO 31000、ISO 37001、ISO 9001、ISO 14001、ISO/IEC 27001 及 ISO 26000。所以，合规方针也不宜是一个个独立文件，而应得到其他文件的支持，包括运行方针和过程。

其次，并非所有的组织都须创建独立的合规职能部门。可以将此职能分配给现有岗位或外包。只是外包时，不宜将全部合规职能分配给第三方。即使只将部分职能外包，也应考虑保持对履行这些职能的职权进行监督。是否设立独立的合规部门，可以从以下三方面评估，即是否具有不可替代的作用，是否专设部门可达成更高的质量和效率，是否有饱和的工作量。目前，即使是中央企业中对合规部门的职能依然没有统一的定位，有的企业将合规职能列入公司的风控部门中，有的企业将合规职能列入公司的法律部门中，有的企业将合规职能列入公司的审计部门中，还有的企业将合规职能列入纪律检查部门中。

二、全面性原则

合规管理体系应该全面覆盖，才能做到集中统一、客观高效，从而提高合规管理效能。

根据《证券公司和证券投资基金管理公司合规管理办法》《证券公司合规管理实施指引》等法律、法规和规范性文件，合规管理应当覆盖所有业务、各个部门、各分支机构、各层级子公司和全体工作人员，贯穿决策、执行、监督、反馈等各个环节。

《中央企业合规管理办法》第五条第二项也提出："坚持全面覆盖。将合规要求嵌入经营管理各领域各环节，贯穿决策、执行、监督全过程，落实到各部门、各单位和全体员工，实现多方联动、上下贯通"。

但是全面性原则并非意味着建立符合要求的合规管理体系必须实施各类指南中的所有建议。企业还是要就自身所面临的合规风险的性质和程度采取合理步骤，以履行其合规义务。但全面性一般至少应该体现在如下两个方面：

第一，企业视其规模宜有合规管理的全面负责人，尽管该负责人可能有其他岗位或职能，例如，现有的委员会、企业的部门或合规专家的外包要素。

第二，全面性应该体现在行为准则中。合规运行控制的一个基本要素是行为准则，其中一般宜体现企业对相关合规义务的全面承诺。行为准则宜适用于所有人员并使其能够获取和使用，并作为培育合规文化的依托之一。

三、协同性原则

协同性是企业合规管理落地的关键因素。规则是可控的，而执行是不可控的。执行中的协同程度直接决定企业合规管理建设的有效性，同时也是企业管理创新的难点。许多公司在积极探索适合企业自身特点的融合模式。任正非2017年在华为公司伦敦财务风险控制中心（FRCC）听取贸易合规和金融合规汇报会时的讲话比较形象地指出了合规管理体系的协同性：合规的目标也是多产粮食，而不是影响或阻碍粮食的生产。审计部门是司法部队，关注"点"，通过对个案的处理建立威慑力量，着重解决"不敢"的问题。内控风控部门无处不在，关注"线"，与业务一同端到端管理，揭示并改进端到端的风险，着重解决"不能"的问题。合规部门关注"面"，是建立一个"场"的监管，持续建立良好的道德遵从的环境，着重解决"不想"的问题。

企业合规管理体系建设的融合，可涉及对既有的法律、内控、风控、审计、监察等体系的融合，亦可涉及与质量、安全、职业健康、环境、信息安全、反贿赂、社会责任等管理体系的融合。需重点考虑以下四个方面。

第一，融合目标定位上需强调重点。着力解决两类问题：一是风险导向职能的资源分散，无法达到力出一孔；二是各类风险信息沟通不畅，无法协同实施风险应对。

第二，强调制衡，但不互相羁绊。需要在企业治理结构、机构设置及权责分配、业务流程等方面相互制约，相互监督，同时兼顾运营效率、强调协调，但不能沆瀣一气。

第三，强调融合，但并非简单相加。相互协调和制约的体系融合，不是简单的体系、规则等要求的叠加，而是在企业战略和运行目标与合规义务相协同的整体目标下，将合规管理的核心要求、方法、标准与相关管理体系的核心要求、方法与标准相结合。

第四，强调创新，但并非另起炉灶。要借助既有管理手段，避免交叉低效。管理创新与体系融合宜借助既有组织机构、职责、制度、流程与信息化手段等有效要素，尽量避免诸多要素的重复和多体系独立运行导致的职责交叉、管理低效、管控不力的风险。①

四、效益性原则

合规的专业水平不能停留在纸上谈兵。合规的效率要体现在更优的解决方案上，要拿出比业务部门更优的方案，帮助业务部门合规地做业务。合规部门能够对业务部门提出挑战，就是水平，能够在挑战的同时提出可落地的方案，才是高水平。

企业合规管理体系需要权衡实施成本与预期效益，以适当的成本实现有效控制。控制实施成本要求合规管理与企业经营规模、业务范围、竞争状况和风险水平等相适应，并随着情况的变化及时加以调整。确定预期效益要求企业关注重要经济活动和经济活动的重大合规风险。

效益性原则要求在兼顾全面的基础上抓住关键所在，突出重点领域、重点环节和重点人员，切实防范合规风险。2008年财政部会同证监会、审计署、银监会、保监会制定发布的《企业内部控制基本规范》第四条也要求企业在建立与实施内部控制时，应当遵循重要性原则，花费过多时间在细微的业务合规上面可能造成忽略重要事项的合规，这本身就意味着合规管理体系的无效。

华为公司合规管理的效率原则特别强调对报表/报告的管理。第一，要从经营有效的角度去定义合理的报表/报告数量，要尽量精简报表数量。明确提交报告的清单，超过约定需求时，双方均有权不提供。第二，要明确向各层经营组织提供报表的清单，按时、按需提供。明确一线经营组织必须上报给机关的责任报表/报告数据，但分析类的报表一般不要由一线组织提供，而是由总部机关自己在系统中提取数据，进行分析，确实不懂时，可以请求一线帮助，但不是指令。比如，财经类的大量数据一般在企业内网系统中，需要数据的，可以通过系统权限获取数据、编制报告。第三，也给各相关经营组织开放系统权限，允许其在系统中提取数据做更详细的分析。

第三节 企业合规管理的分类

合规管理体系的作用体现在事前、事中和事后三个方面。事前，是指在违规行为发生之前，企业合规管理体系可以发挥评估合规风险、预防违规行为的作用；事中，是指对企业经营的每一环节进行实时的合规监控，以便及时发现、识别和报告已经发生的违规事件；事后，是指在违规事件发生后，及时对违规行为加以调查，发现并查处责任人，报告违规事实，以利于

---

① 参见《合规管理体系要求及使用指南》（ISO 37301-2021）。

企业对合规管理体系作出持续的改进和完善。

任何企业的资源都是有限的，而任何的管理工作都是有成本的，合规管理也不例外。要建立行之有效的合规管理体系，需要对合规问题的外延，按照优先等级进行分类。

一、通用合规管理

通用合规管理是指企业根据常态化的合规风险评估结果，为防范企业潜在的合规风险，开展合规管理体系建设。通用合规管理体系建设的主要目标，对一般性合规风险，要通过规范职能、加强日常基本管理实现有效控制，通过通用合规制度建设，防范合规风险。假如企业不建立合规管理体系，潜在一般性合规风险就有可能会转化为一些显在的违法事件，不仅由此带来商业声誉的降低，还会使得企业被行政机关调查、被司法机关立案乃至被国际组织制裁的可能性大大增加。

不同特点的企业需根据企业的战略目标、风险承受能力等实际因素，匹配考虑企业的管理资源等进行合规风险评估，在此基础上，量体裁衣确定企业的通用合规管理体系的内涵与外延。通用合规管理方案虽然覆盖企业决策、经营、财务、人事等管理的诸多环节，但不能简单理解为单纯的依法依规经营而无所不包，更不能盲目照搬指引或其他企业的做法，让合规管理变成一种纸面上的合规计划，而是需要实实在在落地。而其落地最需要遵循协同联动这一基本要求。也就是说，合规管理与法律、监察、审计、内控、全面风险管理等其他风险管理工作要相统筹相协调。只有形成一种完整联动的企业合规治理体系，在预防合规风险、监控违规行为和应对违规事件等方面，才能统一行动，而非单打独斗。融合程度高的合规管理体系才能有效避免危机合规管理的启动。

需要反对的是：合规风险评估方法"拍脑袋"，导致合规风险等级划分不科学，针对性不强，继而导致随后的通用合规管理中，照搬其他企业的制度模板，做了一堆表格和方案，脱离业务实际需要，合规与业务"两张皮"，增加了管理成本，却还是达不到基础性合规目标。

二、专项合规管理

对重大性合规风险，必须严防死守，拆分揉碎所涉及业务的方方面面，全员全岗位全方位地建立起相关的专项合规管理制度。

专项合规管理是为预防特定合规风险而建立起来的，防范的是与自身商业模式和经营方式密切相关的结构性合规风险。针对这些重大的结构性风险，企业需要通过风险评估和识别，发现最容易出现危机的若干风险领域，而后针对在这些领域中可能出现的违规、违法问题，建立专门化的合规治理体系。

比如，对于从事国际贸易或进出口业务的企业而言，常见的专项合规计划包括反商业贿赂合规计划、诚信合规计划、出口管制合规计划、反洗钱合规计划、数据保护合规计划等。对于单纯从事国内业务的企业而言，常见的专项合规计划主要包括反垄断合规计划、反不正当竞争合规计划、反商业贿赂合规计划、知识产权保护合规计划、反洗钱合规计划、大数据保护合规计划、税收合规计划、证券合规计划、环境保护合规计划等。金融机构最需要建立反洗钱合规计划；医药企业最需要建立反商业贿赂合规管理体系；化工企业所要建立的是环境保护合规管理体系；网络平台企业要建立的通常是数据保护合规管理体系。

第四节　企业合规的意义和价值

合规源于英文"Compliance"，是遵从的意思，字面上看，更多的是消极被动的内涵，会使企业在短时间内牺牲部分商业利益和商业机会。但长期来看，合规有积极地创造价值的作用，在有些公司将合规称为"利润中心"。

任正非曾在华为公司内部会议中说：集团和一线都是合规体系的服务对象。为集团服务，合规管理的价值体现在有效控制上。为一线服务，合规管理的价值体现在多产粮食上。台风来了，不是放弃水稻，还要把水稻扶起来，这样虽然会减产，但还是有粮食。合规部门要与业务部门一同在战壕中解决问题。不能仅仅说No，而是要找到合规的解决方案，指导一线如何合规地达成业务目标。

一、企业合规的根本价值和驱动

合规的根本价值在于建立和维护企业运营所需要的良性秩序，这种秩序是企业发展的坚实基础和有力保障。人的欲望是无限的，规则和制度，能遏制人性的阴暗。无论在组织还是社会里，好的制度，能让坏人干不了坏事；不好的制度，会让好人变坏。

一般认为，合规能给企业带来的益处包括三个方面。一是提升企业管理水平，助力企业稳定开展生产经营活动；二是增强企业市场竞争能力，提高企业声誉及可信度；三是降低企业及其内部员工行政、刑事处罚风险。

德国西门子公司经过数年的合规体系重建，形成了在业内首屈一指的合规文化。西门子奉行"只做合规的业务"，其合规体系的完善和成熟，为西门子创造了世界级的良好声誉，并因此赢得了众多的客户和商业合作伙伴。

中国中兴通讯公司自启动合规体系重建工作，建成了拥有数百人的专业合规管理团队，该公司的通讯技术和合规管理体系并驾齐驱，为企业带来了持续增长的业绩和众多的优质客户，大大增强了公司的竞争优势，使得本来不直接创造利润的合规管理体系，成为吸引优质客户、获取市场商业机会的优势资源，公司上下开始真正奉行"合规创造价值"的理念。

企业主动合规的动力来自两方面：市场驱动下的合规和监管驱动下的合规。"市场驱动"是出于优化管理、提高品牌价值、增强市场竞争力等方面的考虑，以合规风险为导向所建立的合规管理体系。"监管驱动"是指企业面临法律及监管机构层面的压力，担心受到法律和监管机构的处罚，以危机应对为目的所进行的合规整改措施。[①]

二、市场驱动型合规管理对企业的价值

管理中"跑冒滴漏"问题具有一定普遍性，管理前移，强化预防，才能有效防止问题的发生。合规管理就能实现这一目标。合规管理对办事规则、办事程序、办事依据、办事责任、办事时限等作出明确规定，使每项工作都有章可循、有规可守。通过合规管理开展事前、事中、事后检查，发现各类问题，促进制度完善，堵塞管理漏洞，规范管理行为。

市场驱动型合规管理是以合规风险为导向，出于提高品牌价值、优化管理、增强市场竞争力等方面的考虑所建立的合规管理体系。

（一）对品牌价值的提升作用

在一定程度上，企业的合规管理体系，就像企业的产品质量一样，可以产生企业品牌效应，大大提升企业的商业声誉和社会形象，最终助益企业获取更大商业利益。

有效的企业合规计划可以减少企业违法行为发生的次数，进而提升企业的商业声誉，吸引更多客户和投资者，使得企业获得更大的竞争优势，获得更多的盈利。这些利益又进一步反向推动企业持续投资完善合规计划，形成良性循环，逐步提升企业的市场价值。在公司开展并购和融资的过程中，有效的企业合规计划能够大大提升公司的估价，使得合规管理体系转化为优势明显的经济效益。[②]

（二）优化管理

合规管理既对个人行为进行管控，也对具体工作起到管控作用，有预防性也有监督约束性。通过对履行职责进行全过程监督，能及时发现失职、渎职、滥用职权、错误决策等行为。对管理中的关键环节和薄弱环节进行重点监督，充分发挥风险防范、合规管理等职能，从而达到提升管理质量、增强管理效能的目的。

在公司管理方面，合规旨在强化内部制度和控制，以提高公司效率，当监管规则要求公司采取监督控制措施，以强化公司治理机制时，将会帮助全公司形成良好的职责分工，当需要采

[①] 尹云霞、李晓霞：《中国企业合规的动力及实现路径》，载《中国法律评论》2020年第3期，第159-166页。
[②] 陈瑞华：《论企业合规的基本价值》，载《法学论坛》2021年第6期，第5-20页。

取多种措施来确保合规管理模式有效时,将会改善管理信息的质量。[1]

通过开展合规管理,找到与生产经营管理相结合的最佳切入点,与企业发展同频共振,服务于企业中心任务。合规管理以问题为导向,聚焦管理活动的具体对象人的行为、运行机制、结果评价等,有效促进从业人员,特别是管理者自觉履职尽责、提升能力、强化管理。对因管理粗放、工作失误而触碰企业合规底线的,合规管理可作为分析原因的工具,为领导决策和制定整改措施提供依据。比如在工作中,针对亏损或潜亏损项目就可以采用合规管理,深度查找原因并制定相应的解决方案。

(三) 削减成本

从短期效果来看,企业违法违规开展经营活动,如贿赂政府官员、采用恶性竞争方法、实施欺诈手段等,似乎能增加企业营业收入,获取暂时的经济利益。但是,这种违法违规经营活动却破坏了企业竞争的公平性,导致企业运营成本大幅度增加,甚至会因为其他企业普遍采取不正当的手段而失去更大的利益。[2]

高昂的不合规成本分为遭到执法部门调查时所支出的显性成本和隐形成本,显性成本有应对合规危机所支出的人力成本、管理成本;被执法部门认定违法时所产生的货币性及非货币性处罚;采取补救措施的成本。隐性成本包含业务中断、企业运营能力下降、客户及员工失去信心、业务伙伴产生疑虑、媒体公众给予负面评价带来的损失。当企业内部贪污腐败和舞弊行为得不到矫正时,企业一般疏于履行合规义务,可以用"破窗效应"解释为,当企业的运营秩序被打乱,管理层和员工内心的私欲被激发出来,不再受到企业规章制度和个人道德感的约束,这些都会直接影响企业的管理成本。此外,还有银行贷款显著减少,贷款成本上升。[3]

我国率先进行了合规管理体系建设的一批企业反映:企业合规管理在成本削减方面的效果很突出。合规管理体系越健全,被罚款可能会越少,监管对公司资本充足的要求越低,减少的资本费用支出可以有更多用途,所以有人把合规部门说成利润中心。[4]

随着合规体系在预防、识别和应对合规风险方面逐渐发挥有效的作用,越来越多的企业逐渐认识到了合规给企业带来的好处,特别是对不必要的经营成本的直接削减作用。通过合规流程的设置和合规指标的分解,利益冲突对企业利润的蚕食会减少,能更有效地避免并购资产定

---

[1] 安妮·米尔斯(Annie Mills)、彼得·海恩斯(Peter Haines):《金融合规要义:如何成为卓越的合规官(第二版)》,高洋、冯乾、朱昌松、赵静思等译,中国金融出版社2019年版,第8页。
[2] 陈瑞华:《企业合规制度的三个维度——比较法视野下的分析》,载《比较法研究》2019年第3期,第61-77页。
[3] 胡国辉:《企业合规概论》,电子工业出版社2018年版。
[4] 安妮·米尔斯(Annie Mills)、彼得·海恩斯(Peter Haines):《金融合规要义:如何成为卓越的合规官(第二版)》,高洋、冯乾、朱昌松、赵静思等译,中国金融出版社2019年版,第8页。

价中的雷区，对员工的奖励会更加公平和科学，销售环节的模糊成本也会减少。这些都能给企业带来更好的成本控制。

（四）提高竞争力

通过对法律法规和企业规章制度执行落实情况进行监督检查、纠正查处。一能保证党和国家的路线、方针、政策、法律、法规及企业的各项规定得到贯彻执行。二能保证企业生产、经营和管理沿着正确的机制运行，确保管理秩序、管理行为正常，创造出良好的内部环境。三能保障企业社会责任的更好履行。

从对外的商业机会角度看，合规目前已成为一种世界趋势，帮助企业走向世界。比如中兴公司，在交了10亿元罚款后，更换管理团队，聘请美方认可的合规官才换来生存机会，与美国商务部达成解除制裁、恢复运营的协议。[①]

合规也能培养客户的忠诚度。很多监管规则是为了确保客户得到公平交易，保护其利益不受侵害，所以若能遵守这些规则，可以改善客户体验，给公司带来竞争优势，赢得客户的尊重与信任，他们也会向其他潜在客户推荐。[②]

三、监管驱动型合规管理对企业的价值

监管驱动型合规管理，是通过优化完善合规管理，企业说服行政机关免除或者减轻行政处罚，或者说服国际组织解除制裁，恢复企业的市场准入资格。

（一）处罚的减免

任何一种公司治理方式，都是企业防范特定风险、避免特定危机的努力和尝试，合规管理体系也不例外。企业合规体系建立得再有针对性、再行之有效，也无法杜绝一切违法犯罪。企业合规并不是一种完美无缺的公司治理体系，合规激励机制也不是一种发展到尽头的执法（司法）模式，它们都具有一定的局限和不足之处。

但迄今为止，与传统的公司治理方式相比，企业合规体系具有难以替代的独特优势。与传统的执法（司法）模式相比，合规激励机制可以激发企业的合规动力，解决外部监管失灵的问题。合规不一定是最好的公司治理方式，但至少是有助于防范合规风险的管理方式；合规也不一定是最理想的执法（司法）方式，但至少是一种可产生更少消极后果和代价的激励机制。

[①] 李玉华：《我国企业合规的刑事诉讼激励》，载《比较法研究》2020年第1期，第19-33页。
[②] 安妮·米尔斯（Annie Mills）、彼得·海恩斯（Peter Haines）：《金融合规要义：如何成为卓越的合规官（第二版）》，高洋、冯乾、朱昌松、赵静思等译，中国金融出版社2019年版，第8页。

有效的合规体系可以帮助企业在"出海"时预防、减轻，甚至免于海外监管机构处罚，同时也是避免企业受到国际金融机构制裁的一种有效措施。缺乏合规机制可能影响境内的上市计划，因为不少企业首次公开募股（IPO）被否的重要原因之一是缺乏对不当行为的合规管控机制，放任不合规行为的发生。[1]

通过监管驱动型合规管理获得减免处罚的案例非常多。比如，在世界银行以及其他国际金融机构的监督指导下，那些因违反相关规则而接受国际金融机构制裁的企业，一旦承诺根据世界银行的"诚信合规指南"作出合规整改，就可以重建合规管理体系，若通过了国际金融机构的合规整改验收，企业就有机会被解除制裁，重新获得参与招投标的资格。

合规除预防犯罪，还能减免处罚。当企业做好合规工作时，监管部门、执法部门也能理解合规危机是无法完全杜绝的，不会因个别违规者的行为彻底否定企业在合规方面的努力。比如在美国《反海外腐败法》中，若企业能证明已建立了完整的合规管理体系以降低发生的贿赂行为的风险，且该体系有效，则可以减轻甚至免除发生贿赂案件时企业的责任。[2]

（二）责任的切割

即使有完善的合规管理体系，企业仍然可能面临合规风险。但是合规管理体系在这个关头，仍然可以为企业对风险进行有效切割。通常情况下，一个建立有效合规计划的企业，可以在企业与员工、客户第三方商业伙伴和被并购企业之间，建立起风险转移和责任切割的机制，避免企业因为上述关联人员存在违法犯罪行为而承担连带责任。这种对企业责任的有效切割，被许多企业视为合规管理机制给企业提供的一个重要价值，也是许多中小企业建立合规体系的初始动机。

在企业发生违规前，合规可以起到预防的作用。在应对危机和监管处罚时，企业合规可以在特定条件下使企业避免定罪判刑，也能有助于多方责任的切割。

一个建立有效合规计划的企业，可以在企业与员工、客户和第三方商业伙伴之间，建立起风险转移和责任切割的机制，避免企业因为上述关联人员存在违法犯罪行为而承担连带责任。

2017年全国人大常委会修订后的《反不正当竞争法》，对企业经营过程中的商业贿赂行为做出了一些新的规范。该法为企业提供了无责任抗辩的机会，经营者只要"有证据证明该工作人员的行为与为经营者谋取交易机会或者竞争优势无关的"，就可以不负法律责任。在切割与客户的责任方面，客户可能实施违法犯罪行为，将财富纳入金融业务的处理范围，企业可以通

---

[1] 尹云霞、李晓霞：《中国企业合规的动力及实现路径》，载《中国法律评论》2020年第3期，第159-166页。
[2] 胡国辉：《企业合规概论》，电子工业出版社2018年版。

过合规管理将企业的法律风险降低到最低限度，并在客户确实存在违法犯罪行为时，实现有效的责任切割，避免合规风险的转移。同理可得，针对第三方商业伙伴，企业假如对第三方采取了合规管理措施，包括合规尽职调查、风险控制并建立退出机制的，就可以免除法律责任，实现企业责任的有效分离。①

1. 企业与员工之间的防火墙

英国反贿赂法中确立的商业组织预防贿赂失职罪，属于一种企业因员工犯罪行为而承担严格责任的罪名。我国刑法确立的拒不履行信息网络安全管理义务罪，也包含着企业因员工犯罪行为而承担严格责任的因素。在上述严格责任适用情形下，企业建立合规管理体系，就可以成为企业提出无责任抗辩的事由，从而产生推翻严格责任的效果。

那么，企业究竟根据合规管理体系的哪些方面来进行这种责任的切割呢？首先，企业为预防特定合规风险，颁布了专项合规政策和员工行为准则，明确告知了员工行为的边界范围，对那些违法违规行为提出了明确的禁止性要求，并建立了惩戒性制度。

其次，企业为预防合规风险，需要对员工或高管进行合规培训，这种培训既包括定期的常规培训，也包括针对重点高危员工进行的专项培训。企业假如进行过这种培训，留存着培训记录，出具了员工签署的承诺函，那么，就足以证明企业尽到了对员工的提醒、教育和沟通义务，既没有鼓励或者放纵员工的犯罪行为，也没有在阻止员工违反法律法规方面存在失职行为。

再次，在日常经营过程中，企业对员工的行为假如建立了实时合规监控措施，建立了行之有效的合规监控体系，存在自下而上的合规报告机制，实施了违规行为的举报制度，那么，这足以说明，企业对员工的违法违规行为建立了预警机制。

最后，在违规行为发生后，企业对员工的违规行为进行及时的内部调查，必要时针对违规员工启动专门的反舞弊调查，对存在违法违规行为的员工及时惩戒，并适时进行制度整改，弥补合规体系的漏洞，这也足以说明，企业在配合监管调查以及应对违规行为方面，采取了积极有效的补救措施。

甘肃省兰州市中级人民法院对雀巢公司数名员工涉嫌侵犯个人信息案件的判决，就展示了这种企业责任切割机制的运用。在这一案件中，雀巢公司的员工因为受到侵犯公民个人信息犯罪的指控，而被一审法院定罪判刑。他们向兰州市中级人民法院提出的主要上诉理由，是他们的行为属于单位犯罪行为，雀巢公司应对此承担刑事责任。兰州市中级人民法院经过二审审理，判决认定，雀巢公司手册、员工行为规范等证据证实，雀巢公司禁止员工从事侵犯公民个人信息的违法犯罪行为，各上诉人违反公司管理规定，为提升个人业绩而实施犯罪为个人行

---

① 陈瑞华：《论企业合规的基本价值》，载《法学论坛》2021年第6期，第5-20页。

为。据此,法院驳回上诉,维持了一审法院的判决,认定雀巢公司不构成单位犯罪。

兰州市中级人民法院的裁判逻辑表明,只要单位建立了合规管理体系,对员工进行过相关合规培训,签署过依法从事经营活动的承诺函,并明确禁止员工从事违法违规行为,那么,由员工所实施的相关违法违规行为,就不应视为单位行为,而应属于员工个人行为。由此,这种合规管理体系和内部控制机制,成功地将员工行为与企业行为进行了切割,使得单位不因员工的行为而承担刑事责任。

2. 企业与客户之间的防火墙

在企业责任与客户责任的关系上,一个有效的合规管理体系也可以发挥责任切割的作用。尤其在金融领域,企业不建立反洗钱合规体系,就有可能因为客户实施了违法犯罪行为,将通过腐败、恐怖主义、诈骗等方式所获得的财富纳入金融业务的处理范围,并因此承担洗钱、掩饰或隐瞒犯罪所得的法律责任。

为避免这方面的合规风险,金融企业就需要建立针对客户的合规风险评估机制,尤其是实施客户尽职调查制度,对客户的背景、经营状况、遵守法规情况、违反记录等展开全方位的背景调查。

在上述前提下,金融企业还应对客户的大额交易和可疑交易展开实时监控。以上合规管理机制可以对客户所带来的合规风险进行必要的防范,通过合规管理将企业的法律风险降低到最低限度,并在客户确实存在违法犯罪行为时,实现有效的责任切割,避免合规风险的转移。

3. 企业与合作伙伴之间的防火墙

通常而言,企业的第三方合作伙伴主要包括三类:一是上游的供货商、供应商;二是中游的代理商、顾问;三是下游的分销商、经销商、承包商;等等。

第三方商业伙伴一旦实施违法犯罪行为,企业就有可能因此承担连带责任。唯有建立针对第三方的合规管理机制,企业才能实现责任切割,避免承担法律责任。

在企业责任与第三方商业伙伴的责任关系上,很多国家也确立了严格责任制度,对于第三方商业伙伴以企业的名义,为实现企业的利益所实施的违法或者犯罪行为,企业有可能承担无过错责任。但是,企业假如对第三方采取了合规管理措施,包括合规尽职调查、风险控制并建立退出机制的,就可以免除法律责任,实现企业责任的有效分离。

具体而言,在第三方实施违法违规行为的情况下,企业要成功地避免法律风险,就需要从四个方面建立企业合规机制:一是将企业的合规政策告知第三方,并将后者遵守企业的合规政策作为签订和履行合同的前提条件;二是实施第三方尽职调查,评估其可能的法律风险;三是对第三方进行持续不断的合规监控和管理;四是对第三方商业伙伴进行持续不断的风险评估,对合规不达标的第三方建立退出机制。

4. 企业与并购对象之间的防火墙

在企业责任与被并购企业责任的关系上，很多国家企业也确立了一种责任切割机制，通过建立有针对性的合规管理体系，防止企业受到被并购企业违法犯罪行为的牵连，实现风险的有效转移。在有些国家的企业合规制度中，存在一种继承责任的理论。所谓继承责任是指企业在与另一家企业发生合并或者收购行为时，对于被收购企业在合并或收购之前所发生的违法违规行为，所要承担的法律责任。作为公司法上的一般归责原则，当两家公司发生合并或收购行为时，后继公司要对前任公司的违法违规行为承担法律责任。

这是防止后继公司逃避责任的制度保障。根据美国《反海外腐败法》，继承责任原则已经成为确定公司行政责任和刑事责任的重要依据。美国司法部和证交会作为该法的主要执法部门，在追究企业的海外贿赂行为时，就将继承责任理论作为对实施投资并购的企业追究法律责任的直接依据。

在继承责任原则的影响下，很多企业建立了针对投资并购的合规管理机制。例如，企业开展收购前的尽职调查、在收购完成后加强合规计划和内控机制。这主要基于四个理由。

一是尽职调查可以帮助收购公司准确地对目标公司进行评估。通过贿赂手段所获取的合同，以及通过非法手段所进行的商业交易，都是不可持续的，这些由目标公司先前所实施的非法行为，极有可能使收购公司承担法律责任，也会损害收购公司的声誉和发展前景。在收购之前对这些问题展开调查和了解，有助于收购公司更好地评估潜在的法律责任，并对目标公司的价值做出适当评价。

二是收购前的尽职调查可以降低收购公司继续从事贿赂行为的风险。适当的尽职调查可以识别商业和区域风险，并为目标公司快速和成功地融入收购公司的内控机制和合规环境奠定基础。

三是一旦通过尽职调查发现了目标公司的潜在违法行为，收购公司可以通过就相关费用、责任以及补救措施进行谈判而快速和有序地处理相关的法律风险。

四是全面的尽职调查可以表明公司对违反法律行为的全面披露，并采取积极预防的态度。

合规管理体系的建立，使得企业防范了特定的合规风险，实现了企业责任与员工责任、客户责任、第三方责任和被并购企业责任的有效切割，并在危机发生后被作出较为宽大的处理，避免最严重的资格剥夺后果发生。这些都是监管驱动型合规管理给企业带来的消极受益，也就是通过建立合规管理体系而避免失去特定利益的价值。合规管理是高价值、高杠杆率职位，做好了体现出的是系统性质量和效率的提升，做不好暴露出的也必然是系统性风险。所以业内人说：合规工作是"做好了无声无息，做不好惊天动地"。

四、企业合规对政府监管的意义

自1990年以后，欧美国家开始将合规引入刑法和行政法之中，将企业建立合规体系作为对涉嫌违法犯罪的企业予以宽大处理的依据，确立了刑法和行政法上的合规激励机制。[1] 合规在企业监管方面具有的优势，西方法学界有两种理论可以解释。

第一个是"社会效益理论"，企业合规计划使得政府无需增加执法的强度和预算，而是通过引导企业建立合规计划，来实现对违法犯罪行为的事前预防，从而减轻了政府的执法负担。合规计划的实施，使得整个司法系统因为减少执法调查和降低诉讼成本而获得收益。

第二个是"降低违法成本理论"，合规计划能够帮助企业预防违法行为，也可以帮助其评估潜在的民事责任和刑事风险，以便尽早作出正确的应对策略。即使违法行为发生之后，企业合规计划的建立也可以成为无责任抗辩事由、程序选择事由和量刑从轻事由，还可以避免执法机关在强制企业完善合规机制上采取过度的监管措施。[2]

相对于传统监管方式而言，合规监管方式使得行政机关、司法机关不必事必躬亲，不必动辄追求"严刑峻罚"，而是发挥着监督者、审核者乃至裁判者的角色，促使企业通过改进公司治理结构来矫正原有违规经营方式，督促和引导企业逐步建立一种依法合规开展业务活动的机制，形成一种合规经营的管理机制和企业文化。企业合规机制的建立，大大节省了政府监管部门的成本投入，将原来的"外部监管"转变为对企业自我监管的激励和奖励，从而使企业激发出自我监管、自我报告、自我整改的活力。[3]

五、企业合规对社会的意义

合规可以推动企业合理承担社会责任，主要有两方面责任，一方面是承担生产服务经营职责，创造社会财富和经济效益；另一方面是进行企业人员和经营范围内的社会管理职责，增强对自身人员和业务中可能出现的犯罪的预防，从而积极分担社会责任，弥补国家预防犯罪力量的不足，确保社会整体秩序稳定。

在预防犯罪方面，企业可以通过合规计划治理一些边缘性违法行为，利用员工对名誉、人际关系、职位的珍惜，来督促其选择良好的行为模式。[4] 而不建立有效的合规机制，所有企业利益相关方的权益就难以得到妥善的保护。

避免企业破产倒闭，这本身就可以维护经济秩序，避免经济动荡，防止员工失业，保障政府的税收、投资、就业等社会公共利益。尤其那些对于当地经济具有支撑作用的大型企业，在合规管理体系的保护下，通过可持续的发展，能够为社会作出较大的贡献。

---

[1] Todd Haugh, The Criminalization of Compliance, Notre Dame Law Review, 2017, Volume 92, 1215-1270.

[2] Sean J. Griffith, "Corporate Governance in An Era of Compliance", William & Mary Law Review, 2016, Vol. 57, 2075-2140.

[3] 陈瑞华：《论企业合规的基本价值》，载《法学论坛》2021年第6期，第5-20页。

[4] Donald C. Langevoor, t "Cultures of Compliance", American Criminal Law Review, 2017, Vol. 54, 933-977.

企业合规还可以从观念上推进法治。随着合规管理机制的逐步完善，企业会逐步形成一种按照合规方式进行经营的文化氛围。有了这种文化氛围和依法经营的价值观，在发展供货商、经销商、代理商等第三方商业伙伴，以及从事并购等经营活动的过程中，企业就会将自己的合规文化推己及人，对其尽到合规风险评估、尽职调查和合规风险管理等方面的监管义务，从而带动更多的商业伙伴和交易相对方也形成依法依规经营的惯例。[1]

第五节　企业合规管理发展历程

美国早在20世纪60年代石油危机之后就出现了企业合规管理，现在被大家所熟知的"合规管理制度"，就是来自当时的探索。随着美国公司在全球的经营，带动各跨国公司形成了对合规管理的普遍做法。同时一些国际性的条约和国际组织制定的合规标准、指引等也相继建立，最终形成了对合规管理工作核心问题的国际共识和标准。

一、外国企业合规管理的发展历程

（一）合规理念的起源："负责任的公司"

合规理念最早可以追溯到企业开始追求成为"负责任的公司"。比如西门子公司1872年设立的抚恤金制度规定：定期把年利润的一大部分提出来作为职工的红利和雇员的奖金以及他们在困难时的救济金。公司又拿出6万塔勒的资金给全体公司成员作为养老及伤残基金。这一制度的建立取得了良好的效果，职员和工人都把自己看作公司的永久性成员，把公司的利益看作自己的利益，很少有职员改变他们的工作单位。

合规管理最早起源于美国银行业，20世纪30年代的金融危机导致的大萧条首次让人们认识到合规管理与风险控制的重要性，只有加强银行自身的合规管理以及对银行业的监管才能确保金融系统的稳定。在此之后，合规开始出现在美国商业监管之中，不少美国企业开始通过规范员工行为加强内部控制以获取社会信任，部分行业协会通过制定合规指南以规范企业经营。在20世纪60年代预防公司职员违反《反托拉斯法》的过程中，企业拥有者慢慢意识到了建立合规管理制度是提升企业核心竞争力的最有效途径[2]。这一阶段企业合规管理已开始应用，但正式的合规概念尚未出现，呈现出的特点为政府介入较少，是企业自发进行的合规管理。

20世纪60年代后，随着通用电气、西屋电气等公司的垄断事件爆发，合规风险对于企业

---

[1] 陈瑞华：《论企业合规的基本价值》，载《法学论坛》2021年第6期，第5-20页。
[2] Harvey L. Pitt & Karl A. Groskaufmains, "Minimizing Corporate Civil and Criminal Liability: A Second Look at Corporate Codes of Conduct", 78 Geo. L. J. 1580, 1581 (1990).

和企业家的毁灭性打击震惊美国社会，企业合规管理越发得到重视。在这次垄断事件中，上述公司通过划分市场、操纵价格和控制招标等方式形成垄断地位，事发之后这些公司接受了美国刑事反垄断部门的调查，最终共计30余家企业和40多人与检察机关达成认罪协议并被法院判处数百万美元的罚金，7名公司高管被判处有期徒刑。至此，合规的重要性警醒世人。一方面，建立合规管理体系是企业可持续发展、健康发展的内在要求。另一方面，建立一套有效的、得到贯彻落实的合规管理体系，是行政部门与司法部门认定违法企业或个人主观无过错的基础，据此行政部门与司法部门可以与违法企业、个人达成和解协议或给予其免责或从轻、减轻处罚。

（二）合规管理的起源：经济全球化

新一轮全球范围合规管理的发展是与20世纪70年代新一轮经济全球化发展相关联的。企业走向全球化发展面临遵循不同规则的挑战。

1976年OECD制定的《跨国公司行为准则》是朝向全球性跨国公司行为规范的一次重要努力。准则要求跨国公司应该充分考虑到他们经营所在国的既定政策，并且考虑到其他利益相关者的观点。准则具体包括：一般政策、信息披露、就业和劳资关系、环境、禁止贿赂、消费者利益、科学和技术、竞争、税收等内容，较为详尽。其主要目标是希望多国企业的营运目标能与政府一致，加强企业与其营运所处地社会间的互信基础，以及协助改善外国投资气候及强化多国企业对永续发展的贡献。

1977年美国颁布《反海外腐败法》，一般认为正式意义的企业合规从此起源。20世纪70年代，由水门事件引出的企业捐款丑闻，在某种程度上推动了企业合规管理向其他行业的流动。该法案要求企业在所有涉外的交易中，都需要对财务审计进行自我控制，防止腐败行为的出现。该法案设定了反腐败条款与会计条款，旨在严惩进行海外贿赂的美国公司，同时对外国公司在美国的贿赂行为，或外国公司在美国的分支机构的海外贿赂行为同样具有法律约束力，美国联邦司法部对上述行为拥有刑事管辖权，美国证券交易委员会对上述行为具有民事管辖权。

在此之后，美国对海外贿赂行为和垄断行为的查处与惩罚日趋严格，美国公司开始普遍重视合规化经营，企业合规管理从行业化指南和个别公司的规定转变为美国企业普遍的治理方式。此外，继美国司法部门后，行政部门也开始加强合规监管，企业合规至此分为刑事合规与行政合规两个种类。

1986年，美国《国防工业的商业伦理与企业活动精神》纲领正式面世，这份由18家美国军火企业联合起草的纲领提出了6项基本原则[1]，以此为基础，军火供应商们开始引入和筹款

---

[1] Benjamin B. Klubes, "The Department of Defense Voluntary Disclosure Program" 19 Pub. Cont. L. J. 508, 547 (1990).

相关的联邦合规管理体系,并在企业经营要求中纳入了自觉履行合规管理制度这一条款。

1988年,美国通过了《内幕交易与证券欺诈取缔法》,法案加强了在证券领域的合约管理,并限制了内幕交易行为。可以说,在20世纪80年代,美国的企业合规管理制度无论在数量上还是质量上都取得了较大的突破。

1991年,《联邦量刑指南》被颁布。在这份指南中,美国对那些认真遵循企业合规管理制度的企业给予了鼓励,规定可以在企业被罚款时酌情减免罚金。这进一步促进了合规管理制度的实行。

1992年,在经历了长达17年的研究后,美国法律协会最终通过了《企业管制的原理》,开创了董事会中合规管理制度的新模式,促进了企业合规管理的完善。

2002年,美国出台《萨班斯法奥克斯利法案》,进一步加强了对上市公司以及会计师的监管。同年7月30日,时任美国总统的布什签署了《公众公司会计改革与投资者保护法案》[①],法案对公司内部控制提出了更为严格的要求,也进一步加重了公司合规责任。

2004年,美国出台《针对机构实体联邦量刑指南》,在《联邦量刑指南》的基础上进一步加大了对认真循序企业合规管理制度企业的激励。这些法案和指南使得美国的企业合规管理机制越发成熟。

(三) 合规管理的强化:全球金融危机

2008年金融危机的爆发使得美国乃至全世界都充分认识到了企业合规管理的重要性。这也在一定程度上推动了企业合规管理在全世界的普及。美国政府也通过这次次贷危机认识到,单单依靠强化政府监管并不能够真正约束企业家的不合规行为。当企业家认为违规的成本小于收益时,他们一定会选择铤而走险,则也会使得市场信任再次变得捉摸不定[②]。

并且政府也在这次危机中认识到,诸如《公众公司会计改革与投资者保护法案》这种通过压力催生的企业合规管理制度的方式是完全错误的,这样产生的企业合规管理制度只会变得更加脆弱,这只会使得企业合规制度的建立变成一种表面形式,甚至会导致监管失灵。

在意识到自己的错误后,美国政府和企业都抓紧对自己的错误进行了修正。美国政府对不合规企业的定罪数量和罚款金额也大幅上升。

2010年7月21日,美国颁布《多德-弗兰克华尔街改革和消费者保护法》[③]。这份法案在

---

① 《美国2002年公众公司会计改革和投资者保护法案(概要一)》,载中国证券报2002年8月7日;《美国2002年公众公司会计改革和投资者保护法案(二)》,载中国证券报2002年8月7日。
② 杨力:《寻找商业目标与公司合规之间的最大公约数》,载《政法论丛》2020年第2期,第139-148页。
③ 贺锡霞:《〈多德-弗兰克华尔街改革与消费者保护法〉及对我国启示》,载《中国商界(下半月)》2010年第9期,第321-322页。

吸取了这次金融危机带来的惨痛教训后在更深程度上加强了对金融机构的监管，为大型金融机构可能遭遇的极端风险提供了安全解决方案，并将存在风险的非银行机构置于更加严格的审查监管范围之下。为了实现企业的持续发展，美国各个大公司不约而同地将企业合规管理正式纳入了企业日常管理中。2017年，美国司法部（DOJ）发布了关于如何评估企业合规项目的指导意见，此后多次更新该文件，2020年6月就《公司合规体系评估指南》发布了更新版，检察官可以借助该指南在公司刑事责任的处理中评估公司合规体系的充分性和有效性。

2008年金融危机爆发之后，美国之外的许多发达国家也纷纷颁布了合规管理的法律法规。2008年，德国对《公司治理法典》[①]进行修订，旨在使得德国的公司治理更加合规、透明。2011年，英国颁布《反贿赂法》[②]，这部法律被称为世界上最严厉的反贿赂法案之一。法案强调企业内部必须加强防止贿赂的措施，并从多个方面进行细致规定建立了一套较为完整规范的规则体系。2016年，法国出台《萨宾第二法案》，加大了对企业不合规行为的处罚力度。这些法案都在不同程度上促进了西方国家企业合规管理体系的建立和完善。

二、国际组织促进企业合规管理历程

随着美国公司在全球的经营，带动各跨国公司形成了对合规管理的普遍做法。同时一些国际性的条约和国际组织制定的合规标准、指引等也相继建立，最终形成了对合规管理工作核心问题的国际共识和标准。

1997年，OECD经合组织成员国达成《OECD反对国际商业活动中向海外政府官员行贿行为公约》，用于约束商业贿赂行为，对建立一个合规、公平的国际竞争环境有着重要作用。

"合规管理"一词最早出现在《合规与银行内部合规部门》[③]中。这一文件于1998年9月由巴塞尔银行监管委员会颁布，其中还指出了六项合规职责。随后该委员会又于2005年补充了合规管理的十大原则[④]。后来分别于2020年和2012年颁布的《加强银行公司治理的原则》[⑤]《有效银行监管核心原则》[⑥]文件中进一步明确了合规管理的具体要求，使得合规管理体系更加完善。这一概念最初在金融行业被提出，后来随着市场的不断发展，各个国家各个不同行业的企业都重视起了合规管理的相关问题。

1999年，联合国首次提出"全球契约"的构想，以此引导企业以承诺遵守国际行为准则，

---

① 高娅：《德国公司治理法典（2008年修订）》，载《公司法律评论》2009年第9期，第265-273页。
② 魏昌东：《2010年英国反贿赂法》，载《经济刑法》2020年版，第253-270页。
③ 《新资本协议.巴塞尔银行监管委员会》，载《金融博览》1998年第4期，第6-6页
④ 蒋明康：《合规与银行内部合规部门》，载《中国金融》2005年第13期，第30-32页。
⑤ 巴塞尔银行监管委员会：《加强银行公司治理的原则》，中国金融出版社2011年版。
⑥ 中国银行业监督管理委员会：《有效银行监管核心原则》，中国金融出版社2012年版。

使经济活动兼顾社会公益，承担相关社会责任。联合国"全球契约"十项原则来自《世界人权宣言》、国际劳工组织的《关于工作中的基本原则和权利宣言》、关于环境和发展的《里约宣言》以及《联合国反腐败公约》。创立之初，联合国全球契约十项原则仅包含人权、劳工标准和环境三个方面的9项原则。2004年，源于2003年生效的《联合国反腐败公约》的反腐败原则正式成为全球契约的第10项原则。中国政府于2007年正式成为联合国全球契约组织的捐款国政府，给予了联合国全球契约组织宝贵的政治和运营支持。

1999年，世界银行实施黑名单制度，禁止涉嫌贪污受贿的国际公司的投标资格，并禁止其参与由该行资助的任何相关项目。

2004年，联合国"全球契约"增加了第10项原则，即反商业腐败原则，要求"企业应反对各种形式的腐败，包括敲诈勒索和行贿受贿"。联合国全球契约对合规反腐的强化预示着全球企业合规管理发展进入了新时期。

2008年全球金融危机之后，随着美国、英国、法国等西方发达国家大幅强化对企业合规管理的要求、监督和查处，国际合规监管也日趋严格，联合国、经济合作与发展组织、世界经济论坛、国际商会、世界银行等国家及组织密集出台了诚信合规等方面的法规及指引。

2010年2月，世界经济合作与发展组织（OECD）理事会通过了《内控、道德与合规的良好做法指引》，该指引是注重在政府间层级进行反腐败指引的文件，致力于帮助各种规模的公司保护其正当商业行为、远离海外腐败的风险。

在对比参照多国企业合规管理体系后，2010年世界银行集团正式出台《诚信合规指南》。指南中总结了"被许多机构和组织认为是良好治理和反欺诈与腐败的良好实践标准和原则"，提出了关于如何完善合约体系建设的11条原则，也为未来的企业提高合规管理能力提出了很多系统的、有建设性的建议。该指南获得广泛国际认可，为此后的国际合规标准发展和演进奠定了良好基础。

2014年国际标准化组织ISO发布了ISO 19600《合规管理体系指南》。ISO批准成立了ISO/TC 309组织治理技术委员会，下设了WG4合规管理体系工作组，负责合规管理领域国际标准的制定和维护。目前，ISO/TC 309/WG4已发布的国际标准有ISO 19600：2014《合规管理体系指南》和ISO 37301：2021《合规管理体系要求及使用指南》。指南为各国建立自己国家的合规管理体系指明了方向，为全球化合规管理体系的规范化建设提供了概念性指导，催生了不同国家和地区的不同合规管理制度和政策，标志着合规管理成为全球市场的普遍化需求。

值得特别一提的是，新版ISO 37301：2021《合规管理体系要求及使用指南》，从宏观至微观，多维度和多方面对合规管理体系的建设、运行和检测认证提出了更高的要求；对合规管理体系的有效性给予了明显且特别的重视；强调了管理层在组织价值观和内部治理上的核心领导力；在过程控制和程序部分引入"测试性控制"方法论，最大限度确保合规管理体系建立、运行的有效性；强调合规文化建设是合规管理体系建立的根本，是合规管理体系需要实现的最终目标，是企业可持续发展的重要根基。

同时，新指南着力强调了举报与调查制度建立和完善的重要性；首次明确表示组织内部合规审计可由外部专业机构开展，以提高其评估过程和结果的专业性和独立性；强化了文件化信息管理的必要性，明确指出运用大数据、云计算存储等工具，加强对经营管理行为合法合规情况的及时监控和风险分析，实现信息集成与共享。新指南是合规管理的发展方向和未来趋势。①

2014 年，亚太经合组织发布了《北京反腐败宣言》《亚太经合组织预防贿赂和反贿赂法律执行准则》《亚太经合组织有效和自愿的公司合规项目基本要素》，主要针对反贿赂合规。

三、中国的企业合规管理发展历程

与外国的企业合规管理历程相比，中国起步较晚。这是因为中国现代企业的形成较晚。中国合规管理制度的引入和市场自下而上的需求是分不开的。由于贸易全球化的不断推进和全球合规监管环境日趋严格，进入中国的大型跨国公司在中国市场不断强化了合规管理体系的建设。当中国企业到国外上市或经营时，也被要求建立健全同国外相同的企业合规管理制度。在"走出去"和"引进来"的双向作用下，企业合规管理开始出现在我国的企业治理实践中。

（一）起步阶段（2006—2017 年）

2006 年 6 月 6 日，国务院国有资产监督管理委员会以通知的形式，印发《中央企业全面风险管理指引》，以指导企业开展全面风险管理工作，提高企业管理水平，增强企业竞争力，促进企业稳步发展。指引将企业风险分为战略风险、财务风险、市场风险、运营风险、法律风险等。

2006 年 10 月 25 日，原中国银行业监督管理委员会正式颁布《商业银行合规风险管理指引》②，这是"合规"、"合规管理"以及"合规风险"等名词首次在中国法律体系中出现。指引要求银行自觉地遵循合规管理制度，管理层应及时有效地对违规情况予以纠正。2007 年，原保监会颁布了《保险公司合规管理指引》。中国企业的合规管理率先在金融行业开展、发展和成熟，并积累了丰富的经验。

2008 年，财政部会同证监会、国家审计署、原银监会、原保监会制定了《企业内部控制基本规范》在上市公司范围内施行，鼓励非上市的大中型企业执行。2008 年 5 月 14 日，中国证券监督管理委员会紧随其后颁布了《证券公司合规管理试行规定》③。

---

① 杨涛、何璇：《〈合规管理体系——指南〉国际标准解读》，载《大众标准化》2017 年第 5 期，第 43-45 页。
② http://www.cbirc.gov.cn/cn/view/pages/ItemDetail.html?docId=436&itemId=928&generaltype=0.
③ http://www.csrc.gov.cn/csrc/c100028/c1002797/content.shtml.

2009年，商务部研究院组织核心研究团队对合规问题进行专门研究。商务部和国务院国资委领导对相关研究成果做出重要批示：要求相关部门充分认识合规研究的重要性，判断合规将成为后金融危机时代新一轮全球化潮流中的全球博弈重心，并要求部署力量进一步加紧相关研究和促进工作。

2012年，国务院国资委全面部署中央企业内部控制工作，开启了中国企业全面建设内部控制体系的新时期。要求将先进的内控理论与公司现有的管理基础相结合，将内部控制工作与日常经营管理活动相融合，力争用两年时间，在全部中央企业建立起规范的内部控制体系，为中央企业实现做强做优、世界一流奠定坚实的基础。

2015年，国务院国资委颁布了《关于全面推进法治央企建设的意见》，强调"着力强化依法合规经营"是一项重要的工作内容。

2016年3月，国务院国资委起草了《中央企业全面风险管理指引（试行）》。2016年，国务院国资委启动中央企业合规管理体系建设工作，选择中国石油、中国移动、招商局集团、中国中铁和东方电气五家央企作为合规体系建设的试点单位。到年底，国务院国资委正式出台《合规管理体系指南》①，为合规管理系统在不同组织中的建立、实施、评估以及改进提出意见。

总体上看，在这个起步阶段，中国金融业开始对合规问题进行了制度指引和政策规范，非金融企业主要是在内控和全面风险管理的政策框架中，体现了部分合规监管要求，并为全面合规管理的制度建设进行着探索。

(二) 发展阶段（2017年以后）

2017年中兴案是中美贸易战加剧的里程碑式案件，也是促进国内企业合规管理突飞猛进的里程碑式事件。2017年中兴案的出现使得全国哗然。当年中兴通讯与美国政府就美国政府出口管制调查案件达成和解。作为和解协议的一部分，中兴通讯同意支付约8.9亿美元的刑事和民事罚金。

这是中国企业收到的来自美国政府的金额最高的一张罚单。这个案例让我国政府和企业认识到了合规管理的问题并不仅存在于国外企业中，同样也是我国企业必须面对的挑战。

此后，美国有关执法部门进一步加大对中国企业的监管。美国司法部发布了一项新的"防范中国方案"，其中一个目标是"彻查与美国企业竞争的中国企业"涉及反海外腐败法案（FCPA）的相关案例，特别指出"与美国企业竞争"的中国企业的《反海外腐败法》（FCPA）案件，表明美国司法部将优先调查那些与美国企业竞标最后胜出的中国企业，调查这些中国公司是否

---

① https://www.deliwenku.com/p-4195648.html.

有腐败行为而使美国公司处于不利竞争地位。

之后,美国通过单方面制定的规则,比如利用涉疆、涉港问题,加大了对中国企业进行遏制打压,依据其本国法律对中国有关国家机关、组织和国家工作人员实施所谓"制裁",从这个角度,在一定意义上中美贸易战实际是规则之战。

中美之间的规则之战加速推进了我国建立健全合规管理体系的进程。2017年,习近平总书记主持深改组会议,审议通过《关于规范企业海外经营行为的若干意见》,提出规范企业海外经营行为,加强企业海外经营行为合规制度建设,并指出要加强对企业海外经营活动合规制度建设。

2017年12月29日,GB/T35770-2017/ISO 19600:2014《合规管理体系指南》国家标准,经国家质量监督检验检疫总局、国家标准化管理委员会正式批准发布,于2018年7月1日起实施。指南明确了持续有效的合规管理体系的八个方面:即识别和维护(持续更新)的企业合"规"数据库;准确识别、分析和评价合规风险;建立企业合规管理职责体系;设定企业合规管理目标和制定合规风险管理措施并融入企业流程管理体系而建立企业合规管理体系;加强合规管理机制建设与能力建设;推进合规管理体系有效运行,控制合规风险,实现合规管理目标;合规效果持续监测和开展合规管理体系审计(审核)以及管理层评审;持续改进企业合规管理体系。

2018年在推进"一带一路"建设工作5周年座谈会的讲话中,习近平主席指出要规范企业投资经营行为,合法合规经营,注意保护环境,履行社会责任,成为共建"一带一路"的形象大使。同年在民营企业家座谈会上指示,企业家要讲正气、走正道,做到聚精会神办企业、遵纪守法搞经营,在合法合规中提高企业竞争能力。在主持召开中央全面依法治国委员会第二次会议上又指出,要加快推进我国法域外适用的法律体系建设,强化企业合规意识。在第二届"一带一路"国际合作高峰论坛上,习近平主席进一步明确,共建"一带一路"要引入各方普遍支持的规则标准,推动企业在项目建设、运营、采购、招投标等环节按照普遍接受的国际规则标准进行,同时要尊重各国法律法规。

2018年4月,中兴通讯被美国有关部门再次处罚,引起了全国的关注。商务部研究院研究员王志乐联合北京新世纪合规俱乐部的核心专家,对中兴案进行了及时的分析评估并提出政策建议,获得国务院领导重要批示,要求国务院国资委、发改委、商务部、外交部等相关部门加强对企业合规的研究、指引和促进工作。

2018年至少八个主管经济工作的中央部委正式推出了合规管理的相关指引,政府层面对企业合规管理的推动突飞猛进。经过长时间的研究论证、市场调研,当年11月2日,国务院国资委正式出台《中央企业合规管理指引(试行)》,要求中央企业应当按照全面覆盖、强化责任、协同联动、客观独立的原则,加快建立健全合规管理体系,为企业开展合规体系建设和相关工作提供了政策指导。同年12月26日,国家发展和改革委员会、国务院国有资产监督管理委员会等七部委联合制定发布《企业境外经营合规管理指引》，包括总则、合规管理要求、合规管理架构、合规风险识别、评估与处置合规管理制度、合规管理运行机制、合规评审与改进、合规文化建设等八部分，围绕"合什么规""怎么合规"等主要问题给出指引。

2018年11月2日，国务院国资委发布了《中央企业合规管理指引（试行）》，这是中国合规管理的一个重要起点，标志着中央企业合规管理建设的开始。该指引从合规管理职责、合规管理重点、合规管理运行、合规管理保障四大方面指明了全面构建合规管理体系的方向。

2019年，各省市积极开展企业合规管理的立法和实践。例如，上海市国务院国资委于2018年12月28日印发了《上海市国务院国资委监管企业合规管理指引（试行）》，重庆市国务院国资委和江苏省国务院国资委也分别在2019年11月1日和11月6日发布了类似的指引。

2020年在《中共中央国务院关于新时代加快完善社会主义市场经济体制的意见》中，提出要加快国内制度规则与国际接轨，以高水平开放促进深层次市场化改革。

2021年3月，国务院国资委又出台《关于做好2021年中央企业违规经营投资责任追究工作的通知》[①]。通知中强调要强化国资企业的监察力度，促进企业合规健康发展。

2022年，国务院国资委发布了《中央企业合规管理办法》，进一步深化了中央企业的合规管理。相较于之前试行的指引，提出了更加具体和严格的要求，标志着中央企业合规管理在合规强化年的基础上更上一层楼。

2022年国家市场监督管理总局发布了GB/T35770-2022《合规管理体系要求及使用指南》，为企业提供了更明确的合规管理指南。

与此同时，中国政府也针对中美之间的规则之争制定了一系列反制规则。2020年9月，中国商务部出台《不可靠实体清单规定》；2021年1月，商务部出台《阻断外国法律与措施不当域外适用办法》；2021年4月，商务部出台《关于两用物项出口经营者建立出口管制内部合规机制的指导意见》；2021年十三届全国人大四次会议批准的《全国人民代表大会常务委员会工作报告》在"今后一年的主要任务"中明确提出，围绕反制裁、反干涉、反制长臂管辖等，要充实应对挑战、防范风险的法律"工具箱"。2021年6月，十三届全国人民代表大会常务委员会表决通过《反外国制裁法》，将反对外国不当制裁上升到法，针对的是来自外部的与我国家主权、安全、发展利益相抵触的外国规则。

总体上看，在这个阶段，企业合规管理从国外倒逼转变为国内自发要求与反制，从行政部门的指引扩大到司法部门的助力，从狭义合规为主到广义的"大合规"兴起，全面合规管理成为法治企业建设、企业内控管理和全面风险管理的总抓手。

---

① http://www.sasac.gov.cn/n2588020/n2588072/n2591266/n2591268/c17627762/content.html.

（三）推进中国特色的企业合规管理建设路径

结合中国的法律法规、市场环境、企业文化，推进中国特色的企业合规建设路径的基本方向如下：

一是坚持党的领导与合规管理相结合

在企业合规管理中，要始终坚持党的领导，确保企业合规管理符合国家的法律法规和政策导向。将党的理论和路线方针政策融入企业合规制度中，确保企业合规管理服务于国家大局。

二是制定符合国情的合规政策和标准

结合中国特有的市场环境和法律法规，制定适合中国企业发展的合规政策和标准。这些政策和标准应涵盖反腐败、反垄断、数据保护、环境保护等多个方面。

三是融入国际合规标准

在坚持中国特色的同时，学习和借鉴国际先进的合规管理经验，逐步融入国际合规标准，以适应全球化经营的需要。

四是持续改进与创新发展

随着外部环境的变化，持续改进合规管理体系，创新合规管理方法，确保企业合规管理始终处于领先地位。

通过上述方式，逐步构建起具有中国特色的企业合规管理体系，既符合国家法律法规的要求，又能有效提升中国企业的国际竞争力。

第二章

企业合规管理策划

第一节　企业合规管理策划概述

人力资源和社会保障部发布的"企业合规师"国家新职业职责中，其主要工作任务包括制定企业合规管理战略规划和管理计划，这是企业合规管理策划过程中要做的事情。企业合规管理策划是指对企业建立适合企业发展的合规管理体系的策划，是从战略规划层面开展的合规管理工作。一般需要在调研和盘点组织内外环境，正确理解相关方的需求与期望，确定合规义务，开展合规风险识别、分析、评价的基础上，结合企业的价值观、目标、战略，对企业合规管理整体设计和系统安排。策划过程中，应充分考虑与企业现有的管理架构与管理体系，比如质量管理体系、环境管理体系、职业健康与安全管理体系、内控体系、风险管理体系、法律风险管理体系等的融合与衔接、协同，同时考虑合规管理信息化、数字化的应用。本章主要内容包括合规管理体系策划、合规目标设置与实现策划、合规管理体系调整与改进的策划、一体化协同管理策划、合规管理信息化策划等五个方面。

第二节　标准要求

一、策划内涵

在企业战略层面，企业设计建立什么样的合规管理体系，才能确保企业在追求自己的使命、愿景、实现战略目标的过程中，始终保持正确地做事呢？在国际标准 GB/T35770-2022《合规管理体系 要求及使用指南》中，对合规管理体系的策划内容，主要是三个方面：一是对合规风险和机会的应对策划，二是对合规目标及实现的策划，三是适用企业内外情况变化、企业发展新需求的合规管理体系调整与改进策划。

策划是为了组织遵循其适用的合规义务，对组织面临的内外环境、风险分布、发生原因、发生场景以及后果进行预测的前提下，所做的防御型合规管理策划。通过合规管理体系的策划，建立的合规管理体系要具有防御合规风险的效用，并且策划过程中，要能够充分利用现代信息技术、科技管理手段和人才资源等，使得合规管理体系更加有效，更加经济、合理。

策划阶段，企业可以从岗位职责、企业业务活动两个路径策划合规管理体系建设、运行、改进。

企业在认知理解了其内外环境需要用合规管理体系去确保满足利益相关方需求和期望，同时识别、确定了组织需要遵循的合规义务和内部需要优先处理的合规风险清单的情况下，企业有必要就建立的合规管理体系，按照PDCA循环模式进行全过程的策划，这是建立有效的合规管理体系的核心过程，是量身定制企业合规管理体系的关键过程。

合规管理体系策划，是让企业的合规管理体系建设有一个"施工图"作依据，从而实现"策划"的目的。

二、合规管理策划要求

（一）合规风险和机会的应对策划要求

企业在进行策划时，要考虑企业外部、内部的环境和各影响因素，要识别和考虑与企业有关的利益相关方及他们的要求，要考虑需要遵守的合规义务，要考虑企业需要应对的合规风险和机会，要考虑企业需要实现的合规目标，这些需要企业能够从战略层面来策划合规管理体系，而不是对合规运行和合规控制做策划。

策划要从企业合规风险预防角度进行，这样的策划目的是识别、分析与评估企业面临的潜在合规风险、潜在的风险情形和后果，加以防控策划。根据合规风险评估的结果，企业的合规管理体系策划，在于合规风险发生之前的妥善处置和控制，在于如何让合规管理体系提前处于应对状态。

策划还要考虑必要或有益的合规措施与企业业务流程的融合，包括从目标融合、业务实施过程的管控融合，与企业人员素质、技能要求的融合，在管理保障、资源保障中融合。

最后，策划要考虑如何评价合规管理体系有效性的相关措施、手段、技术与方法，比如包括监控、衡量方法技术、内部审核或管理评审等。

合规管理体系策划全过程是一个合规管理闭环过程的整体策划和系统性策划，策划的内容覆盖周期一般是企业生产经营管理的一个年度。

（二）合规目标策划要求

合规目标设立涉及企业各层级和部门、单元，即合规目标建立在企业横向、纵向范围全覆盖的基础上。

合规目标的设定需要考虑以下方面：

1. 与企业的合规方针一致。

2. 可测量（尽量可以）。

3. 适用企业自身业务和产品、服务、内外环境要求。

4. 可用于监督考核和监控。

5. 企业内部均被告知。

6. 需要时适时进行更新调整。

7. 应该形成文件化信息，可获取。

（三）合规目标实现的策划要求

企业策划如何实现合规目标时，应确定：

1. 需要做什么。

2. 需要哪些资源投入。

3. 谁负责落实。

4. 何时完成。

5. 结果如何评价。

（四）体系调整与改进的策划要求

企业合规管理体系不是一成不变的，随着时间的变化，企业的内外环境、利益相关方需求、合规义务、合规风险等会发生变化，企业的价值观、目标、战略会调整等，这些与企业初始策划有关的输入要素发生变化后，合规管理体系的局部某个方面也会随之过时，企业的合规管理体系需要及时地进行调整与改进，这样的调整与改进也要基于战略层面来进行策划。合规管理体系初始策划与调整改进策划不同的地方是，后者在策划时，还要结合合规管理体系运行实施中发现的体系性问题，进行持续改进。根据变化的输入要素与问题，调整与改进企业的合规管理体系，需要考虑以下因素：

1. 合规管理体系调整与改进的目的及其潜在后果；

2. 合规管理体系设计和运行的有效性；

3. 保障合规管理体系运行的充足资源可获取性；

4. 合规管理职责和权限的分配或再分配。

第三节　企业合规管理体系策划

一、匹配原则

匹配原则是建立合规管理体系的一个基本原则，进行企业合规管理策划时，应与企业对应的大中小微型匹配。这样的匹配包括以下方面：

1. 合规管理组织结构和职责分工；
2. 合规管理体系的文件化信息；
3. 合规风险的防控模式与合规管理成本考量；
4. 合规管理信息化实现方式。

在 GB/T35770-2022《合规管理体系要求及使用指南》附录中提出：合规管理体系宜以良好治理、匹配性、诚信、透明、问责制和可持续性等原则为基础。其中，匹配性原则是企业建立合规管理体系应与企业实际结合的一个原则。

在《中央企业合规管理办法》中明确，中央企业的合规管理组织结构是由企业合规第一责任人—合规委员会—首席合规官—合规部—各部门合规管理员组成，合规管理职责在党委（党组）、董事会、经理层有分工，这是大型企业本来具备这些管理架构的情况下的合规管理组织与分工，并非所有的企业合规管理组织与分工均如此。企业建立什么样的合规管理组织与分工，要从企业现有的管理架构、治理架构实际出发，不应该机械地按照企业合规第一责任人—合规委员会—首席合规官—合规部—各部门合规管理员来组建合规管理组织，遵循良好治理原则，保持企业内部能够可以直达最高领导、相对独立的合规管理组织是基本考量。各个企业的合规管理体系职责整体其实是一样的，但在不同管理机构、治理架构的企业，职责划分是不同的。

不同管理成熟度的企业，合规管理体系的文件化信息不一定是相同的。合规管理体系文件化信息程度，取决于企业以下三点不同：

1. 企业的生产经营规模及其业务活动、业务流程及提供的产品、服务类型。
2. 企业各业务流程及其相互关联的复杂性。
3. 企业人员的管理能力。

不同的风险偏好与管理偏好，合规管理模式与投入不同。合规管理体系策划是围绕企业面对的合规风险进行的防控体系策划，核心是有效应对合规风险，不同业务内容、不同业务复杂程度、不同风险后果等，企业决策者在策划合规管理体系时，对合规风险控制的投入、合规风险的容忍程度是不同的，会与企业的经营收入、经营机会、长期发展与合规管理成本之间进行权衡考虑。

另外，关于合规管理信息化在不同经营规模的企业也会是不同的。大型企业生产经营规模大，业务活动本身复杂，业务分布地域广，企业人员多，企业内部组织机构复杂，在合规管理信息化方面需要进行专门的部署和计划。中型企业生产经营规模中等，业务规模相对小，人员较少，组织机构比较简单，业务分布相对比较集中，合规管理信息化计划会相对简单，使用SAAS型合规管理软件即可。对于小型企业，人员少，业务简单单一，机构小，就没有必要进行合规管理信息化，依靠人员管理即可。

二、充分体现企业发展对合规管理的内在要求

（一）合规管理是企业发展长期成功的基石

GB/T35770-2022《合规管理体系要求及使用指南》明确：以长期成功为目标的组织需要建立并保持一种合规文化，以长期满足企业利益相关方的合理需求和期望，使企业长期处于与利益相关方共生共长的和谐生态圈。因此，合规不仅是成功和可持续发展组织的基础，也是一个机遇。每一家企业都希望长期成功，不合规的企业，会导致各种不良后果，这些不良后果包括：人身和环境损害、经济损失、名誉损害、行政处罚以及民事和刑事责任。三鹿集团发生的三聚氰胺事件，其所生产的奶粉被验出含有大量三聚氰胺，三鹿集团因之破产倒闭，资产被拍卖。吉林长春长生公司问题疫苗案件，相关责任人被严肃处理，18人被检察机关依法批捕。这些惨痛的教训表明，合规是企业发展安全的底线，不合规即突破了企业发展安全的底线，企业发展做不强，也走不远。

（二）合规管理要求因企业而异

每一家企业的合规管理体系都是唯一的、个性化的，都与该企业所处的特定外部环境和内部资源禀赋、管理水平相适应。在不同国家的企业，适用的法律不同，在不同行业的企业，专业业务的适用法律不同，它们的合规管理体系也不同，这很容易找到不同之处。在相同行业的企业中，合规管理体系是否应该相同呢？从实践来看也不相同。同行业的企业，如上述所提及的大中小微企业分类一样，大型企业向社会提供的服务、产品更全面，生产经营活动更复杂，合规管理的幅面自然就宽。同行业里规模相同的企业，其合规管理体系是否相同？这是企业合规管理体系个性化特征的主要分析点。同行业的两家企业，人数大致相同，经营的市场相同，如果这家企业内部人员的生产经营业务分工是一样的，企业的愿景、目标是一样的，也会因为这两家企业的最高领导对合规风险的处理偏好不同，对企业所面临的合规风险、机会的应对处理策划也不同。

（三）合规应与企业价值观、目标和战略一致

根据 GB/T35770-2022《合规管理体系 要求及使用指南》要求和建议，企业在理解其环境时，要考虑业务模式，包括企业活动和运行的战略、性质、大小、规模、复杂性和可持续性；企业的合规管理体系应反映企业的价值观、目标、战略和合规风险，并且应结合企业环境；在合规领导作用中，要求确保确立的合规方针、合规目标与企业的战略方向相一致；企业的合规方针与企业的价值观、目标和战略保持一致。企业最高管理者的职责之一，是要确保合规与企业的价值观、目标和战略相一致；并建议要确保企业对合规的承诺与其价值观、目标和战略一致，以便恰当地定位企业合规工作；企业结构或战略发生改变时，要进行合规风险再评估；制定企业合规方针时，要考虑组织的战略、目标、文化和治理方法。以上的要求和建议表明：企业的合规管理体系必须满足企业的价值观、目标和战略实现需要，为企业的战略发展服务。

三、策划目的

企业合规管理策划的核心任务是：为企业建立量体裁衣式的且有效的合规管理体系。检验有效的标准即实现合规管理体系策划预期的目的，包括以下三个方面：

（一）确保合规管理体系能够实现预期结果

实现预期结果源于企业的价值观、目标和战略需要。企业的价值观、目标和战略决定了企业建立什么样的合规管理体系。合规管理体系是建立在合规风险识别的基础上，而在此基础上，组织设定的合规目标，需要通过合规管理体系运行来实现，策划要为此服务。

实现预期结果需要从企业建立合规管理体系的效益来分析。建立有效的合规管理体系，将给组织提供下列好处：

1. 增加业务机会，促进可持续发展；
2. 保护和提升组织的声誉和信誉；
3. 考虑各相关方的期望；
4. 证实组织切实有效管理其合规风险的承诺；
5. 提升第三方对组织能够取得持续成功的信心；
6. 最大限度地降低违规行为导致的风险及相应的成本和声誉损失。

基于对这些好处的充分利用，企业的治理机构或最高管理者将从企业的价值观、目标和战略需要出发，确定合规管理体系要为什么样的预期目标服务。比如某企业立志成为市场上最具有竞争力的企业，为此其产品技术、质量、功能、服务都要达到同行业最好，那么这家企业的

合规管理体系就要为这样的战略愿景与要求、目标服务，企业的治理机构或最高管理者也需要明确，企业产品技术、质量、功能、服务要遵循市场所在国家的强制标准以外，还要遵循国家、行业的推荐性标准，并对标世界一流企业的最佳实践，对外承诺并制定高于行业、国家推荐标准的企业产品技术、质量、功能、服务标准，并且对不合规持零容忍态度。对于小微企业，企业的产品技术、质量、功能和服务，要遵守市场所在国家的强制标准，这也许就是它们合规管理体系建设需要实现的预期结果。当然，还有其他方面的预期结果。因此，不同的企业，由于其价值观、目标和战略不同，即使是相同的行业，合规管理体系策划要实现的预期也是不同的。总体来讲，预期结果主要是能够为提升企业品牌、提高客户好感和忠诚度、让合作伙伴信赖等方面正向赋能。

(二) 防范并减少不利影响

企业建立合规管理体系并非可以杜绝企业不合规发生，也是不经济的，需要企业在合规风险控制与不合规之间找到一个经济平衡，所以，企业策划建立的合规管理体系要有防范和减少合规不利、积极善后的功能。合规管理体系要立足防范并减少合规风险、降低不合规事件的负面影响，一是尽量让合规风险发生得最少；二是把合规风险发生的可能性降低到最小；三是把已发生的合规风险负面影响降低到最低。

合规管理体系的策划要从企业合规风险预防角度出发，这样的策划目的是对预计的企业面临的潜在合规风险、潜在的风险情形和后果，加以防控策划。合规管理体系要能够切实防范并减少不利的、不期望的影响和后果发生，这样的不良后果可能包括：人身损害、环境损害、经济损失、名誉损害、行政处罚以及民事和刑事责任，或者是它们的组合。从这些后果、不利影响角度出发，企业至少要实现刑事合规，追求更高一点的就是民事合规、行政合规，如果企业想给市场、社会更好的市场形象，就是道德合规，如果企业追求卓越，可以是价值合规。中国法律管辖范围的企业，应该追求什么样的道德合规与价值合规呢？应该与当前的时代要求相适应。2012年11月，中国共产党在十八大上正式提出，要"倡导富强、民主、文明、和谐，倡导自由、平等、公正、法治，倡导爱国、敬业、诚信、友善，积极培育社会主义核心价值观"，分别从国家、社会和个人三个层面高度概括和凝练出社会主义核心价值观的基本内容。2013年12月，中共中央办公厅印发了《关于培育和践行社会主义核心价值观的意见》，就培育和践行社会主义核心价值观的重要意义、指导思想、基本原则、主要要求、具体措施以及组织领导作出全面的战略部署。这给中国法律管辖范围的企业、组织追求什么样的道德合规、价值合规提供了明确方向。反之，企业的生产经营行为违反了这些要求，将对企业长远成功发展产生不利影响。

（三）实现持续改进

企业内外各因素是处于变化之中，策划建立的合规管理体系要有持续自我发现、自我优化的功能。合规管理体系是建立在企业合规义务、合规风险基础上的，合规义务主要源自外部，并且随着时间和环境变化而变化。合规风险源自企业业务活动违反合规义务，企业业务活动也是处于变化之中的，合规管理体系策划不是一劳永逸，不是策划一次，就从此高枕无忧，而是在变化中的策划，以确保合规管理体系随着各种影响合规管理体系有效性的因素变化而不断改进和调整。策划要能够实现组织合规管理体系的不断改进，使防控合规风险的绩效可持续。

四、策划准备

组织策划合规管理体系时，GB/T35770-2022《合规管理体系 要求及使用指南》明确，要考虑4.1中提到的问题和4.2中提到的要求，并确定需要解决的风险和机会。

组织进行合规管理体系策划时，应考虑：

——合规目标（见6.2）；

——确定的合规义务（见4.5）；

——合规风险评估的结果（见4.6）。

组织在开展合规管理体系策划前，需要收集和获得相关的准备材料和信息。

（一）组织的内外环境信息情况。组织应通过组织外部的环境尽调式扫描和组织内部的情况盘点，也可以理解为合规管理体系策划前的组织内外环境情况调研。在合规管理体系策划前，组织应先完成组织内外环境情况的调研工作，以掌握组织所处的环境、需要用合规管理体系来满足的要求、必须遵守的要求、自愿选择遵守的要求和组织自身的业务活动，形成组织各部门、各职能、各岗位、各类活动的详细清单。对应标准GB/T35770-2022条款4.1、4.2的工作结果，是合规管理体系策划的基础。

（二）合规目标。合规管理体系的策划是基于确定的合规管理目标，设定什么样的目标，就需要策划什么样的投入。目标的具体性决定策划哪些要素、投入多少。在合规管理体系策划前，组织应确定组织各部门、各层级的合规目标，形成合规目标清单，对应标准GB/T35770-2022条款6.2的工作结果。

（三）合规义务。合规管理体系是组织为了遵守组织适用的合规义务，包括法律法规、监管要求、行业规定、商业道德规范、公序良俗等组织必须遵守的要求和组织自愿选择遵守的要求，所建立的体系化、系统化的合规管理工作体系。在合规管理体系策划前，组织首先应确定组织需要遵守的合规义务内容，形成合规义务清单。对应标准GB/T35770-2022条款4.5的工作结果。

（四）合规风险评估的结果。合规风险是合规管理体系管理的核心对象，在合规管理体系策划前，组织应确定组织内部各人员的详细活动内容中存在的合规风险源，以及合规风险源对应的合规风险点，形成组织各部门、各岗位、各类活动的合规风险源清单和合规风险点清单。对应标准 GB/T35770-2022 条款 4.6 的工作结果。

五、策划内容

在做好组织内外环境情况调研结果、各部门、各岗位、各类活动的详细清单、合规目标清单、合规义务清单、合规风险源清单和合规风险点清单基础上，进行组织的合规管理体系策划，就像修建一座建筑物，首先要进行建筑设计。合规管理体系是建立在合规风险评估基础上的，持续有效的防控合规风险自然就成为最核心的策划内容。正如标准 GB/T35770-2022 附后的"使用指南"提到的：合规风险评估是合规管理体系实施以及分配适当和充分的资源，并管理已识别合规风险过程的基础。

（一）应对合规风险和机会的措施策划

应对合规风险和机会的措施策划目前有两种策划模式

第一种按照合规风险防控措施的实施主体与防控手段不同，应对合规风险和机会的措施策划可以分为一、二、三、四道控制措施策划，即四道控制线模式。这不同于企业合规管理组织结构设计中因为不同合规管理职责分工而形成的合规管理组织架构"三道防线"。四道控制线模式如下。

1. 自律控制线

- 签订合规承诺书，或签订合规协议书；
- 合规行为规范/准则；
- 合规培训、宣贯与警示教育；
- 合规职责交底；
- 合规义务交底；
- 合规风险交底；
- 合规风险防控措施交底；
- 合规自查和自报告；
- 申请利益冲突回避；
- 员工合规自诊断；
- 其他自律控制措施。

2. **机制控制线**

- 合规绩效管理：合规绩效纳入个人绩效。
- 合规积分制管理：合规和不合规累计加、扣分，与人员工资调级挂钩；或不合规扣分制考核管理。
- 合规激励处罚制度：对于在阻止、举报后果严重的潜在不合规、合规风险应急管理、合规疑虑及时报告等方面突出的人员，实施奖励；对不合规行为责任人实施处罚。
- 公司发布合规方针与合规政策。
- 合规文化引导机制：确立合规方针、合规文化建设与宣传、合规文化主题活动、领导率先垂范等。
- 其他机制控制措施。

3. **制度控制线**

- 分解工作事项（如适用时采用）：将超高风险事项进行任务分解，由不同岗位执行，直接减低风险；
- 明确责任主体：确定工作事项的责任部门和责任岗位、责任人；
- 目标化管理：同步设定业务目标与合规目标；
- 工作记录标准化：明确必须有标准、规范的工作记录模板；
- 工作完成结果标准化：明确工作结果完成标准，包括时间要求/标准、质量要求/标准，达到合规义务要求；
- 工作方法标准化：明确工作过程的工作依据、组织方法、方法技巧；
- 实施业务专业管理把关：设定专业性复核环节；
- 实施独立审批决策制：经办与决策分离；
- 非相容职责事项分离（如适用时采用）：同一岗位内，存在非相容职责事项的，进行分离；
- 信息化固化：实施信息化在线管理，业务在线上操作办理；
- 其他制度控制措施。

4. **他律控制线**

- 举报调查与设定处罚标准。
- 定期强制轮岗。
- 人员聘用、调动前合规尽调。
- 事前疑虑时，进行合规咨询。
- 事前合规审查。
- 进行合规风险预警。

- 合规有效性监测评价。
- 嵌入监督：嵌入业务执行过程中监督。
- 制定监督检查清单。
- 定期合规公示。
- 离岗责任审计。
- 不定期飞行监督检查；或不定期突击审计。
- 定期专项监督；或定期专项审计；或（全程）跟踪审计；或旁站监督（如果场景适用时采用）；或安装实时监控设施（如果场景适用时采用）。
- 不符合、不合规纠正。
- 采取不符合、不合规纠正措施。
- 其他内部他律控制措施。

第二种按照防控措施切入时间不同，应对合规风险与机会的措施策划可以分为事前、事中和事后防控措施策划，即事前、事中和事后防控模式。具体如下。

表 2-1　事前事中事后防控模式

防控措施	合规风险防控技术改进建议。
	合规风险防控措施改进具体内容建议。
1. 事前控制措施	
1.1 岗位职责分拆，直接降低风险（特定措施）；	针对超高风险等级的岗位，可以将该岗位里的某一个、两个职责移到另一个岗位，直接降低该岗位的固有风险。
1.2 设定风险预警阀值，到线预警；	可以设定工作事项实施在一定时间区间内，违反制度规定的次数上限，比如事不过 3 次，违反制度出现 3 次为上限，达到 3 次上限，即启动由公司内部纪检监察等部门落实组织的专门监督检查。
1.3 设定业务管理控制目标，目标监测；	可以设定工作事项所在的业务流程上的管理控制目标，也叫考核目标，当目标没有实现的时候，业务主管部门落实查找目标没有实现的原因，并排除因为贿赂舞弊原因引起的目标未实现情形，主要防控那些引起业务管理控制目标不能够实现的重大贿赂舞弊事件发生。
1.4 场景投入监控设施（特定措施）；	比如看管库房，就可以装监控摄像头。比如收原材料现场可以安装监控摄像头。
1.5 业务过程透明化措施，如全程留痕、全程记录模板等；	制定工作表单模板，将权力行使全过程记录下来，记录的方式可以是机器自动记录，可以是全程摄像，也可以是文字、数字记录等。
1.6 工作事项分解、多人制衡；	可以将工作事项再细分，由 2 人或多人前后配合完成，或者不再分解，一件事由 2 人或多人同时见证完成。

续表

1.7 制定利益分配、资源调配程序和分配/调配工作标准;	由于该工作事项的实施结果是将利益分配给某人，或将资源调配给某方，因此要把这种是否分配给某人、是否调配给某方的"评判工作标准"明确，最大限度避免执行人自立标准、主观评判、臆断，最大限度提高"是"的"评判工作标准"客观性，或最大限度提高"否"的"评判工作标准"客观性。同时，明确行使权力的时间长度，并考虑是否适应再增加复核、监督、审核、审批。
1.8 制定工作方式方法;	由于该工作事项的实施结果是将利益分配给某人，或将资源调配给某方，因此要把这种利益分配给某人、资源调配给某方的"工作方式方法"明确，最大限度避免执行人主观地做。包括明确工作依据、组织形式、方法技巧。
1.9 制定利益管理活动细则（特定措施）;	涉及利益管理活动的工作事项，比如出纳管理现金业务事项，究竟具体如何管理，应很仔细地描述，以防止现金管理舞弊、贪污等问题。这样的具体管理方法包括：明确利益活动管理的工作日记录；明确交接班具体规则和标准；明确盘点工作规范等。
1.10 制定利益冲突报告与回避制度;	出现利益冲突时，应该如何处理规定清楚，比如在出现利益冲突的也问过了制度这个，明确"当事人自我申报，填写《利益冲突事项回避申请表》"。
1.11 签订廉洁承诺书，或廉洁协议书;	核心是明确廉洁责任，一旦发生，采取对应的处罚标准，就可以廉洁承诺书或廉洁协议书为凭据了。
1.12 教育;	可以建立教育制度，并且定期教育提醒，比如参观监狱等。
1.13 采取物理隔离技术（特定措施）。	这里主要是针对关键信息、利益管理活动，可以将其锁在某个空间，防止人员可以接触到。
2. 事中控制措施	
2.1 增加专业性复核环节;	业务人员把事情做完后，或在中间环节，另一个同样专业的人员复核一次，认为业务做正确了后，再继续进行后面的工作，这不是给领导签字那样。与1.7配合使用。
2.2 增加嵌入式监督环节;	业务人员把事情做完后，或在中间环节，另一个专门从事监督的人员监督分析是否存在舞弊、作假的情形，排除后，再继续进行后面的工作。与1.7配合使用。
2.3 不定期突击审计;	纳入审计内容范围，审计人员用专业审计方法，对其工作过的事项进行审计，并且是采取不事先通知就突然去审计的方式。
2.4 不定期飞行监督检查;	纳入监督内容范围，监督人员用专业监督方法，对其工作过的事项进行监督，是否存在舞弊、作假和贿赂、腐败，并且是采取不事先通知就突然去监督检查的方式。
2.5 定期强制轮岗;	纳入公司人力部门落实的定期轮岗的范围。
2.6 定期控制目标考核;	考核部门落实每年底或半年一次的目标考核。

续表

2.7 定期在特定范围公示、公开，收集意见。	将过去一段时间的工作事项实施情况，向工作事项的潜在利益相关方公示出来，公布信息收集渠道，接受他们的质询和举报。
3. 事后控制措施	
3.1 实施离岗责任审计；	将该岗位纳入例行审计覆盖范围，该岗位的人员调离该岗位时，应对其到这岗位以来的工作进行离岗审计。
3.2 定期专项审计；	将该岗位纳入审计内容范围，对该岗位某段时间的工作进行阶段审计评价。
3.3 建立处罚标准；	将该工作事项的违规情形，根据严重程度不同，明确不同的处罚标准。
3.4 畅通举报渠道；	公司建立畅通的内部、外部举报渠道，24小时接受知情人的举报，并及时进行调查核实。
3.5 制定业务监督检查清单。	公司针对不同业务实施过程关键环节，拟定监督检查内容，验证业务实施过程的关键环节是否遵守业务适用的合规义务。

以上应对合规风险和机会的措施，可以按照合规风险的不同评估等级进行不同的防控措施组合，以实现合规风险的有效防控。总的原则是：企业愿意投入的防控措施组合数量、防控成本情况与合规风险的高低、分布多少成正比。合规风险等级越低，控制措施组合可以越少，反之越多；合规风险分布越多，控制措施组合可以越多，反之越少。

同时，企业应将这些措施尽量整合、并入业务流程和管理制度中，这样的整合可以通过将合规目标设定、防控措施写入业务实施制度、监督检查制度、考核评价制度、举报调查制度等控制或其他具体条款（例如资源、能力）来实现。

策划的最后一个工作是对评价这些措施的有效性作出安排。企业要防止这些控制措施或某个控制措施失效，不起作用，或者被形式化、表面化实施，或者被绕过，因此要计划好如何来监视评价这些控制措施的控制效果。企业应计划好如何来监视、测量技术、内部审计或管理评审合规管理体系有效性，在策划时要一并进行安排。

六、策划过程

（一）策划前的准备工作

在策划之前，应当获得一系列开展合规管理体系策划所需的数据信息和资料，来支持企业管理层策划合理、适宜的合规管理体系。

1. 合规管理体系建设前，企业内外环境调研结果资料
2. 企业业务活动清单
3. 企业适用的合规义务清单

4. 企业合规风险清单

5. 企业合规风险防控现状调查

上述前三项的资料如何获得,将在后面的第三章"企业合规义务管理"中具体展开。后两项将在第四章"企业合规风险识别与评估"中具体展开。

(二) 合规风险管控组合策划

合规管理体系策划的核心是针对需要实现的目标,结合以上获得的工作结果资料,企业决定对不同风险等级的合规风险采取哪些管控措施组合,达到企业履行其适用的合规义务,控制合规风险,实现合规管理体系预期目的。

对策划起决定作用的是企业面临的合规风险。从防控成本投入考虑,不同风险分级的合规风险,适宜采取不同的防控措施组合拳。假设两家企业需要遵守的合规义务是一样的,但是两家企业合规风险评估形成的合规风险清单和分布情况、等级不同,其管控合规风险的整体考量是不同的。一家企业各业务活动的合规风险主要是高、中风险级,另一家企业各业务活动的合规风险主要是中、低风险级,显然,前者的管控成本投入要高于后者。因此,企业合规风险分布特征对策划有决定性的影响,这种策划主要在于企业如何来管控不同风险级别的合规风险。采取不同的防控措施组合拳与企业主要领导的风险偏好也紧密相关。

表2-1是以"四道控制线模式"为例的一种"四级风险管控"组合策划。

表2-2 四级合规风险管控组合策划

四道控制线选择	四级风险区间
1+2+3+4	■超高(900以上)
1+2+3	■高(601—900)
1+2	■中(301—600)
1+2	■低(300及以下)
0	■无蓄意合规风险

表2-2中,300、600、900是合规风险四个分级的系数区间,企业可以根据全企业所有业务活动合规风险系数的排序,进行2∶3∶3∶2比例的风险等级分区。也有企业将合规风险分为五个级别,按照200、400、800、1200,将合规风险等级分为极高、高、中、低、极低,企业也可以根据全企业所有业务活动合规风险系数的排序,进行2∶2∶3∶2∶1比例的风险等级分区。

表2-3是"四道控制线模式"的一种"五级风险管控"组合策划。

表 2-3　五级合规风险管控组合策划

四道控制线选择	四级风险区间
1+2+3+4	■极高（1200 以上）
1+2+3	■高（801—1200）
1+2	■中（601—800）
1+2	■低（201—600）
1+2	■极低（200 及以下）
0	■无蓄意合规风险

以下是某企业按照合规风险"事前事中事后防控模式"为例的组合策划，对照四级风险的管控策划建议。

表 2-4　四级合规风险事前事中事后管控策划

防控措施	风险评级 低风险	风险评级 中风险	风险评级 高风险	风险评级 超高风险	风险防控技术改进建议 风险防控措施改进具体内容建议。
1. 事前					
1.1 岗位职责分拆，直接降低风险（特定措施）；				适宜采用	针对超高风险等级的岗位，可以将该岗位里的某一个、两个职责移到另一个岗位，直接降低该岗位的固有风险的。
1.2 设定风险预警阈值，到线预警；				适宜采用	可以设定工作事项实施在一定时间区间内，违反制度规定的次数上限，比如事不过 3 次，违反制度出现 3 次为上限，达到 3 次上限，即启动由公司内部纪检监察等部门落实组织的专门监督检查。
1.3 设定业务管理控制目标，目标监测；			适宜采用	适宜采用	可以设定工作事项所在的业务流程上的管理控制目标，也叫考核目标，当目标没有实现的时候，业务主管部门落实查找目标没有实现的原因，并排除因为贿赂舞弊原因引起的目标未实现情形，主要防控那些引起业务管理控制目标不能够实现的重大贿赂舞弊事件发生。
1.4 场景投入监控设施（特定措施）；	专用	专用	专用		比如看管库房，就可以装监控摄像头。比如收原材料现场可以安装监控摄像头。
1.5 业务过程透明化措施，如全程留痕、全程记录模板等；		适宜采用	适宜采用		制定工作表单模板，将权力行使全过程记录下来，记录的方式可以是机器自动记录，可以是全程摄像，也可以是文字、数字记录等。
1.6 工作事项分解、多人制衡；			适宜采用	适宜采用	可以将工作事项再细分，由 2 人或多人前后配合完成，或者不再分解，一件事由 2 人或多人同时见证完成。

续表

1.7 制定利益分配、资源调配程序和分配/调配工作标准;	适宜采用	适宜采用	适宜采用	由于该工作事项的实施结果是将利益分配给某人,或将资源调配给某方,因此要把这种是否分配给某人、是否调配给某方的"评判工作标准"明确,最大限度避免执行人自立标准、主观评判、臆断,最大限度提高"是"的"评判工作标准"客观性,或最大限度提高"否"的"评判工作标准"客观性。同时,明确行使权力的时间长度,并考虑是否适应再增加复核、监督、审核、审批。
1.8 制定工作方式方法;	适宜采用	适宜采用	适宜采用	由于该工作事项的实施结果是将利益分配给某人,或将资源调配给某方,因此要把这种利益分配给某人、资源调配给某方的"工作方式方法"明确,最大限度避免执行人主观地做。包括明确工作依据、组织形式、方法技巧。
1.9 制定利益管理活动细则(特定措施);	专用	专用	专用	涉及利益管理活动的工作事项,比如出纳管理现金业务事项,究竟具体如何管理,应很仔细地描述,以防止现金管理舞弊、贪污等问题。这样的具体管理方法包括:明确利益活动管理的工作日记录;明确交接班具体规则和标准;明确盘点工作规范等。
1.10 制定利益冲突报告与回避制度;	适宜采用	适宜采用	适宜采用	出现利益冲突时,应该如何处理规定清楚,比如在出现利益冲突的也问过了制度这个,明确"当事人自我申报,填写《利益冲突事项回避申请表》"。
1.11 签订廉洁承诺书,或廉洁协议书;	适宜采用			核心是明确廉洁责任,一旦发生,采取对应的处罚标准,就可以廉洁承诺书或廉洁协议书为凭据了。
1.12 教育;	适宜采用			可以建立教育制度,并且定期教育提醒,比如参观监狱等。
1.13 采取物理隔离技术(特定措施)。	专用	专用	专用	这里主要是针对关键信息、利益管理活动,可以将其锁在某个空间,防止人员的接触。
2. 事中				
2.1 增加专业性复核环节;		适宜采用	适宜采用	业务人员把事情做完后,或中间环节,另一个同样专业的人员复核一次,认为业务做正确了后,再继续进行后面的工作,这不是给领导签字那样。与1.7配合使用。
2.2 增加嵌入式监督环节;			适宜采用	业务人员把事情做完后,或中间环节,另一个专门从事监督的人员监督分析是否存在舞弊、作假的情形,排除后,再继续进行后面的工作。与1.7配合使用。
2.3 不定期突击审计;		适宜采用	适宜采用	纳入审计内容范围,审计人员用专业审计方法,对其工作过的事项进行审计,并且采取不事先通知突然去审计的方式。

续表

2.4 不定期飞行监督检查；			适宜采用	适宜采用	纳入监督内容范围，监督人员用专业监督方法，对其工作过的事项进行监督，是否存在舞弊、作假和贿赂、腐败，并且是采取不事先通知就突然去监督检查的方式。
2.5 定期强制轮岗；				适宜采用	纳入公司人力部门落实的定期轮岗的范围。
2.6 定期控制目标考核；			适宜采用	适宜采用	考核部门落实每年底或半年一次的目标考核。
2.7 定期在特定范围公示、公开，收集意见。				适宜采用	将过去一段时间的工作事项实施情况，向工作事项的潜在利益相关方公示出来，公布信息收集渠道，接受他们的质询和举报。
3. 事后					
3.1 实施离岗责任审计；				适宜采用	将该岗位纳入例行审计覆盖范围，该岗位的人调离该岗位时，应对其到这岗位以来的工作进行离岗审计。
3.2 定期专项审计；				适宜采用	将该岗位纳入审计内容范围，对该岗位某段时间的工作进行阶段审计评价。
3.3 建立处罚标准；	通用	通用	通用	通用	将该工作事项的违规情形，根据严重程度不同，明确不同的处罚标准。
3.4 畅通举报渠道；	通用	通用	通用	通用	公司建立畅通的内部、外部举报渠道，24小时接受知情人的举报，并及时进行调查核实。
3.5 制定业务监督检查清单。				适宜采用	公司针对不同业务实施过程关键环节，拟定监督检查内容，验证业务实施过程的关键环节是否遵守业务适用的合规义务。

以上四级合规风险事前事中事后管控策划，也可以按照五级合规风险事前事中事后管控策划，四级低的管控组合对应五级低的和极低管控组合，其他的组合情形相同。

（三）匹配管控组合

匹配管控组合是根据合规风险评估形成的风险等级来确定的。在后面合规风险评估章节，企业进行合规风险评估后，汇总，可以得到《公司岗位固有合规风险详细分布统计表》。如表2-5。

表 2-5 公司岗位固有合规风险详细分布统计表

单位名称：×××公司　　所在行业：儿童玩具用品

工作事项序号	姓名	所在部门	岗位名称	岗位职责	工作事项	工作目标	合规风险源	审批权	市场客服与销售权	人事权	采购权	放行权	计量权	财务资金权	拥有关键信息权	存在利益冲突情形	存在黑箱	属于利益管理活动	固有合规风险系数	固有合规风险等级	潜在经济损失预估（万元）直接	间接	合规风险潜在外部驱动方	可能发生的合规风险类型
1	2	3	4	5	6	7							8					9	10	11		12	13
1	×××	商务部	商务管理	负责产品质量检测	产品质量检测	服务于公司产品质量目标	1.权力风险源：放行权 2.非权力利益冲突					1							360.0	中	0.00	0.00	销售客户	反腐败反贿赂合规风险，验收把关合规风险
2				负责文件档案管理	文件档案管理	服务于公司收益目标	1.权力权力风险源 2.非权力利益冲突 (1)档案保密信息 (2)涉及利益冲突								1	1			734.4	高	0.00	0.00	政府和政府机构，或监管机构	隐私与数据，或商业秘密合规风险，反腐败反贿赂合规风险
3				负责印章管理	印章管理	服务于公司其他目标	1.权力风险源：放行权 2.非权力利益冲突 (1)有批有盖章 密的文件接触保 (2)涉及技术性（黑箱）操作					1			1	1			1161.6	超高	0.00	0.00	其他组织或人员	隐私与数据，或商业秘密合规风险，反腐败反贿赂合规风险，验收把关合规风险，操作合规风险

052

续表

4	×××	质量管理部	质量管理	负责印章保管	印章公司保管	服务于公司财产保护与安全目标	1. 权力风险源：不涉及权力风险源 2. 非权力风险：涉及技术性操作、涉及利益管理活动		1	288.0	低	0.00	0.00	其他组织或人员	利益管理合规风险操作合规风险
5				负责产品质量管理工作	产品质量管理	服务于公司产品质量目标	1. 权力风险源：非权力风险（黑箱）、权力行权	1			72.0	低	0.00	0.00	无	反腐败反贿赂合规风险验收把关合规风险
6				负责公司品牌宣传工作	宣传公司品牌	服务于公司品牌价值目标	1. 权力风险源：不涉及权力风险源 2. 非权力风险：				0.00	无风险	0.00	0.00	无	无
7	×××	销售部	销售管理	负责公司档案管理	公司档案管理	服务于公司其他目标	1. 权力风险源：不行权 2. 非权力风险：档案中需要保密的材料 (2) 涉及利益冲突	1		1	734.4	高	0.00	0.00	其他组织或人员	隐私与数据或商业秘密风险反腐败反贿赂合规风险
8				负责公司合同法律审查	公司合同法律审查	服务于公司财产保护与安全目标	1. 权力风险源：放权 2. 非权力风险： (1) 合同价格信息 (2) 涉及利益冲突	1		1	835.2	高	0.00	0.00	其他组织或人员	隐私与数据或商业秘密风险反腐败反贿赂合规风险验收把关合规风险
9				负责公司销售合同审批	公司销售合同审批	服务于公司收益目标	1. 权力风险源：放权 2. 非权力风险： (1) 销售合同信息 (2) 涉及利益冲突	1		1	2808	超高	250.00	250.00	销售客户	隐私与数据或商业秘密风险反腐败反贿赂合规风险验收把关合规风险

053

通过该统计表，企业管理层可以知道全公司各业务活动的固有合规风险系数、评估等级详细分布情况，据此落实不同风险等级的合规风险管控组合措施。

1. 基于岗位的合规风险防控策划

当企业的管控制度基本处于空白状态时，可以直接依据固有合规风险，按照风险分级与防控组合策划，开展基于岗位履职业务固有合规风险（关于固有合规风险和剩余合规风险概念具体见第四章）管控策划。以下是某企业的基于岗位的合规风险防控组合策划工作表。

表2-6 ×××企业基于岗位的合规风险防控策划工作表

一、岗位名称：市场营销业务管理岗　　　所在部门：市场拓展部　　　在岗人员姓名：

序号	业务、职能事项信息				防控改进信息								
^	岗位职责	合规风险点			合规目标建议	需要追加和改进的防控措施（例如：按照四道防控措施或事前、事中、事后防控措施组合）	是否制定专项指引	是否纳入合规行为准则	岗位合规职责	嵌入制度名称	落实责任部门	落实责任人	落实完成时间
^	^	二级	三级	风险等级	^	^	^	^	^	^	^	^	^
1		客户关系管理											
2		市场投标管理											
3		战略客户合作											

二、产品销售管理岗

三、投资管理岗

四、采购管理岗

五、资金支付管理岗

……

当企业有比较完善的管控制度时，可以先诊断分析企业当前的合规风险管控状态，按照风险分级与防控组合策划，对比查找管控不全的业务活动剩余合规风险，开展基于岗位履职业务的剩余合规风险管控策划。以下是某企业的基于岗位的剩余合规风险防控组合策划工作表。

表 2-7 ×××企业岗位对应业务、职能事项剩余合规风险防控措施策划工作表

一、岗位名称：市场营销业务管理岗　　　所在部门：市场拓展部　　　在岗人员姓名：

序号	业务、职能事项信息					管控现状信息			防控改进信息						
^	岗位职责	合规风险点		风险等级	目前管控状态		是否为剩余合规风险	合规目标建议	需要追加和改进的防控措施（例如：按照四道防控措施或事前、事中、事后防控措施组合）	是否制定专项指引	是否纳入合规行为准则	岗位合规职责	嵌入制度名称	落实责任部门	落实责任人	落实完成时间
^	^	二级	三级	^	对应的公司管理制度名称	对应的公司现有具体管控措施（例如：自律控制、机制控制、制度控制、他律控制）	^	^	^	^	^	^	^	^	^
1		客户关系管理													
2		市场投标管理													
3		战略客户合作													

二、产品销售管理岗

三、投资管理岗

四、采购管理岗

五、资金支付管理岗

……

2. 基于业务流程的合规风险防控策划

同理，当企业的管控制度基本处于空白状态时，可以直接依据固有合规风险，按照风险分级与防控组合策划，开展基于业务流程的固有合规风险管控策划。以下是某企业的基于业务流程的合规风险防控组合策划工作表。

表 2-8　×××企业基于业务流程的固有合规风险防控策划工作表

一、市场营销业务管理　　　　牵头责任部门：市场拓展部　　　　合规责任人：

序号	业务基本信息			实施责任岗位	防控改进信息								
^	业务流程合规风险点			^	合规目标建议	需要追加和改进的防控措施（例如：按照四道防控措施或事前、事中、事后防控措施组合）	是否制定专项指引	是否纳入合规行为准则	业务实施责任岗合规职责	嵌入制度名称	落实责任部门	落实责任人	落实完成时间
^	二级	三级	风险等级	^	^	^	^	^	^	^	^	^	^
1	客户关系管理												
2	市场投标管理												
3	战略客户合作												

二、产品销售业务管理

三、投资业务管理

四、采购业务管理

五、资金支付业务管理

……

当企业有比较完善的管控制度时，可以先诊断分析企业当前的合规风险管控状态，按照风险分级与防控组合策划，对比查找管控不全的业务流程剩余合规风险，开展基于业务流程的剩余合规风险管控策划。以下是某企业的基于业务流程的剩余合规风险防控组合策划工作表。

表 2-9　×××企业业务流程剩余合规风险防控措施策划工作表

一、市场营销业务管理　　　　　　牵头责任部门：市场拓展部　　　　　合规责任人：

序号	业务、职能事项信息			管控现状信息				防控改进信息						
^	业务流程合规风险点		实施责任岗位	目前管控状态		是否为剩余合规风险	合规目标建议	需要追加和改进的防控措施（例如：自律控制、机制控制、制度控制、他律控制）	是否制定专项指引	是否纳入合规行为准则	业务实施责任岗合规职责	嵌入制度名称	落实责任部门	落实责任人	落实完成时间
^	二级	三级	风险等级	^	对应的公司管理制度名称	对应的公司现有具体管控措施（例如：自律控制、机制控制、制度控制、他律控制）	^	^	^	^	^	^	^	^	^
1	客户关系管理														
2	市场投标管理														
3	战略客户合作														

二、产品销售业务管理

三、投资业务管理

四、采购业务管理

五、资金支付业务管理

……

另外，企业根据合规风险分布特征和外部环境、合规监管形势的实际需要，可能着重对企业生产经营中的某个专项领域推进专项合规管理体系计划，其方法和过程是一样的。

七、调整与改进的策划

（一）调整与改进的原因

企业的外部与企业目标有关、影响合规管理体系实现预期结果的能力的各因素在动态变化中，企业内部也在变化，企业应该关注企业内外这些相关情况的变化，同时，企业合规管理体系在实施中会发现其本身存在的缺陷与问题，企业要据此对合规管理体系进行调整与改进，使公司的合规管理体系能够持续地确保企业遵守合规义务和管控合规风险，而这样的修改，应该经过策划。

根据 GB/T35770 的要求，进行合规管理体系调整与改进的策划，要考虑以下问题：

——调整与改进的目的及其潜在后果；

——合规管理体系设计和运行的有效性；

——后续充足资源的可获取性；

——职责和权限的分配或再分配。

企业合规管理体系策划的过程应该是滚动、持续的策划，不是策划一次以后，就不再需要策划改进了。要实现企业的合规管理体系持续有效，在调整与改进的时候，应该按策划的过程持续跟进。

调整与改进合规管理体系的计划，需要通过及时的合规目标调整、实现目标的策划改进和应对合规风险及机会的措施等方面的调整策划，实现组织的合规管理体系持续有效。

在企业合规管理运行时，掌握企业原来的合规管理体系实施存在的缺陷与问题，确定需要修改的情形，比如，什么情况下，可能会导致组织原来策划的合规管理体系在局部或更大范围绩效不佳，或者管理合规风险失效，使得原来策划的合规管理体系有必要改进，对于这一点，我们需要遵循本章开始阐述的合规管理体系策划必须考虑的相关因素。

组织策划合规管理体系时，应考虑企业自身和外部环境和企业利益相关方及它们的要求和期望变化，并确定需要解决的风险和机会变化；组织进行合规管理体系策划时，应考虑：

——其合规目标变化；

——确定的合规义务变化；

——合规风险评估的结果变化。

由此可以得出：当上述要考虑的情形再现实质变化的时候，企业原来策划的合规管理体系就需要进行调整与改进。概括起来，出现以下的变化情形时，企业原来策划的合规管理体系需要局部调整与改进：

1. 商业模式发生变化，包括组织活动和运营的战略、性质、大小、规模发生变化；

2. 与第三方相关联的业务性质和范围发生变化；

3. 法律和监管环境发生变化；

4. 社会经济状况发生变化；

5. 社会、文化、环境发生变化；

6. 组织的内部结构、方针、过程、程序和资源，包括技术发生变化；

7. 组织主张的合规文化发生变化；

8. 与合规管理体系相关的相关方发生变化，或这些相关方的相关要求发生变化；

9. 通过合规管理体系来解决的相关方要求发生变化；

10. 组织需要遵守的合规义务发生变化；

11. 组织的合规风险库发生变化调整时；

12. 组织的合规目标发生变化调整。

此外，企业的合规管理体系是反映企业的价值观、目标、战略和合规风险的，当企业的价值观、目标、战略发生变化时，企业原来策划的合规管理体系应进行相应的调整。

以上 13 个方面，是策划和建立企业合规管理体系的"基础"，如同建立"大厦"的"地基"，企业的合规管理体系是建立在"地基"上的"大厦"，"地基"有变化了，上面的"大厦"也应及时调整与改进，道理是相通的。

（二）调整与改进的方式

当企业确定需要对原来策划的合规管理体系进行调整与改进时，不是简单的计划和微调一下就可以，而是要梳理一下上述 13 个方面的信息变化情况，根据上面的相关"基础"信息变化的深度和广度，从企业战略层面进行策划调整，需要执行一轮本章前面阐述的"策划过程"，以确保企业的合规管理体系调整时是系统性的，确保其持续有效。

因此，调整与改进的策划内容是：当企业原来策划的合规管理体系需要修改完善时，依据变化的相关"基础"信息，执行本章"策划过程"的内容。并且，企业进行调整与改进的策划时，还需要考虑：

1. 调整与改进的目的及其潜在后果；

2. 调整与改进后的资源重新调配与供应；

3. 调整与改进后的合规管理职责和权限的再分配；

4. 调整与改进后，合规管理体系的持续完整性。

第四节　合规目标和实现策划

一、合规目标

（一）合规目标设定要求

在 GB/T35770-2022《合规管理体系要求及使用指南》中，明确要求企业应在相关部门和各层级建立合规目标。设定合规目标时，应达到以下的要求：

1. 与合规方针一致；

2. 可测量（如可行）；

3. 考虑适用的要求；

4. 可监控；

5. 可沟通；

6. 适时更新；

7. 文件可获得。

(二) 合规目标内涵

企业应在各部门和各层级建立合规目标，让企业的人员均有明确的合规目标指引，这是企业衡量合规绩效的"尺子"。因此，合规目标应当以可测量结果的方式明确。比如，企业的一个合规目标是：至少每年向相关人员提供多少次合规培训，或者是覆盖率100%。

企业应在相关部门和各层级建立合规目标，表明合规目标不仅是在组织高层层面建立合规目标就可以了，企业需要建立一整套的合规目标体系，覆盖组织的合规管理体系全范围，对企业的每个人确定合规办事必须达到的合规程度。

对合规目标的设定应满足以下具体的要求：

1. 与合规方针一致。合规方针是组织的使命、愿景、战略和组织目标体现在合规管理体系中的顶层表达，也是对组织合规的基本要求与合规价值观选择，因此，设定的合规目标必须与其保持一致，反之，合规目标为"合规方针"实现提供支撑。

2. 可测量。设定的合规目标要尽可能地可以测量，可以用数字来计算，以方便准确地反映合规管理体系满足的要求是否实现。标准所附的使用指南中还特别提到：目标宜以可测量结果的方式明确，并举合规目标的一个例子：至少每年向相关人员提供合规培训。

3. 考虑适用的要求。设定的目标与组织的规模、大小、业务特征等相适应，能够反映组织的合规管理体系在某一部门、某一业务领域和某一线业务层面的合规绩效结果，设定的目标切忌脱离组织的实际。比如合规培训，组织对人员进行每年12次的更新合规义务的培训，由于合规义务的更新在有的组织未必月月更新，该培训目标客源更改为"组织适用的合规义务更新后1个月内完成相关人员的100%培训"，这样的目标设定比较适用和务实。

4. 可监控。设定的合规目标必须具有可监控的路径，比如将实现人员"合规能力达标"设定为合规培训目标，就可能是一个难以监控的合规目标，因为合规能力是一个比较抽象的指标。

5. 可沟通。设定的合规目标应可以具体描述，诸如以"合规能力达标"作为合规培训目标，就是一个难以向其他人员、组织和组织外部准确表述的合规目标。

6. 适时更新。组织的合规目标设定不是一直不变的，应根据组织内外环境相关问题的变化，合规风险、合规义务的变化，及时进行更新。

7. 文件可获得。组织在各部门、各层级设定的合规目标应以文件的形式，提供给目标完成责任部门和责任人。

二、如何设定目标

在企业里，可以从多个角度来设定合规目标，反映的合规绩效特征也不同。

（一）从企业合规管理体系建设范围设定合规管理目标

某公司从公司层面设定合规管理体系建设目标，具体如下：

实现公司合规管理体系全岗位覆盖7个100%。

1. 建立合规责任体系，合规职责与考核指标100%覆盖全岗位、全员。

2. 建立公司适用的合规义务数据库，合规义务要求100%转化、整合到公司规范各岗位正确履职的对应的业务管理制度。

3. 建立公司各岗位的合规风险数据库，100%覆盖全岗位、全员。

4. 建立公司各岗位的合规风险防控措施和预警数据库，100%覆盖全岗位、全员。

5. 建立各岗位的合规监督清单数据库，100%覆盖全岗位、全员。

6. 建立各岗位的合规考核清单数据库，100%覆盖全岗位、全员。

7. 合规管理体系培训100%覆盖全岗位、全员。

（二）从企业推进合规来设定具体活动的合规绩效目标

企业推进合规生产经营，会主动开展相关的合规管理活动，比如开展各层级的合规培训次数、合规宣传次数、合规风险预防措施覆盖率、不合规纠正措施率、合规检查次数、合规审计次数、紧急合规事件应对成功率、合规审查率等，均属于企业主动推进合规管理采取的具体活动类行动。

（三）从企业不合规风险发生事件设定反应型合规绩效目标

企业基于合规管理事件事后风险、影响角度，对企业的合规管理反应提出目标性的要求，比如针对不同程度的合规风险发生迹象开展的合规教育、合规约谈、合规处置和不合规事件发生数量、不合规后果、不合规问题对生产经营的影响程度等方面的及时控制，均属于企业发生不合规风险事件的反应机制。

（四）从企业不同的合规风险分级设定预测型合规绩效目标

根据合规风险分级不同，对其合规率的要求不同。比如，某公司从公司合规管理体系运行，四级合规风险分级可实现的合规绩效设定目标，具体如下：

表 2-10 四级合规风险分级的合规目标

合规风险分级	公司总体年度合规率	总部	下属单位	部门管理的业务系统
超高	100%	100%	100%	100%
高	100%	100%	100%	100%
中	≥95%	≥98%	≥98%	≥96%
低	≥90%	≥95%	≥92%	≥92%

又如，另一个公司从合规管理体系运行，五级合规风险分级可实现的合规绩效设定目标，具体如下：

表 2-11 五级合规风险分级的合规目标

合规风险分级	公司总体年度合规率	总部	下属单位	部门管理的业务系统
极高	100%	100%	100%	100%
高	100%	100%	100%	100%
中	≥95%	≥98%	≥98%	≥96%
低	≥90%	≥95%	≥92%	≥92%
极低	≥90%	≥90%	≥90%	≥90%

（五）从后果不同设定公司外溢性合规目标

从不合规的后果源自外部不同的实施主体出发，可以设定不同的风险发生率目标。

1. 年度刑事合规风险发生率为0。

2. 年度行政合规风险发生率为0。

3. 年度民商事合规风险发生率为0。

4. 年度商业道德伦理合规风险发生率为0。

（六）从企业内部不同风险级设定内部管理合规目标

从公司内部管理效果情况出发，可以设定不同的管控目标。

1. 超高风险业务活动违反公司管控制度 0 次。

2. 高风险业务活动违反公司管控制度 0 次。

3. 中风险业务活动违反公司管控制度 0 次。

4. 低风险业务活动违反公司管控制度 0 次。

（七）从企业内部培训设定合规培训目标

培训是合规管理中非常重要的管理手段，可以从培训的覆盖面，进行合规目标的设定。

1. 以部门为考核单元，每半年，本部门主责的业务活动适用的全部合规义务培训覆盖率 100%，一年培训覆盖两次。

2. 新发布的合规义务，发布之日起 15 日历日内，培训覆盖率 100%。

3. 新修订的合规义务，发布之日起 15 日历日内，培训覆盖率 100%。

4. 进入新领域、新市场，当地的合规义务自进入起 30 日历日内，培训覆盖率 100%。

5. 最新版《刑法》结合本部门的业务活动可能涉及的刑法罪名，每年进行一次培训学习，公司全员覆盖率 100%。

6. 公司合规管理体系手册每年培训一次，公司全员覆盖率 100%。

7. 公司按照不同业务合规制度，每年培训两次，各业务类型每次覆盖率 100%。

三、实现合规目标的策划

（一）策划要求

标准 GB/T35770 明确，组织计划如何实现合规目标时，应确定：

——做什么；

——需要什么资源；

——谁负责；

——什么时候完成；

——怎样评价结果。

宜确定实现目标所需的行动（即"什么"）、相关的时间安排（即"何时"）和责任人（即"谁"）。宜定期按要求监视、记录、评估和更新目标的状况和进展。

（二）实现合规目标的策划内涵

合规目标起纲举目张作用，指引人员朝什么方向努力。合规目标确定了，其实现目标的策划内容有必备的要素，标准明确，组织策划如何实现合规目标时，应确定：

1. 做什么。明确实现合规目标，企业需要完成的工作结果是什么，有多少项工作任务，这样的工作任务可能是一项工作任务，也可能是两项工作任务或以上。比如合规义务培训覆盖率100%，企业则需要确定开展几场什么内容的合规义务培训。

2. 需要什么资源。需要的资源可能包括有形的和无形的资源，比如人、机、料、法、环的保障，也可能包括相关的内外初始信息的收集和准备。比如合规培训，就需要准备场地、老师、培训课件、培训费用等。

3. 谁负责。目标谁负责，明确承担合规目标的牵头责任部门和责任岗位。比如合规培训，需要确定哪个部门来实施。

4. 什么时候完成。明确合规目标的考核周期，或者明确实现目标的截止期限。比如合规培训，需要对合规培训完成的时间进行确定。

5. 怎样评价结果。目标怎么评价？明确实际的合规结果如何测量，谁评价，评价的工作程序是怎样的等。比如合规培训，需要如何来测评培训效果，比如学员考试，或者对老师培训效果评价等。

6. 明确每项工作任务如何完成。这是标准在附件使用指南里提到的。宜确定实现目标所需的行动（即"什么"）、相关的时间安排（即"何时"）和责任人（即"谁"）。比如合规培训，则需要制订公司全年的合规培训计划。

7. 目标的过程监督与目标更新。明确对合规目标实现过程和后续的更新情况监督。这也是标准在附件使用指南里提到的。宜定期按要求监视、记录、评估和更新目标的状况和进展。比如合规培训，企业要半年或季度盘点合规培训的实施情况及其效果。

（三）如何进行实现合规目标的策划

企业可以按照"1+6"流程标准法来策划如何实现合规目标的各要素。

1. "1+6"流程标准法介绍

所有流程的组成要素可以归纳统一为"1+6"标准模式，简称"1+6"流程标准，即任何一项业务工作或者管理工作都可以分解成"1+6"。"1"代表业务实施需要达到的特定目标，即考核该业务执行情况的关键绩效指标（KPI），"6"分别代表实现"1"考核目标需要实施的工作步骤、工作主体、工作任务、工作标准、工作方法和工作记录。也就是说，对准特定目标，要完成任何一项业务工作或者管理工作，其基本的标准流程都是由这六部分组成，即完成这项工作要经历几个实施步骤？每个步骤的责任主体是谁？每个步骤的具体工作任务是什么？要达到的标准（如时间标准、质量标准和审核标准等）是什么？以及使用什么样的资源与工作方法（如工作依据、工作组织形式、工作技巧注意事项禁止行为等）和需要留下的工作记录痕迹。"1+6"结构逻辑关系如表2-12所示。

表2-12 "1+6"流程标准表

业务目标				目标度量方式		
工作步骤	责任主体		工作任务	工作记录	工作标准	工作方法
	责任部门	责任岗位				
1					时间标准： 质量标准： 审核标准：	工作依据： 组织形式： 工作技巧：
2					时间标准： 质量标准： 审核标准：	工作依据： 组织形式： 工作技巧：
3					时间标准： 质量标准： 审核标准：	工作依据： 组织形式： 工作技巧：
4					时间标准： 质量标准： 审核标准：	工作依据： 组织形式： 工作技巧：

2. "1+6"结构流程制度示范

合规目标的实现策划结果应嵌入企业的流程制度中，企业的流程制度可以两种方法表达：一是图表式流程制度；二是文本式流程制度。

图表式流程制度见表2-13。

表2-13 大象装入冰箱流程——关于"流程1+6标准化结构"的演示

流程名称	大象装入冰箱流程	主控部门	支持部门	流程层级	冰箱部、大象部、业务主管部门、监督部门	流程图用途描述	描述将一头大象装入冰箱的全部工作过程（流程1+6标准化结构是企业信息化、智能化管理的基本前提）。
主管领导	公司总经理					总经理、专业委员会、总经理	版本：3.0
适用范围	适用于公司总部、上海、广州分公司总部的"大象装入冰箱"业务。						
工作考核目标							

工作步骤	责任主体					工作任务	工作记录	工作标准	工作方法
	冰箱部部长	冰箱部分管领导	大象部大象管理员	大象部部长	大象部分管领导				
	A	B	C	D	E	F	G	H	I	J
1	开门→专业检查→审核						将冰箱的门打开。	《冰箱开门记录表》	时间标准：大象送达后10分钟内完成开门工作。质量标准：1.冰箱门必须打开180度；2.门打开时必须固定状态，防止门可活动；3.冰箱门必须干净无灰尘；4.记录开门耗用时间，开门过程中的实际情况……5.记录开门过程验收，分管领导审核。	工作依据：根据大象体积大小进行开门准备工作。组织形式：冰箱管理员个人独立开门。方法技巧：开门时候采用电脑程序控制开门速度，测量大象预计到达时间做好开门准备，开门过程中必须专注，开门过程中要防止零部件受损、开门过程中要注意防止墙壁、电话。在确保工作标准按时完成的电话。在确保工作标准提前，工作人员也可采用其他更先进的方法。
2				大象进冰箱→专业检查→审核			将一头大象装入冰箱。	《大象装冰箱登记表》	时间标准：120分钟内完成大象装入冰箱工作。质量标准：1.大象不能够接触冰箱空间里；2.大象的全部装入冰箱内；3.记录大象装入冰箱实际耗用时间；4.记录装入冰箱过程的实际情况……5.装入后大象部部长检查验收，分管领导审核。	工作依据：依据大象的体积大小进行。组织形式：大象管理员带领一个表团队共同实施完成。方法技巧：预先计算大象重量和测量一个装置大象的尺寸，调用门宽、装过程中要防止冰箱发生大象起重机学，装过程中要防止冰箱发生松动，必要时可使用大象麻醉技术，在确保工作标准提前，工作人员也可采用其他更先进的方法。
3		关门→专业检查→审核					将冰箱的门关上。	《冰箱关门记录表》	时间标准：大象装入冰箱后10分钟内完成关门工作。质量标准：1.冰箱门关上后缝隙不超过0.001毫米；2.贴上密封条并记录时间；3.记录关门过程情况；4.关门后经冰箱部部长检查验收，分管领导审核。	工作依据：根据大象体积大小进行关门。组织形式：冰箱管理员个人独立关门。方法技巧：关门过程通过电脑程序控制速度，防止过快而让关门框撞击打速度，关门过程中必须专注，立柱，关门过程可以打开电活的方法。在确保工作标准完成时间下，工作人员也可以采用其他更先进的方法。

文本式流程制度示范如下：

公司标准化文本制度模板

（适用于规定、办法、细则、指引、规程类制度编写）

1. 总则

1.1 目的与依据（必选）

（注：制定此制度的目的以及此制度依据的相关制度、法律法规等）

1.2 适用范围（必选）

（注：此制度适用的范围）

1.3 管理原则（非必选）

（注：主要描述的是在这一管理制度主题下，遵循的管理思路。例如，制度管理应遵循统筹管理、标准化管理、分类管理、分层级管理等原则）

1.4 主要应对风险（非必选）

（注：此制度所针对防范的可能存在或潜在风险点有哪些）

1.5 制度使用术语与定义（非必选）

（注：此制度中所约束的工作事项中涉及的专业术语的定义）

1.6 业务管理考核目标（必选）

（注：考核此制度中所约束的工作事项绩效，尽量可量化、测量）

2. 职责分工（必选）

（注：与此制度相关的部门以及这些相关部门在此制度中约定承担的职责描述）

2.1

2.2

2.3

3. 管理内容/工作流程（必选）

[注：此制度的主体，针对此规定所规范的工作内容（约束对象），按照国家或中建股份、中建发展要求，以及相关部门的约定，描述完成工作内容的标准、流程和行为规范等，语言组织方法为：按照1+6流程图上的流程步骤逐条列出"步骤名称"，管理内容：责任岗位+工作任务+工作记录+工作标准+工作方法]

3.1

3.2

3.3

4. 监督与检查

4.1 监督检查内容（列出流程中的工作任务清单）

4.2 监督检查方法（对应 1+6 流程图中"监督检查"步骤的"工作任务+工作记录+工作标准+工作方法"或引见公司专门的监督检查流程）

4.3 激励与约束措施（引见《企业组织绩效考核管理流程》、《员工绩效考核管理流程》和党员按照党纪处分相关规定进行处理）

5. 附则

5.1 本制度对应流程（列出该制度对应流程名称，若无，则省略）

5.2 与本办法衔接的制度（列举与该制度衔接的其他流程、制度名称，若无衔接流程、制度，则省略）

5.3 本办法授权××部负责解释。

（注：针对制度执行中产生的疑义给予解释的部门，一般为制度中约束事项的主管部门）

5.4 本办法自　年　月　日起实施，对应××制度停止执行。

（注：制度的生效期及制度生效后同时停止执行的制度；制度如果涉及保密，根据保密规定执行）

6. 附件

6.1 业务运行工作记录模板（　　　）

6.1.1

6.2 业务执行结果信息统计报告模板（　　　）

6.2.1

3. 开展合规目标管理

合规目标的实现管理还需要通过以下的形式进行责任明确。

（1）合规目标对应写入公司部门管理目标责任书、岗位员工个人的合规承诺书，或与公司签订的合规协议书。

（2）与第三方关联的业务过程的合规目标，对应写入与公司合作的商业合作伙伴的合作协议。

（3）合规目标实现结果情况，按照权重纳入对应岗位员工的个人绩效考核。

第五节　一体化协同管理规划

一、企业风险管理体系

企业推进全面风险管理是从 2006 年《中央企业全面风险管理指引》发布开始的。企业开展全面风险管理要努力实现以下风险管理总体目标：

（一）确保将风险控制在与总体目标相适应并可承受的范围内；

（二）确保内外部，尤其是企业与股东之间实现真实、可靠的信息沟通，包括编制和提供真实、可靠的财务报告；

（三）确保遵守有关法律法规；

（四）确保企业有关规章制度和为实现经营目标而采取重大措施的贯彻执行，保障经营管理的有效性，提高经营活动的效率和效果，降低实现经营目标的不确定性；

（五）确保企业建立针对各项重大风险发生后的危机处理计划，保护企业不因灾害性风险或人为失误而遭受重大损失。

全面风险管理其实是前面提到的风险控制和本文后面要提到的及未提到的其他风险管理控制的集合。强调了风险管理的一般过程。

ISO 31000 风险管理体系是与全面风险管理近似的概念，国内叫全面风险管理，国际上叫 ISO 风险管理体系。

ISO 31000 风险管理体系发布为企业风险管理提供指引。依据该国际标准实施和保持风险管理时，能够使组织：

提高实现目标的可能性；

鼓励主动性管理；

意识到识别和处理风险的需求；

改进机会和威胁的识别能力；

符合相关法律法规要求和国际规范；

改进强制性和自愿性报告；

改善治理；

提高利益相关方的信心和信任；

为决策和规划建立可靠的根基；

加强控制；

有效地分配和利用风险处理的资源；

提高运营的效果和效率；

增强健康安全绩效，以及环境保护；

改善损失预防和事件管理；

减少损失；

提高组织的学习能力；

提高组织的应变能力。

二、企业内控体系

企业内部控制体系以 2008 年财政部、证监会、审计署、银监会、保监会联合发布的《企业内部控制基本规范》为参照，内部控制的目标是合理保证企业经营管理合法合规、资产安全、财务报告及相关信息真实完整，提高经营效率和效果，促进企业实现发展战略。

三、企业法律管理体系

企业法律风险管理体系以国家标准化管理委员会《企业法律风险管理指南》（GB/T 27914-2011）为参照。通过企业法律风险管理，确保本企业的法律风险管理资源投入与企业的目标相契合，达到管理本企业法律风险的目标。企业法律风险管理是以企业生产经营的内部、外部法律风险控制为主要任务。

四、企业质量管理体系

国内企业接触 ISO 的标准中，ISO 9001 质量管理体系标准《质量管理体系—要求》是最早进入中国企业的。ISO 9001 强调，对于实施质量管理体系的组织来说，潜在的收益是：

a) 稳定提供满足顾客要求和法律法规要求的产品和服务的能力；
b) 获取增强顾客满意的机会；
c) 应对与组织环境和目标相关的风险；
d) 证实符合质量管理体系特定要求的能力。

《质量管理体系—要求》重点在于为满足顾客要求的质量管理，针对质量风险控制。

五、企业安全与职业健康管理体系

职业健康安全管理体系目的在于企业员工安全、健康风险控制。OHSAS18001 职业健康安全管理体系主要是职业健康安全管理体系的要求，旨在使组织能够控制其职业健康安全风险，并改进其职业健康安全绩效。

六、企业环境管理体系

ISO 14001 环境管理体系旨在为各组织提供框架，以保护环境，响应变化的环境状况，同时与社会经济需求保持平衡。

a) 预防或减轻不利环境影响以保护环境；
b) 减轻环境状况对组织的潜在不利影响；
c) 帮助组织履行合规义务；

d) 提升环境绩效；

e) 运用生命周期观点，控制或影响组织的产品和服务的设计、制造、交付、消费和处置的方式，能够防止环境影响被无意地转移到生命周期的其他阶段；

f) 实施环境友好的且可巩固组织市场地位的可选方案，以获得财务和运营收益；

g) 与有关的相关方沟通环境信息。

环境管理体系标准主要围绕环境友好要求而建立管理体系，针对企业全生命周期运营中的环境风险控制。

七、反贿赂管理体系

反贿赂管理体系是以 ISO 37001-2016《反贿赂管理体系-要求及使用指南》为标志。

标准解决与组织活动相关的下列贿赂：

a) 公共、私营和非营利部门中的贿赂；

b) 组织实施的贿赂；

c) 组织的员工代表组织或为其利益而实施的贿赂；

d) 组织的商业伙伴代表组织或为其利益而实施的贿赂；

e) 对组织实施的贿赂；

f) 在与组织相关的活动中对其员工实施的贿赂；

g) 对与组织有关的活动中对其商业伙伴实施的贿赂；

h) 直接和间接贿赂（例如，通过或由第三方给予或收受贿赂）。

反贿赂管理体系主要针对企业生产经营中的贿赂风险进行控制管理。

八、合规管理体系

合规管理体系方面，先后有 ISO 19600、ISO 37301、GB/T35770、《中央企业合规管理指引（试行）》、《中央企业合规管理办法》等，都已经逐步发布，2022 年 10 月发布的 GB/T35770-2022《合规管理体系要求及使用指南》，等同转化自 ISO 37301，是 ISO 标准族的一个新认证标准，这几年，已经有一些企业开始了合规管理体系认证，为企业市场竞争加分。新《公司法》和《民营经济促进法（草案）》明确国资企业和民营企业要加强合规管理。合规管理的重要性在国际和国内可见一斑。推动企业建立合规管理体系，企业全面加强合规管理，加快提升依法合规经营管理水平，着力推进依法合规经营，保障企业持续健康发展，有效防控企业及其员工因不合规行为所引发的法律责任、受到相关处罚、造成经济或声誉损失以及其他负面影响的可能性，已经大势所趋。

九、合规管理体系与其他体系一体化融合路径

企业各部门在实践工作推进中,一般从本部门角度出发,在企业内部进行各自负责的管理体系建设,最终在企业形成管理体系丛林。

各种管理体系如何"融合",实现"多合一"一体化管理?即企业全体系融合管理。企业全体系融合过程实质是企业各方面风险控制措施整合到同一个流程上。这里,从实战的角度示范这一过程方法:基于业务流程的多管理体系"五步融合法"。

在一个业务领域,这些管理体系,要去管理、管控、规范的对象其实只有一个业务流程。这些管理体系,有管控某一类风险的,比如质量、环境、职业健康安全、法律风险、反贿赂管理体系,合规风险管理、内部控制,与前面的各分类有交集;有管理全面的,如全面风险管理、风险管理,其实包含前面的各风险类型。如果综合起来分析这些管理体系的内容,我们会发现,它们基本是循着"解析业务内容→风险识别→策划和制定风险管理措施→嵌入业务管理过程(流程)→形成新流程管理制度"五步骤建立起来,运行期间,都是监测其运行情况,纠偏和持续改进,再循环这五步骤。

各个管理体系,各自按照五步骤来建立对应的管理措施,合并同类、相同内容的管理措施,一起嵌入业务流程管理制度,执行落实好流程管理制度,是"五步融合法"的落脚点。"五步融合法"表述如下。

第一步,解析业务内容,按照"1+6"流程标准来解析和展示业务流程。将企业的各个业务、职能管理进行"1+6"流程化梳理(见表2-14)。不同的企业,流程数量不同,由其业务的复杂性决定,有的企业30—40个流程,有的大型企业100—150个流程。这些流程是各个管理体系共同的"管理对象"。

表2-14 某某业务流程

业务目标				目标度量方式	
工作步骤	责任主体		工作任务	工作记录	工作标准	工作方法
	责任部门	责任岗位				
1						
2						
3						
4						

第二步，风险识别。各个管理体系关注的风险不同，由各个责任部门负责风险识别，见表2-15。这里需要注意的是，各个部门围绕的是第一步梳理的同一个流程。

表 2-15 某某业务流程

业务目标				目标度量方式					
工作步骤	责任主体		工作任务	工作记录	质量风险识别	合规风险识别	法律风险识别	等等
	责任部门	责任岗位						
1								
2								
3								
4								

第三步，策划和制定风险管理措施。围绕同一个流程，各个部门根据自己负责识别的风险进行风险控制措施设计，见表2-16。

表 2-16 某某业务流程

业务目标				目标度量方式					
工作步骤	责任主体		工作任务	工作记录	质量风险管理措施	合规风险防控措施	法律风险管理措施	等等
	责任部门	责任岗位						
1								
2								
3								
4								

第四步，嵌入业务管理过程（流程）。将各个部门设计的风险控制措施，按照"合并相同措施，留下不同措施"原则，整合、嵌入流程的各步骤环节，见表2-17。

表 2-17　某某业务流程

工作步骤	业务目标				目标度量方式			
	责任主体		工作任务	工作记录	工作标准	工作方法	质量风险管理措施	其他类管理措施
	责任部门	责任岗位						
1						←	←	←
2						←	←	←
3						←	←	←
4						←	←	←

第五步，形成新流程管理制度。将各类的风险控制措施进行文字描述，形成制度文本，见表 2-18。

表 2-18　某某业务流程

工作步骤	业务目标				目标度量方式		
	责任主体		工作任务	工作记录	工作标准	工作方法	
	责任部门	责任岗位					
1					时间标准： 质量标准： 审核标准：	工作依据： 组织形式： 工作技巧：	
2					时间标准： 质量标准： 审核标准：	工作依据： 组织形式： 工作技巧：	
3					时间标准： 质量标准： 审核标准：	工作依据： 组织形式： 工作技巧：	
4					时间标准： 质量标准： 审核标准：	工作依据： 组织形式： 工作技巧：	

第六节　合规管理信息化策划

一、合规管理基本流程

合规管理信息化主要是把企业合规管理全流程用 IT 软件来实现的过程，这里并非对业务执行合规的在线监测信息化。我们来简单梳理一下合规管理的基本流程。

（一）梳理业务活动

收集企业各部门的岗位设置、岗位职责，了解各人员负责的业务活动内容，梳理公司业务活动，形成基于部门、岗位的《公司业务活动矩阵清单》。

（二）检索合规义务

通过检索、梳理、确定企业适用的合规义务，按照部门为单元建立《合规义务管理台账》；按照各部门、岗位，进行合规义务核心要求的转化，形成各部门、岗位的《合规义务矩阵清单》。

（三）评估合规风险

企业进行覆盖全员、全岗位、全业务的业务活动运行状态尽调和合规风险评估工作，形成基于岗位、业务流程的《公司合规风险矩阵清单》。

（四）风险防控策划

根据合规风险清单与等级分布情况，确定公司的合规风险防控模式。

根据各部门、岗位业务活动清单和梳理公司现有各项业务管理制度，尽调公司目前的合规风险管控情况，确定存在的管控问题和需要改进的地方，形成合规管控改进建议。

根据各部门、岗位的合规义务清单，制定合规标准（外规转化，内化为公司业务合规标准）。

将合规标准、合规管控改进建议嵌入公司业务管理制度，确保业务管理制度本身的合规性、对合规义务的完全响应和对合规风险的防控全面覆盖。

对高合规风险点，提出压力测试的标识和要求，确保管控措施的持续有效。

（五）完善业务制度

在企业现有管理制度基础上，结合上述步骤的工作结果，完善公司各业务的合规管理制度。

（六）监督评价改进

按照企业各部门、岗位存在合规风险的业务事项和管控措施要求、合规标准，列出《合规监督检查清单》，确定业务合规考核重点，列出各业务的《合规考核评价清单》，制定《公司合规监督考评管理办法（合规监督考评管理指引）》。

二、合规管理信息化场景

数字化是合规管理体系的一个基础性要素，信息化是合规管理数字化的基础和高级阶段，合规管理工作宜借助信息化、数字化工具提高工作效率、便捷性和工作质量，实现更好的扁平化管理。

合规管理信息化、数字化宜在下列工作场景中实施：

1. 建立组织适用的合规义务清单与数据库。
2. 开展组织合规风险评估，建立各部门、各业务领域的合规风险清单与数据库。
3. 为满足合规义务要求，防控合规风险的应对措施建立的控制过程、程序等。
4. 组织合规的在线监控和预警。
5. 组织各部门、各业务领域的合规培训。
6. 第三方和人员聘用前的合规尽调。
7. 组织重要事项、关键环节的合规审查。
8. 组织开展合规管理体系内部审核。
9. 组织内部的合规报告。
10. 组织其他相关的适合信息化、数字化转化的工作。

企业在推进合规管理信息化、数字化时，宜考虑企业的规模、业务特征、管理结构与投资预算约束等方面，从自行开发，或外包开发，或租用第三方提供的信息化、数字化工具三种方式中，选择合理的方式。企业也宜根据需要，部分或全部推进合规管理信息化、数字化，以适应企业内部、外部环境的信息化、数字化发展变化。

三、关于合规管理智慧系统

作为合规管理信息化、数字化、智慧化的一种探索示例，这里提供一个关于企业合规智慧管理云系统模板介绍。

企业合规智慧管理云系统包括：云尽调、云评估、云诊断、云培训、云支持、云监控、云指数。

（一）云尽调：对岗位履职业务的基本特征、经办情况、相关方等进行多维度的信息云采集，形成详细的岗位履职尽调报告。

（二）云评估：依据岗位履职尽调报告，按照违规违纪违法案例大数据的统计模型形成的模型和算法，量化计算出岗位履职的各事项合规风险系数、专项合规风险系数以及风险等级、潜在的违规驱动方等矩阵信息，一键生成可导出、可视化的该岗位的合规风险矩阵清单、合规风险评估报告、合规风险分析详细报告等。

（三）云诊断：在云尽调、云评估数据基础上，通过企业相关的合规管理数据包上传与验证，揭示企业该岗位现有合规风险防控问题，智能提出针对性的防控改进建议，企业按照建议整改完善，同时，云指数同步显示合规管理能力指数动态上升。

（四）云培训：以短视频、PPT、动漫等形式，对特定的岗位进行定制化合规培训，培训内容模块包括：合规风险点提示模块、合规义务告知模块、合规管理措施模块、合规监督考核模块，并实现在线动态推送与定期的持续培训记录。

（五）云支持：这个是支持岗位合规从业的合规疑问、帮助数据库，模块包括该岗位的合规义务、合规底线、合规风险、合规方法、合规绩效等。将岗位人员合规执行任务的相关数据信息精准映射关联到该岗位，岗位人员在办理业务时，实时指导和提示当事人合规从业，是岗位合规管理云支持的合规专家。

企业合规智慧管理云系统是一个支持每一个岗位的动态合规数据库查询系统。律师要向云支持数据库里输入信息，这个云支持里的数据库信息，是针对特定岗位履职内容定制的，不是泛泛的合规知识。云支持，将来可以取代一般智力活动的法律顾问工作。云支持的数据库信息来自其他云的数据再分层、再加工和专业律师智力服务的落地制度等。

（六）云监控：这个是将合规风险防控措施映射到企业对应的岗位，建立主动活动类、反应类和预测类合规绩效指标等三个模块，实现实时的合规绩效云监测，并设置岗位疑似不合规行为实时预警模块，实现实时合规监测，当好一个合规管理云监工。

（七）云指数：按照 ISO 37301 标准收集、录入相关合规管理能力数据，将数据包上传，实现该企业合规管理能力在线测试评价。从单个企业样本角度，经测试的企业获得合规管理能力评分，可以评价出该企业合规管理亮点、缺陷，并提出改进建议。从宏观监管层面，可以将某市区域内所有企业数据进行多维度的统计分析，形成某市属企业合规管理能力多维度、结构化的大数据，展示某市企业合规管理整体水平和分布。云指数可以拓展到"云认证、云复核"，政府监管、司法机关的合规政务可以实现数字化"云采信、云监管、云验收"。

七个模块，数据互联共享，实现对企业合规管理的全方位智慧管理。

第三章

企业合规义务管理

第一节 企业合规义务管理概述

企业合规管理是管理企业生产经营活动、产品和服务的合规，因此，企业应系统性地识别其生产经营活动、产品和服务所对应的合规义务，是否遵循这些合规义务的不确定性和后果、机会，即合规风险。业务活动、合规义务、合规风险是合规管理的三个相互关联的基本内容。根据人力资源和社会保障部发布的国家新职业相关内容，企业合规师的职责之一就是管理企业的合规义务。要管理企业的合规义务，必须确定企业有哪些生产经营活动、需要遵循哪些对应的合规义务。本章重点从"企业合规义务管理"入题，围绕企业应该如何进行合规义务管理展开。本章内容主要从合规标准要求出发，如何进行企业内外环境分析、企业业务活动梳理，从而进行快速的企业合规义务检索，以及日常的企业合规义务动态管理。

第二节 标准要求

一、合规义务内涵

在 ISO 19600 和 GB/T35770《合规管理体系指南》里，将合规义务分为合规要求和合规承诺。国际标准化组织在 2021 年 4 月 13 日正式发布的 A 类认证标准 ISO 37301：2021《合规管理体系要求及使用指南》，2022 年 10 月国家等同转化发布 GB/T35770-2022《合规管理体系要求及使用指南》，其定义合规义务为组织必须遵守的具有强制性的要求，以及组织自愿选择遵守的要求。这些要求包括成文明示的、不成文的或必须履行的需求或期望。新旧标准对比看，之前的合规要求对应新标准的"组织必须遵守的要求"，之前的合规承诺对应新标准的"组织自愿选择遵守的要求"。定义内涵基本一致。

合规义务是一个企业合规经营正确性的判断标准。企业的生产经营活动遵守的"合规义务"是因企业而异的。合规义务是企业追求商业行为合规价值观水平的综合反映。即使相同行业领域的不同企业，因为其生产经营管理水平、规模、复杂性、结构、运营的方式和市场竞争地位不同，所坚守的商业行为合规价值标准有高有低，从而企业主动遵守的"合规义务"也不同，起决定作用的是企业的主要领导对合规价值的认知程度。根据GB/T35770-2022《合规管理体系要求及使用指南》，合规义务除了包括企业强制性必须遵守的要求，如法律法规、强制性标准、强制性条款，还包括企业自愿选择遵守的要求。企业自愿选择遵守的要求，企业就有自己充分的自由度，企业的主要领导对合规价值的认识深度、合规对企业品牌的好处等；企业自愿选择遵守的要求，标准有高有低，有多有少，某种程度上，决定了一家企业合规经营品质，是企业合规经营的标准。从有利于企业长期健康、持续发展和市场品牌竞争力出发，企业应该遵守足够高标准的"合规义务"，高品质的合规经营，企业才能够基业常青。

企业合规义务因企业产品、服务进入的市场地域不同而不同。经济全球化，国际市场的相关企业不合规事件曝光数上升，比如世界银行受到制裁的实体名单不断增加，相关国家也相继加大各种不合规行为的执法处罚力度，开展国际业务的跨国公司管理者共同面临着一个挑战——企业由于要遵守的国际层面各规则、要求越来越多，面临的合规风险形势越来越严峻和复杂。在中国"一带一路"和"走出去"的背景下，越来越多的中国企业走出去需要在国际业务中应对这样的挑战，"如何管理企业严格遵守合规义务，防范合规风险"越来越具有挑战。随着企业生产经营全球化，强制性的合规义务会因为企业总部所在国和市场经营所在国的叠加而越来越复杂，企业需要自愿选择遵守的合规义务也会因为市场经营所在国的市场竞争环境不同、习俗不同、宗教文化不同，做出本土化调整，合规义务管理也就更加复杂化。因此，在当前全球强化合规的大环境下，中国企业走向全球化更需要加强合规义务管理，依法合规地经营，保护企业、利益相关方和雇员。

中国企业的"一带一路"市场拓展和"走出去"也概莫能外，合规风险成为企业必须面对的首要管理风险。2019年4月26日在北京举行的第二届"一带一路"国际合作高峰论坛，提出：中国要努力实现高标准、惠民生、可持续目标，引入各方普遍支持的规则标准，推动企业在项目建设、运营、采购、招投标等环节按照普遍接受的国际规则标准进行，同时要尊重各国法律法规。论坛指出了中国企业的"一带一路"必须是廉洁之路、合规之路，指出了"一带一路"走出去的企业要引入各方普遍支持的规则标准，要按照普遍接受的国际规则标准，同时要尊重各国法律法规，在"一带一路"上开展业务。2023年10月的第三届"一带一路"国际高峰论坛，我们国家发布《"一带一路"廉洁建设高级原则》，原则13：我们鼓励企业借鉴国际最佳做法，建立有效、全面的诚信合规管理体系，履行相应法律义务，秉持最高诚信标准。在廉洁丝绸之路专题论坛，我们国家正式发布"一带一路"企业廉洁合规评价体系。"遵守合规义务"已经成为全球经济贸易与合作的共识。

二、合规义务管理要求

GB/T35770-2022《合规管理体系 要求及使用指南》对合规管理体系建设做了明确的要求，并在附录 A 提供标准对应要求的使用指南。

GB/T35770 对合规义务是这样要求的：

4.5 合规义务

组织应系统性地识别其活动、产品和服务所对应的合规义务，并评估它们对组织运营的影响。

组织应建立过程以：

a）识别新增加和变更的合规义务，以保证持续合规；

b）评价已识别的新增加和变更的义务所产生的影响，并在合规义务管理中进行任何必要的调整。

组织应将其合规义务持续形成文件信息。

如何落实该要求，GB/T35770 附录 A 提供了进一步详细的指南，具体如下：

A.4.5 合规义务

组织应将合规义务作为建立、发展、实施、评价、维护和改进其合规管理体系的基础。

组织必须遵守的要求包括：

——法律法规；

——许可、执照或其他形式的授权；

——监管机构发布的命令、规则或指南；

——法院或行政法庭的判决；

——条约、公约和议定书。

组织自愿选择遵守的要求可以包括：

——与社区团体或非政府组织的协定；

——与公共机构和客户的协议；

——组织要求，如方针和程序；

——自愿原则或行为守则；

——自愿标识或环境承诺；

——基于本组织的合同安排所产生的义务；

——相关组织和行业标准。

组织应按部门、职能和不同类型的组织性活动区分合规义务，以确定谁受到这些合规义务的制约。

获取法律和其他合规义务变更信息的过程包括：

——在相关监管机构的邮寄名单上；

——专业团体的成员资格；

——订阅相关信息服务；

——参加行业论坛和研讨会；

——监视监管机构的网站；

——与监管机构会谈；

——通过法律顾问；

——关注合规义务的来源（如监管声明、法院判决）。

应采取以风险为基础的方法，例如，组织应优先履行确定的、与业务最为相关的（20%紧要部分）合规义务，随后将重点扩展至其他（80%相关部分）合规义务上（帕累托原则）。

在适当的情况下，组织应建立并维护独立的文件记录（如登记册或日志）以列出其所有合规义务，并建立定期更新文件的流程。

除合规义务外，该文件还应包括但不限于：

——合规义务的影响；

——合规义务的管理；

——与合规义务相关的控制措施；

——风险评估。

标准对企业合规义务的管理、合规义务的范围、合规义务的维护信息渠道管理、合规义务管理文件化记录进行了明确。对应 ISO 37301：2021《合规管理体系 要求及使用指南》等同转化国家标准 GB/T35770-2022《合规管理体系 要求及使用指南》对"合规义务"作了进一步的补充使用指南，具体详见 GB/T35770-2022 附录 NA。

第三节　企业内外环境分析

一、理解企业及其环境

一颗树之于森林，一条鱼游于海洋，森林、大海环境的变化与一棵树、一条鱼息息相关，一家企业的存续，也一样受其所处的环境影响。企业会建立什么样的合规管理体系由企业外部的环境、企业自己的特点决定，这些企业外部的因素和企业自身情况会影响企业目标，影响实现企业合规管理体系预期的能力。同理，企业需要遵守的合规义务产生于企业所处的环境与自身特征。GB/T35770-2022《合规管理体系要求及使用指南》明确：组织要遵守的合规义务产生于组织所处的法律和监管环境，企业也是如此。企业理解所处的法律和监管环境，是企业检索其适用的合规义务的来源。

企业应对以下五个方面进行盘点、摸底、调研与梳理：

一是梳理与公司业务有关的外部相关方及相关方的要求。

二是梳理公司业务领域的经营管理行为、活动与特征。

三是梳理公司业务的管理架构与职责。

四是梳理业务现有的制度体系建设。

五是了解公司业务领域的绩效考核与合规管理期望。

工作的组织形式一般以每一个部门为单元，各部门负责本部门，进行部门归口管理的内外环境盘点，形成《合规管理体系建设前部门管理环境盘点表》。

表3-1 合规管理体系建设前部门管理环境盘点表

被盘点业务部门名称： 　　　盘点人： 　　　盘点时间： 　　年　　月　　日

序号	盘点要素	盘点内容清单	盘点结果	备注
1	本部门、本业务系统对接的企业外部相关方	本部门、本业务系统负责对接的，能够影响或监管企业生产经营所在地的国际、国家政府各类监管机构、行业协会、地方社区、街道组织等强制性、公共管理部门有哪些		
		本部门、本业务系统负责对接的，向企业提供生产经营要素的银行、金融、合作伙伴（供应链上的供应商）有哪些		
		本部门、本业务系统负责对接的，使用和消费本企业产品、服务的客户或代理商有哪些		
		本部门、本业务系统负责对接的，当地社团、文化、宗教组织有哪些		
2	本部门、本业务系统对接的企业外部相关方要求（已送达、通知本部门的文件）	根据"1 本部门、本业务系统对接的企业外部相关方"所列"盘点结果"，逐一列出		

续表

序号	盘点要素	盘点内容清单	盘点结果	备注
3	本部门、本业务系统对接的企业产品、服务、经营活动与运营的特征	本部门、本业务系统负责落实的企业战略规划内容有哪些		
		企业向社会提供的产品、服务中,本部门、本业务系统负责的工作内容有哪些		
		企业目前和战略规划的市场区域,本部门、本业务系统负责的工作内容有哪些		
		企业产品、服务需要的原材料、半成品中,本部门、本业务系统负责的工作内容有哪些		
		企业所开展的生产经营主要业务活动与所在区域,本部门、本业务系统负责的工作内容有哪些		
		企业员工基本情况和宗教来源分布中,本部门、本业务系统员工基本情况和宗教来源分布情况是怎样的(考虑劳动用工合规方面风险)		
4	企业的产权组织结构与管理组织架构及职责分布	企业全资、控股、参股公司的股权、产权架构图中,本部门、本业务系统所在位置		
		本企业、全资、控股企业的治理、运营管理部门组织结构图中,本部门、本业务系统所在位置		
		治理、运营管理的各层级的主要部门设置与职责分工中,本部门职责和本业务系统主要工作任务是什么		
5	企业现有的制度体系建设	企业的决策治理、战略管理制度清单中,本部门、本业务系统执行的制度有哪些		
		市场营销、销售制度清单,本部门、本业务系统执行的制度有哪些		
		供应链与采购管理制度清单,本部门、本业务系统执行的制度有哪些		
		技术研发制度清单,本部门、本业务系统执行的制度有哪些		
		财务税务管理制度清单,本部门、本业务系统执行的制度有哪些		
		质量安全环境与职业健康管理制度清单,本部门、本业务系统执行的制度有哪些		
		人力资源管理制度清单,本部门、本业务系统执行的制度有哪些		
		渠道与合作伙伴管理制度清单,本部门、本业务系统执行的制度有哪些		

续表

序号	盘点要素	盘点内容清单	盘点结果	备注
	企业现有的制度体系建设	企业内部审计、纪检、监察等内部控制、监督、调查、处罚管理制度清单，本部门、本业务系统执行的制度有哪些		
		企业文化与宣传管理制度清单，本部门、本业务系统执行的制度有哪些		
		企业行政管理制度清单，本部门、本业务系统执行的制度有哪些		
		其他的相关制度，本部门、本业务系统执行的制度有哪些		
6	企业绩效考核与合规管理期望	企业本级和全资、控股公司的绩效考核指标设置中，本部门、本业务系统负责的绩效指标有哪些		
		对董监高、中层、员工绩效考核指标设置中，本部门、本业务系统负责的绩效指标有哪些		
		合规管理在企业战略规划、企业文化的定位中，本部门、本业务系统负责的宣传指标有哪些方面		
		企业对合规管理方针、合规目标展望，本部门、本业务系统负责的合规期望是什么		

然后将各部门的盘点表汇总，形成公司层面的《合规管理体系建设前盘点工作表》。

表 3-2 合规管理体系建设前盘点工作表

被调研单位：　　　　　调研人：　　　　　调研时间：　　年　　月　　日

序号	调研要素	调研内容清单	调研结果	备注
1	企业外部相关方	能够影响、监管企业生产经营所在地的国际、国家政府各类监管机构、行业协会、地方社区街道组织等强制管理部门		
		向企业输入生产经营要素的银行、金融、合作伙伴（供应链上的供应商）		
		使用和消费本企业产品、服务的客户、代理商		
		当地社团、文化、宗教组织情况		
2	企业外部相关方要求（已送达、通知企业的文件）	根据"1 企业外部相关方"所列"调研结果"，逐一列出。		

续表

序号	调研要素	调研内容清单	调研结果	备注
3	企业产品、服务、经营活动与运营的特征	企业战略规划		
		企业向社会提供的产品、服务清单		
		企业目前和战略规划的市场区域		
		企业产品、服务的原材料、半成品供应链分布及可替代选择性		
		企业所开展的生产经营主要业务活动与所在区域		
		企业员工基本情况和来源分布		
4	企业的产权组织结构与管理组织架构及职责分布	企业全资、控股、参股公司的股权架构图情况		
		本企业、全资、控股企业的治理、运营管理部门组织结构图情况		
		治理、运营管理的各层级的主要部门设置与职责、岗位设置与岗位职责		
5	企业现有的制度体系建设	企业的决策治理、战略管理制度清单		
		市场营销、销售制度清单		
		供应链与采购管理制度清单		
		技术研发制度清单		
		财务税务管理制度清单		
		质量安全环境与职业健康管理制度清单		
		人力资源管理制度清单		
		渠道与合作伙伴管理制度清单		
		企业内部审计、纪检、监察等内部控制、监督、调查、处罚管理制度清单		
		企业文化与宣传管理制度清单		
		企业行政管理制度清单		
		其他的相关制度		
6	企业绩效考核与合规管理期望	企业本级和全资、控股公司的绩效考核指标设置情况		
		对董监高、中层、员工绩效考核指标设置情况		
		合规管理在企业战略规划、企业文化中的定位思考		
		企业对合规管理方针、合规目标展望		

下面是某大型企业的自身及环境盘点实例。

表 3-3   ××××公司合规管理体系建设前盘点工作表

被调研单位：　　　　　　调研人：　　　　　　调研时间：　　　年　　月　　日

序号	调研要素	调研收集资料内容清单	调研结果	备注
1	企业外部相关方	能够影响、监管企业生产经营所在地的国际、国家政府各类监管机构、行业协会、地方社区街道组织等强制管理部门	国务院国资委、××××有限公司、××市委、市政府、×××市城市管理委员会	
		向企业输入生产经营要素的银行、金融、合作伙伴（供应链上的供应商）	融资机构：中国农业银行、北京农商银行、招商银行、英大信托、中电财；支付账户：中国工商银行；电费账户：13家银行；上游×××：28家××，详见附件1	银行、金融向财务部咨询；××交易中心提供
		使用和消费本企业产品、服务的客户、代理商	××××市766万×××客户	摘自2018年公司年鉴
		当地社团、文化、宗教组织情况	无	
2	企业外部相关方要求（已送达、通知企业的文件）	根据"1 企业外部相关方"所列"调研结果"，逐一列出	具体零件×××公司外来文件、法律法规、政策规定、行业标准登记清单	从公司外部文件登记本获得
3	企业产品、服务、经营活动与运营的特征	企业战略规划	以首都标准落实××××有限公司"三型两网、世界一流"战略目标和"一个引领、三个变革"战略路径的战略部署，以首都安全稳定体系建设为主线，以高质量发展为方向，力争经过三年的不懈努力，到2021年初步建成世界一流×××企业	摘自董事长在职代会上的报告
		企业向社会提供的产品、服务清单	业务范围涉及××规划、建设、运行管理和客户服务等	摘自公司首页基本情况介绍
		企业目前和战略规划的市场区域	公司作为××××有限公司服务首都的示范窗口和×××市重要能源支柱企业，主要负责×××地区1.64万 km² 范围内的××规划建设、运行管理和766万×××客户的×××服务工作	摘自2018年公司年鉴
		企业产品、服务的原材料、半成品供应链分布及可替代选择性	分布在××××地区	
		企业所开展的生产经营主要业务活动与所在区域	×××地区	
		企业员工基本情况和来源分布	截至2018年底，公司主业用工11575人（含借用至集体企业2116人），包括：长期职工8336人，农电用工2920人，劳务派遣用工319人。公司长期职工人员结构如下：按年龄，平均年龄为41.0岁，50岁及以上2095人，占25.1%；40岁至49岁2605人，占31.3%；30岁至39岁1903人，占22.8%；29岁以下1733人，占20.8%。男员工6311人，占75.7%，男女比例为3.12：1	

续表

序号	调研要素	调研收集资料内容清单	调研结果	备注
3	企业产品、服务、经营活动与运营的特征	企业员工基本情况和来源分布	按学历，具有研究生及以上学历人员1853人，占22.2%；大学本科4130人，占49.5%；大学专科1436人，占17.3%；中等职业教育658人，占7.9%；高中及以下人员259人，占3.1% 按专业技术资格，副高及以上专业技术资格1853人，占22.2%；中级专业技术资格1682人，占20.2%；初级专业技术资格2875人，占34.5%（22.2+20.2+34.5=76.9） 按技能鉴定等级，高级技师2095人，占25.1%；技师1786人，占21.4%；高级工1619人，占19.4%；中级工448人，占5.4%（25.1+21.4+19.4+5.4=71.3）	
4	企业的产权组织结构与管理组织架构及职责分布	企业全资、控股、参股公司的股权架构图情况	公司为××××有限公司全资子公司	
		本企业、全资、控股企业的治理、运营管理部门组织结构图情况	公司下辖二级单位31个，包括16个供电公司、11个业务支撑机构及4个其他单位，详见附件2	摘自公司首页组织机构介绍
		治理、运营管理的各层级的主要部门设置与职责、岗位设置与岗位职责	22个职能部门，详见附件3	
5	企业现有的制度体系建设	企业的决策治理、战略管理制度清单	1. 附件4：另见制度清单（8月30日版）； 2. 附件5：投资、销售、生产、采购、工程建设制度清单	
		市场营销、销售制度清单		
		供应链与采购管理制度清单		
		技术研发制度清单		
		财务税务管理制度清单		
		质量安全环境与职业健康管理制度清单		
		人力资源管理制度清单		
		渠道与合作伙伴管理制度清单		
		企业内部审计、纪检、监察等内部控制、监督、调查、处罚管理制度清单		
		企业文化与宣传管理制度清单		
		企业行政管理制度清单		
		其他的相关制度		

续表

序号	调研要素	调研收集资料内容清单	调研结果	备注
6	企业绩效考核与合规管理期望	企业本级和全资、控股公司的绩效考核指标设置情况	1. 附件6：××××××市××公司关于印发公司所属单位及其企业负责人业绩考核管理办法的通知 2. 附件7：××××××市××公司关于下达2019年度所属单位及其企业负责人业绩考核指标体系的通知	
		对董监高、中层、员工绩效考核指标设置情况	1. 附件6：××××××市××公司关于印发公司所属单位及其企业负责人业绩考核管理办法的通知 2. 附件7：××××××市××公司关于下达2019年度所属单位及其企业负责人业绩考核指标体系的通知	
		合规管理在企业战略规划、企业文化中的定位思考	指导思想：坚持以习近平新时代中国特色社会主义思想为指导，深入贯彻国务院国资委法治央企建设部署，全面落实××公司合规管理工作安排，紧密围绕公司"首都安全稳定年"要求，以持续提升公司合规经营管理水平为主线，以抓合规、防风险、保发展为根本任务，筑牢企业依法合规经营根基，全力保障公司高质量发展	
		企业对合规管理方针、合规目标展望	1. 总体目标： 　　全面加强合规经营管理，防范化解内外部风险，加快提升依法合规经营管理水平，构建制度完备、覆盖全面、管控科学、运转高效，具有首都××企业特色的合规管理体系，全员树立"合规立身"的价值理念，形成以合规为荣、违规为耻的浓厚氛围，培育塑造良好的合规文化，为建设世界一流能源互联网企业提供坚强法治保障 2. 基本原则： 　　全面覆盖，突出重点。将合规管理要求全面嵌入公司生产经营管理活动，做到合规管理人人有责、人人参与。同时狠抓重点领域，统筹兼顾、分类施策，切实防范风险，促进公司生产经营全面依法合规 　　预防为主，惩防并举。立足防范合规风险，实现关口前移、强调事前防范和过程控制，将合规审查作为必经程序，同时对于违规行为和人员严肃问责，通过惩戒手段形成高压态势，达到警示和预防目的 　　构建机制、强化联动。建立业务部门、合规牵头部门及监督部门各负其责的"三道防线"，突出业务部门"首道关口"职责，发挥法律部门牵头督导作用，加强监督部门检查监督与违规问责，实现合规管理与公司现有管理机制的协同联动	

二、理解企业利益相关方的需要和期望

企业在合规管理体系建设前盘点工作完成后,企业组织即了解了企业的外部周围,也了解了自己,来确定企业利益相关方及其需要和期望。企业生产经营过程中,会不断出现对企业有各类需要和期望的利益相关方。这些企业利益相关方,有的是对企业有要求,有的是对企业有期望。这些利益相关方来自社会的各类活动主体。社会活动主体包括政府、企业、社会组织、公民,不同的主体,不同的需要和期望,有的主体对企业的需要和期望形成了文件,比如政府对企业的监管机构会对企业的生产经营发布相关的法律法规、政策文件,有的主体对企业的需要与期望是没有形成文件的,比如以某地区长期以来形成的惯例、习俗、礼节、信仰等,如宗教信仰、公序良俗、民族文化等。

理解企业利益相关方的需要和期望,包括两个方面,一是企业利益相关有哪些?二是他们的需要和期望是什么?

对于企业,从国家层面,企业作为市场主体,所有市场的监管机构均属于企业外部相关方,他们往往发布的是法律法规与监管规定、国家标准。从行业、产业划分层面,行业、产业主管部门属于企业外部相关方,他们往往发布的是行业规定、行业标准、团体标准等。从资本市场层面,如果企业是上市公司,资本市场的监管机构属于企业外部相关方,他们往往发布的是作为一家上市公司应该要遵守的上市监管政策。从产业链层面,企业的供应商、代理商等第三方,他们往往与企业约定要遵守某些国家、行业的推荐性标准,体现于合同中的企业义务条款。从市场客户层面,企业的销售客户和潜在客户是企业利益相关方,他们往往关注企业公开对他们的产品与服务承诺,体现于销售协议中的企业义务条款。从企业所处的社区、社会层面,企业所处的物理社区和虚拟社区,前者如街道,后者如互联网空间、元宇宙空间等,他们往往从企业履行社会责任、环境保护的角度,提出需要和期望,这一块与社会文化、社会主流价值观、公序良俗、社会传统美德、宗教信仰等方面联系在一起,这一领域的需要与期望一旦违反,往往会对企业的不良行为形成舆论谴责和舆论事件,企业要特别注意。最后,企业还有一类重要的企业利益相关方,即企业的员工,这是一个特殊的利益相关方,他们对所在的企业生产经营安排也有自己的要求和期望。企业要从价值观、战略、目标、愿景出发,确定企业要对上述的哪些要求通过企业的合规管理体系来满足和实现。

三、确定合规管理体系的范围

确定合规管理体系的范围就是企业确定其合规管理体系所适用的物理边界、经济边界和组织边界。企业应确定合规管理体系的地域边界和经济边界、组织边界,比如本合规管理体系覆盖公司中国法律管辖范围和公司房地产业务板块、法人公司范围。这样的适用范围可以是大型

集团公司组织的一部分，比如某一个、某几个法人子公司。

在这个过程中，企业选择在整个企业、企业内具体单元或具体职能部门内部实施合规管理体系的时候，具有自由度和灵活性。通常情况下，合规管理体系会在整个企业中实施，如果企业由多个组织组成，合规管理体系会在企业所有组织中实施，这样做的目的是避免企业内部各组织在执行合规方面出现双重标准。

企业确定合规管理体系的范围宜合理且与企业自身规模负责相匹配，并宜考虑企业所面临的合规风险的性质和程度，因此，描述企业合规管理体系适用范围时，要描述适用的企业主要面临的合规风险，比如企业建立的是数据合规管理体系，其适用的企业主要合规风险就是数据合规风险。如果企业建立的是全面合规管理体系，其适用的是企业面临的各类合规风险。

企业确定合规管理体系的管理范围和适用的主要合规风险范围，应结合以下内容结果：

1. 理解企业及其环境中确定的企业内部和外部因素。
2. 识别和确定的企业外部相关方及其需要和期望。
3. 识别、确定的企业要遵守的合规义务。
4. 识别、评估确定的企业面临的合规风险。

企业确定的合规管理体系范围应体现在企业相关的合规管理文件中，让企业人员知道。

第四节　企业业务活动梳理

一、企业业务结构

企业行业不同，业态不同，其业务结构也不同。企业运转是业务活动执行的集合。向市场提供的产品和服务不同，企业的业务活动分工不同，梳理分析公司业务活动清单首先要认识不同企业类型业务分工特征。根据工业和信息化部、国家统计局、发展改革委、财政部研究制定发布的《中小企业划型标准规定》行业分类，企业主要向市场提供物质产品、服务产品两类。一类企业主要提供物质产品的行业企业包括：农、林、牧、渔业，工业（包括采矿业，制造业，××、热力、燃气及水生产和供应业），建筑业，批发业，零售业，餐饮业，房地产开发经营，除了其中批发业、零售业的企业为流通类企业没有"生产"过程；另一类企业主要提供服务产品的商业企业包括住宿业，交通运输业（不含铁路运输业），仓储业，邮政业，信息传输业（包括电信、互联网和相关服务），软件和信息技术服务业，物业管理，租赁和商务服务业，其他未列明行业（包括科学研究和技术服务业，水利、环境和公共设施管理业，居民服务、修理和其他服务业，社会工作，文化、体育和娱乐业等）。

提供物质产品的非流通类企业，其业务活动主要的业务价值链是研发、销售、采购、技术与生产、物流交付、售后服务，这些企业的业务活动结构基本为"研发—销售—采购—生产—交付"业务模式和支持性管理活动组成。提供物质产品的流通类企业，其业务活动主要的价值链由产品销售、采购、物流交付与售后服务和支持性管理活动组成。

提供服务产品的企业，其业务活动主要的价值链是产品研发、销售、服务。这些企业的业务活动结构基本为"研发—销售—服务"业务模式和支持性管理活动组成。

支持性管理活动内容基本都是相同的，如人力资源管理、财务资金与核算管理、质量管理、安全管理、法务管理、审计、行政管理、后勤管理等管理活动。

二、企业合规关系三要素

企业要加强合规管理，必须理清楚合规关系是什么，所有的合规管理安排均围绕合规关系的正常稳定而设计。我们来看看合规关系是什么？合规关系，是指合规义务在调整、规范组织的关联人员行为过程中所形成的具有组织应尽义务或应承担责任的组织行为关系。合规风险是合规关系的主要特征。合规管理的主要任务在于合规关系的正常稳定可持续的维持。

组织的关联人是指为组织提供产品、服务或代表组织提供产品、服务的人、法人或非法人组织，组织的雇员、代理、分供方、存在劳务合同或提供实质劳务的个人都是组织的关联人。在企业，企业的关联人包括企业长期劳动合同关系的员工、短期劳务合同关系，或提供实质劳务的个人、企业产品、服务的承销商、代理商，也包括向企业提供产品、服务的供应商。在服务于企业生产经营过程中，组织有阻止关联人违规的应尽义务，需要为此承担责任。在企业生产经营过程中，企业要对提供劣质材料的供应商和行为进行控制与管理，要对代理商虚假推销本企业的产品承担责任，要对企业员工在办理业务过程中的违规行为负有管理责任。GB/T35770-2022《合规管理体系 要求及使用指南》定义的"人员"是"在国家法律或实践中被确认为有工作关系的个人，或依赖于组织活动的任何合同关系中的个人"。从这个定义看，与组织的雇员、代理、分供方、存在劳务合同或提供实质劳务的个人，即组织的关联人员范围是一样的。

合规管理的主要任务就是维护正确的合规关系，该合规关系，如同法律关系一样，具有三个要素。

1. 合规主体：遵守合规义务的关联人
2. 合规客体：业务活动、产品和服务
3. 合规内容：适用的合规义务

为了方便理解，举个具体的场景。

企业业务活动场景：北京某公司的员工张某负责公司广告业务，公司广告业务主要通过专业的广告公司来实施，还会请一些在校的勤工俭学大学生来当临时模特，拍摄广告。

（一）合规关系一：

1. 合规主体：公司员工张某

2. 合规客体：负责公司的广告业务

3. 合规内容：《广告法》、《行政许可法》、《北京市市容环境卫生条例》、广告管理行政规定和知识产权方面的法规等

（二）合规关系二：

1. 合规主体：广告公司

2. 合规客体：向公司提供广告业务

3. 合规内容：《广告法》、《行政许可法》、《北京市市容环境卫生条例》、广告管理行政规定和知识产权方面的法规等

（三）合规关系三：

1. 合规主体：勤工俭学大学生

2. 合规客体：广告业务中的临时模特工作

3. 合规内容：公司对外公开的合规行为承诺等

以上的公司业务活动场景构成了三个"合规关系"，公司实施有效的合规管理确保"合规关系"正确，管控其可能发生的合规风险。

一家正常运营的企业，会有许多这样的"合规关系"分布在与企业有关联关系的人员之中，广泛分布于企业员工岗位、代理商、供应商及有劳动关系的个人。企业的各部门负责人要组织部门员工及时地识别和确定合规主体、合规客体和合规内容，部门的合规管理就能够做到有的放矢。

三、企业合规主体——谁应合规

企业加强合规管理首先要明确的是"谁应合规"，即企业合规主体。确定企业合规主体即确定企业谁应该合规。从外部利益相关方角度出发，凡是可能给公司带来合规损害的公司人员、第三方人员均应在公司合规管理范围，具体包括但不限于：

1. 与公司签订劳动合同的员工；

2. 与公司未签订劳动合同，但有实质劳动关系的人员；

3. 代理销售公司产品、服务的合作伙伴的人员；

4. 向公司提供外包业务的合作伙伴的人员；

5. 向公司供应货物、服务的供应商；

6. 授权代表公司的其他相关人员。

各业务部门负责人和业务人员应随时注意本业务领域合规管理人员范围的变化情况，做到全覆盖，零死角，公司合规专员每月评估合规管理人员范围全覆盖情况。

四、企业合规客体——做什么要合规

企业加强合规管理要明确的是"做什么要合规"，即企业合规客体。确定企业合规客体即确定企业什么业务活动和结果需要遵守合规义务。

合规管理对象，即合规客体是生产经营活动、产品和服务的合规性，仔细进行企业生产经营活动、产品和服务内容的尽调，详细掌握本企业在做什么是开展合规管理的基本前提。

企业合规管理牵头部门组织和配合，向业务、职能部门提供统一规范的业务、职能活动梳理工具表，业务、职能部门以每一个部门为单元，由各部门负责本部门业务活动的梳理分析，形成企业生产经营活动、产品和服务清单。

没有业务活动，就没有合规风险，我们首先要去梳理企业运行的各业务活动。企业的业务活动运行主要表现为两种形式，一种是以岗位为单元的运行方式，另一种是以业务流程为单元的运行方式。

下面是一家科技型公司的业务活动分解表。

表 3-4

业务活动		研发设计类	生产类	生产类	销售类	销售类
核心业务活动		软件开发	法律专业内容编写	文案内容编写	销售策划；销售推广；产品销售；产品交付；销售结算管理；客户关系管理	前台客户服务；售后客户服务运维
采购类		软件开发外包	法律专业内容外包	文案内容外包	销售外包	售后服务外包
其他支持类	质量管理	质量管理					
	职业健康与安全监督管理	职业健康与安全监督管理					
	商务合约管理	公司合同评审、履约监督、结算监督；公司合同章保管					
	法务管理	公司主体法务管理；公司知识产权管理；公司合同法律风险评审、公司授权管理；法律风险管理；公司诉讼管理；公司法律意见书管理；法律事务外包管理					
	合规管理	合规管理制度建设；合规管理实施（具体包括：合规义务管理；合规风险评估；合规风险控制管理；合规风险预警；合规举报受理；合规调查；合规咨询；合规检查；合规报告；合规管理评审）；合规培训；合规宣传；合规文化建设					

续表

	业务活动	研发设计类	生产类	生产类	销售类	销售类
其他支持类	财务资金管理	现金出纳；银行出纳；银行账户管理；财务融资管理；银企合作管理；资金计划管理；带息负债管理；资金支出审核；收款管理；财务报销审核；备用金管理；公司税款缴纳				
	财务核算管理	银行账户管理；财务专用章保管；法定代表人名章保管；发票专用章保管；财务专用章使用管理；发票管理；票据管理；公司税务管理；预算管理；财务记账管理；财务统计与报表；公司固定资产核算管理				
	人力管理	人员定编定岗管理；人员招聘管理；高端人才招聘管理；政府高端人才优待政策落实管理；人员薪酬待遇管理；人员考勤管理；人员绩效考核管理；人员工资造表；重要人事任用管理；重要人事撤免管理；人员岗位调动管理；人员劳动关系管理；员工培训管理；员工培训外包管理；人事档案管理				
	行政综合管理	会议采购；会议结算、会议服务；公司公章保管；公司公章使用管理；公司资质证书保管；公司资质证书使用管理；公司保密管理；公司文件管理；公司机要文件管理；公司差旅报销管理；公务服务采购；公务接待管理；公务接待结算；公务用车管理；公务用车消耗管理；公司档案管理				
	档案管理	公司档案管理；公司数字信息档案管理；公司商秘管理				
	后勤管理	办公物资与后勤采购管理；后勤结算管理；后勤供应管理；后勤库房管理；办公资产管理				
	风控	公司风险管理体系建设；风险管理评价				
	信息化管理	业务信息化开发；信息化外包；信息系统维护；数据信息管理				
	内部审计	财务审计；非财务审计（包括：内控审计；经济责任审计；专项审计；财务报表审计；跟踪审计；离任审计；合规审计）				
	企业文化建设	公司文化建设策划；公司文化主题活动管理；公司文化宣传				
	团队建设	团队团建管理				
	公司战略规划与管理	公司战略规划编制管理；公司战略规划动态管理；公司年度目标测算管理；公司目标责任制管理；公司业绩预警管理；年度公司绩效考核管理；公司生产经营管理制度体系管理；社会责任管理；公司治理机制管理				

从上面的业务分解表可以得出，企业作为市场中的盈利经济主体，研发设计、采购、生产、销售等业务活动和为这些业务活动顺利运行而服务、赋能、支持性的其他管理活动组成，小型的企业，这些业务活动、管理活动会相对简单、工作量小，大型企业会复杂、工作量大，大型的企业会有投资、并购、资产处置等资本业务活动。

(一) 以岗位为单元的业务活动梳理

企业各部门负责人组织本部门人员根据本部门管理范围主责业务和岗位设置调整、增减等变化情况，及时地进行本部门各岗位业务活动梳理工作，形成本部门、本业务系统最新的各岗位业务活动清单。

按照部门、岗位名称、目前在岗、岗位职责、业务活动事项（二级、三级分解）、控制目标（工作结果与工作目标）进行梳理。每人及时梳理自己岗位的业务活动清单，确保为最新状态，一般要经过部门负责人审核，公司合规专员复核，并及时汇总形成企业层面的业务活动清单。

以岗位为单元的业务活动梳理往往根据岗位职责进行，如下所示：某公司的产品成本管理岗职责。

产品成本管理岗

1. 对接与配合公司相关部门，推进各工厂通用材料的集中采购管理。
2. 负责各工厂原材料采购成本管理监督。
3. 负责各工厂原材料供应商资源管理与优化建议。
4. 负责各工厂单位产品的原材料成本管理监督与优化建议。
5. 负责各工厂单位产品的模具等摊销成本管理监督与优化建议。

按照岗位职责分类梳理分析公司的一级、二级业务活动清单，形成《岗位对应业务、职能事项清单》。如表 3-5 所示。

表 3-5　×××公司岗位对应业务、职能事项清单

岗位名称：　　　　　　所在部门：　　　　　在岗人员姓名：

序号	岗位职责	业务、职能事项信息		
^	^	对应业务、职能事项（动+宾+补语结构）		
^	^	二级分类	形成的主要工作成果	服务的主要工作目标
1				
2				
3				

（二）以业务流程为单元的业务活动梳理

企业各部门负责人组织本部门人员根据本部门管理范围主责业务内容以及日常的调整、增减等变化情况，及时地进行本部门主责业务活动梳理工作，形成本部门、本业务系统最新的各业务活动清单。

按照部门、业务名称、工作任务、主要工作成果、服务的主要工作目标、实施责任岗位进行梳理。每人及时梳理自己牵头负责的业务活动清单，确保为最新状态，一般要经过部门负责人审核，公司合规专员复核，并及时汇总形成企业层面的业务活动清单。

以业务流程为单元的业务活动梳理根据每个部门负责的业务流程进行，如表 3-6 所示：××××公司总部合格供应商资源管理流程。

表 3-6 ××××公司总部合格供应商资源管理流程

流程主控部门	供应管理部	流程名称		总部		公司集中采购合格供应商资源管理过程		流程用途描述		公司集中采购合格供应商管理过程
主管领导				副总经理						
适用范围		适用于公司总部集中采购物资供应资源管理								
工作方法简述		从公司未来三年生产经营规模发展趋势对公司集中采购合格供应商的剩余供应能力进行动态管理,流程每年全循环一次								
要素	管理目标	分公司物资部	品质保证部/技术研发部/法务部	监察部	主管领导	公司经理	工作任务（内容）	受控记录	过程工作要求	工作方法
		B	C	D	E	F	G	H	I	J	K
步骤											
1	供应能力超过公司未来一年度物资需求总量50%	<供应能力评估>					针对分公司年度经营目标,对公司现有在《合格供应方名册》范围的各类供应能力是否能够满足分公司全年生产需求进行评估	《合格供应商供应能力评估报告》	每年底和次年1月进行,1月10日前形成报告,1月10日至20日在相关部门评估和审核报资	从合格供应商与分公司全年需求数据对比分析
2			<供应能力评估>				针对公司年度经营目标,对公司现有在《合格供应方名册》范围的各类供应能力是否能够满足公司全年生产需求进行评估	《合格供应商供应能力评估报告》	每年底和次年1月进行,1月20日前形成报告,1月20日至30日在相关部门评估和审核	从合格供应商与公司全年需求数据对比分析。分公司能进行
3				<评估> <评估> <审核> <审批>				品质保证部、技术研发部从本部门专业角度对《公司合格供应商供应能力评估报告》进行评审,物资部修改后,主管领导审核和审批。	评估与审核批记录	各用1个工作日,2月底形成正式报告,掌握公司年度供应能力缺口	书面评估审核或者会议形式进行
4				<通过> <供应资源开发计划>				根据《评估报告》,制订公司年度供应资源发展计划。	《公司年度供应商资源发展计划书》	形成分公司年度供应能力缺口应对方案	通过提高现有供应量和增加新的供应资源

续表

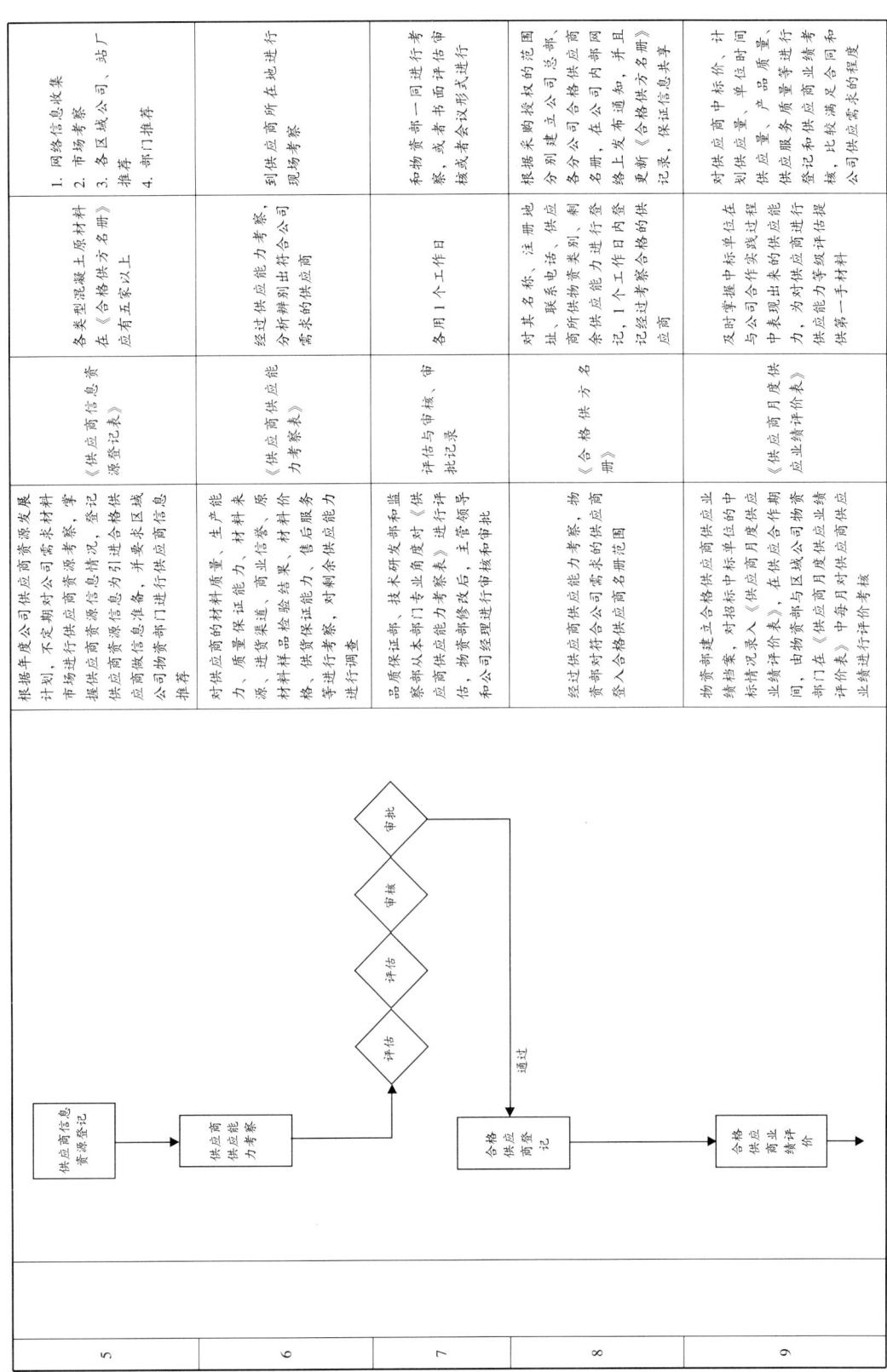

5	供应商信息资源登记	根据年度公司供应商资源发展计划，不定期对公司需求材料市场进行供应商资源考察，登记供应商资源信息情况，对合格供应商信息为引进合格供应商做信息准备，并要求区域公司物资部门进行调查推荐	《供应商信息资源登记表》	各类型混凝土原材料在《合格供方名册》应有五家以上	1. 网络信息收集 2. 市场考察 3. 各区域公司、站厂推荐 4. 部门推荐
6	供应商能力考察	对供应商的材料质量、生产能力、质量保证能力、材料来源、进货渠道、商业信誉、原材料样品检验结果、材料价格、供货保证能力、售后服务等进行考察，对剩余供应能力进行调查	《供应商供应能力考察表》	经过供应能力考察，分析鉴别出符合公司需求的供应商	到供应商所在地进行现场考察
7	评估与审核、审批记录	经物资部从本部门专业技术研发部和监察部对《供应商供应能力考察表》进行评估，物资部审查修改后，主管领导和公司经理进行审核和审批		各用1个工作日	和物资部一同进行考察，或者书面评估形式审核或者会议形式进行
8	合格供应商登记	经过供应商对符合登入合格供应商名册范围	《合格供方名册》	对其名称、注册地址、联系电话、供应商所供应物资类别、1个工作日内登记经过考察的供应商	根据采购授权范围分别建立公司总部、各分公司合格供应商名册，在公司内部网络上发布通知，并且更新《合格供方名册》登记记录、保证信息共享
9	合格供应商业绩评价	物资部建立合格供应商业绩档案，对招标中标的中标情况录入《供应商月度供业评价表》，在区域与合作期间，由物资部门在每月对供应商业评价表》中等月对评价进行考核	《供应商月度供应业绩评价表》	反时掌握中标单位在与合作实践过程中表现出来的供应能力，供应商和服务质量等进行评价登记和对供应商进行提供的和比较供应商合同和公司供应商满足要求的程度	对供应商中标价、计划供应量、单位时间供应质量、产品质量、供应商服务质量等进行登记和对供应商等级材料考核，比较供应满足公司和供应商合同要求的程度

097

续表

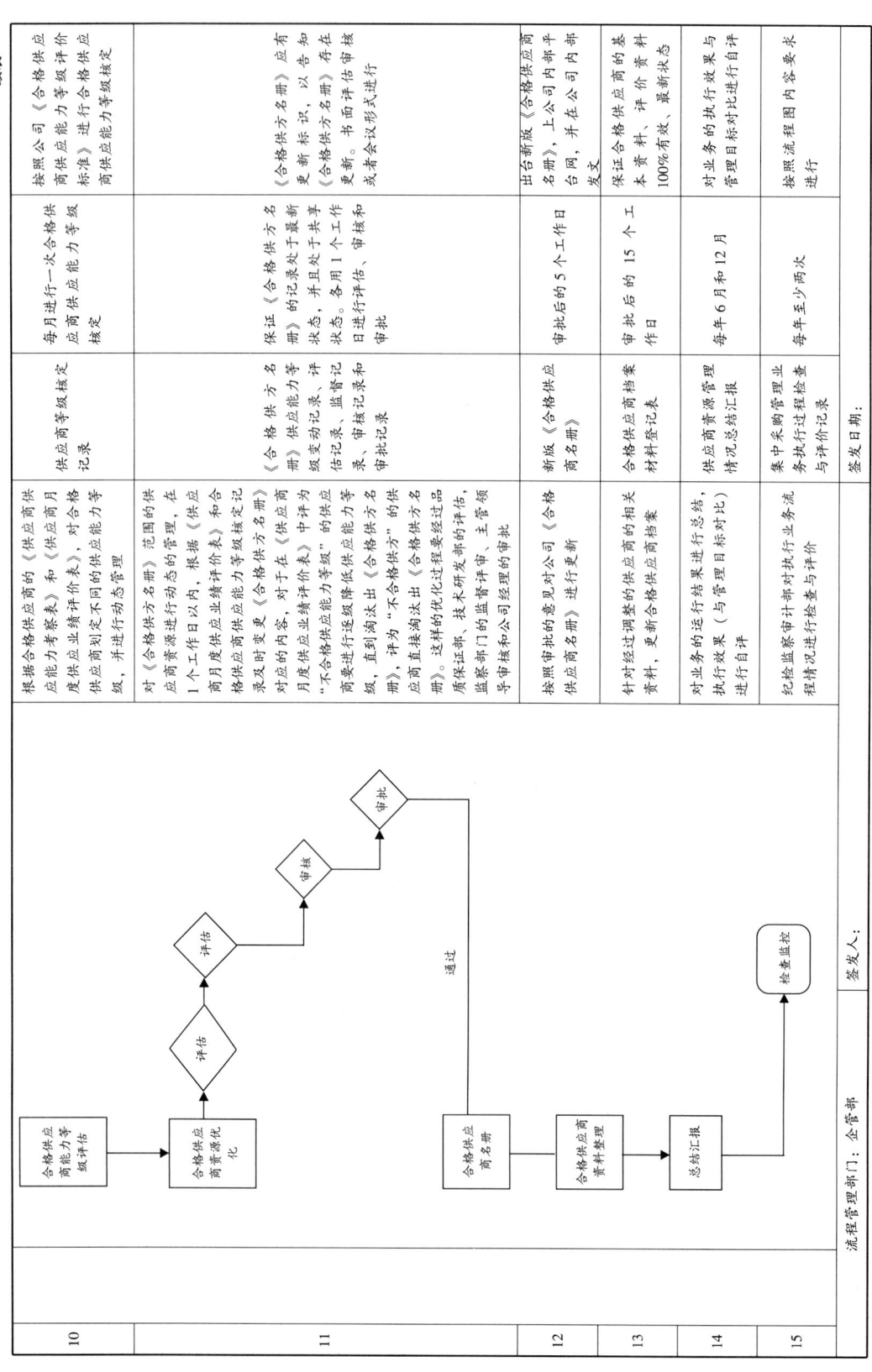

10	合格供应商能力等级评估	根据合格供应商能力考察表和《供应商月度供应业绩评价表》，对合格供应商划定不同的供应商等级，并进行动态管理	供应商等级核定记录	每月进行一次合格供应商供应能力等级核定	按照公司《合格供应商供应能力等级评价标准》进行合格供应商供应能力等级核定
11	合格供应资源优化	对《合格供方名册》范围的管理，在1个工作日以内，根据《供应商月度供应业绩评价表》和合格供应商供应能力等级核定记录的内容，对于在《供应商评价表》中评为"不合格供应商"的供应商进行逐级降低供应商等级，直到淘汰出《合格供方名册》；评为"不合格供方"的供应商，直接淘汰出《合格供方名册》。这样的优化过程要经过品质保证、技术研发部的评审、主管领导审核和公司经理部的审批	《合格供方名册》供应变动记录，评估记录、监督记录，审核记录	保证《合格供方名册》的记录处于最新状态，并且处于共享状态。各用1个工作日进行评估、审核、审批	《合格供方名册》应有更新标识，以《合格供方名册》存在更新，书面会议形式进行
12	合格供应商名册	按照审批意见对公司《合格供应商名册》进行更新	新版《合格供应商名册》	审批后的5个工作日	出台新版《合格供应商名册》，上公司内部平台网，并在公司内部发文
13	合格供应商资料整理	针对经过调整的供应商的相关资料，更新合格供应商档案	合格供应商登记材料资料档案	审批后的15个工作日	保证合格供应商的基本资料，评价有效，最新状态100%有效
14	总结汇报	对业务的运行结果进行总结，执行结果（与管理目标对比）进行自评	供应商资源管理业务执行情况总结汇报	每年6月和12月	对业务的执行效果与管理目标对比进行自评
15	检查监控	纪检监察审计部对执行业务流程情况进行检查与评价	集中采购过程检查与评价记录	每年至少两次	按照流程图内容要求进行

流程管理部门：企管部　　　　　签发人：　　　　　签发日期：

梳理分析公司业务活动过程是对公司生产经营活动内容、分布范围、产品与服务分类的一次比较详细的盘点，以掌握公司合规管理的对象——生产经营活动的运行情况。可以根据企业当前的管理能力下的颗粒度不同，进行一级、二级的业务、职能事项清单梳理分析。

按照业务流程分类梳理分析公司的一级、二级业务活动清单，形成《业务流程工作事项清单》。

表 3-7　×××公司业务流程工作事项清单

业务名称：　　　　　牵头责任部门：市场拓展部　　　　合规责任人：

序号	业务基本信息			实施责任岗位
	工作事项（依据业务流程步骤环节，依次按照动宾结构描述各工作事项）			
	工作任务	主要工作成果	主要工作目标	
1				
2				
3				
4				

具体采用哪一种方式，需要根据企业当前的管理模式来确定，如果企业业务管理流程化水平比较高，可以按照业务流程方式来梳理企业的业务活动事项清单，如果企业管理流程化水平不够，或者是中、小、微企业，就适宜采用岗位方式进行业务活动清单梳理。

以下是某企业最后汇总形成企业层面的业务活动清单。

表 3-8　某企业生产经营业务活动清单

序号	部门名称	业务活动名称
1	市场部	融投资项目可研立项管理（产融项目）
2		营销立项与营销管理
3		客户考察接待管理
4		招标评审与投标管理
5		营销奖计提管理
6		客户开发与管理
7		合同谈判与签订管理流程
8		公司年度营销策划管理
9		资质证照管理

续表

序号	部门名称	业务活动名称
10	合约商务部	项目成本预算/责任成本管理
11		项目商务策划管理
12		项目中间结算管理
13		工程结算管理
14		项目分包中间结算管理
15		项目分供中间结算管理
16		项目分包最终结算管理
17		项目分供最终结算管理
18		项目节点考核兑现管理
19		项目竣工考核兑现管理
20		总包合同评审签约管理
21		分包分供合同评审签约
22		项目经济活动分析会管理
23	财务资金部	建造合同收入成本核算业务
24		工程款回收管理
25		抵债资产管理业务
26		拖欠工程款管理
27		工程质保金管理
28		资金支付管理
29		费用核销业务
30		费用支出预算编制（调整）业务
31	项目管理部	项目策划流程
32		项目进度管理
33		客户服务管理
34		分供方准入流程
35		分供方考评流程
36		分包方退场流程
37		季度考核兑现管理
38		环境因素风险识别与防范管理
39		项目竣工管理
40		项目维修管理
41		项目履约应急流程

续表

序号	部门名称	业务活动名称
42	项目管理部	项目物资验收入库
43		项目物资领料出库流程
44		周转料具进场管理
45		项目周转料具退场管理
46		项目废旧物资处理流程
47		项目物资盘点流程
48		设备进/退场管理
49	采购部	采购计划管理
50		"邀请招标"采购
51		"竞争性谈判"采购
52		"单一来源"采购
53		区域联采选用
54	安全生产监督管理部	安全风险识别与防范管理
55		安全事故调查处理管理
56		危险作业安全管理
57		重大安全隐患处置
58	技术质量部	专项安全施工方案管理
59		项目技术质量风险识别与防范管理
60		科技创新管理
61		施工组织设计方案管理
62		项目签证变更管理
63		质量事故调查处理管理
64		"双优化"管理
65	人力资源部	项目组建流程
66		人员配备及资格证书支持
67		校园招聘管理
68		社招管理
69		定薪调级管理
70		人才政策待遇管理
71		关键岗位任用管理
72		人员免职管理

续表

序号	部门名称	业务活动名称
73	人力资源部	人员培训管理
74		绩效考核管理
75		人员辞退管理
76		绩效奖励兑现管理
77	法务合规部	公司被诉案件处理
78		公司项目法律风险识别及控制业务
79		公司对外授权业务
80		公司起诉案件处理业务
81		公司合规义务台账管理
82		公司合规风险评估
83		公司合规管理制度改进管理
84		公司合规监督
85		公司合规举报与调查
86		公司合规考核
87	工会工作部	劳动竞赛管理
88	企业文化部（党委工作部）	CI管理工作
89		新闻报送审核
90	税务管理中心	税务登记/变更/注销
91		外管证办理及注销
92		税金核算及纳税申报
93		进项税专用发票管理
94		增值税销项发票开具

第五节　企业合规义务检索——合什么规

一、企业合规义务范围

明确了合规主体、合规客体，企业需要明确"合什么规"，即合规内容。前面我们已经梳理了业务活动，现在，我们来确定企业各业务活动需要遵循的对应的合规义务。

在经济全球化的今天，我们要注意的是：合规关系三要素中，合规主体和合规客体在不同国别不存在定义上的差异性，但是合规内容具有国别差异，合规内容即合规义务因为国别不同，而法律法规规定等企业强制必须遵守的要求会存在很大的差异性，因此其合规风险发生的后果也不同，合规义务的范围，在国际层面，可以参见 GB/T35770-2022《合规管理体系要求及使用指南》相关的通用范围。从中国法律管辖看，结合我们经济发展实际，一般情况下，各类所有制企业要遵守的"合规义务"包括以下 5 个方面：

1. 企业自愿选择遵守的要求和承诺。企业合规义务包括企业必须遵守的要求，以及企业自愿选择遵守的要求，这儿指的是后者。企业往往有对外的一些市场服务承诺，以获得客户更多信赖，或者与特定相关方的约定，这些都是企业自愿选择遵守的要求。

比如，国家电网公司对外的承诺，即属于该公司自愿选择遵循的合规义务内容。

国家电网公司供电服务"十项承诺"（2022.6 修订）[①]

第一条　电力供应安全可靠。城市电网平均供电可靠率达到 99.9%，居民客户端平均电压合格率达到 98.5%；农村电网平均供电可靠率达到 99.8%，居民客户端平均电压合格率达到 97.5%；特殊边远地区电网平均供电可靠率和居民客户端平均电压合格率符合国家有关监管要求。

第二条　停电限电及时告知。供电设施计划检修停电，提前通知用户或进行公告。临时检修停电，提前通知重要用户。故障停电，及时发布信息。当电力供应不足，不能保证连续供电时，严格按照政府批准的有序用电方案实施错避峰、停限电。

第三条　快速抢修及时复电。提供 24 小时电力故障报修服务，供电抢修人员到达现场的平均时间一般为：城区范围 45 分钟，农村地区 90 分钟，特殊边远地区 2 小时。到达现场后恢复供电平均时间一般为：城区范围 3 小时，农村地区 4 小时。

第四条　价费政策公开透明。严格执行价格主管部门制定的电价和收费政策，及时在供电营业场所、网上国网 App（微信公众号）、"95598"网站等渠道公开电价、收费标准和服务程序。

第五条　渠道服务丰富便捷。通过供电营业场所、"95598"电话（网站）、网上国网 App（微信公众号）等渠道，提供咨询、办电、交费、报修、节能、电动汽车、新能源并网等服务，实现线上一网通办、线下一站式服务。

第六条　获得电力快捷高效。未实行"三零"服务的低压非居民客户、高压单电源客户、高压双电源客户的业扩报装供电企业各环节合计办理时间分别为不超过 6 个、22 个、32 个工作日。居民客户、实行"三零"服务的低压非居民客户全过程办电时间不超过 5 个、15 个工作日。

[①] 来源：国网仙居县供电公司属于上级文件，发布日期 2022-06-06

第七条 电表异常快速响应。受理客户计费电能表校验申请后，5个工作日内出具检测结果。客户提出电表数据异常后，5个工作日内核实并答复。

第八条 电费服务温馨便利。通过短信、线上渠道信息推送等方式，告知客户电费发生及余额变化情况，提醒客户及时交费；通过邮箱订阅、线上渠道下载等方式，为客户提供电子发票、电子账单，推进客户电费交纳"一次都不跑"。

第九条 服务投诉快速处理。"95598"电话（网站）、网上国网App（微信公众号）等渠道受理客户投诉后，24小时内联系客户，5个工作日内答复处理意见。

第十条 保底服务尽职履责。公开公平地向售电主体及其用户提供报装、计量、抄表、结算、维修等各类供电服务，并按约定履行保底供应商义务。

2. 社会公德和商业道德。企业生产、经营所在地往往有当地的公序良俗、通行规则与惯例、习俗，并且往往是不成文的"规"。企业针对这类规也必须遵守，若出现违反的行为，在移动互联网的今天，极容易形成网络舆论负面事件，从而对企业产生声誉损害。

3. 监管要求。监管要求包括政府监管机构和行业组织，也包括政府监管规定和行业监管规定，企业要遵守生产、经营所在地的监管机构、行业组织发布的政策规定。这些规定的违反，往往会受到行政处罚。

4. 国家法律法规。《立法法》明确，我国法律法规体系包括：法律、行政法规、地方性法规、自治条例和单行条例。企业要遵守生产、经营所在国的法律法规。

5. 国际规则。指的是企业生产、经营在国际贸易、国际采购中需要遵守的通用国际规则，企业与国际市场存在贸易、采购和其他方面的商业合作、交流时，需要考虑的合规义务内容。

对于我国的国有独资企业和国有控股企业，企业党组织与公司治理机构相融合，在进行合规义务管理时，中国共产党党内法规是企业重要的合规义务内容，根据《中国共产党党内法规制定条例》，党内法规包括党章、准则、条例、规定、办法、规则、细则。

二、企业如何检索合规义务

企业需要遵守的合规义务也许比较多，如标准指南所示：应采取以风险为基础的方法，例如，组织应优先履行确定的、与业务最为相关的（20%紧要部分）合规义务，随后将重点扩展至其他（80%相关部分）合规义务上（帕累托原则）。企业可以优先确定那些要紧的，不合规后果严重影响比较大的"合规义务"。在这个过程中，日常的合规义务管理工作，应该按照GB/T35770标准要求的，企业有必要建立若干的合规义务信息来源渠道。不过，在企业第一次开展合规管理体系建设时，企业还是有必要全面盘点，开展合规义务的搜索和检索梳理。

如何搜索"企业业务、职能事项"对应的"合规义务"五个方面合规内容，需要利用"企业业务、职能事项关键字段"，从"业务职能事项所在业务专业领域""企业所处行业""企业生产经营所处国家"来搜索和确定。如图3-1所示的"某业务、职能活动事项所在范围关系图"。

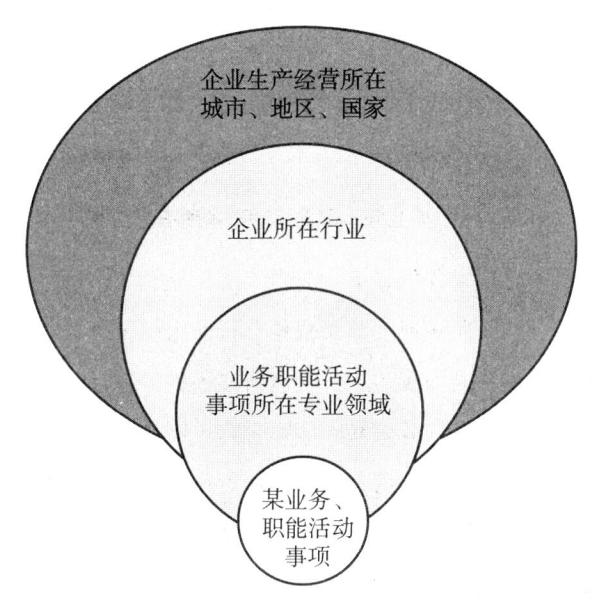

图3-1　某业务、职能活动事项所在范围关系图

第一，确定业务与职能活动事项所在的"专业"方位。通过"某业务与职能活动事项内容"定位"某业务与职能活动事项"的"所在专业领域"范围。

第二，确定企业所在的"行业"方位。根据"企业产品、服务内容"，定位其"所在行业"范围。

第三，确定企业生产、经营所在的"地理"方位。根据企业生产所在地、市场经营所在地，确定其适用的合规义务所在城市、地区、国家"范围。

第四，确定需要遵循的合规义务。通过"专业"、"行业"和"地理"三个方位，如同一个三坐标系定位（见图3-2"某业务、职能活动事项所在方位图"）来检索、确定特定的业务、职能活动事项需要遵循的合规义务，在这三个"方位"确定的范围，根据"业务、职能活动事项内容"里面的"关键字段"来搜索法律、法规、政策规定，可以在免费的或付费的第三方数据库里搜索。

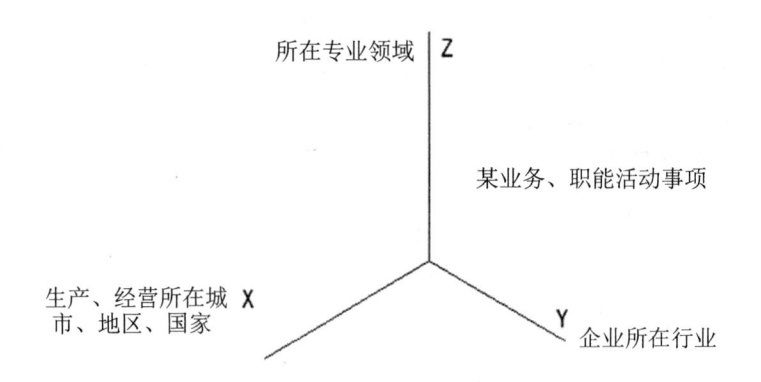

图 3-2 某业务、职能活动事项所在方位图

以上四步可以确定企业必须遵守的以下"合规义务"内容：

监管要求：企业生产、经营所在地的监管机构、行业组织发布的政策规定。

国家法律法规：企业总部所在国和生产、经营所在国的法律、法规。

国际规则：企业生产、经营在国际贸易、国际采购中需要遵守的通用国际规则。

另外，社会公德和商业道德方面，通过定位企业生产、经营所在城市、地区、国家，了解所在地的本土公序良俗与道德规范、社会责任、社会价值观、文化信仰来确定。

企业自愿选择遵守的要求则从企业内部对外发布的文件、与相关方约定来确定。

以上四步是比较系统周全地识别企业活动、产品和服务所对应的合规义务过程，最后，形成某业务、职能活动事项对应的合规义务清单，以确定企业具体某业务与职能活动事项需要遵守的规则，以明确企业各业务部门、职能部门和不同类型的业务活动受哪些合规义务的制约。

以上是企业列出合规义务清单的一般方法过程。

各部门据此识别和建立本部门、本业务领域的合规义务数据库，并定期跟踪、动态维护更新。

第六节 企业合规义务动态管理

一、企业合规义务台账管理

公司各部门应将检索到的本部门业务活动适用的合规义务，登入本部门建立的合规义务管理台账，具体见《公司合规义务管理台账》。

表3-9 公司合规义务管理台账

单位名称：　　　　责任部门：　　　　台账管理员：

本公司合规管理体系覆盖范围：

项数	合规义务名称	颁布目的	发布人	发布时间	实施时间	对应废止	公司牵头落实责任部门	受影响的业务活动、产品和服务	受影响的公司范围 相关单位	受影响的公司范围 相关部门	受影响的公司范围 相关岗位	是否进行培训宣贯	是否对受影响业务活动、产品和服务进行合规风险评估	是否转化为合规标准进入公司制度	已完善的公司对应配套制度、业务流程与指导文件（文件名称+发布时间、字号）	备注
一、公司外部法律法规（外部合规义务）																
1																
2																
二、公司外部所处行业标准、规则（外部合规义务）																
1																
2																
三、公司外部需要遵循的商业道德规范（外部合规义务）																
1																
2																
四、公司生产经营的特定业务政策规定要求（外部合规义务）																
1																
2																
五、公司对外服务承诺——自愿选择遵守的要求																
1																
2																

将合规义务名称，颁布目的，发布人，发布时间，实施时间，对应废止，公司牵头落实责任部门，受影响的业务活动、产品和服务、受影响的公司范围（相关单位、相关部门、相关岗位），是否进行培训宣贯、是否对受影响业务活动、产品和服务进行合规风险评估，是否转化为合规标准进入公司制度，已完善的公司对应配套制度、业务流程与指导文件（文件名称+发布时间、字号）等进行台账登记，对合规义务实施全过程动态管理。

二、制定企业合规义务清单

企业各业务部门检索收集到新的合规义务后,要及时组织在本部门的合规义务内容学习,并进行主要内容的提炼和形成合规要求、合规禁止、合规底线,即合规义务清单。

企业各部门的每人及时梳理自己岗位的业务活动对应的合规义务清单,确保为最新状态,部门负责人审核,公司合规专员及时复核和及时汇总。

与上面的业务活动梳理两种方式对应,有两种方法制定企业合规义务清单。

方法一:以岗位为单元制定企业合规义务清单。在按岗位分类列出一级、二级业务活动清单基础上,一一对应确定具体合规义务条款要求,或归纳、提炼、概述具体要求。具体见《岗位对应合规义务矩阵清单》。

表 3-10 岗位对应合规义务矩阵清单

岗位名称:　　　　　　所在部门:　　　　　　在岗人员姓名:

序号	业务、职能事项信息			合规规则信息		
	岗位职责	对应业务、职能事项 二级分类	是否合规风险点	实质性合规要求（需要做的、需要达到的合规要求）	禁止性合规要求（不能做的、禁止的合规要求）	合规底线清单（控制在2—3条）
1				(1) 企业承诺: (2) 道德规范: (3) 监管规定: (4) 法律法规: (5) 国际规则:	(1) 企业承诺: (2) 道德规范: (3) 监管规定: (4) 法律法规: (5) 国际规则:	
2				(1) 企业承诺: (2) 道德规范: (3) 监管规定: (4) 法律法规: (5) 国际规则:	(1) 企业承诺: (2) 道德规范: (3) 监管规定: (4) 法律法规: (5) 国际规则:	
3				(1) 企业承诺: (2) 道德规范: (3) 监管规定: (4) 法律法规: (5) 国际规则:	(1) 企业承诺: (2) 道德规范: (3) 监管规定: (4) 法律法规: (5) 国际规则:	

方法二:以业务流程为单元制定合规义务清单。在按业务流程分类列出一级、二级业务活动清单基础上,一一对应确定具体合规义务主要条款要求,或归纳、提炼、概述出具体要求。具体见《业务流程对应合规义务矩阵清单》。

表 3-11 业务流程对应合规义务矩阵清单

业务名称：　　　　　　　　牵头责任部门：　　　　　　　　合规责任人：

序号	业务基本信息			合规规则信息		
	业务事项 二级	是否合规风险点	实施责任岗位	实质性合规要求（需要做的、需要达到的合规要求）	禁止性合规要求（不能做的、禁止的合规要求）	合规底线清单（涉及行政处罚、民事赔偿、刑事犯罪情形的列出）
1				(1) 企业承诺： (2) 道德规范： (3) 监管规定： (4) 法律法规： (5) 国际规则：	(1) 企业承诺： (2) 道德规范： (3) 监管规定： (4) 法律法规： (5) 国际规则：	
2				(1) 企业承诺： (2) 道德规范： (3) 监管规定： (4) 法律法规： (5) 国际规则：	(1) 企业承诺： (2) 道德规范： (3) 监管规定： (4) 法律法规： (5) 国际规则：	
3				(1) 企业承诺： (2) 道德规范： (3) 监管规定： (4) 法律法规： (5) 国际规则：	(1) 企业承诺： (2) 道德规范： (3) 监管规定： (4) 法律法规： (5) 国际规则：	

三、业务活动与合规义务如何关联

制定企业合规义务清单的关键是业务活动与合规义务的一对一关联问题，并与责任岗位对应，即企业合规关系的三要素，主体、客体与合规内容（合规义务）之间的关系应该是精确对应关联的，这需要站在合规关系主体、客体的角度，对检索到的合规义务进行分拆对应。

下面我们以反不正当竞争方面的法律法规为例作示范。公司要遵守的适用的反不正当竞争管理合规义务涉及：

4.1《反不正当竞争法（2019修正）》

4.2《反垄断法（2022修正）》

4.3《经营者集中审查规定》

4.4《禁止垄断协议规定》

4.5《制止滥用行政权力排除、限制竞争行为规定》

4.6《禁止滥用市场支配地位行为规定》

责任岗位、业务活动与合规义务的一对一关联示范如下:

表3-12 企业反不正当竞争涉及岗位业务合规义务清单分解表

合规主体	合规客体	合规内容——合规义务清单
岗位名称	业务活动	规范性条款
市场经营	与客户沟通、销售、交付	第二条 经营者在生产经营活动中,应当遵循自愿、平等、公平、诚信的原则,遵守法律和商业道德。
财务管理	会计核算与资金管理	经营者在交易活动中,可以以明示方式向交易相对方支付折扣,或者向中间人支付佣金。经营者向交易相对方支付折扣、向中间人支付佣金的,应当如实入账。接受折扣、佣金的经营者也应当如实入账。 经营者的工作人员进行贿赂的,应当认定为经营者的行为;但是,经营者有证据证明该工作人员的行为与为经营者谋取交易机会或者竞争优势无关的除外。
岗位名称	业务活动	禁止性条款
产品设计	进行产品与包装设计	第六条 经营者不得:(一)擅自使用与他人有一定影响的商品名称、包装、装潢等相同或者近似的标识;
企业CI	企业CI设计	第六条 经营者不得:(二)擅自使用他人有一定影响的企业名称(包括简称、字号等)、社会组织名称(包括简称等)、姓名(包括笔名、艺名、译名等);
企业网页	企业网页设计与管理	第十二条 经营者利用网络从事生产经营活动,经营者不得利用技术手段,通过影响用户选择或者其他方式,实施下列妨碍、破坏其他经营者合法提供的网络产品或者服务正常运行的行为: (一)未经其他经营者同意,在其合法提供的网络产品或者服务中,插入链接、强制进行目标跳转; (二)误导、欺骗、强迫用户修改、关闭、卸载其他经营者合法提供的网络产品或者服务; (三)恶意对其他经营者合法提供的网络产品或者服务实施不兼容; (四)其他妨碍、破坏其他经营者合法提供的网络产品或者服务正常运行的行为。
市场营销	市场广告与推广	第六条 经营者不得: (三)擅自使用他人有一定影响的域名主体部分、网站名称、网页等; (四)其他足以引人误认为是他人商品或者他人存在特定联系的混淆行为。
		第八条 经营者不得对其商品的性能、功能、质量、销售状况、用户评价、曾获荣誉等作虚假或者引人误解的商业宣传,欺骗、误导消费者。 经营者不得通过组织虚假交易等方式,帮助其他经营者进行虚假或者引人误解的商业宣传。

续表

合规主体	合规客体	合规内容——合规义务清单
销售	市场销售管理	第八条　经营者不得采用财物或者其他手段贿赂下列单位或者个人，以谋取交易机会或者竞争优势： （一）交易相对方的工作人员； （二）受交易相对方委托办理相关事务的单位或者个人； （三）利用职权或者影响力影响交易的单位或者个人。
		第十一条　经营者不得编造、传播虚假信息或者误导性信息，损害竞争对手的商业信誉、商品声誉。
		第九条　经营者进行有奖销售不得存在下列情形： （一）所设奖的种类、兑奖条件、奖金金额或者奖品等有奖销售信息不明确，影响兑奖； （二）采用谎称有奖或者故意让内定人员中奖的欺骗方式进行有奖销售； （三）抽奖式的有奖销售，最高奖的金额超过五万元。
企业各由机会接触商业秘密的岗位	商业秘密管理（各岗位通用的职责）	第十条　经营者不得实施下列侵犯商业秘密的行为： （一）以盗窃、贿赂、欺诈、胁迫、电子侵入或者其他不正当手段获取权利人的商业秘密； （二）披露、使用或者允许他人使用以前项手段获取的权利人的商业秘密； （三）违反保密义务或者违反权利人有关保守商业秘密的要求，披露、使用或者允许他人使用其所掌握的商业秘密； （四）教唆、引诱、帮助他人违反保密义务或者违反权利人有关保守商业秘密的要求，获取、披露、使用或者允许他人使用权利人的商业秘密。 经营者以外的其他自然人、法人和非法人组织实施前款所列违法行为的，视为侵犯商业秘密。 第三人明知或者应知商业秘密权利人的员工、前员工或者其他单位、个人实施本条第一款所列违法行为，仍获取、披露、使用或者允许他人使用该商业秘密的，视为侵犯商业秘密。 本法所称的商业秘密，是指不为公众所知悉、具有商业价值并经权利人采取相应保密措施的技术信息、经营信息等商业信息。

四、企业合规义务内规转化

内规转化是企业合规义务转化为企业内规，并进入企业内部的相关管理制度的过程。企业通过开展合规义务的动态管理，会逐步收集形成适用本企业的合规义务数据库，遵守对应合规义务的合规主体需要了解和熟悉合规义务的具体要求，但是，有的业务活动的合规义务是很多的，比如时下的数据与隐私合规，对应的合规义务越来越多，如何便于企业人员遵守合规义务，又不至于陷入合规义务的信息海洋，我们有必要对合规义务进行内规转化，内规转化过程的结果是什么？在GB/T35770-2022《合规管理体系要求及使用指南》"8.运行"中是这样明确的：对过程确立准则。这里指的是为让企业的某业务实施过程满足合规义务（要求），则制定标准，即合规标准。合规标准是企业合规义务外规转化为内规的结果，内规转化是企业合规义务转化为企业内规，并进入企业内部的相关管理制度，是企业合规义务管理中的关键一环。

下面我们仍然以《反不正当竞争法》为例作示范。

表3-13 企业内部涉及反不正当竞争业务合规标准表

合规主体	合规客体	合规内容——合规标准
岗位名称	业务活动	规范性业务合规标准
市场经营	与客户沟通、销售、交付	企业在生产经营活动中，应当遵循自愿、平等、公平、诚信的原则，遵守法律和商业道德。
财务管理	会计核算与资金管理	企业在交易活动中，可以以明示方式向交易相对方支付折扣，或者向中间人支付佣金。企业向交易相对方支付折扣、向中间人支付佣金的，应当如实入账。接受折扣、佣金的企业也应当如实入账。 企业的工作人员进行贿赂的，应当认定为企业的行为；但是，企业有证据证明该工作人员的行为与为企业谋取交易机会或者竞争优势无关的除外。
岗位名称	业务活动	禁止性业务合规行为标准
产品设计	进行产品与包装设计	企业不得：（一）擅自使用与他人有一定影响的商品名称、包装、装潢等相同或者近似的标识；
企业CI	企业CI设计	企业不得：（二）擅自使用他人有一定影响的企业名称（包括简称、字号等）、社会组织名称（包括简称等）、姓名（包括笔名、艺名、译名等）；
企业网页	企业网页设计与管理	企业利用网络从事生产经营活动，企业不得利用技术手段，通过影响用户选择或者其他方式，实施下列妨碍、破坏其他企业合法提供的网络产品或者服务正常运行的行为： （一）未经其他企业同意，在其合法提供的网络产品或者服务中，插入链接、强制进行目标跳转； （二）误导、欺骗、强迫用户修改、关闭、卸载其他企业合法提供的网络产品或者服务； （三）恶意对其他企业合法提供的网络产品或者服务实施不兼容； （四）其他妨碍、破坏其他企业合法提供的网络产品或者服务正常运行的行为。

续表

合规主体	合规客体	合规内容——合规标准
市场营销	市场广告与推广	企业不得： （三）擅自使用他人有一定影响的域名主体部分、网站名称、网页等； （四）其他足以引人误认为是他人商品或者与他人存在特定联系的混淆行为。
		企业不得对其商品的性能、功能、质量、销售状况、用户评价、曾获荣誉等作虚假或者引人误解的商业宣传，欺骗、误导消费者。 企业不得通过组织虚假交易等方式，帮助其他企业进行虚假或者引人误解的商业宣传。
销售	市场销售管理	企业不得采用财物或者其他手段贿赂下列单位或者个人，以谋取交易机会或者竞争优势： （一）交易相对方的工作人员； （二）受交易相对方委托办理相关事务的单位或者个人； （三）利用职权或者影响力影响交易的单位或者个人。
		企业不得编造、传播虚假信息或者误导性信息，损害竞争对手的商业信誉、商品声誉。
		企业进行有奖销售不得存在下列情形： （一）所设奖的种类、兑奖条件、奖金金额或者奖品等有奖销售信息不明确，影响兑奖； （二）采用谎称有奖或者故意让内定人员中奖的欺骗方式进行有奖销售； （三）抽奖式的有奖销售，最高奖的金额超过五万元。
企业各由机会接触商业秘密的岗位	商业秘密管理（各岗位通用的职责）	企业不得实施下列侵犯商业秘密的行为： （一）以盗窃、贿赂、欺诈、胁迫、电子侵入或者其他不正当手段获取权利人的商业秘密； （二）披露、使用或者允许他人使用以前项手段获取的权利人的商业秘密； （三）违反保密义务或者违反权利人有关保守商业秘密的要求，披露、使用或者允许他人使用其所掌握的商业秘密； （四）教唆、引诱、帮助他人违反保密义务或者违反权利人有关保守商业秘密的要求，获取、披露、使用或者允许他人使用权利人的商业秘密。 企业以外的其他自然人、法人和非法人组织实施前款所列违法行为的，视为侵犯商业秘密。 第三人明知或者应知商业秘密权利人的员工、前员工或者其他单位、个人实施本条第一款所列违法行为，仍获取、披露、使用或者允许他人使用该商业秘密的，视为侵犯商业秘密。 本法所称的商业秘密，是指不为公众所知悉、具有商业价值并经权利人采取相应保密措施的技术信息、经营信息等商业信息。

第四章

企业合规风险识别与评估

第一节 合规风险识别与评估概述

合规风险评估构成了合规管理体系实施的基础，也是企业分配适当和充足的资源和过程，以便对已识别的不同优先级的合规风险进行针对性的管控的基础。企业合规管理是管理企业生产经营活动、产品和服务保持合规的过程，因此，企业应系统性地识别其生产经营活动、产品和服务所对应的合规义务，对是否遵守这些合规义务的不确定性和后果、机会，即合规风险，开展有效管理。关于合规义务的管理在前面章节已经进行阐述，本章将对如何进行合规风险管理进行重点说明。根据人力资源和社会保障部发布的新职业对"企业合规师"岗位职责的描述，其主要工作任务有识别、评估合规风险。业务活动、合规义务、合规风险是合规管理的三个相互关联的基本内容。因此，要识别、评估合规风险，必须在第三章企业合规义务管理的基础上，确定容易发生不合规行为的风险点。

第二节 合规风险评估要求

一、合规风险内涵

对企业来说，通常的风险是指影响其总体或部门生产经营目标的不确定性。在市场经济环境中，企业的生产经营行为应该遵循合规义务，而一旦违反合规义务，便发生了合规风险。在GB/T35770-2022《合规管理体系 要求及使用指南》的3.24定义合规风险："因不符合组织合规义务而发生不合规的可能性及其后果。"在合规管理体系中，合规目标是由组织制定的，组织行为符合组织适用的合规义务的程度。合规风险主要涉及不合规事件发生的可能性以及不合规导致的后果，其中，不合规是指组织未履行合规义务或者违反合规义务。

从这个角度出发，合规义务与合规风险之间存在一一对应关系。目前，大多数公司开展生产经营活动的过程中面临一般性的市场风险、管理风险，如销量下降、质量或财务问题的同时，更要考虑到生产经营活动合规风险，特别是一些企业越来越多的合规风险已经连续发生。同时，随着"放管服"改革，"严监管"时代已经来临，监管部门正以更大力度地颁布或宣传新的法律法规，并着力应对、打击企业的违规行为。

合规风险的存在是一个相对概念，它是比照"合规义务"是否履行的不确定性而产生的"合规风险"。假如企业没有承担"合规义务"，就无所谓"合规风险"。反之，承担"合规义务"越多，未履行或者违反合规义务而导致的"合规风险"也越多。同时，如果承担"合规义务"标准越高，企业是否能够履行就越具有不确定性，由此未能达到合规义务要求而发生"合规风险"的概率也越高。

二、合规风险评估要求

GB/T35770-2022《合规管理体系要求及使用指南》明确：企业应在合规风险评估基础上，识别、分析和评价其合规风险，将其合规义务与其业务活动、产品、服务以及运行的相关方面联系起来，以识别合规风险，同时，企业应评估与外包的和第三方的过程相关的合规风险。

应定期的评估合规风险，并在周围形势或企业所处的环境发生重大变化时，及时进行再评估。

企业应保持有关合规风险评估和应对合规风险的措施的文件化信息，并建议合规风险能够以不遵守组织的合规方针与义务的后果和不合规发生的可能性来表征。

合规风险包括固有合规风险和剩余合规风险。固有合规风险是指组织在未采取任何相应合规风险处理措施的非受控状态下所面临的全部合规风险。剩余合规风险是指组织现有的合规风险处理措施不能有效控制的合规风险。

组织在分析合规风险时宜考虑不合规的根本原因、来源、后果及其后果发生的可能性。后果可能包括，个人和环境伤害、经济损失、名誉损失、行政处罚以及民事和刑事责任。

合规风险识别包括合规风险源的识别和合规风险情形的确定。组织宜根据部门职责、岗位职责和不同类型的组织活动，识别各部门、职能和不同类型的组织活动中的合规风险源。组织宜定期识别合规风险源，并确定每个合规风险源对应的合规风险情形，形成合规风险源清单和合规风险情形清单。

风险评估涉及将组织能够接受的合规风险水平与合规方针中设定的合规风险水平进行比较。

发生下列情形时，宜对合规风险进行周期性再评估：

——新的或变更的活动、产品或服务；

——组织结构或战略改变；

——重大的外部变化，如金融经济环境、市场条件、债务和客户关系；

——合规义务发生改变；

——合并与收购；

——不合规（即使是一个单一的不合规事件也可能构成和接近针对境况形势的重大变化）。

合规风险评估的详细程度和范围取决于组织的风险形势、环境、规模和目标，并能随着具体的细分领域（如：环境、财务、社会）变化。

基于风险方法的合规管理并不意味着在合规风险较低的情况下组织就接受不合规。它有助于组织集中主要注意力和资源优先处理更高级别风险，最终覆盖所有合规风险。所有已识别的合规风险/情形都会得到监视和处理。

在进行风险评估（相关指导见 ISO 31000）时，宜注意适宜的方法技术（详见 IEC 31010）。

第三节　合规风险分类

一、从合规义务角度进行合规风险分类

根据合规义务的内容不同，可以将合规风险分成三大类：行为不合法律法规监管规定，行为不合公序良俗、纪律与道德规范的风险，行为不合企业合规承诺的风险。

1. 行为不合法律法规监管规定的风险，包括但不限于：违反安全生产法风险、违反反垄断风险、违反商业法规风险、违反职业健康安全法规风险、违反环境法规风险等，往往导致刑事、民事或行政处罚的直接后果。

2. 行为不合公序良俗、纪律与道德规范的风险，可能包括但不限于：违反发布的各种纪律风险、违反社会道德风险、违反社会文明约定风险、违反社区文化风俗风险等，往往导致企业声誉损失、品牌影响。

3. 行为不合企业自愿选择的要求的风险，如企业自愿选择遵循的国家推荐性（GB/T）和团体性标准，或者企业自行对外公开的承诺、约定，可能包括但不限于：违反自愿选择遵循的国家推荐性（GB/T）和团体性标准的合规风险、违反产品技术承诺风险、违反产品质量承诺风险、违反售后服务承诺风险、违反产品功能承诺风险、违反产品节能承诺风险、违反产品绿色承诺风险等，往往给企业带来民事赔偿和市场信誉影响。

二、从发生的地方进行合规风险分类

企业作为市场商业化的盈利主体，会建立比较严谨的组织架构和业务分工，形成各部门和

部门内的岗位设置，即定岗定编，并且会设计各业务流程，企业在运行过程中，发生的合规风险可能发生在以下两个方面。

1. 岗位合规风险。可能发生在岗位上的合规风险，是指岗位人员在履行岗位授予的职责过程中，违反合规义务的可能性和后果。

2. 业务流程合规风险。可能发生在业务流程上的合规风险，是指在业务流程运行过程中，流程某环节中的人员行为违反合规义务的可能性和后果。

我们要识别合规风险，可以从岗位切入，也可以从业务流程切入，因为合规风险一旦发生，它既存在于某个岗位上，也同时存在于某业务流程的某个环节。这样分类的好处在于，从岗位定义的合规风险，强调岗位管理和岗位履行职责的企业，方便开展基于岗位合规风险识别分析评估，建立合规管理体系；从流程定义的合规风险，适合于流程型管理体系比较完善的企业，方便开展基于流程合规风险识别评估，建立合规管理体系。

这样的分类利于企业选择建立合规管理体系的切入路径。

三、从管控措施进行合规风险分类

从有无合规风险管控措施和防控措施的有效性出发，合规风险可以分为固有合规风险（Inherent Compliance Risk）和剩余合规风险（ResidualCompliance Risk）。

GB/T35770-2022《合规管理体系要求及使用指南》定义：固有合规风险是指组织在未采取任何相应合规风险处理措施的非受控状态下所面临的全部合规风险。表明，固有合规风险是企业在没有对应的合规风险管理控制措施，业务处于无管控自然状态下的全部合规风险。存在合规义务的地方，就存在不遵循和违反合规义务的不确定性和后果，就存在合规风险，没有任何合规管理控制措施状态下，这些合规风险处于最大原发状态的时候，即处于固有合规风险状态。固有合规风险是业务运行时，对其适用的所有合规义务不遵循和违反的可能性和后果的最大值。比如，在企业生产经营决策流程和决策岗位上，针对企业生产经营决策活动适用的全部合规义务，在企业对生产经营决策流程运行和决策岗位履行生产经营决策职责方面，企业没有采取任何合规风险管控的前提下，则企业生产经营决策流程运行和决策岗位上的履行生产经营决策的合规风险自然以全部的状态存在，其发生的可能性和后果将是零管控状态，即生产经营决策流程运行，或决策岗位上的履行生产经营决策是处于固有合规风险状态。

GB/T35770-2022《合规管理体系要求及使用指南》定义：剩余合规风险是指组织现有的合规风险处理措施不能有效控制的合规风险。这表明，企业的剩余合规风险是在企业当前已有的合规风险管理措施管控下，仍然还有未被有效管控的部分残留合规风险。剩余合规风险是在固有合规风险基础上做了减法的合规风险。存在合规义务的地方，就存在固有合规风险，但是不一定存在剩余合规风险。有没有剩余合规风险，必须考察企业为了管理和控制固有合规风险，是否采取充分、适当的合规风险管理控制措施，并要证实这些合规风险管理控制措施是否得到切实落实和是否有效发挥控制作用，管理控制住合规风险，至少从管控措施实施一段时间后的合规风险发生情况结果可以证明这一点，或者专家评估认为管控措施充分而适当，经过这样的判断后，减去确证已经有效管控的合规风险后，残留剩余下来的合规风险，即剩余合规风险，因此剩余合规风险可以等于零，或者小于固有合规风险数量，也可以等于，即意味着全部的固有合规风险对应的管控措施均不充分，有效性不足。还是拿上面的生产经营决策合规风险为例。假如针对企业生产经营决策适用的全部合规义务，在企业对生产经营决策流程和决策岗位生产经营决策履行职责方面采取了多个决策管理控制措施制度，进行生产经营决策合规风险管控，假设得到有效管控，则企业生产经营决策流程和决策岗位上的固有合规风险将被最大化控制，没有残留剩余的合规风险，这即是生产经营决策的剩余合规风险状态。按照这样的判断过程，假设企业的固有合规风险清单上有 200 个固有合规风险点，经过已有的风险管控措施充分性、适当性评估后，评估认为有效管控的固有合规风险点是 50 个，则确定残留剩余的合规风险点还有 150 个。

在一个管理制度比较完善的企业里，合规从业人员主要面对的是固有合规风险基础上的剩余合规风险识别与管理。

这样的分类利于企业评价现有的合规风险管控情况和是否需要进一步完善合规风险管控措施。

四、从有无合规风险源进行合规风险分类

在 ISO 31000-2018《风险管理指南》中对"风险源"的定义是：可能引起风险的，单个或组合的因素。同理，合规风险源是指组织活动中，可能引发合规风险发生的，单个或组合的因素。包括有形的和无形的风险源。识别合规风险时，要识别有风险源的合规风险，也要识别无风险源的合规风险。即合规风险可以分为有源合规风险和无源合规风险。

有源合规风险是指存在合规风险源的合规风险，有源合规风险发生时，是由一个或者多个因素组合引起的合规风险。存在有源合规风险的业务事项，执行业务时，所进行的违规、不合规往往是精心蓄谋、有计划的，比如企业某岗位人员负责的一项社会人员招聘工作任务，在招聘过程中，接受应聘人员的贿赂，对应聘人员符合应聘标准的假证明材料不验证，或让其故意蒙混过关，该业务事项的合规风险源是该业务事项执行时所行使的"人事权力"，该岗位人员就可以利用"人事权力"作为筹码进行违规，既可以自己主动违规，也可以在被外部来应聘的人推动、诱惑下出现违规，往往为主观故意违规、不合规，这时候，企业即使有比较好的管控措施，该岗位人员也会铤而走险，不顾管控措施的约束，违反或绕过管控措施，显然，存在有源合规风险的业务事项其风险管控难度明显加大。

无源合规风险是指没有合规风险源引致，但需要遵守适用的合规义务的合规风险。当合规风险发生时，当事人一般为客观无主观故意违规或不合规，原因往往是当事人员不了解合规义务、未及时告知、未接受对应合规义务培训导致，或一时疏忽、大意导致的，比如操作性失误而违规。这样的合规风险不存在业务实施人，及合规主体的主观故意与有意为之，这类合规风险，我们进行合规风险管控方法比较简单，一个新的合规义务出来，或者合规义务发生变化调整，企业合规管理部门及时组织相关人员进行合规义务内容宣传、培训，或及时合规义务内容知识学习，就可以有效防范，对于容易出现操作性失误引起的合规风险，加强业务反复的操作练习，提高业务操作熟练程度，就可以减少失误操作引起的合规风险发生。

区分有源合规风险和无源合规风险，目的在于合规风险管控措施的区分对待，最大限度地降低合规管控成本和投入，把企业合规管理资源投入最需要管控的地方。经过合规义务内容宣传、培训和学习或业务反复的操作练习后，无源合规风险基本上可以实现有效的管控，而企业业务部门和合规管理部门主要面对的合规风险就是有源合规风险，因此，在本章后面的内容中，如果在没有特别说明的时候，我们谈到的合规风险识别，实际指的是有源合规风险的识别。只有这样的合规风险，企业管理层才需要投入一定的人力、物力、财力去进行管控，实践和案例证明，这类合规风险仅进行合规义务内容宣传、培训和学习是没有风险控制效果的。

五、从人员主观故意角度进行合规风险分类

在合规关系三要素中，我们已经知道包括合规主体、合规客体和合规内容，合规主体是人，合规客体是业务活动，合规内容是人执行业务活动需要遵守的合规义务。合规风险发生的过程是合规主体人执行业务活动时，没有遵守合规义务，这个过程中，人是最活跃的因素，从人员主观故意角度，我们可以分为：非故意（蓄意）操作性合规风险和故意（蓄意）合规风险。

非故意（蓄意）操作性合规风险，不是合规主体的主观故意，是出于疏忽、操作失误、不知道合规义务最新要求等，出现的违规操作业务活动，因此也叫操作性合规风险，是非主观故意，没有蓄意谋划，是前面提到的客观原因导致发生不合规行为风险，这类的合规风险管理措施主要是：加强合规义务培训、合规操作反复练习，就基本可以控制这类型合规风险，这类风险往往存在于无合规风险源的业务事项执行过程中。

故意（蓄意）合规风险是合规主体主观故意，有蓄谋策划的合规风险，控制难度大是"故意合规风险"的基本特征，因为合规主体往往有精心策划，是出于自己追求某个利益而出现的违规执行业务，往往与个人谋私相关。因此合规风险识别分析评估的重点是"故意合规风险"。这类风险往往存在于有合规风险源的业务事项执行过程中。

第四节　合规风险分布特征

一、合规风险与合规义务的关系

合规管理体系是建立在合规义务、合规风险基础上的，掌握合规风险在企业全员、全业务领域、业务全过程的分布，才能够进行合规管理策划，才能够采取有针对性的管控措施。

根据 GB/T35770-2022《合规管理体系要求及使用指南》的 3.24 合规风险定义："因不符合组织合规义务而发生不合规的可能性及其后果。"有合规义务的业务活动，就会对应存在合规风险，没有合规义务的业务活动，就无对应的合规义务，表明合规风险与合规义务是一一对应关系，这是合规风险分布的第一个特征。

根据这个特征，有专家推荐合规风险的识别方法采用"合规义务检索法"。由于合规风险与合规义务是一一对应关系，而合规风险是由未履行或违反合规义务的不确定性导致的，所以合规义务分布在哪，这种不确定性就在哪，合规风险就在哪。因此，合规义务的分布特征，同时也是合规风险的分布特征。

二、合规风险源与合规义务的关系

识别合规风险，我们需要先确定合规义务在企业的分布规律，合规义务是企业的生产经营各项业务活动、产品、服务需要遵守的规则与要求，于是，合规义务与企业的生产经营各项业务活动、产品、服务之间存在一定的对应关系，在企业合规管理实践中，不是所有的生产经营各项业务活动、产品、服务均有对应的合规义务，或者所有的生产经营各项业务活动、产品、服务均有对应的合规义务，这个问题还不是很确证，有待研究认证。这里，我们提出的问题是：合规义务的分布是否有特征？特别是有源合规风险对应的合规义务是否有分布特征？根据多年对不合规案例事实的研究发现，合规义务主要是用来规范和约束存在合规风险源的活动，至少是集中分布于存在合规风险源的业务活动区域。凡是可能引起行为失范、不履行社会责任、破坏公正公平正义、违背事物客观规律、引起人身安全、环境破坏等的地方，均需要合规义务来进行规范和约束。这些引起行为失范、不履行社会责任、破坏公正公平正义、违背事物客观规律、引起人身安全、环境破坏等现象的地方，往往是合规风险源存在的地方。不存在合规风险源的地方，从社会运行成本和效率角度看，一定程度上，没有必要制定合规义务对其行为进行约束和规范。比如权力，权力是指支配利益分配或资源调配的强制性力量。行使权力的过程实质是分配利益、调配资源的过程，利益分配、调配资源这一过程可能存在利益纷争与不公平公正分配利益、调配资源的情形，也是当前引起腐败、贿赂、舞弊的重要根源，因此，权力是组织的一个重要合规风险源。企业生产经营活动中也存在大量的各种权力，为约束与规范这种分配利益、调配资源的过程，即行使权力，国家有关部门、监管机构就会出台有关强制性的规范和约束权力行使的法律法规、监管政策、行业规定等，所以有权力的地方，合规义务就存在。由此可见，合规义务分布在哪，一定程度上是由是否有合规风险源来决定的。

前面一节，从有无合规风险源进行合规风险分类，有合规风险源的合规风险，为有源合规风险，其发生的合规风险往往是精心策划、蓄谋的合规风险；没有合规风险源的合规风险，为无源合规风险，其发生的合规风险往往是操作失误、疏忽、非蓄谋的合规风险。

综上，企业有的业务活动存在合规风险源，合规风险源和合规义务之间存在内在的一致性，一定程度上，它们之间存在对应关系，合规风险源决定和影响合规义务的分布特征，合规风险源对应决定有源合规风险的分布，这一特征，在立法、立规实践中也不难理解，一个立法、立规的启动，往往是因为某个领域大量出现损害人民健康、生命、财产，造成环境、社会许多不良影响的事件，为什么出现许多不良影响的事件，背后的原因一般是存在"风险源"，于是，风险源分布的特征，会一定程度上决定"立法、立规"的分布，这是合规风险分布的另一个重要特征。

GB/T35770-2022《合规管理体系要求及使用指南》建议：合规风险识别包括合规风险源的识别和合规风险情形的确定。组织宜根据部门职责、岗位职责和不同类型的组织活动，识别各部门、职能和不同类型的组织活动中的合规风险源。组织宜定期识别合规风险源，并确定每个合规风险源对应的合规风险情形，形成合规风险源清单和合规风险情形清单。这便是这一特征的实践应用。

第五节　合规风险源

一、权力风险源

在对100多个违规案例（涉及186人违规）统计分析发现，因为权力引致的合规风险事项发生占比是96%，同时，从裁判文书网经济类案例检索结果看，也支持了这样的统计特征。从这占比看，权力是合规风险源中最主要的合规风险源，也将主要决定合规风险的分布特征。根据对这些不合规案例事实的检索统计分析，审批权、市场客服与销售权、人事权、采购权、放行权、计量权、财务资金权和拥有关键信息权等八项权力，密切影响企业行为的合规性。这八项权力即"企业八项权力识别模型"，是目前为止统计数据分析发现的八个权力类别的合规风险源。八项权力的具体内涵如下：

（一）第一项权力——审批权。审批权是决定做与不做的权力，对应的业务活动是负责决定做与不做的相关活动，是审批权力组织里最重要的一项权力。分布于组织内部各个管理科层的大大小小的"领导"岗位，决定一件事情做还是不做、现在做还是推迟到以后做、同意还是不同意、赞同还是不赞同等方面的权力叫审批权，它是组织最高管理层对权力在组织内部各个管理科层的一个逐级授予的权力，各岗位的"领导"在授权范围内代表组织行使签字的权力，也可以叫签字权。如企业的市场客服与销售、人事、采购、放行、计量、财务资金收支等具体业务工作开展前是否值得做的预判或者形成的工作方案或者形成的阶段工作结果或者形成的最终工作结果需要得到组织的认可，则需要在授权范围的各级"领导"审批同意。审批权在于掌握组织是否做正确的事情。审批权是组织里最大的权力，审批权力能够对组织内各级领导分管业务范围的市场客服与销售、人事、采购、放行、计量、财务资金收支等具体业务经办权力产生实质影响，这也是组织各级领导成为不合规问题发生得多的一个直接原因。

（二）第二项权力——市场客服与销售权。市场客服与销售权是推销资产、产品、服务并卖给客户的权力，对应的业务活动是负责推销资产、产品、服务并卖给客户的相关活动。市场客服与销售权是具有销售活动的盈利组织一项重要的业务权力。企业需要把自己生产的产品、服务卖给特定的客户的过程即市场客服与销售权。将企业某个资产作价卖出也是销售活动。企业是供应者，特定客户是需求者，在市场上，若干的同类产品供应者和同样需求的客户，两者组成供应和需求力量对比关系。如供应大于需求时，供方处于定价和被选择的谈判弱势地位，需求方处于定价和选择的谈判强势地位，对于供方来说，市场客服与销售权如何获得客户的选择和确定销售价格是关键；如供应小于需求时，供方处于定价和被选择的谈判强势地位，需求方处于定价和选择的谈判弱势地位，对于供方来说，市场客服与销售权如何获得比较高的销售价格是关键。市场客服与销售权是企业生产的产品、服务变现和实现收入的关键权力。

（三）第三项权力——人事权。人事权是对企业人员管理的权力，对应的业务活动是负责企业人员管理的相关活动。人事权是企业人力资源管理的专门权力，但是有人事权力的地方未必是人力资源部门。人事权是指专门负责组织正常运行所需要的人力资源开发、管理和运用过程。人力作为企业组织正常生产经营所需要的生产要素而进行的专门管理和协调工作。组织里，所有与人有关联关系的工作内容都与人之间的利益分配有关，人事权的本质是决定组织内部人员生存空间、环境、质量的变量。人是组织里最活跃的生产经营要素，人是具有感情的动物，时刻受人感情活动的影响是人事权力的最大特征。

（四）第四项权力——采购权。采购权是购买企业所需的权力，对应的业务活动是负责购买企业所需的相关活动。采购权在组织里普遍存在，是组织从组织以外获得生存持续补给的工作方法。采购权是组织，特别是企业组织正常生产活动需要从社会、大自然获得各类生产要素的基本经济活动。企业的投资行为也是一种特别的采购活动。企业作为供应者需要为特定客户提供产品，那么供应者需要在市场上获得生产特定客户所需产品的原始生产要素，这种生产要素分布在市场上，也存在需求和供应力量对比关系。如需求大于供应时，需求方处于需求定价和选择供方的谈判弱势地位，供应方处于定价和选择需求方的谈判强势地位，对于需求方来说，确定采购价格和找到对应价格的供应商是关键；如需求小于供应时，需求方处于定价和选择的谈判强势地位，供应方处于定价和选择的谈判弱势地位，对于需求方来说，采购权如何获得比较低的采购价格和有供应能力的供应方是关键。采购权往往是企业现金变为原材料产品后形成价格成本的关键权力。

（五）第五项权力——放行权。放行权是利用某尺度标准进行判断、对比、衡量的权力，对应的业务活动是负责利用某尺度标准进行判断、对比、衡量的相关活动。放行权是采购的后续重要业务权力。采购来的产品是否能够满足企业生产经营需要，应该经过质量、技术、安全等方面的把关，按照国家和行业的标准，或者组织拟定的特定标准，检验评价是合格的，才能够放行。放行权是采购的产品能够进入企业生产环节的关键权力。这里，我们需要注意的是有的领导审核某业务，不是决策审批，尽调是审核，但不属于审批权，它依然属于"放行权力"，审核与审批之间存在质的区别，但是由于一字之差，实践中容易混淆。

（六）第六项权力——计量权。计量权是确定数量多少的权力，对应的业务活动是负责确定数量多少的相关活动。计量权是放行权后面紧跟的一项业务权力。在采购业务的后续流程中，计量权是对所采购的经过检验等放行把关后，进行的计量过程，这个计量结果将形成组织对供应方的应付款项金额数。计量权往往是企业形成数量化成本、数量化收入的关键权力。当然，也可以行使单独的计量权，比如，保管员对仓库物资的定期盘点，企业财务会计部门的财务核算、财务报表、财务预算等。

（七）第七项权力——财务资金权。财务资金权是实现企业资金流与管理的权力，对应的业务活动是负责企业资金流和管理的相关活动。财务资金权是企业里掌握资金流向、流动的最重要权力。凡是与影响企业财务资金流动方向、大小、速度、停留时间长短的有关资金支付、收取预算、计划、直接收支操作等业务内容，均为财务资金权。

（八）第八项权力——拥有关键信息权。拥有关键信息权是履行岗位职责过程中能接触、掌握、形成需控制受众范围的信息的权力，对应的业务活动是指履行岗位职责过程中能接触、掌握、形成需控制受众范围的信息的机会和场景。需控制受众范围的信息包括个人信息、企业商秘、数据隐私信息、安全信息、国家秘密等。拥有关键信息是前述七项权力在行使过程中，最容易附带、衍生出来的一项独特的权力。拥有关键信息以组织之间和组织内部信息不对称为基本出发点，形成的上述七项权力行使过程中，权力行使者自然有机会、场景掌握有利信息和不利信息。由于利益相关方想获得不对称的重要信息，提高自己的竞争力，而产生利益与关键信息的不正当相互交换关系，这就是关键信息的价值魅力所在。同时，对于处在数字化转型浪潮中的企业而言，信息安全、数据合规、个人信息保护、隐私保护正在变得不可或缺，工信部和广东通管局、上海通管局等许多地方的多个部门组织了多次 App 专项治理活动，上千款 App 受到通报，整治力度之大，前所未有。拥有关键信息权作为其合规风险源，面临的合规挑战在信息时代是前所未有的。

以上八个方面的权力是企业在生产经营过程中行使的各类型权力，它们广泛分布于企业各岗位和流程中，并且职位越高的岗位和越核心的业务流程，被授予这八项权力其中的权力也就越多越重要，引致不合规行为的可能性就越高，合规风险也越多。因此，在这些权力行使的过程中，最容易导致不合规风险发生，最容易产生违反法律法规、违反企业合规承诺、违反企业尊崇的纪律与道德价值准则的行为，这些权力在岗位和流程分布的地方，也是存在有合规风险源的地方，这就是以岗位和流程的"企业八项权力识别模型"来识别有源合规风险的理论基础。只要我们识别了以上八个方面的权力在生产经营业务岗位和流程中的分布情况，并逐一标识出来，就能够识别出企业分布在各业务岗位和流程上的因为权力风险源引起的合规风险点。

二、其他合规风险源

除了上面的权力风险源以外，在我们的实践总结和研究中，发现还有其他的合规风险源。到目前为止，"物质利益管理、黑箱过程、利益冲突情形"是存在于组织运转过程中另三种合规风险源，它们和权力合称为业务活动"四大合规风险源"，它们的存在与否，与业务活动的自然属性相关，是属于某些业务活动的自身特性，不可以消除的风险源。

（一）物质利益管理

物质利益管理活动是指岗位职责中，由于职责履行，存在接触、控制实体性物质利益的活动。符合该定义特征的职责内容，都属于存在"物质利益管理"特征的业务活动。如岗位职责中存在负责仓库保管、仓库物品整理、安全、防盗管理、办公资产管理、办公用品管理、耗材保管等；负责金库安全看护管理；负责人民币押运；负责货物保管；负责物流配送；负责公司印章保管等，均属于存在"物质利益管理"特征的业务活动。从事这类存在"物质利益管理"的业务活动，容易引发"监守自盗""内外勾结""舞弊"等不合规行为，有关的经办人在物质利益的诱惑下，容易实施违规行为。

（二）黑箱过程

黑箱过程是指企业的某个业务活动实施时，只有经办人员知道其实际实施过程，且无过程痕迹，他人事后难以知道其过程。符合该定义特征的职责内容，都属于存在"黑箱过程"的业务活动。如岗位酒店客房清洁服务人员负责对客人离店后的酒店客房内部清洁消毒活动；饭店的厨师炒菜活动；城市里的送外卖活动；企业研发人员的研发活动等，都属于存在"黑箱过程"的业务活动。这类型的业务活动在实施过程中，如果出现过程违规，一般难以当场发现，有关的经办人员容易利用这一特征，出现"偷工减料""违规操作""假冒伪劣""偷梁换柱"等违规行为。

（三）利益冲突情形

利益冲突情形是指岗位职责履行中，存在与职责履行主体个人利益一致，却与公司利益不一致的活动，私人利益与企业利益之间存在冲突。符合该定义特征的职责履行，都属于存在"利益冲突情形"的业务活动。如办理监察事项的监察人员负责的监察对象或者检举人是其近亲属的；负责供应商资源信用调查、评价管理的岗位，有一家供应商的老板是该岗位人员的战友、朋友、亲戚的等，这类情形都属于存在"利益冲突情形"的活动。

三、关于剩余合规风险产生的原因

针对存在固有合规风险的业务，企业制定相关的管控措施，但是由于管控措施管控固有合规风险的有效性不足的问题可能出现，使得存在残留的合规风险，这是剩余合规风险的产生原理。到目前为止，从大量的实践总结和违规案例发现，认知缺失、缺陷，机制缺失、缺陷，制度缺失、缺陷，监控缺失、缺陷等四个方面，存在一个或多个方面的问题，使得管控措施管控固有合规风险的有效性不足。这四个方面的缺失、缺陷是企业内部控制不够完善的表现。其中，缺失是指缺少、漏洞，是无的意思；缺陷是指有措施，但是设计不合理不适宜，效果、作用不足。

（一）认知缺失、缺陷

认知缺失、缺陷的产生往往是企业没有及时告知企业人员以及关联人员关于合规方面的合规职责、合规义务、合规风险、合规管控措施等，缺少及时的培训，或者培训效果不佳等。

（二）机制缺失、缺陷

机制缺失、缺陷的产生往往是企业没有加强企业合规文化建设，或没有形成合规奖励处罚机制，或没有开展合规绩效考核和纳入个人和组织绩效考核，或没有领导率先垂范、以身作则等方面，没有有效形成促进企业人员合规、反对不合规的促进、鼓励机制。

（三）制度缺失、缺陷

企业的各生产经营业务活动没有对应的合规标准、合规目标、控制流程、控制标准、控制记录、控制方法等，或控制流程、控制标准、控制记录、控制方法存在缺陷，或没有注意业务分工的非相容原则，或没有注意对高合规风险级别的业务活动进行再分拆，以及没有尽量考虑使用信息化技术进行业务流程制度实施过程固化，实现在线、透明化管理。制度设计缺陷表现在制度缺失、漏洞和不适宜的情况。

（四）监控缺失、缺陷

企业内部应建立独立的监督体系，对企业的生产经营过程、产品、服务合规进行监控，但实践中，可能出现监控不健全、不适宜的问题。比如，企业内部没有建立畅通的合规举报渠道和合规调查流程，或没有合规监督，或没有事前合规咨询、合规审查、合规公示、专项合规监督、专项合规审计、离岗合规责任审计、飞行合规监督、突击合规审计、全程合规跟踪审计等，企业对某业务活动的监督控制处于缺失、不适宜而失效的状态下。

第六节　合规风险识别分析评估

一、合规风险尽调

GB/T35770-2022《合规管理体系要求及使用指南》定义：合规风险是指不符合组织合规义务造成不合规的可能性和后果。把该定义放到企业场景，企业合规风险定义为企业的生产经营活动、产品和服务不符合企业合规义务造成不合规的可能性和后果，因此合规风险分析评估的基本模式是"合规风险发生可能性+合规风险发生可能导致的后果"。

从合规风险定义知道：有"合规义务"的地方，企业的业务、职能事项执行的时候，就面临"不合规行为"出现的可能性，而发生不合规行为的主体是企业内部的人员，原因也来自内部，合规风险因此源于内部。这不同于其他风险，如战略风险、财务风险、运营风险可能来自企业外部，或者内部的不确定性变化，这样的不确定性变化多数情况下是无法预测的。

前面我们已经讨论过：合规风险从人员主观故意角度可以分为：非故意（蓄意）操作性合规风险和故意（蓄意）合规风险。操作性合规风险是非主观故意，没有蓄意谋划，而是客观原因导致发生不合规行为风险，这类的合规风险管理措施主要是：加强合规义务培训、合规操作反复练习，就基本可以控制这类合规风险；控制难度大的是"故意合规风险"，"故意合规风险"往往与"有源合规风险"紧密相关。因此合规风险评估的重点是"故意合规风险"的评估，后面的合规风险识别分析评价主要指的是存在合规风险源，导致出现的"故意合规风险"的识别分析评价。

合规风险评估对应的合规管理工作是识别、分析、评价合规风险，企业合规管理牵头部门组织，并使用专门的合规风险识别分析评价工具，企业的业务、职能管理部门、审计与监督部门配合和参与，对企业各生产经营业务领域的业务、职能事项的合规风险进行识别、分析和评价。

按照企业业务事项、职能清单（在第三章已经讨论过）开展"合规风险尽调工具表"，对企业的生产经营活动进行合规风险尽调。该部分的工作可以借助第三方专业公司提供的合规风险评估软件完成尽调工作，当然，也可以人工进行尽调。尽调的方式有两种，一种是从每一个岗位开始，另一种是从每一个业务流程开始。尽调的内容包括以下：

以企业每一个岗位职责说明书和过去一年从事的本岗位各工作事项情况信息为依据，需要每一履职事项，依次完成一轮以下全部问题回答，或者按照每一业务活动流程过去一年的工作情况，依次完成一轮以下全部问题回答。前者往往以每个岗位为尽调单元，后者往往以每个部门为尽调单元。这是我们对每一履职事项或业务活动的执行特征画像，以便对其进行合规风险源识别、合规风险分析及后果预计，从而方便进行后续的合规风险评估。

表 4-1 履职事项/业务活动尽调工具表

——岗位履职/业务工作事项梳理——

1. 岗位职责　请输入一项职责　或 1. 业务名称　请输入一项业务名称

提示：请复制一条岗位职责说明书中的岗位职责即可。比如：负责合格供应商资源管理。

2. 工作事项　该职责对应的工作事项　或 2. 业务事项　该业务对应的业务事项

提示：请描述上述这一条职责的工作/业务内容，请尽量简单、用核心词描述，一条岗位职责对应一条工作事项。

3. 工作事项简称　8个字内概括上述工作/业务事项

提示：请您对上述的工作事项用不多于8个字（含8个）简述。

3. 工作结果　该工作/业务事项的办理结果

提示：请对上述的工作事项经办完成后的结果作客观描述。以上述"工作/业务事项"为例：形成最新的公司合格供应商数据库，或形成最新的公司合格供应商名册。

4. 工作目标　办理该工作事项的工作目标

提示："工作目标"是指引导人员办理工作事项努力方向的"标准""要求""期望"等，一般这样的"工作目标"由企业绩效考核部门设定，也可以由部门负责人自行组织设定，并且多数可能是可量化、可计量，也有定性描述。如果没有，可以写"无"。以下的目标选项可以多项选择。

——服务于效益目标——

☐服务于公司收益目标

☐服务于公司成本控制目标

——服务于效率、效果目标——

☐服务于公司安全生产经营目标

☐服务于公司人员健康目标

☐服务于公司产品质量、品质目标

☐服务于环境保护目标

☐服务于公司数据与隐私安全目标

☐服务于公司品牌价值目标

☐服务于公司产品创新与升级目标

☐服务于公司人才与团队建设目标

☐服务于公司财产保护与安全目标

☐服务于公司社会责任目标

——服务于公司其他目标——

☐服务于公司其他目标

——业务经办情况描述——

5. 对应的工作事项——属于以下哪个工作范围？

提示：您可以首先判断该工作事项是"研发策划类""业务运营类""保管类""其他类"。然后在对应的类别里选择应该属于的工作范围。

以下为本问题的选择项：

——研发策划类——

☐技术研发

☐产品研发

☐标准研发

☐方案策划

——业务运营类——

☐是决策审批工作

提示：是决定做或不做，包括但不限于：决策、决定、批准等具有核准性质的活动。

☐是营销、销售、售后方面的工作

提示：包括但不限于：资产重组、资产资本化销售或向客户介绍产品、服务功能、销售政策、价格优惠条件、销售合同签订、售后服务、维修、保养、置换等客服、销售性质的活动以及向客户的营销推送活动。

☐是人事方面的工作

提示：包括但不限于：雇佣、招聘、任免、考核、人员奖励与处罚、职称评定、岗位选拔、评先进、劳模等针对人的管理活动。

□是投资、收购、采购方面的工作

提示：包括但不限于：确定合格供应商、外包商、租赁商名册，确定采购数量、采购方式、采购策划，制定采购文件，确定投标人，确定价格和中标人，签合同，合同变更等与选择第三方合作伙伴，采购产品、服务定价有关的活动，以及投资、收购、网购、竞买等。

□是把关、监督、放行控制方面的工作

提示：包括但不限于：理化检验、质量检验、品质控制、进出门管理、技术控制、安全控制、环境保护等一线工作，以及对技术、质量、安全、商务、行政等方面的审议、审核、评审、放行、监督、检验、检查、认证、评估等。

□是计量、计数方面的工作

提示：包括但不限于：计量劳动工作量、产品、服务、物资、设备计量，如货物计数、采购结算、开具验收单、物料领用、消耗计量、工作量计量、分包量计量、容积测量、计时计件、记账等计数计量称重活动。

□是资金收支方面的工作

提示：包括但不限于：资金和费用的预算、计划，以及收款、付款、报销、担保、保理、融资、贷款、借款、工资发放等涉及资金收支流程上的工作。

——**保管类**——

□贵重物资、重要物件保管

□仓库管理

□货物、物资物流管理

□贵重物资、重要物件、货币押运

□现金、存款管理

——**其他类**——

□其他类

6. 是否有需要控制受众范围的数据信息或机会？□是□否

具体描述： 请输入需受控信息

提示：您可以根据所在国家、本企业制度规定，需要保密的商务、技术、专利、版权、客户等数据与隐私信息清单范围（若无明确规定的，也可以根据本人经验判断，有存在本人、本企业以外的特定利益相关方特别关注、需要的信息，一旦泄露给他们，会给本人、本企业带来负面影响），确定办理该工作事项中接触、掌握、生成的，需控制受众范围某个、某些信息。

7. 办理该工作事项时的职责角色是什么？

提示：请根据企业组织正式文件、岗位说明书、定岗定编时，公司授予本人岗位的职责角色，来选择对应的职责角色。

以下为本问题的选择项：

☐审批角色

☐直线分管领导审核角色

☐横向相关分管领导审核角色

☐横向相关部门领导评审角色

☐直线部门领导审核角色

☐直接主管角色

☐直接主办人员角色

☐办事业务员角色

☐一般参与人员角色

8. 职责角色办理的工作事项利益相关方是谁？

提示：有非本人、非本企业利益的其他利益相关方时，在公司外部或内部选择其他利益相关方，若无，在"其他情形"中选。

选择最关心工作事项及办理结果、关键数据信息（该工作事项办理中需要控制受众范围的数据信息）的相关组织、相关个人。

以下为本问题的选择项：

——公司外部——

☐政府和政府机构、监管机构

☐销售客户

☐供应商（包括第三方中介机构）

☐代理商

☐投资者

☐竞争对手

☐协会、社区组织

☐应聘人员

☐媒体

☐其他组织或人员

——公司内部——

☐上级公司或母公司

☐下级子公司、分公司

☐公司领导

☐公司其他员工

——其他情形——

☐本企业（无本人、本企业以外的利益相关方时）

☐本人（无本人、本企业以外的利益相关方时）

9. 这项工作事项与谁沟通并办理？

提示：首先，请您判断是自行办理事务性工作，或保管工作，还是需要与人沟通并办理；如果是事务性工作，请直接选择"事务工作"里的"☐本人自行办理，不涉及（公司外部、内部）其他人……"前面"工作事项范围"选择的"保管类"，就请继续勾选"保管工作"。

其次，如需要与人沟通并办理，则判断是与公司外部，还是内部人员沟通并办理。

最后，选择办理事项的具体沟通对象。

以下为本问题的选择项：

——公司外部——

☐政府和政府机构、监管机构

☐销售客户

☐供应商（包括第三方中介机构）

☐代理商

☐投资者

☐竞争对手

☐协会、社区组织

☐应聘人员

☐媒体

☐其他组织或人员

——公司内部——

☐上级公司或母公司

☐下级子公司、分公司

☐公司领导

☐公司其他员工

——事务工作——

☐本人自行办理，不涉及（公司外部、内部）其他人，是对文档、资料、信息等的管理与处理

——保管工作——

☐保管工作

10. 办理结果将直接影响利益相关方的什么利益？

提示：是指工作事项的办理结果会影响前述提到的"利益相关方"什么利益。利益相关方是公司外部组织、个人，均是影响其货币收益。利益相关方是公司内部员工、领导个人或本人时，从工作绩效、职业职级、福利待遇、个人荣誉四个中选择。利益相关方是上级公司、母公司、分公司、子公司或本企业时，从"资源调配"中选择。

以下为本问题的选择项：

——利益分配类——

☐货币收益

☐工作绩效高低

☐职业职级发展

☐福利待遇多寡

☐个人荣誉

——资源调配类——

☐财务资源获取

☐物资资源获取

☐人力资源获取

☐荣誉政策优惠获取

——其他——

☐不涉及利益分配与资源调配

11. 该工作事项每年执行约多少次？

提示：您可以参照上一年度该事项全年的执行次数，是指该工作事项的重复办理次数。

例如：上一年公司举办学校招聘春秋两轮次，共计学生345人，则执行次数应填写345次，而不是两次。

12. 负责办理该工作事项的权限范围是怎样的？

提示：根据公司授予本岗位职责权限范围来选择。

比如，

张三负责公司员工考勤——对应的是☐负责全公司范围

张三负责采购系统人员考勤——对应的是☐负责某一业务系统范围

张三负责采购部人员考勤——对应的是☐负责本部门范围内

以下为本问题的选择项：

☐负责全公司范围

☐负责某一业务系统范围

□负责本部门范围内

13. 工作事项执行后的经济结果：直接涉及金额（万元/年）：

提示：工作事项的工作结果可以直接形成公司收入、费用、成本、债务、所有者权益增加、减少的，能用金额衡量。

若不直接涉及金额，软件默认为0万元。

例如：工作事项"签订采购合同"，其工作结果直接导致公司采购成本的增加，因此为"工作直接涉及金额（万元/年）：……"

14. 工作事项执行后的经济结果：间接涉及金额（万元/年）：0

提示：工作事项的工作结果能够间接导致公司收入、费用、成本、债务、所有者权益增加、减少的，能用金额衡量。

若不间接涉及金额，软件默认为0万元。

例如：工作事项为"编写采购计划"，其流程进行到最后的结果导致公司采购成本的增加，因此为"工作间接涉及金额（万元/年）：……"

15. 是否存在技术性（黑箱）操作？□是□否

提示：只有我本人知道该工作事项经办实际实施过程，无办理过程痕迹，其他人事后难以知道。

如工作事项：地下隐秘工程施工，工作过程是地下施工，完成后，覆盖上面土以后，会看不到痕迹，也是过程事后难以知道。因此是涉及技术性（黑箱）操作。

16. 该工作事项实施是否曾经、正在采取部分、全部外包？

提示：该工作事项在过去5年到现在，是否外包给公司外部合作伙伴，包括曾经、正在采取部分、全部外包四种情形。

以下为本问题的选择项：

□曾经全部外包

□曾经部分外包

□正在实施部分外包

□正在实施全部外包

□不存在外包

17. 不良工作行为或结果是否可能引起人身伤害？

提示：该工作事项经办过程中和工作结果中，若出现不良的行为过程，或者不良的工作结果，按照最大的伤害情形预计，对人身有什么伤害。

比如：生产电瓶车的充电电池工作，其最大的伤害情形预计：□可能出现人员死亡

以下为本问题的选择项：

□可能出现人员死亡

☐可能出现人员安全伤害

☐可能出现人员健康影响

☐不产生人员伤害

18. 不良工作行为或结果是否可能引起环境伤害？

提示：该工作事项经办过程中和工作结果中，若出现不良的行为过程，或者不良的工作结果，按照最大的伤害情形预计，对自然环境有什么伤害。

比如：生产电瓶车的充电电池工作，其最大的伤害情形预计：☐可能出现不可恢复的环境伤害

以下为本问题的选择项：

☐可能出现不可恢复的环境伤害

☐可能出现人工干预后可恢复的环境伤害

☐可能出现无需人工干预即可恢复的环境伤害

☐不产生环境伤害

企业各部门负责人要对描述的业务、职能事项在上述方面的履行信息进行复盘确认和审核，以准确、真实描述业务、职能事项和合规风险尽调内容，以便准确识别、分析、评价各业务、职能活动的合规风险。

二、合规风险分析评价

经过履职事项/业务活动尽调，我们就可以按照统一规范的业务、职能活动合规风险识别分析评估工具，进行各业务、职能事项合规风险辨识、分析、评价，确定合规风险系数与等级，排列出控制优先级，形成业务、职能事项合规风险矩阵清单。

GB/T35770附录A中提出利用合规风险源来识别合规风险的方法，这是风险管理理论中的风险源理论。通过多年的违规案例大数据统计分析，我们获得合规风险源识别和违规频次统计系数，并根据该模型和系数来识别、分析、评估各业务、职能活动的合规风险。

进行合规风险分析评价时，根据GB/T35770附录A的合规风险评估方法指南，先识别评估固有合规风险，然后分析剩余合规风险，结合上述的业务流程、岗位合规风险尽调两种方式，目前，也是有对应的两种方法。

方法一：按照岗位分类对合规风险进行辨识、分析和评价，形成《岗位对应固有合规风险矩阵清单》。

表 4-2　岗位对应固有合规风险矩阵清单

岗位名称：　　　　所在部门：　　　　在岗人员姓名：

序号	业务、职能事项信息			固有合规风险信息			
^	岗位职责	对应业务、职能事项		合规风险源	固有合规风险系数	固有合规风险等级	潜在经济损失预估（万元）	可能发生的合规风险事件
^	^	二级分类	^	^	^	^	^	^
1							直接： 间接：	
2							直接： 间接：	
3							直接： 间接：	

同样，在《岗位对应固有合规风险矩阵清单》的基础上，检索企业要对现有管理制度、措施缺失、缺陷情况，进行现有管理体系下的剩余合规风险分析，形成《业务流程剩余合规风险分析表》。

表 4-3　岗位对应剩余合规风险分析表

岗位名称：　　　　所在部门：　　　　在岗人员姓名：

序号	业务、职能事项信息			管控现状信息						是否为剩余合规风险
^	岗位职责	合规风险点		目前管控状态		剩余合规风险分析				^
^	^	二级	固有风险等级	对应的公司管理制度名称	对应的公司现有具体管控措施描述	是否存在认知缺失、缺陷	是否存在机制缺失、缺陷	是否存在制度缺失、缺陷	是否存在监控缺失、缺陷	^

该部分的合规风险分析评估工作也可以使用专门的合规风险评估软件自动计算完成。这里不再详细阐述。

方法二：按照业务分类对合规风险进行辨识、分析和评价，形成《业务流程固有合规风险矩阵清单》。

表 4-4　业务流程固有合规风险矩阵清单

业务名称：　　　　　　牵头责任部门：　　　　　　合规责任人：

序号	业务基本信息		固有合规风险信息				
^	业务事项 二级分类	实施责任岗位	合规风险源	固有合规风险系数	固有合规风险等级	潜在经济损失预估（万元）	可能发生的合规风险事件
1						直接： 间接：	
2						直接： 间接：	
3						直接： 间接：	

以上的固有合规风险是假设企业在未采取相应合规风险处理措施的情况下，处于非受控状态所面临的全部合规风险。但是，任何一家在运行的企业都会有现行的管理体系，只是这些现行的管理体系可能存在缺失、缺陷和不足，企业现有的合规风险管理措施不能有效控制的合规风险，出现残留的，没有有效控制的合规风险处于暴露状态，即剩余合规风险。在《业务流程固有合规风险矩阵清单》的基础上，检索企业要对现有管理制度、措施缺失、缺陷情况，进行现有管理体系下的剩余合规风险分析，形成《业务流程剩余合规风险分析表》。

表 4-5　业务流程剩余合规风险分析表

业务名称：　　　　　　牵头责任部门：　　　　　　合规责任人：

序号	业务基本信息			管控现状信息						是否为剩余合规风险
^	业务流程合规风险点		实施责任岗位	目前管控状态		剩余合规风险分析				
^	二级	风险等级	^	对应的公司管理制度名称	对应的公司现有具体管控措施	是否存在认知缺失、缺陷	是否存在机制缺失、缺陷	是否存在制度缺失、缺陷	是否存在监控缺失、缺陷	
1										
2										
3										

以上的合规风险尽调分析评价方法可以登录 http://hgb.heguixueyuan.com/详细了解。

三、固有合规风险评估报告

经过合规风险尽调、分析与评价后，需要形成每个岗位，每个业务的合规风险评估报告。

（一）以岗位为单元的《本岗位固有合规风险评估报告》示例如下。

表 4-6 本岗位固有合规风险评估报告

单位名称	×××有限公司		所在行业	投资建设
岗位名称	商务主管岗	所在部门 商务合约部	目前在岗	范×××

一、本岗位合规风险评估结论与概况

岗位固有合规风险是指及时学习全部合规义务前提下，组织零管控状态，本岗位面临的所有合规风险。该岗位的固有合规风险属性为：超高
合规风险系数合计：6963.6
合规风险点个数：5
超高合规风险点个数：3
高合规风险点个数：1
中合规风险点个数：0
低合规风险点个数：1
潜在的合规风险发生引起的经济损失预测：直接损失 3250 万元，间接损失 250 万元。

二、合规风险评估工作开展情况

围绕岗位职责，开展以下五个方面的工作，形成本岗位合规风险评估报告。
1. 根据岗位职责，进行岗位履职工作事项内容的梳理；
2. 对工作事项在过去一年的经办情况进行多维度的尽调与描述；
3. 对照"合规风险源识别模型"，识别岗位履职工作事项中潜在的合规风险源；
4. 从合规风险源内容、角色、工作对象、频次、合规风险发生的影响范围、外包情况，对公司业务目标、合规目标、行政、民事和刑事追责、企业声誉、人员个人和环境的损害等维度产生的后果，进行合规风险分析与量化评估，确定合规风险系数和风险等级；
5. 针对每一个存在固有合规风险级的履职工作事项进行合规风险发生原因/原理剖析与发生情形描述。

三、岗位合规风险点清单

事项	合规风险点	合规风险源	固有合规风险系数	固有合规风险等级	潜在经济损失预估（万元） 直接	潜在经济损失预估（万元） 间接	合规风险潜在外部驱动方
事项1	公司销售合同审批	1. 权力：放行权 2. 非权力：(1) 关键信息：销售合同信息 (2) 涉及利益冲突	2808	超高	250.00	0.00	销售客户
事项2	外包招标	1. 权力：采购权 2. 非权力：(1) 关键信息：招标过程信息 (2) 涉及利益冲突	799.2	高	3000.00	0.00	供应商（包括第三方中介机构）

续表

事项 3	人员绩效考核	1. 权力：放行权 2. 非权力：（1）关键信息：人事信息	76.8	低	0.00	0.00	无
事项 4	制订采购计划	1. 权力：采购权 2. 非权力：（1）关键信息：采购计划信息（2）涉及利益冲突	1148.4	超高	0.00	250.00	供应商（包括第三方中介机构）
事项 5	合格供应商管理	1. 权力：采购权 2. 非权力：（1）关键信息：公司内部合格供应商信息（2）涉及利益冲突	2131.2	超高	0.00	0.00	供应商（包括第三方中介机构）
合规风险系数分级说明：低于 300 为低级，300—600 为中级，601—900 为高级，900 以上为超高级。							

（二）以部门为单元的《本部门固有合规风险评估报告》示例如下。

表 4-7　本部门固有合规风险评估报告

单位名称	×××有限公司	所在行业	投资建设行业
部门名称	商务合约部	所在部门	研发部	目前部门负责人	凡平

一、本部门合规风险评估结论与概况

本部门固有合规风险是指及时学习全部合规义务前提下，组织零管控状态，本部门面临的所有合规风险。该部门的固有合规风险属性为：超高
合规风险系数合计：17166.40
合规风险点个数：25
超高合规风险点个数：7
高合规风险点个数：5
中合规风险点个数：5
低合规风险点个数：8
潜在的合规风险发生引起的经济损失预测：直接损失 8065 万元，间接损失 2125 万元。

二、合规风险评估工作开展情况

围绕部门职责，开展以下五个方面的工作，形成本部门合规风险评估报告。
1. 根据部门职责，进行部门履职工作事项内容的梳理；
2. 对工作事项在过去一年的经办情况进行多维度的尽调与描述；
3. 对照"合规风险源识别模型"，识别部门履职工作事项中潜在的合规风险源；
4. 从合规风险源内容、角色、工作对象、频次、合规风险发生的影响范围、外包情况，对公司业务目标、合规目标、行政、民事和刑事追责、企业声誉、人员个人和环境的损害等维度产生的后果，进行合规风险分析与量化评估，确定合规风险系数和风险等级；
5. 针对每一个存在固有合规风险级的履职工作事项进行合规风险发生原因/原理剖析与发生情形描述。

三、部门合规风险点清单

事项	合规风险点	合规风险源	固有合规风险系数	固有合规风险等级	潜在经济损失预估（万元）直接	潜在经济损失预估（万元）间接	合规风险潜在外部驱动方
事项1	外包工程量计量	1. 权力：计量权 2. 非权力：（1）关键信息：工程量内部控制目标（2）涉及利益冲突	799.2	高	420.00	0.00	供应商（包括第三方中介机构）
事项2	外包工程量计量	1. 权力：计量权 2. 非权力：（1）关键信息：工程量内部控制目标（2）涉及利益冲突	1144.8	超高	360.00	0.00	供应商（包括第三方中介机构）
事项3	项目外包采购	1. 权力：采购权 2. 非权力：（1）关键信息：外包采购标底控制目标（2）涉及利益冲突	381.6	中	120.00	0.00	供应商（包括第三方中介机构）
事项4	项目外包变更	1. 权力：采购权 2. 非权力：（1）关键信息：变更内容在业主方的变更情况（2）涉及利益冲突	763.2	高	15.00	0.00	供应商（包括第三方中介机构）
事项5	外包合同签订保管	1. 权力：采购权 2. 非权力：（1）关键信息：合同内关键信息（2）涉及利益冲突	532.8	中	1000.00	0.00	供应商（包括第三方中介机构）
事项6	收发项目内外文件	1. 权力：不涉及权力 2. 非权力：（1）涉及技术性（黑箱）操作（2）_____	48.0	低	0.00	0.00	无
事项7	人员晋升	1. 权力：人事权 2. 非权力：（1）关键信息：人员晋升考察、评价信息（2）涉及技术性（黑箱）操作	20.8	低	0.00	0.00	无
事项8	项目人员考勤	1. 权力：人事权 2. 非权力：_____	24.0	低	0.00	0.00	无
事项9	项目人员调动	1. 权力：人事权 2. 非权力：（1）关键信息：人员个人信息（2）_____	25.6	低	0.00	0.00	无
事项10	项目人员绩效调差	1. 权力：人事权 2. 非权力：（1）关键信息：人员绩效薪酬信息（2）_____	32.0	低	0.00	0.00	无

续表

事项11	项目业务会计核算	1. 权力：计量权 2. 非权力：(1) 关键信息：业务会计信息 (2) 涉及利益冲突	196.8	低	0.00	0.00	供应商（包括第三方中介机构）
事项12	项目纳税申报	1. 权力：财务资金权 2. 非权力：(1) 涉及利益冲突 (2) _____	139.2	低	0.00	0.00	政府和政府机构或监管机构
事项13	项目资金收入管理	1. 权力：财务资金权 2. 非权力：(1) 涉及利益冲突 (2) _____	208.8	低	750.00	0.00	销售客户
事项14	项目资金支付	1. 权力：财务资金权 2. 非权力：(1) 关键信息：账户信息 (2) 涉及利益冲突	885.6	高	900.00	0.00	供应商（包括第三方中介机构）
事项15	项目资金支付出纳	1. 权力：不涉及权力 2. 非权力：(1) 关键信息：账户信息 (2) 涉及利益冲突、涉及利益管理活动	439.2	中	1400.00	0.00	供应商（包括第三方中介机构）
事项16	分包工程量审核	1. 权力：放行权 2. 非权力：(1) 关键信息：各分包的内部控制目标信息 (2) 涉及利益冲突	2656.8	超高	900.00	0.00	供应商（包括第三方中介机构）
事项17	项目现场材料验收	1. 权力：放行权 2. 非权力：(1) 涉及利益冲突、涉及技术性（黑箱）操作 (2) _____	1051.2	超高	0.00	375.00	供应商（包括第三方中介机构）
事项18	商务合同评审	1. 权力：放行权 2. 非权力：(1) 关键信息：公司内部预算控制目标 (2) 涉及利益冲突	835.2	高	0.00	1750.00	供应商（包括第三方中介机构）
事项19	材料价格数据库管理	1. 权力：不涉及权力 2. 非权力：(1) 关键信息：材料价格数据信息 (2) 涉及利益冲突、涉及技术性（黑箱）操作	1051.2	超高	0.00	0.00	供应商（包括第三方中介机构）
事项20	合格供方考察管理	1. 权力：放行权 2. 非权力：(1) 关键信息：合格供应商档案信息 (2) 涉及利益冲突	1065.6	超高	0.00	0.00	供应商（包括第三方中介机构）
事项21	参与招标方案设计	1. 权力：不涉及权力 2. 非权力：(1) 关键信息：招标方案信息 (2) 涉及利益冲突	489.6	中	0.00	0.00	供应商（包括第三方中介机构）

续表

事项 22	市场营销项目立项	1. 权力：市场客服与销售权 2. 非权力：(1) 关键信息：市场营销项目立项信息 (2) 涉及利益冲突	835.2	高	0.00	0.00	销售客户
事项 23	区域市场各项营销	1. 权力：市场客服与销售权 2. 非权力：(1) 关键信息：区域市场营销客户信息 (2) 涉及利益冲突、涉及技术性（黑箱）操作	580.8	中	0.00	0.00	销售客户
事项 24	出入库登记与结算	1. 权力：计量权 2. 非权力：(1) 涉及利益冲突 (2) ____	1360.8	超高	1800.00	0.00	供应商（包括第三方中介机构）
事项 25	合同商务评审监督	1. 权力：放行权 2. 非权力：(1) 关键信息：合同信息和内部预算控制指标信息 (2) 涉及利益冲突	1598.4	超高	400.00	0.00	供应商或外包方

合规风险系数分级说明：低于300为低级，300-600为中级，601-900为高级，900以上为超高级。

四、企业合规风险清单统计

经过每一岗位或者每一业务的合规风险识别分析评价后，进行汇总，可以形成企业层面分布的合规风险清单统计，以揭示企业各等级的固有合规风险分布特征，为企业合规风险应对策划提供关键依据。请见表4-8示例。

表4-8 ×××公司岗位固有合规风险详细分布统计表

单位名称							×××公司								所在行业			儿童玩具用品	
			岗位对应业务、职能事项清单				岗位对应业务、职能事项合规风险矩阵清单												
								岗位发生的风险源分布							潜在经济损失预估（万元）				
工作事项序号	姓名	所在部门	岗位名称	岗位职责	工作事项	工作目标	合规风险源	引起合规风险发生的风险源							固有合规风险系数	固有合规风险等级		合规风险潜在外部驱动方	可能发生的合规风险类型
								审批权	市场客服与销售权	人事权	采购权	放行权	计量权	财务资金权	拥有关键信息权	存在利益冲突情形	存在技术性（黑箱）操作行为	属于利益管理活动			直接	间接		
1	2	3	4	5	6	7		8											9	10	11		12	13
1	×××	商务部	商务管理	负责产品质量检测	产品质量检测	服务于公司产品质量目标	1. 权力风险源：放行权 2. 非权力风险源：涉及利益冲突					1					1		360.0	中	0.00	0.00	销售客户	反腐败反贿赂合规风险 验收把关合规风险
2				负责文件档案管理	文件档案管理	服务于公司收益目标	1. 权力风险源：不涉及权力风险源 2. 非权力风险源：（1）档案保密信息（2）涉及利益冲突								1	1			734.4	高	0.00	0.00	政府和政府机构或监管机构	隐私与数据或商业秘密合规风险 反腐败反贿赂合规风险
3				负责印章管理	印章管理	服务于公司其他目标	1. 权力风险源：放行权 2. 非权力风险源：（1）有机会接触保密的文件盖章（2）涉及技术性冲突、涉及技术性（黑箱）操作					1				1	1		1161.6	超高	0.00	0.00	其他组织或人员	隐私与数据或商业秘密合规风险 反腐败反贿赂合规风险 验收把关合规风险 操作合规风险

续表

4	×××	质量部	质量管理	负责印章保管	印章保管	服务于公司财产保护与安全目标	1. 权力风险源：不涉及权力风险 2. 非权力风险源：涉及技术性（黑箱）操作，涉及利益管理活动		1	288.0	低	0.00	0.00	其他组织或人员	利益管理合规风险操作合规风险
5				负责产品质量管理	产品质量管理	服务于公司产品质量目标	1. 权力风险源：涉行权 2. 非权力风险源：	1		72.0	低	0.00	0.00	无	反商业贿赂合规风险验收把关合规风险
6				负责公司品牌宣传工作	宣传公司品牌	服务于公司品牌价值目标	1. 权力风险源：不涉及权力风险 2. 非权力风险源：			0.00	无风险	0.00	0.00	无	
7				负责公司档案管理	公司档案管理	服务于公司其他目标	1. 权力风险源：不涉及权力 2. 非权力风险源：(1)档案中需要保密的材料(2)涉及利益冲突		1	734.4	高	0.00	0.00	其他组织或人员	隐私与数据，或商业秘密合规风险反商业贿赂合规风险
8	×××	销售部	销售管理	负责公司合同法律审查	公司合同法律审查	服务于公司财产保护与安全目标	1. 权力风险源：涉行权 2. 非权力风险源：(1)合同价格信息(2)涉及利益冲突		1	835.2	高	0.00	0.00	其他组织或人员	隐私与数据，或商业秘密合规风险反商业贿赂合规风险
9				负责公司销售合同审批	公司销售合同审批	服务于公司收益目标	1. 权力风险源：涉行权 2. 非权力风险源：(1)销售合同信息(2)涉及利益冲突		1	2808	超高	250.00	250.00	销售客户	隐私与数据，或商业秘密合规风险反商业贿赂合规风险验收把关合规风险

第五章

企业合规管理组织

合规管理涉及企业经营管理的各个方面，只有科学合理地落实合规职责，才能最大限度地发挥合规管理的作用，有效化解合规风险。建立完善企业合规管理组织需要依据合规治理原则，明确决策层和最高管理层在合规管理方面的职能，同时解决合规管理工作中的权力配置问题。通过协调管理职能和资源配置，明确合规管理所涉及的各岗位所需要完成的工作内容，以及应当承担的责任范围，是建立合规管理组织的必然要求。

第一节　企业合规管理组织概述

一、建立完善企业合规管理组织的重要性

根据 GB/T35770-2022《合规管理体系 要求及使用指南》中"5.1.1 治理机构和最高管理者"的要求：

治理机构和最高管理者应通过以下方面证实其对合规管理体系的领导作用和承诺：

——确保合规方针和合规目标得以确立，并与组织的战略方向一致；

——确保将合规管理体系要求融入组织的业务过程；

——确保合规管理体系所需的资源可获取；

——就有效的合规管理的重要性以及符合合规管理体系要求的重要性进行沟通；

——确保合规管理体系实现其预期结果；

——指导和支持人员为合规管理体系的有效性作出贡献；

——促进持续改进；

——支持其他相关岗位在职责范围内证实其领导作用。

由此可知，建立完善合规管理组织是确保治理机构和最高管理者在合规管理中发挥作用的基础保障，其重要性具体表现在以下三个方面：

第一，实现合规管理目标的本质要求

企业合规经营需要确定合理的发展目标，适应企业战略发展的方向。而要实现既定的目标，通常需要对该企业组织的建立有充分、正确的认识。通过规定指挥系统、说明横纵关系，并以书面文件标识目标以确定各单位职责，使企业的每个成员能够以高效率共同实现一个既定的目标。对合规管理来讲，领导是否有力、合规管理机构与职责的设置是否清晰合理，很大程度上决定着合规管理工作能否顺利、有效开展。

第二，促进合规管理实施的根本前提

企业合规管理需要将相关要求融入企业的业务过程，以便对企业的经营管理活动进行全方位覆盖、全流程监督，而这需要以合规理念的树立、合规机构的设置、合规角色和责任的明确为基础和依托，只有明确合规管理组织机构设置及相应职责安排，才能保证合规培训、审查、考核、评价、监督检查等各项工作的顺利开展，把合规管理各项工作落实到位，从而保障合规管理工作的稳步推进并长期保持以及业务经营实现稳健运行。

第三，推动合规管理有效的内在需要

企业治理机构和最高管理者作为生产经营活动的组织者、推进者、监督者，以保证企业合规经营为目的，通过顶层设计解决合规管理工作中的权力配置问题，明确企业内部不同层级部门的管理职责和汇报路径，进而更好地调配资源、给予合规管理充分的支持，确保企业合规管理体系的高效运行和持续改进。对合规管理组织领导的力度，直接决定着合规管理工作能否有效开展。只有企业的最高层组织协调有序、各部门相互支持配合、形成合力，才能充分发挥企业管理体系和职能部门的优势，提升合规管理的有效性。

二、搭建企业合规管理组织的基本原则

根据《GB/T35770-2022 合规管理体系 要求及使用指南》中"5.1.3 合规治理"的要求：治理机构和最高管理者应确保下列原则得到实施：
——合规团队应能直接接触治理机构；
——合规团队的独立性；
——合规团队具有适当的权限和能力。

由此，企业在搭建合规管理组织时，要保持合规团队的有效性，需要确保：

一是合规团队应当直接向治理机构汇报，不需要经过其他职能部门或业务部门的转达，将相关信息如实地、不夸张也不打折扣地呈现在决策层面前，决策层讨论后做出决定；

二是合规团队工作的开展应该是在合规监管的要求下独立地做出决策判断，而不受其他职能部门或业务部门的干扰或影响，如对企业具有重大风险的重要决策进行合规评估，必要时可建议企业最高层予以否决，或及时处置潜在的合规风险；

三是合规团队应具有适当的权限和能力，使其能够拥有或调动足够多的、满足工作要求的人员和设备，能够参与公司内部的各项管理工作，才能有效推进合规风险识别评估、合规政策的制定、流程的执行以及合规审查、监督问责、整改推进等一系列合规工作。这一原则在国内的企业合规管理规范中也有具体的体现，比如，《中央企业合规管理办法》第六条提出"中央企业应当在机构、人员、经费、技术等方面为合规管理工作提供必要条件，保障相关工作有序开展"。

除此之外，《中央企业合规管理办法》第十四条第六款也提出"中央企业应当配备与经营规模、业务范围、风险水平相适应的专职合规管理人员，加强业务培训，提升专业化水平"。这意味着，在合规管理组织建设中，应保持适当性原则。根据企业的业务性质、地域范围、监管要求等设置相应的合规管理组织，合规管理组织的规模要与合规管理的目标任务相匹配。合规管理组织机构过于复杂，可能会导致额外的经营管理成本以及管理效率的下降；过于简单则可能没有足够的资源支撑其开展一系列的合规管理活动，以防控合规风险，最终的结果可能导致合规管理组织形同虚设，无法真正发挥作用。同时，合规管理组织的设置不是一成不变的，随着企业战略发展目标、业务模式的变化，合规管理组织需要进行必要的调整以适应企业业务发展的需要。

第二节 企业合规管理组织的设计

一、合规治理的核心要求

一般来讲，公司治理有广义和狭义之分。广义的公司治理是通过一套包括正式或非正式的内部或外部的制度或机制来协调公司与所有利益相关者（股东、债权人、供应者、雇员、政府、社区）之间的利益关系。狭义的公司治理则是所有者（主要是股东）对经营者的一种监督与制衡机制，主要是通过股东大会、董事会、监事会及管理层所构成的公司治理结构的内部治理。[1]

合规治理则是公司治理的重要内容，是以保证公司合规经营为目的，通过原则性的制度设计，解决合规管理工作中的权力配置问题。合规治理的目的主要是保证股东和股东代表，特别是公司董事会，能够准确了解公司内部各级职业经理人和员工的履职情况，能够及时发现和纠正公司内部的不合规问题，针对各级管理人员的合规履职情况设计监管职能、责任和义务，保障公司价值观、目标、战略的顺利实现。

---

[1] 李维安等：《公司治理》，南开大学出版社2001年版。

根据《GB/T35770-2022 合规管理体系 要求及使用指南》中"5.3.1 治理机构和最高管理者"的要求：

治理机构和最高管理者应确保在组织内分配并沟通相关岗位的职责和权限。

治理机构应：

——确保根据合规目标的实现情况对最高管理者进行衡量；

——对最高管理者运行合规管理体系的情况进行监督。

最高管理者应：

——为建立、制定、实施、评价、维护和改进合规管理体系配置足够且适当的资源；

——确保建立及时有效的合规绩效报告制度；

——确保战略和运行目标与合规义务相协同；

——确立和维护问责机制，包括纪律处分和结果；

——确保合规绩效与人员绩效考核挂钩。

这意味着，治理机构和最高管理者在合规管理体系中占据主导地位，所以不仅他们自己需要理解并承担起这一责任，还应明确分配各层级、各部门在合规管理体系中的具体职责和权限；通过建立定期沟通会议、内部通信等机制，确保将这些职责和权限清晰地传达给每个岗位的员工，确保他们明白自己在合规管理体系中的定位和职责。

（一）治理机构

1. 确保根据合规目标的实现情况对最高管理者进行衡量

治理机构应明确企业合规目标的具体内容和衡量标准，确保这些标准能够客观反映企业合规管理体系的运行效果；同时，应定期（如年度或半年度）对最高管理者在推动合规管理体系建设方面的成效进行评估，评估应基于实际合规目标的实现情况，包括但不限于合规培训的覆盖率、合规风险的识别与应对效果、不合规事件的减少情况等；还应将衡量结果及时反馈给最高管理者，指出存在的问题和不足，并提出改进建议，衡量结果也应作为对最高管理者绩效考核的重要依据。

2. 对最高管理者运行合规管理体系的情况进行监督

治理机构应建立健全的监督机制（包括定期审查、现场检查、专项审计等多种形式），对最高管理者运行合规管理体系的全过程进行有效监督，确保监督的全面性和有效性；同时，监督内容应涵盖最高管理者在合规方针制定、合规风险评估与管理、合规培训组织、合规文化建设等方面的职责履行情况，监督过程中应重点关注最高管理者是否有效推动了合规管理体系的运行，是否存在违规行为或管理漏洞；对监督结果进行深入分析，发现问题及时整改，对重大违规问题或管理漏洞，治理机构应督促最高管理者采取有效措施进行纠正，并对相关责任人进行问责。

(二) 最高管理者

1. 为建立、制定、实施、评价、保持和改进合规管理体系配置足够且适当的资源

最高管理者需要确保为合规管理体系的建立、运行和改进提供足够的资源，即满足合规管理体系当前及未来发展的需要，确保各项合规活动能够顺利进行，这里的资源包括但不限于人力资源（如合规专员、法律顾问等）、财力资源（如预算、经费等）、物力资源（如办公设施、技术设备等）以及信息资源（如法律法规数据库、合规知识库等）。在配置资源时，需考虑资源的适用性和针对性，确保所配置的资源与合规管理体系的实际需求相匹配。例如，对于高风险领域应配置更多或更专业的资源，而且随着合规管理体系的发展和外部环境的变化，应定期评估现有资源的适用性和有效性，并根据需要进行调整和优化。

同时，最高管理者需要确保资源在合规管理的全流程配置。比如，在合规管理体系的建立阶段，需要投入相应的资源来制定合规政策、程序和标准等；在实施和评价阶段，需要足够的资源来支持合规培训、风险评估、合规审核等活动；为了保持合规管理体系的有效运行并持续改进，还需要投入资源来进行体系的维护和更新。

2. 确保建立及时有效的合规绩效报告制度

最高管理者应确保组织内部建立起一个有效的合规绩效报告制度。合规绩效报告制度必须确保信息的时效性。报告应当定期生成，并尽可能地接近实时反映企业的合规绩效情况。通过及时的报告，组织可以迅速响应合规问题，及时采取纠正措施，防止问题扩大化；合规绩效报告应当准确、全面地反映组织的合规绩效。报告内容应涵盖合规目标的达成情况、合规风险的评估与控制、合规培训的实施效果等多个方面，以确保决策层能够全面了解组织的合规状况。

3. 确保战略和运行目标与合规义务相协同

最高管理者应在制定或更新企业战略时，考虑合规义务的影响，确保运行目标符合合规要求，避免设定可能导致违规的目标，将合规要求嵌入企业的日常运营和决策过程中。通过培训、沟通和宣传等方式，增强员工对合规目标的认识和理解，使其明确自身在实现这些目标中的角色和职责。在合规义务发生变化时，及时调整企业战略和运行目标。

4. 确立和维护问责机制，包括纪律处分和结果

最高管理者负有直接责任来建立组织内部的问责机制。这不仅是合规管理体系的重要组成部分，也是确保合规政策得以有效执行的关键。问责机制应明确界定在合规管理过程中的违规行为及其相应的纪律处分措施，这些处分措施应具有足够的威慑力，以促使员工遵守合规政策和程序；同时还应包括对处分结果的公开和反馈，通过公开处分结果，企业可以向全体员工传达对合规管理的严肃态度，同时加强合规文化的建设。

5. 确保合规绩效与人员绩效考核挂钩

将合规绩效与员工个人的绩效考核直接挂钩，员工的绩效评估将不再仅仅基于其业务表现，还将考虑其在合规方面的表现。通过将合规绩效纳入考核体系，企业可以创建一个正向激励机制，鼓励员工主动遵守合规要求，从而减少违规行为的发生。企业应制定明确的规则和标准，以量化合规绩效，并将其纳入员工绩效考核体系；定期对员工的合规表现进行评估，确保评估结果的公正性和准确性；及时向员工反馈评估结果，并根据需要进行培训和指导，以提升员工的合规意识和能力。

二、合规治理的层级

根据 GB/T35770-2022《合规管理体系 要求及使用指南》中的定义：

"3.3 最高管理者是指在最高层指挥和控制组织的一个人或一组人"。

"3.21 治理机构是指对组织的活动、治理、方针负有最终职责和权限的一个人或一组人，最高管理者向其报告并对其负责"。

这意味着治理机构在企业中扮演着至关重要的决策和监督角色，确保企业的运营、治理和所有行为都符合既定的方针、法律法规和道德标准。企业的治理机构拥有对企业重大事项的决策权，包括但不限于战略规划、资源配置、政策制定等。这些决策权确保了治理机构能够全面控制企业的发展方向和运营策略。现实中，并非所有企业，特别是小企业，都需要设立一个独立于最高管理者的治理机构。这取决于企业的规模、性质、治理结构以及法律法规的要求。在一些小型或初创企业中，治理机构的职能可能由最高管理者直接承担。

此外，治理机构的具体形式可能因企业的组织形式而异，包括但不限于董事会、董事会委员会、监事会或受托人等。这些机构在不同类型的企业中发挥类似但可能有所区别的治理和监督作用。治理机构通常可能包括股东（大）会、董事会（或监事会）、党组织（在国有企业中）、最高管理者（如 CEO、总经理）等。

（一）股东（大）会

股东（大）会是一种定期或临时举行的由全体股东出席的会议，是股东作为企业财产的所有者对企业行使财产管理权的组织。股东（大）会作为公司的权力机构，虽然不直接负责日常运营，但对修改公司章程、公司增加或减少注册资本等重大事项享有决策权。2024 年 7 月 1 日起，新修订的《中华人民共和国公司法》（以下简称《公司法》）正式施行，对企业在公司治理方面的运作和要求影响深远。《公司法》调整了股东会的职权，将原来的十一项缩减为九项，取消了"决定公司的经营方针和投资计划"以及"审议批准公司的年度财务预算方案、决算方案"两项职权。这一调整为企业提供了更多的灵活自治空间，有利于深化董事会的职权和合规管理职责的落实。

（二）董事会

董事会作为股东（大）会这一权力机关的业务执行机关，负责公司业务经营活动的指挥与管理，对公司股东会负责并报告工作。股东会所作的公司重大事项的决定，董事会必须执行。作为股东利益的代表，董事会对公司经营活动的合规性负最终责任，对公司合规治理和合规管理负总责，对公司违规或员工违规给股东造成损失应承担管理责任。

在许多公司制企业中，董事会是最高决策机构，负责制定和监督执行公司的战略方向、重大决策和重要政策。作为合规管理体系的关键角色，董事会需确保合规管理体系的有效运行，将其融入组织的各个层面，以应对内外部环境的变化，实现组织的合规目标。比如，《中央企业合规管理办法》第八条中提出"中央企业董事会发挥定战略、作决策、防风险作用，主要履行以下职责：（一）审议批准合规管理基本制度、体系建设方案和年度报告等。（二）研究决定合规管理重大事项。（三）推动完善合规管理体系并对其有效性进行评价。（四）决定合规管理部门设置及职责"。

董事会应确定合规的基调，确立全员主动合规、合规人人有责、合规创造价值等合规理念，在全公司推行诚信与正直的职业操守和价值观念，提高全体员工的合规意识，促进公司自身合规与外部监管的有效互动。

董事会应当履行的合规职责主要包括：

第一，审议批准公司的合规管理基本制度和年度合规管理报告，监督合规制度要求的有效实施。

第二，授权董事会下设的风险管理委员会、审计委员会或专门设立的合规管理委员会对公司合规管理进行日常监督，任命合规团队并授予必要的权力、支持和资源，保证合规负责人独立与董事会、董事会专业委员会的沟通。

第三，确保最高管理层的岗位职责中包括合规责任，确保公司在经营过程中坚持合规承诺，对发生重大违法违规行为、重大合规风险负有主要责任或者领导责任的高级管理人员进行处理。

第四，评估合规管理有效性，督促解决合规管理和合规文化建设中存在的重大问题。

第五，法律法规、公司章程规定的其他合规管理职责。

（三）最高管理者

最高管理者即以经理为首的高级管理团队，统一领导各个层次的经营管理活动。其主要职能是制定经营目标、方针、战略，制定利润的使用、分配方案，重大规章制定、修改和废止，指挥和协调各组织机构的工作和相互关系，确定它们的职责和权限。他们与中层管理者和员工紧密合作，共同推动组织的合规管理和持续改进。在某些情况下，尤其是规模较小的企业或特定类型的组织（如非公司制企业），最高管理者可能直接对组织的所有活动、治理和方针负有最终责任，并负责制定战略、管理日常运营并确保合规。

《中央企业合规管理办法》提出第九条"中央企业经理层发挥谋经营、抓落实、强管理作用，主要履行以下职责：（一）拟订合规管理体系建设方案，经董事会批准后组织实施。（二）拟订合规管理基本制度，批准年度计划等，组织制定合规管理具体制度。（三）组织应对重大合规风险事件。（四）指导监督各部门和所属单位合规管理工作"。

作为公司经营管理的执行者，最高管理层应全面推进公司合规管理，有效管控合规风险，一般应履行以下合规管理职责：

第一，制定书面的合规制度要求，并根据合规风险管理状况以及法律、规则和准则的变化情况适时修订，报经董事会审议批准后传达给全体员工。

第二，贯彻执行合规政策，发现重大违法违规行为或者重大合规风险及时报告、整改，督促落实责任追究。

第三，落实合规管理部门设置和职能要求，配备充足、适当的合规管理人员，并为其履行职责提供充分的人力、物力、财力、技术支持和保障，确保合规管理部门的独立性。

第四，向董事会提交公司合规管理报告，报告应提供充分依据并有助于董事会成员判断最高管理层合规管理的有效性。

第五，调配充足而适当的资源来建立、制定、实施、评价、维护并改进合规管理体系和绩效结果；同时依据合规关键绩效措施或结果，接受合规评价。

第六，法律法规、公司章程规定或者董事会确定的其他合规管理职责。

（四）党组织

依据《公司法》第十八条规定，"在公司中，根据中国共产党章程的规定，设立中国共产党的组织，开展党的活动。公司应当为党组织的活动提供必要条件"。另外，根据《中央企业合规管理办法》第五条第一项和第七条第一款规定："中央企业合规管理工作应当遵循坚持党的领导原则，充分发挥企业党委（党组）领导作用，落实全面依法治国战略部署有关要求，把党的领导贯穿合规管理全过程。""中央企业党委（党组）发挥把方向、管大局、促落实的领导作用，推动合规要求在本企业得到严格遵循和落实，不断提升依法合规经营管理水平。"即在国有企业，党组织是合规治理的重要组成部分，党组织通过参与决策、监督执行等方式，确保企业的合规运营。

此外，新修订的《公司法》第一百七十条规定："国家出资公司中中国共产党的组织，按照中国共产党章程的规定发挥领导作用,研究讨论公司重大经营管理事项,支持公司的组织机构依法行使职权。"同时,第一百七十七条新增条款规定"国家出资公司应当依法建立健全内部监督管理和风险控制制度,加强内部合规管理"。这意味着,在国有企业,党委全面领导合规管理成为当下合规工作的必然要求,这有助于合规管理体系建设,又符合中国特色国有企业的实际情况。

(五) 监事会

作为公司内部的监督机构,监事会的角色定位就是对公司的财务状况、董事及高级管理人员的行为进行持续、系统的监督和制衡,防止董事会、管理层滥用职权,损害公司和股东利益。监事会的合规管理职能,就是监督董事会和高级管理层合规管理职责的履行情况。

新修订的《公司法》对监事会制度进行了调整,允许公司只设董事会,不设监事会,公司只设董事会的,应当在董事会中设置审计委员会行使监事会职权。这种调整简化了公司治理结构,有利于降低公司运营成本。如果公司能够通过其他途径确保良好的监督和制衡,也可以实现较为平稳的运营。

在公司治理结构上,相较于同时保留审计委员会和监事会的双层治理结构,仅保留审计委员会履行监督职能的单层治理结构的管理层次减少、决策效率提高。但审计委员会如何承接监事会的职能,内部监督机制如何设计更合适,更好地履行合规管理职责,是采取单层治理架构的公司面临的难点问题。无论如何,监事会还是承担监事职能的审计委员会,一般应履行以下合规管理职责:

第一,监督董事和高级管理人员履行合规职责的情况。

第二,监督董事会的决策及决策流程是否合规。

第三,对引发重大合规风险的董事、高级管理人员提出解任的建议。

第四,法律法规、公司章程规定的其他合规管理职责。

三、合规团队建设的核心要求

为确保合规管理体系的有效运行,企业需要设置合规团队承担合规管理职责。《GB/T35770-2022 合规管理体系 要求及使用指南》对合规团队的职责作出了规定:"3.23 合规团队是指对合规管理体系运行负有职责、享有权限的一个人或一组人。"以及"5.3.2 合规团队

合规团队应负责合规管理体系的运行,包括:

——推进识别合规义务;

——编制合规风险评估文件(见 4.6);

——使合规管理体系与合规目标保持一致;

——监视和测量合规绩效；

——分析和评价合规管理体系的绩效，以确认是否需要采取纠正措施；

——确立合规报告和文件化制度；

——确保按策划的时间间隔对合规管理体系进行评审（见9.2和9.3）；

——确立提出疑虑和确保疑虑得到解决的制度。"

实践中，大型企业通常会设立首席合规官作为合规团队的核心领导，直接向治理机构（如董事会）或最高管理者报告，全面负责合规管理体系的运行和监督。因此，首席合规官不仅需要具备深厚的合规专业知识，还需要具备良好的沟通和协调能力，以推动整个组织的合规文化建设。最好指定一人负责合规管理体系的监督。这个角色可能由首席合规官直接担任，也可能由具有丰富经验和高度独立性的高级管理人员担任。监督人员的主要职责是定期或不定期地对合规管理体系的运行情况进行审查和评估，确保合规政策的落实和合规风险的有效控制。

合规团队中通常还包括负责具体合规工作的管理人员。他们可能按专业领域（如法律、财务、环境等）分工，负责各自领域的合规风险评估、合规政策制定、合规培训以及合规问题的调查与处理等工作。这些人员需要具备相应的专业知识和实践经验，以确保其能够胜任各自领域的合规管理工作。

在一些企业中，合规团队还可能包括合规专员或助理等支持性人员。他们协助合规管理人员完成日常工作，如合规文件的整理、合规信息的收集和汇总等。虽然这些人员的职责相对基础，但他们在确保合规管理体系顺利运行方面发挥着重要作用。

为了确保合规管理体系在各业务部门中的有效运行，一些企业还会在关键业务部门设立跨部门合规协调员。他们负责协调本部门的合规工作与合规团队的沟通与合作，确保合规要求在业务过程中的全面贯彻和执行。

1. **推进识别合规义务**

这意味着合规团队不仅要熟悉国内外相关法律法规、行业标准及组织内部规章制度，还需及时跟踪法律法规的更新变化，确保合规义务的全面、准确识别。通过持续的监控和分析，合规团队能够为组织提供及时、准确的合规指导。

2. **编制合规风险评估文件**

合规团队需根据识别的合规义务，编制详细的合规风险评估文件。这包括分析合规风险的可能性、影响程度及发生后果，进而对风险进行分级分类管理。通过科学的风险评估方法，合规团队能够为组织提供有效的风险应对策略和措施。

3. **使合规管理体系与合规目标保持一致**

合规团队需确保整个合规管理体系的设计、实施和改进过程始终与企业的合规目标保持一致。这要求团队不仅要深入理解企业的战略方向和业务特点，还需将合规目标细化为可操作性的指标和任务，确保各项合规工作紧密围绕组织目标展开。

4. **监视和测量合规绩效**

合规团队需建立有效的监视和测量机制，对企业的合规绩效进行定期评估。这包括收集和分析合规数据、评估合规控制措施的有效性以及识别潜在的合规风险等。通过持续的绩效监视和测量，合规团队能够及时发现并解决合规问题，确保组织的合规运营。

5. **分析和评价合规管理体系的绩效，以确认是否需要采取纠正措施**

合规团队需对合规管理体系的绩效进行全面分析和评价，以判断体系是否达到预期目标。对于发现的问题和不足，团队需及时提出针对性的纠正措施，并监督措施的实施效果。通过不断的绩效分析和评价，合规团队能够推动体系的持续改进和优化。

6. **确立合规报告和文件化制度**

合规团队需建立规范的合规报告和文件化制度，确保合规信息的准确记录和传递。这包括制定合规报告模板、明确报告内容和格式以及建立合规文件管理体系等。通过完善的报告和文件化制度，合规团队能够提高合规工作的透明度和可追溯性。

7. **确保按策划的时间间隔对合规管理体系进行评审**

合规团队需按照既定的时间间隔对合规管理体系进行全面评审。这包括评估体系的运行情况、识别存在的问题和不足以及提出改进措施等。通过定期的体系评审，合规团队能够确保体系的持续有效性和适应性。

8. **确立提出疑虑和确保疑虑得到解决的制度**

合规团队需建立鼓励员工提出合规疑虑并解决疑虑的制度。这包括设立合规热线、建立疑虑报告机制以及明确疑虑处理流程等。通过这一制度，合规团队能够及时发现并处理潜在的合规风险和问题，维护组织的合规运营环境。

四、合规管理机构

从国内实践来看，企业的合规管理机构一般包括合规委员会、首席合规官、合规管理部门等。

（一）合规管理委员会

公司可在董事会中下设合规委员会或者由董事会下设的其他专门委员会履行合规管理相关职责，负责对合规管理进行日常监督。比如，《中央企业合规管理办法》第十一条提出，"中央企业设立合规委员会，可以与法治建设领导机构等合署办公，统筹协调合规管理工作，定期召开会议，研究解决重点难点问题"。

在不设董事会的公司中，合规管理委员会应由执行董事牵头，领导法律、财务、人事管理方面的最高管理层成员。在不设董事会也没有执行董事的公司中，合规管理委员会可由公司总经理、党委书记、其他党组成员、最高管理层成员组成。还有一些公司在董事会或者监事会、审计委员会、战略发展委员会中设置了高级别的合规管理协调小组，扮演着合规管理委员会的角色，并承担着合规管理委员会的职能，这些兼职的机构在合规管理中的职责可以参照专门的合规管理委员会。

合规管理委员会的主要任务是负责公司合规管理的总体部署、体系建设及组织实施。一般情况下，合规管理委员会应具体履行的主要职责包括：

第一，建立公司合规管理基本政策，或贯彻落实上级公司的合规管理基本政策，制定公司合规管理战略、目标和工作要求。

第二，建立和完善公司合规管理体系、审定公司合规管理工作部署和年度合规管理工作计划。

第三，听取合规管理工作汇报，指导、监督、检查合规管理工作。

第四，研究解决公司合规管理工作中的重大或突出问题，指导、监督、检查违规问题整改。

(二) 首席合规官

首席合规官或合规负责人是指在企业中担任合规管理职务、履行合规管理职能、掌握一定决策权力、肩负合规管理责任以更有效实现企业目标的个人。

《GB/T35770-2022 合规管理体系 要求及使用指南》只对合规因队作出了规定，并未对首席合规官的职责做出明确的要求。我国发布的《中央企业合规管理办法》《企业境外经营合规管理指引》《商业银行合规风险管理指引》《保险公司合规管理办法》以及《证券公司和证券投资基金管理公司合规管理办法》《金融机构合规管理办法（征求意见稿）》等规定，都要求设立首席合规官或合规负责人，并对其职责进行了规定。

从国内的实践来看，对首席合规官的设置，不同类型的企业也采取了不同的方式。按照《中央企业合规管理办法》第十二条的要求，"中央企业应当结合实际设立首席合规官，不新增领导岗位和职数，由总法律顾问兼任，对企业主要负责人负责，领导合规管理部门组织开展相关工作，指导所属单位加强合规管理"。在开展合规管理实践之初，许多央企、国企将合规部门置于法务部门之中，在具体履行职责过程中合规人员与法务人员的工作内容有高度重合性，并且法务人员和合规人员均向总法律顾问汇报工作，所以大多数企业选择由总法律顾问兼任首席合规官。这种安排可以有效地保证合规工作的专业性，通过整合法律和合规管理的资源，确保合规政策与法律事务的协调一致。但由于总法律顾问的主要职责是提供法律咨询和支持，偏向于事后监督，但首席合规官则要求在充分考虑业务发展需要的基础上进行事前的风险预防，二者的核心职责和关注点有所不同，这种安排则可能会影响合规管理的独立性和客观性。

另外也有一些企业出于风险管理的需要，倾向于单独设置首席合规官岗位，也就是设专岗、由专人负责合规，并直接向首席执行官或董事会或公司管理委员会汇报工作。比如，一些国际化程度比较高的大型民营企业会单独设置首席合规官岗位，这些首席合规官能够参与企业的战略规划和决策过程，帮助企业避免因违规行为而遭受的重大损失，通过合规的角度为企业经营提供全面的分析和建议，帮助企业在国际市场上更加稳健和有竞争力。

在一些高风险行业，鼓励企业单独设置首席合规官也日渐成为趋势。2024年8月，国家金融监督管理总局发布的《金融机构合规管理办法（征求意见稿）》中规定"第十一条　金融机构应当在机构总部设立首席合规官，首席合规官是高级管理人员，接受机构董事长和行长（总经理）直接领导，向董事会负责……""第十二条　金融机构可以根据自身经营情况单独设立首席合规官、合规官，也可以由金融机构负责人、省级（计划单列市）分支机构或者一级分支机构负责人兼任……"但同时也明确提出"鼓励金融机构单独设立首席合规官和合规官。"特别强调"第十三条　首席合规官及合规官不得负责管理金融机构的前台业务、财务、资金运用、内部审计等可能与合规管理存在职责冲突的部门……"

不管采取哪一种模式，首席合规官或合规负责人一般应当履行下列职责：

第一，全面负责公司的合规管理工作，领导合规管理部门，组织推动合规管理体系建设以及合规政策在企业内部的严格执行与有效落实。

第二，组织推动合规风险的识别评估、合规管理的制度建设、合规审查、重大合规风险事件处理、合规培训、合规考核、合规举报调查、问题整改等，确保合规管理工作有序运转。

第三，审核合规管理部门拟定的合规管理计划或年度合规管理报告，并提交董事会进行审核。

第四，培育公司诚信合规文化，定期组织对公司合规管理体系有效性的评估。

第五，法律法规、公司章程规定的其他合规管理职责。

（三）合规管理部门

当企业决定推动合规管理这项工作时，如何把合规管理工作组织起来就显得非常重要了，因此，成立专门的合规管理部门或者兼职的合规管理部门并配置相应的资源非常必要。合规管理部门作为企业的一个职能部门，关注企业合规风险事实和提出合规管理实质性计划就成为合规管理部门的重要工作。因此，合规管理部门的工作定位就是在企业最高管理者授权下，调动相关资源，持续地对内外部环境的关注和与企业内各个业务部门和职能部门进行密切的沟通，负责制定合作管理制度及相关政策并嵌入业务流程中，以达到预防、发现、应对合规风险的目的。

1. 合规管理部门的职责设置

实践中,企业在设立合规管理部门时一般要遵循以下原则:

一是适应性原则。企业在设立合规管理部门时,要根据企业经营的业务性质、地域范围、监管要求来设置相应的合规管理部门,合规管理部门的规模要与合规管理任务相匹配。一些规模较小的公司,可以不设立专门的合规管理部门,由相关业务部门履行合规管理职责。例如,在一些公司中,法律部门、内控部门、审计部门或者财务部门可以单独或联合承担一部分合规管理职责。总之,组织结构成熟的企业在设置合规管理部门时,尽量充分利用原有的架构基础。

二是责权相匹配的原则。企业在设立合规管理部门时,要对合规管理部门的职责与权力范围进行明确的定位,确保合规管理部门能够在明确的职责范围内开展工作。根据企业合规管理的实践,许多企业把广泛的合规管理要素作为合规管理的要求,但是在规定具体的合规管理部门职责时,企业都会选择一些合规管理的日常工作和选择性的重要领域作为合规管理的重点工作,把日常工作与重点领域的工作相结合。同时,为了帮助合规管理部门开展工作,企业需要赋予合规管理部门一定的权力,授权合规管理相关人员参与相关会议和相应业务决策等,使得合规管理人员能够有效地开展合规管理工作。在开展合规管理工作受到阻力时,合规管理部门可以通过组织赋予的权力或者调动相应的资源来保证合规管理工作顺利实施。

合规管理部门的职责根据企业性质、规模等不同会有所不同,通常包括以下主要职责:

第一,持续关注公司总部所在地(国)和经营所在地(国)法律法规、行业监管要求和国际准则的最新发展,正确理解法律法规、监管要求和国际准则的规定及其精神,准确把握法律法规、监管要求和国际准则对公司的影响,及时为最高管理层提供合规建议。

第二,识别合规义务,并将其转化为企业内部可执行的管理程序和流程,制订合规风险管理计划,包括合规风险识别评估、合规审查、合规风险预警应对等。

第三,组织制订合规管理相关的计划、制度、程序、实施细则,协调和监督各业务部门对政策、程序和实施细则进行梳理和修订,为员工恰当执行法律法规、监管要求和国际准则提供指导。

第四,推动将合规责任纳入岗位职责和员工绩效管理流程。建立合规绩效考核指标,组织或者参与实施合规考核,以及对违规主体的问责。

第五,建立合规报告和记录系统,制定实施资料管理流程,如投诉反馈热线、举报系统和其他机制。

第六,组织培育合规文化,开展合规培训,向员工提供合规咨询,推动全体员工遵守合规管理要求。

第七,定期评估合规管理体系的有效性,包括通过现场审查对各项制度、政策和程序的合规性进行测试，询问政策和程序存在的缺陷，并进行改进和完善。

第八，建立并保持与监管机构日常的工作联系，确保在建立、实施和维护合规管理体系流程中能够获得适当的专业建议。同时，跟踪和评估监管意见和监管要求的落实情况。

2. 合规管理部门的组织模式

从合规管理部门的组织设计与职责设置来看，合规管理部门组织模式主要有以下几种类型。具体要根据公司业务类型、组织结构、组织资源而定。

一是设立独立的"合规部"

企业设立独立的合规管理部门，集中负责企业的合规管理。这种模式下，合规部是公司内部的一个独立部门，直接向管理层报告，负责制定和执行合规政策，确保公司业务操作符合法律法规要求。采取该模式的优点在于企业合规管理部门的独立性强，合规管理团队专业能力强，合规管理工作相对专业。当然，这样的设置要求企业投入大量的资源；合规管理人员职业技能要高，既要懂合规专业知识，又要懂具体的业务知识；合规管理部门与其他部门之间的沟通协调要求较高。目前，一些国际化程度比较高的企业更多地采取了这种模式。

二是由法律部与合规部共同组建"法律合规部"

大多数国有企业采用这一模式设置合规管理部门，这样把法律事务部的管理职能与合规部门管理职能统一到法律合规部门职能之中，由法律合规部对企业的法律事务工作和合规管理工作进行统一管理。该类型的优点在于，部门的设立相对容易，投入成本相对较低，由于大多数公司在成立合规部之前有法律部门，所以公司在设立合规管理部门时可以利用现有的法律部门的资源，通过共享资源和信息，减少重复工作，提高工作效率。按照这样的方式设置合规管理部门，企业可以更好地识别和管理法律风险，确保企业的经营行为合法合规，避免法律纠纷和处罚。但同时，整合后的部门可能面临资源分配的挑战，特别是法律事务管理和合规管理在文化、工作方法和目标上可能存在差异，整合后需要更多的沟通和协调，以确保部门内部的顺畅运作。

三是合规部与内控部结合的"内控合规部"

内部控制是企业实现风险防控目标的载体和手段，防范合规风险本身就是内控的目标之一。内控采用标准化、规范化的方式，用一系列流程、方法、工具、措施、标准建立控制环境，对资金流、实物流、人力流、信息流实行有效监管，保障企业权责设置执行到位和财务报告的准确性且更关注企业内部效率的提升。内部控制关注流程和关键节点的管控，为将合规管理要求内化进业务流程提供了基础。因此，一些内部控制做得比较好的企业倾向于将合规的管理职能融入内控部。内控合规部通常以法律法规、监管政策、行业准则等外部要求和企业规章制度、规范性文件等内部要求作为内控的基础性依据，整合资源共同开展风险识别评估，建立岗位合规审查要点，推动权限指引清单、岗位职责清单的持续完善等工作。这一模式有利于企业整合制度流程中的内控和合规管理标准和要求，在同步的管理流程中，实现内控与合规管理的目标，避免交叉重叠、重复劳动。

四是合规部与风控部、内控部结合的"大合规部"

随着合规管理走进深水区，越来越多的企业也开始进行体系协同的探索，这需要充分考虑企业发展和管理的实际，均衡协调并有效整合各个管理体系。风控、合规、内控体系在企业中各自承担不同职责，但又相互关联、相互影响。对于企业而言，各体系建设起步时间不一，在企业内落地情况不同，所面临的监管任务和要求也存在差异，且体系评价也有独立的要求和标准。因此，近年来，一些企业结合自身经营管理实际，根据各个风险管理体系的目标及管理标准和要求，在风险管理的计划、实施、检查、整改、信息共享、独立报告、能力培训、考核评价等方面实现同计划、同部署、同实施、同检查、同考核，试图整合管理资源，组建"大合规部"。

此外，企业除了有正式的合规管理部门外，也要通过更加灵活的方式对外部环境变化带来的合规风险进行识别和管理。比如，有的公司通过组建合规项目组或构建合规管理网络的方式对新出现的合规风险进行评估和管理。合规项目组是一种灵活的组织形式，没有正式的编制，主要是从各个部门中抽调相关领域的专家组成项目小组，在合规管理人员的引导和组织下，项目小组成员就新话题或不同的业务需求进行讨论，项目小组持续的时间往往是一年以内，小组成员完成项目后又回到自己的部门。通过这样的方式，合规管理人员可以从业务部门获得不同的视角，在合规风险管理中更贴近业务的开展。

第三节 企业合规管理机构的协同

一、合规管理机构协同的实践需要

近年来，国内企业越来越认识到合规管理对企业可持续发展的重要作用，不断推进合规管理体系建设。实践中，一些企业在合规管理体系建设之前，就已经建立了风险管理体系、内部控制体系等，在合规管理组织建设完善的过程中，合规管理机构与企业其他承担风险管理职能的部门职能交叉、工作重复、合力不足等问题不断凸显。因此，随着企业合规管理工作的深入，从机构职能设置的角度，着力推动合规管理与内控管理、风险管理的整合升级，成为许多企业亟须解决的问题。

从目标上来看，合规管理与内控管理、风险管理均以防控风险为目的，为企业实现经营目标提供支撑和保障。从管理体系建设要素来看，风险、内控、合规管理工作具备基本一致的管理要素，均涉及对组织环境、领导作用、组织机构建设、风险管理流程、信息与沟通、监督评价与改进、资源支持等管理要素要求。

在建立全面风险管理、内部控制或合规管理体系时，企业首先会设立相关管理的组织架构，并明确管理职责。同样地，要实现合规、风险、内控的整合，首先需要在组织机构职能方面进行协调，精简企业内部组织架构，同时避免职能交叉重复，防范推诿扯皮。

具体来说，需要实现风险、内控、合规管理职能在治理层、管理层和执行层的职责统一。其中，在治理层，通常可以将相关职能放到同一个董事会专门委员会；在管理层，由同一个领导小组负责合规管理与风险、内控的相关职责。治理层和管理层的职能统一较为容易推行，而在执行层，则可能涉及不同职能部门之间的职责设置。

对此，《中央企业合规管理办法》对合规管理的一二三道防线上相关部门的合规管理职责划分如下："中央企业业务及职能部门承担合规管理主体责任，主要履行以下职责：（一）建立健全本部门业务合规管理制度和流程，开展合规风险识别评估，编制风险清单和应对预案。（二）定期梳理重点岗位合规风险，将合规要求纳入岗位职责。（三）负责本部门经营管理行为的合规审查。（四）及时报告合规风险，组织或者配合开展应对处置。（五）组织或者配合开展违规问题调查和整改。""中央企业合规管理部门牵头负责本企业合规管理工作，主要履行以下职责：（一）组织起草合规管理基本制度、具体制度、年度计划和工作报告等。（二）负责规章制度、经济合同、重大决策合规审查。（三）组织开展合规风险识别、预警和应对处置，根据董事会授权开展合规管理体系有效性评价。（四）受理职责范围内的违规举报，提出分类处置意见，组织或者参与对违规行为的调查。（五）组织或者协助业务及职能部门开展合规培训，受理合规咨询，推进合规管理信息化建设。""中央企业纪检监察机构和审计、巡视巡察、监督追责等部门依据有关规定，在职权范围内对合规要求落实情况进行监督，对违规行为进行调查，按照规定开展责任追究。"

基于《中央企业合规管理办法》对业务及职能部门、合规管理部门以及监督部门在制度建设、运行机制、文化培育、信息化建设以及监督问责等不同环节的职责分工，具体内容整理见表5-1。

表5-1　合规管理职责分工

管理部门	业务/职能部门	合规管理部门	监督部门
制度建设	建立健全本部门业务合规管理制度和流程。	组织起草合规管理基本制度、具体制度、年度计划和工作报告等。	对合规管理的各类各级制度内容开展评价。

续表

管理部门	业务/职能部门	合规管理部门	监督部门
运行机制	1. 开展合规风险识别评估，编制风险清单和应对预案。 2. 定期梳理重点岗位合规风险，将合规要求纳入岗位职责。 3. 负责本部门经营管理行为的合规审查。 4. 及时报告合规风险，组织或者配合开展应对处置。 5. 组织或者配合开展违规问题调查和整改。	1. 组织开展合规风险识别、预警和应对处置。 2. 负责规章制度、经济合同、重大决策合规审查。 3. 受理职责范围内的违规举报，提出分类处置意见。 4. 根据董事会授权开展合规管理体系有效性评价。	1. 对涉嫌违纪违法的，接受合规管理部门转交的违规举报。 2. 参与合规管理体系有效性评价，针对重点业务合规管理情况适时开展专项评价。
文化培育	1. 接受合规管理部门的培训与文化宣贯。 2. 组织本专业部门的合规培训。	1. 组织或者协助业务及职能部门开展合规培训。 2. 受理合规咨询。	
信息化建设	明确信息化系统的需求。	推进合规管理信息化建设。	
监督问责	配合开展违规问题调查和整改。	组织或者参与对违规行为的调查。	1. 在职权范围内对合规要求落实情况进行监督。 2. 组织对违规行为进行调查，按照规定开展责任追究。

在实践中，不少企业在合规、风险、内控方面的专责部门是分开的，通常由两个或三个部门分别负责不同的管理体系建设及运行。受制于对具体业务场景、部门业务活动的熟悉程度以及自身工作量等因素，不管是采取何种具体的部门组织形式，承担合规管理职责的部门基本上都很难凭一己之力完成企业经营全过程的合规管理。为此，一些企业在第二道防线上进行职能整合，基于企业的合规风险管理目标，按照风险识别、风险管控、风险追踪、风险报告的管理流程统筹岗位职责设置，重点突出合规管理部门牵头、组织、协调的作用，保障合规体系有效运行。

"特别是在合规体系建设的初期，大多数企业需对合规管理现状进行评估、设立合规组织，充实合规人员，组织起草通用型制度如合规管理体系化建设方案、合规管理基本制度、年度计划、工作报告等，这些前期工作基本上由合规管理部门去承担，所以第二道防线承担了打好合规管理基础的主要工作。在体系运行的事中过程，通过第二道防线提供指导、培训、咨询等'赋能'举措实现'三道防线'的协同，使业务部门及职能部门掌握更多合规管理的知识、技能和方法。"① 而随着企业合规管理体系建设进入成熟阶段，企业则需要进一步协调合规管理组织机构的职能安排，在满足风险管控要求的基础上，提出职责定位、工作任务、阶段性目标等，才能把风险管理的一体化要求有效嵌入企业决策、经营管理的各个环节之中，形成协调联动的合规一体化管理体系。

二、合规管理部门与业务部门的分工协作

合规管理并不是合规一个部门的事情，而是需要合规管理部门和业务及职能部门之间的密切配合。《GB/T35770-2022 合规管理体系 要求及使用指南》5.3.2 合规团队这一节中不仅规定了基本的职责，还提出了"合规团队应监督：

——履行已识别的合规义务的职责在整个组织内得到适当分配；

——合规义务与方针、过程和程序的整合；

——所有相关人员按要求接受培训；

——确立合规绩效指标。

合规团队应：

——使人员可获得与合规方针、过程和程序有关的资源；

——就合规相关事项向组织提供建议。

注：合规团队的特定职责并不免除其他人员的合规责任。"

这意味着合规管理部门应确保企业内每个层级和部门都明确了解并承担了各自应履行的合规义务。这要求对合规义务进行全面梳理，并根据企业的组织架构和业务特点，将具体的合规职责细化到各个岗位和个人，同时定期评估职责分配的合理性，确保没有遗漏或重叠，并根据实际情况进行动态调整，以及推动将已识别的合规义务融入企业的合规方针、过程和程序中，确保三者之间的紧密衔接和一致性，确保所有与合规工作相关的人员都接受到必要的合规培训，根据企业的合规目标和实际情况，设计合理的合规绩效指标等。

在 GB/T35770-2022《合规管理体系 要求及使用指南》中还特别强调了合规团队还应与其他业务部门保持密切沟通与合作，就具体业务场景中的合规问题提供具体指导，确保业务活动符合合规要求。在合规管理体系中，每个成员都承担着确保自身行为符合合规要求的责任。合规团队虽然承担着重要的合规推动和监控职责，但这并不意味着其他人员可以免除自己的合规责任。合规团队通过提供专业的合规支持和服务，帮助和引导其他人员履行合规责任，但并不能替代他们的个人责任。

可见，合规管理部门与业务部门之间的关系是相互依存、相互支持的。一方面，业务部门

---

① 朱明、梁征、吴乙婕：《国有企业合规管理"三道防线"的职责、功能与协同运转》。

需要对本业务部门的合规风险进行识别评估，向合规管理部门提交合规风险评估报告，合规管理部门则应当结合业务部门的合规风险分析评估和监察、审计、内控测试等情况，对不同领域的合规风险进行综合分析评估，为业务部门提供合规咨询、风险提示、审查和培训，帮助业务部门管理合规风险。另一方面，业务部门应当根据风险警示，严格落实防范措施，有效防控风险，合规管理部门需要及时跟踪业务部门落实情况，并给予指导帮助，双方配合合规调查，督促本业务系统违规问题的整改。

具体到合规管理体系建设的初期阶段，业务及职能部门的介入深度与主动程度将直接关系到合规管理体系建设的适用性和有效性。通过积极配合合规管理部门开展合规风险识别评估，业务及职能部门结合具体情况对建立健全本部门业务合规管理制度和流程，针对重点领域编制风险识别清单、确定岗位职责、制定流程管控措施，使合规管理要求更聚焦、更有针对性。而在合规管理体系的运行阶段，业务及职能部门则需要负责本部门经营管理行为的合规审查，及时报告合规风险，组织或者配合开展应对处置，以及违规问题调查和整改，保证合规管理要求进岗位、进流程，更需要在动态过程中让各级业务经办人都意识到自己是合规风险管理的第一责任人。

合规管理体系是动态的，持续优化的，业务部门及职能部门是生产经营活动的直接参与者，对其专业领域的业务场景最为熟悉，是合规风险的直接面对者。业务部门及职能部门需强化主体责任意识，主动将合规制度、合规流程和合规风险评估嵌入到具体业务流程中，针对薄弱环节及时进行整改，自查自纠，不断提高合规管理的自觉性和主动性，才能保证合规管理体系适用于企业的发展，否则所构建的合规管理体系必然与企业业务管理成为"两层皮"，很难为企业创造价值。

三、合规管理部门与其他风控职能部门的分工协作

（一）与内控部门的分工协作

合规管理部门和内控部门都是以风险防控为核心，二者都是为了防范和控制风险。内控管理体系所包含的成熟的业务流程控制体系、制度、文档和信息化，使得合规管理要求的具体落地具备了现实条件。合规管理依托内控流程实施能发挥更大效用，内控有效性也离不开完善的合规管理。

在实际工作中，合规管理部门和内控部门需要分工协作，形成有效的风险防控体系。合规管理部门主要负责确保企业的经营活动遵守法律法规、行业准则、企业内部规章制度等外部和内部的要求。合规管理的重点在于防范来自外部的法律规范风险，它更侧重于"主外"，并且涉及企业的战略规划和长期目标。合规管理部门的工作内容包括制度制定、风险识别、合规审

查、风险应对、责任追究、考核评价和合规培训等。内控部门则侧重于通过标准化、规范化的方式，使用一系列流程、方法、工具、措施和标准来建立控制环境，对资金流、实物流、人力流、信息流进行有效监管。内控管理的目标是确保企业权责设置执行到位和财务报告的准确性，更关注企业内部效率的提升，它更侧重于"主内"。内控的重点在于授权管理、不相容岗位分离、内控流程和关键节点等。合规管理是内控的"底线"，而内控则是合规管理的"抓手"。

合规部门和内控部门在企业中扮演着至关重要的角色，为了实现有效的协作，以下是一些关键的策略和方法：

1. 明确角色和职责：合规部门负责确保企业活动遵守外部法律法规和内部政策，而内控部门则专注于内部流程的效率和有效性。

2. 建立共同目标：两个部门应该围绕企业的整体战略和目标进行协作，确保合规和内控活动支持这些目标。

3. 信息共享：建立一个信息共享平台，以便两个部门可以实时交换数据和见解，从而提高风险管理的效率。

4. 联合培训和教育：定期举办联合培训，提高员工对合规和内控重要性的认识，以及他们在维护企业合规性和内部控制中的作用。

5. 协调政策和程序：确保合规和内控的政策和程序相互协调，避免重复工作，并确保全面覆盖所有相关的风险领域。

6. 风险评估和管理：内控部门可以通过其对流程和风险的了解，帮助合规部门更有效地识别和管理合规风险。

7. 监督和审计：两个部门可以合作进行监督和审计活动，以确保企业活动既符合内部控制要求，也符合外部合规要求。

8. 沟通和报告：建立一个清晰的沟通渠道和报告机制，确保两个部门的发现和建议能够及时传达给管理层和相关业务部门。

9. 技术和工具：利用技术工具，如合规和内控管理信息系统，来自动化和集成两个部门的活动，提高效率和效果。

10. 持续改进：基于监督、审计和风险评估的结果，两个部门应共同工作，不断改进政策、程序和控制措施。

通过这些策略，合规部门和内控部门可以更有效地协作，帮助企业实现依法合规经营，提高企业的运营效率和风险管理能力，促进企业的可持续发展。

(二) 与风险管理部门的分工协作

企业在发展中可能会遇到各种风险。根据《中央企业全面风险管理指引》的定义，所谓企业风险是指未来的不确定性对企业实现其经营目标的影响。企业风险一般可分为战略风险、财务风险、市场风险、运营风险、法律风险等；也可以能否为企业带来盈利等机会为标志，将风险分为纯粹风险（只有带来损失一种可能性）和机会风险（带来损失和盈利的可能性并存）。因此，企业就要对风险进行管理，即围绕总体经营目标，通过在企业管理的各个环节和经营过程中执行风险管理的基本流程，培育良好的风险管理文化，建立健全全面风险管理体系，包括风险管理策略、风险管理措施、风险管理的组织职能体系、风险管理信息系统和内部控制系统，从而为实现风险管理的总体目标提供合理保证的过程和方法。

风险管理的核心是风险识别、评估和防控。如果风险管理失效，则企业就不能有效识别风险并采取防范措施，那么最终风险发生可能对企业造成不同程度的影响。为此，许多企业在前期建立了风险管理体系，而合规管理作为近些年企业满足监管要求的重要应对，只是全面风险管理的一部分，管控的是合规风险。

一般来讲，企业的风险管理部门主要负责识别企业面临的各种风险，包括市场风险、信用风险、运营风险等，并评估这些风险的潜在影响；制定风险管理策略和程序，以减轻或消除识别的风险；持续监控风险，并定期更新风险评估，确保风险管理措施的有效性，以及在企业内部推广风险意识和风险管理文化等；同时，定期向管理层提供风险报告，确保风险管理的透明度，在风险事件发生时，协助企业应对和管理危机。

对于企业而言，风险作为一种客观存在的可能性，往往不是单一的而是综合的。如果缺乏协同管理机制，风险评估是分别进行的，仅评估各自领域的风险。作为协同管理的一个关键点，便是要统一规划，对风险进行全面评估。在协同建设中，合规管理体系的建设最好是围绕风险体系的基础和建设要求展开，这样才更有效率。

由于总体思路是以风险防控为核心的，一次性进行所有类型的风险识别分析评估，比如在既有的全面风险库中增加、细化合规风险、内控风险等内容，不仅可以进行集约式管理，而且对形成企业员工的全面风控及合规意识大有裨益。同时，对问题与风险的发现，应当结合案件纠纷管理和日常法律咨询、合规咨询等情况，输出风险场景，将各类风险置于同一维度，同步进行辨识、分析与评价，聚焦风险高发情形，进而形成整合的风险管控矩阵清单，帮助企业精准识别，有效管控。

进一步地从提升效率，降低管理成本的角度出发，需要在一次性识别风险后，统筹考虑明确管控措施的安排。可以从设立或调整与风险相关的机构、人员，补充经费或风险准备金等资源配置角度着手；也可以从建立或完善规章制度或针对特定领域编写标准、规范等文件，优化或重构业务流程；抑或是明确各相关部门、岗位或个体在风险管理中的具体职责与角色，强化监督执行、强化惩戒、严格追责。① 总之，通过明确的职责分工和有效的协作，合规部门和风险管理部门可以帮助企业在遵守法律法规的同时有效管理和控制风险。

四、合规管理部门与监督部门的分工协作

监督部门通常包括审计部门、监察部门，合规部门与监督部门要分工协作、协调配合，形成管理合力。

（一）与审计部门的分工协作

一般来讲，合规管理部门与审计部门相对独立。审计部门主要负责通过独立的评估和审查，验证企业的财务、运营和内部控制的有效性。审计部门的工作包括对企业的财务报告、内部控制系统、业务操作等进行定期或不定期的审计，以发现潜在的问题并提出改进建议。审计部门的工作更侧重于事后的评价，通过审计活动验证合规管理体系的有效性。合规部门接受审计部门定期和独立的检查。

在具体的协作分工上，一方面，合规管理部门依照事前识别和评估各个业务领域的合规风险，可以为审计部门的合规检查提供方向和重点，从而确定内部审计的重点，同时也方便审计部门与各个业务部门交流互动，更好地理解业务流程，及时发现并预防可能的风险。合规部门可请求审计部门复查合规风险的特定领域，审计部门应将其作为年度内部审计的一部分。

另一方面，审计部门的合规检查结果是合规部门识别和收集合规风险信息和合规风险点的重要来源和依据。审计部门在检查结束后，应将有关合规检查情况及结论抄送给合规部门，为合规部门识别和收集合规风险信息和合规风险点提供有效的信息来源和依据。审计部门作为公司内部的现场检查部门，包括合规部门在内的所有组成部门，都需要受到审计部门的监督和定期、独立的检查。

合规管理不仅是企业对外部法律环境的响应，也是内部管理优化的重要内容。基于此，企业可在法规约束下制定内部审计制度，还能依据自身风控需求采用先进的内部审计手段。一是内部审计制度的建立与实施。在法规约束下，企业可以制定内部审计制度，以确保合规管理体系的有效性。二是先进内部审计手段的应用。企业可以根据自身的风险管理需求，引入先进的内部审计技术和方法。三是合规管理对内部审计的指导作用。合规管理的原则和理念可以为内部审计提供指导，确保审计活动与企业的合规目标以及战略保持一致。②

---

① https://www.allbrightlaw.com/CN/10475/7d33dfc22a396e2.aspx.
② 徐金富、张伟耀、石小军、邓雄：《新形势下企业内部审计与合规管理的协作融合》，载《中国内部审计》2024年第6期。

实践中，基于业务加强融合，在事前控制环节展现出合规审查前置的优势，在事中控制环节从合规管理渠道持续获得业务信息，在事后控制环节使用内审手段加强监督，继而搭建内部审计、合规管理高度融合的框架。

(二) 与监察部门的分工协作

在我国，国有企业的纪检监察部门同样可以在公司合规管理中起到相当重要的作用。一般情况下，纪检监察部门主要负责监督执纪，对违规行为进行调查和处理，确保企业的纪律和规矩得到遵守，通过受理违规举报、调查违规案件、追究违规责任等监督机制，确保合规管理体系的执行到位、措施有效、保障有力。

实践中，公司应当建立统一的举报平台，鼓励员工、交易相对人及社会人士对公司、员工的违规问题进行举报。监察部门按照公司有关规定负责举报的登记和受理。监察部门和合规管理部门应相互通报调查情况。调查结果应向举报人反馈。接受举报和进行调查的相关人员，应对举报人的身份和举报事项严格保密，不得擅自对外泄露，并要求任何单位和个人不得采取任何形式对举报人进行打击报复。对实名举报的事项经查证属实并及时纠正违规，为公司挽回直接经济损失的，对举报人按公司有关规定可给予奖励。此外，在党委的统筹下，纪检监察部门牵头组织实施巡视巡查活动，合规部门和审计部门也应参与其中，发挥各自的专业特长，形成联合监督的常态化方式，通过混编方式开展飞行检查，合作开展潜在异常行为排查等专项整治活动。

日常工作中，在信息保密、履职回避等原则基础上，根据联合监督执纪工作需要，监察部门和合规部门可以探索建立信息共享机制，科学设置系统权限，将外部走访、信访举报投诉、检查排查成果等定期通报或抄送相关部门，精准锁定重点分支机构、重点人员、重点事项，形成联动合作监督合力。还可以建立各领域分管的高管人员与合规、审计及纪检监察部门主要负责人参加的联席会议，健全日常沟通联络机制，通过定期召开联席会议，协商解决联动监督执纪过程中遇到的重大事项等，强化对违法违纪违规事项检查惩处会商机制，形成强震慑、促整改、保发展的联动监督执纪效果。

第四节 企业合规管理中的领导力

GB/T35770-2022《合规管理体系 要求及使用指南》对管理者的合规职责作出了规定："5.3.3 管理者

管理者应通过以下方式对其职责范围内的合规工作负责：

——配合和支持合规团队，并鼓励人员也这么做；

——确保在其控制下的所有人员都遵守组织的合规义务、方针、过程和程序;

——识别其运行中的合规风险并进行沟通;

——在其职责范围内将合规义务融入现有的业务实践和程序;

——参加并协助合规培训活动;

——培养人员的合规意识,指导他们满足培训和能力要求;

——鼓励并支持人员提出合规疑虑,并防止任何形式的报复;

——根据要求积极参与合规相关事件和事项的管理、解决;

——确保一经确认需要采取纠正措施时,适当的纠正措施能得到推荐和实施。"

这意味着管理者应通过以下方式对其职责范围内的合规工作负责:

一是配合和支持合规团队,并鼓励人员也这么做。

管理者应主动与合规团队进行协作,为其提供必要的支持和资源,确保合规工作的顺利进行。通过自身行为树立榜样,鼓励组织内其他人员也积极配合和支持合规团队的工作,共同营造良好的合规氛围。

二是确保在其控制下的所有人员都遵守组织的合规义务、方针、过程和程序。

管理者需对其管辖范围内的所有员工进行合规性监督,确保他们严格遵守组织的合规义务、方针、过程和程序;通过日常管理和定期检查,预防违规行为的发生,确保合规管理体系的有效性。

三是识别其运行中的合规风险并进行沟通。

管理者需具备识别其业务领域内潜在合规风险的能力,及时发现并评估这些风险对组织的影响;将识别出的合规风险及时与相关部门和人员进行沟通,共同商讨应对措施,确保风险得到妥善管理。

四是在其职责范围内将合规义务融入现有的业务实践和程序。

管理者需将合规义务与现有的业务实践和程序相结合,确保在业务运营过程中始终遵循合规要求;根据合规义务的变化,及时调整和优化业务实践和程序,保持其合规性。

五是参加并协助合规培训活动。

管理者应积极参与组织举办的合规培训活动,提升自身合规意识和能力;协助合规团队推广合规培训,鼓励员工参加培训,提高整体合规水平。

六是培养人员的合规意识,指导他们满足培训和能力要求。

通过日常管理和培训活动,管理者应不断提升员工的合规意识,使他们认识到合规工作的重要性;指导员工满足培训和能力要求,确保他们具备履行合规职责所需的知识和技能。

七是鼓励并支持人员提出合规疑虑,并防止任何形式的报复。

管理者应鼓励员工积极提出合规疑虑和问题,为组织发现潜在合规风险提供线索;确保员工在提出合规疑虑时不会受到任何形式的报复或歧视,保护他们的合法权益。

八是根据要求积极参与合规相关事件和事项的管理、解决。

在发生合规相关事件时,管理者应积极参与事件的管理和解决过程,确保事件得到妥善处理;为合规团队提供必要的决策支持,协助其制定和执行有效的解决方案。

九是确保一经确认需要采取纠正措施时,适当的纠正措施能得到推荐和实施。

在确认存在合规问题时,管理者应确保及时推荐并实施适当的纠正措施,以消除问题根源并防止类似问题再次发生;对纠正措施的实施效果进行持续评估,确保其有效性和可持续性。

一、合规管理中管理者的角色与责任

(一) 管理者的范围

管理者是指在正式组织中经合法途径被任用而担任一定管理职务、履行特定管理职能、掌握一定权力、肩负某种管理责任以更有效实现组织目标的个人或集体,其具体范围因组织性质和形式不同而有所区别。

1. 党政机关以及国有企业中的领导干部

从党政机关以及国有企业的角度来说,管理者即通常所说的领导干部。对于"领导干部"的具体含义,国家相关法规、条例等有不同的界定,如《公务员法》、《党政领导干部选拔任用工作条例》、《中国共产党廉洁自律准则》和《中国共产党纪律处分条例》等,针对不同的目的,各法规和条例有其不同的适用范围,需要具体看文件的解释与限定。

综合来看,"领导干部"的范围主要包括以下三部分:一是党政机关,包括党的机关、人大机关、行政机关、政协机关、审判机关、检察机关、各民主党派和工商联机关以及参照公务员法管理的单位中担任各级领导职务和副调研员以上非领导职务的人员;二是国有企业,包括大型、特大型国有和国有控股企业(含国有和国有控股金融企业)中层以上领导人员,中型以下国有和国有控股企业(含国有和国有控股金融企业)领导班子,以及上述企业中其他相当于县处级以上层次的人员;三是事业单位,包括事业单位(未列入参照公务员法管理范围)领导班子和其他六级以上管理岗位的人员。

2. 其他企业及组织中的管理者

公司内设机构一般由董事会、监事会和总经理组成,分别履行公司战略决策职能、纪律监督职能和经营管理职能,在遵照职权相互制衡前提下,客观、公正、专业地开展公司治理。针对合规管理来讲,管理者可划分为最高决策层、最高管理层及管理层。一般来讲,最高决策层是控制一个组织做出指示并要求最高管理层对其负责的个体或群体,在企业中一般是指董事会;最高管理层是在最高层级指挥和控制组织的个体或群体,在企业中一般是指执行董事指令的总经理、副总经理等公司核心领导层；管理层则是指企业中负责各部门、各领域的中层领导，如各部门的主任、经理等。

（二）"关键少数"的重要作用

管理者有一定的权力和影响力，人数不多，但责任重大。其行为往往有榜样和导向的力量，起到示范和引领的作用，并决定着一个企业的方向和命运，是一个组织中的"关键少数"。"关键"表示角色的重要性、地位的不可替代性，"少数"是说此类人员的少而精，虽人数有限但作用凸显。合规是对一个企业全体员工的要求，全体员工应当一体遵循，但如何带动全体员工遵守合规要求，必须抓住管理者这个"关键少数"。

合规管理离不开"关键少数"的率先垂范、言传身教。"关键少数"对于带头树立合规管理理念、推动合规管理体系的建立和运行，有着任何群体不可替代的特殊作用。管理者这个"关键少数"，其实践和引领作用更能发挥合规管理蕴含的效力，是合规管理的关键。只有管理者的认识上去了，以身作则、率先垂范，才能以上带下，带动整个组织推进合规管理，用合规管理的新成效交出员工认可的答卷。

二、合规管理中的决策与指导

管理者作为一个企业中的关键少数，应对合规管理起表率作用。要使员工行为满足合规要求，需要满足各级管理层的有力领导、明确的组织价值观、认可和实施能够促进合规行为的措施等条件。

（一）管理者要处理好合规与业绩的关系

合规经营是一切发展和业绩的前提。在日常工作及决策时，管理者应当做好企业发展与合规经营的统筹兼顾。合规与业绩，两者之间是相辅相成、辩证统一的关系，统一于企业的发展目标。在合规管理过程中，要坚持为业务发展服务的理念，在促进业务发展的基础上，正确平衡风险与收益在业务发展过程中，要严守合规风险底线，对于风险把握不准、风险未经评估和风险认识不清的业务，坚决不做。

现实工作中常常会有业绩压力与合规要求的"冲突"，这个时候就需要管理者具备较强的合规风险防范意识，保持应有的职业谨慎，从而严格自身对制度的执行，并立足于合规经营这一大前提，坚持不以牺牲合规要求为代价换取短期发展的利益。要认识到只有合规才能创造价值，只有合规才是企业健康有序发展的重要前提，只有合规能让企业在风险中获得更大的收益，从而使员工为企业创造更多的价值，也使企业为社会创造更多的价值。

(二) 管理者对合规管理与其所负责领域相关事项给予支持配合

第一，与合规团队合作并提供支持，并鼓励员工效仿。比如：带头并督促本部门员工完成合规培训、审查、评价等合规管理工作。

第二，将合规义务纳入其责任领域内的现有商务实践和程序。管理者应结合其领域内的具体工作，将合规管理的要求与实际工作结合：如外联部门在执行反商业贿赂的规定时，可将相关礼品、接待等要求细化至具体岗位或业务流程和环节；市场开发部门在执行关于反垄断等规定时，可将与合作者沟通的注意事项、申报审查的要求等结合实际业务操作进一步细化明确；财务部可将反商业贿赂、反利益输送等要求落实到具体的财经制度、会计记录、账簿保存制度中，以便于合规要求得到切实有效的执行。

第三，如有本部门或领域作为用户的外包业务，需审查外包业务承担方，确保其重视合规义务。如可初步审查外包方是否有合规制度；以往的服务提供历史是否存在不合规表现；其合规性的社会评价等，并将其合规表现情况及时反馈给采办部门供其作为选商的依据。

第四，识别并传达、沟通经营活动中的合规风险。合规风险处于动态变化的状态，作为具体业务的直接管理者，中层领导较合规团队以及高层管理者更能及时捕捉到相关风险点，因此，其应对所管辖领域在实际中可能出现的或已经发生的合规风险有准确的识别和判断，并及时与部门人员和合规团队进行沟通，更新调整合规风险点，使其不断适应公司业务发展并与公司经营情况更加贴合。

第五，与合规团队协调行动，确保纠正措施能够落实。与合规制度的执行和落实相同，对于违规行为的纠正以及对于不合规管理制度的修正和改进，均需最熟悉各业务流程的管理层积极参与并督导其所属领域的员工配合落实。

第六，积极参与合规相关事件和事项的管理和解决。合规管理并非一个岗位或一个部门之力可以完成，它涉及经营的各个方面和环节，相关事项的研究、处理等均需不同领域的人员参与，此时，就需要该领域的管理者对于合规工作重视并积极提供支持和配合。如：对于招聘新员工，需要人力资源部纳入合规培训考核；对于违规事件的调查处理，需要纪检监察部门提供相应的依据和支持等。

(三) 管理者对其管辖范围内的员工进行合规指导和培训

作为一个领域的管理者，应承担着鼓励、指导、监督员工，促进其管辖领域或部门内员工行为合规的职责：首先，应鼓励员工关注合规问题，从思想上树立合规理念，对合规管理引起足够的重视，发动集体的力量去识别日常工作中的合规风险点、努力探索防控方案；其次，帮助员工认识自身合规义务，指导他们满足培训和能力的要求；最后，确保将合规纳入岗位职责并将合规绩效评价纳入员工绩效评价，如 KPI 指标、目标和晋升标准等，以从考评的角度督促员工遵守合规要求。

三、合规管理中的激励与沟通

（一）管理者要承担起推动合规管理落实的责任

企业的本质是追求利润，合规管理作为一项风险防控类的管理措施，是对于企业和员工行为的约束，难以自发形成一项制度要求。就好像追求利润的快车的刹车装置，除非遇到危险或强制停车命令的红灯时，才会踩下刹车。在这种情况下，自外而内、自上而下推动就显得尤为重要。

自外而内是指外在的企业危机（如西门子公司的贿赂丑闻）或严格的监管环境（如《联合国反腐败公约》、美国《反海外腐败法》等）驱使下，使企业不得不重新审视自身的行为和价值理念，重新调整、与时俱进。

除了外力的驱使，对于一个企业来说，一项约束性制度的建立，管理者自上而下的推动是最为有效的方式，也就是说，管理者的重视和声音直接影响到企业合规管理的实现。合规管理必须从高层推动、从高层做起。

因此，管理者对于合规文化、制度的建设以及合规管理的推广运行都起着至关重要的作用。合规管理能否在一个企业中立足、发展并融入经营的各个环节，与领导者自身的价值理念、重视程度、制度设计、管理方法等是紧密相关的。

（二）管理者通过激励和沟通提升合规意识和执行力

首先，良好的沟通有助于明确合规目标，确保团队成员对合规要求有清晰的理解。沟通不仅是信息传递的桥梁，更是确保团队理解和执行合规要求的关键。有效的沟通可以帮助管理者明确传达合规目标，解释合规的重要性，以及如何在实际工作中落实这些要求。通过双向互动和情绪管理，沟通能够促进团队成员之间的理解和合作，增强组织的凝聚力。

其次，通过激励措施，可以增强团队成员对合规工作的积极性和责任感。通过明确的激励机制，如物质奖励和非物质奖励，可以激发团队成员的积极性和责任感。公平、透明的激励制度能够确保每个成员都感到自己的努力得到了认可，从而增强他们的归属感和忠诚度。此外，及时反馈和关注员工成长也能够进一步提升团队的合规执行力和整体绩效。

将激励与沟通相结合，可以最大化地提升合规管理的效果。领导者应通过有效的沟通机制，确保团队成员明确合规要求，并通过激励措施激发他们的积极性和责任感。公平、透明的激励制度能够确保每个成员都感到自己的努力得到了回报，从而更加积极地参与和执行合规要求。此外，营造一个开放、包容的工作氛围，鼓励团队成员之间的交流与合作，也是提升合规管理效果的重要手段。

第五节　企业合规师的定位及职责

近年来，我国陆续出台了一系列强化企业合规管理的政策要求促进企业合规经营，也对合规管理人员的专业知识、业务素质、技术能力、操作水平提出了更高的要求。企业合规管理正向着专业化、职业化、规范化的方向发展，需要大批掌握合规专业知识并具备实务专业技术能力的企业合规师。企业合规师，是从事企业合规建设、管理和监督工作，促进企业及企业内部成员行为符合法律法规、监管要求、行业规定和道德规范的人员，是企业合规管理体系的重要构成，其职业技能更是确保企业合规管理体系有效实施并取得成功的关键。

一、企业合规师的基本能力

企业合规师的工作范围贯穿企业生产经营活动全过程，要求从业人员须以企业合规管理专业知识为基础，同时具备业务、法律、财务、管理等跨学科、复合型知识结构，并且具备与企业各部门统筹协作、沟通协调的能力。企业合规师一般分为两类：一类是专职合规管理人员；另一类是由业务部门指派的兼职合规管理人员。

首先，企业合规师应当具有合格的业务能力。作为合格的合规师应当具备岗位所需的法律知识、业务经验、项目管理能力、分析和解决问题的能力、案件处理能力、较强的学习能力等，满足"领域专家"的要求，如果合规师达不到此要求，则需要在本企业中进行"轮岗学习"或进行"业务培训"。

其次，企业合规师应当具有沟通交际能力。合规师经常面临业绩与合规的冲突问题，此时，合格的合规师不会对其业务申请一概行使否决权，更不是以命令的口吻指挥业务经理必须如何做，而是需要发挥自己的沟通协调能力，帮助业务部门避免触碰"合规红线"，这是对合规官交际能力的要求。

再者，企业合规师应当具有较强的心理抗压能力。合规师是企业的守护者，需要时刻关注与企业有关的各种内外部信息，精神始终处于紧绷的状态，这需要较强的抗压能力和自我调节能力。

最后，企业合规师需具备正直、诚实、有责任心的职业道德。

二、企业合规师的定位与职责

企业合规师是负责确保企业遵守法律法规和行业规范的专业人士。他们的职责包括制定和执行合规政策、监督员工行为、进行风险评估和合规培训等。

1. 制定合规政策和程序：企业合规师负责制定并更新企业的合规政策和程序，以确保企业的运作符合相关法律法规和行业规范。通过了解国家和地区的法律法规，并将其转化为可操作性的指导文件，以便员工遵守。

2. 监督员工行为：企业合规师需要监督员工的行为，确保他们遵守公司的合规政策。通过监督检查、审查文件和记录、进行调查等工作，以发现潜在的合规风险和违规行为。

3. 进行风险评估：企业合规师需要进行风险评估，确定可能存在的合规风险并采取相应的措施进行管理。通过与其他部门合作，收集和分析数据，识别潜在的合规隐患，并制定相应的风险管理计划。

4. 进行合规培训：企业合规师需要为员工提供合规培训，使他们了解公司的合规政策和相关法律法规。培训内容可能包括识别和防止合规风险、合规报告和投诉处理等。

5. 监督合规报告和投诉处理：企业合规师需要监督合规报告和投诉处理的过程。通过建立合规热线或其他渠道，让员工可以匿名举报违规行为，并确保报告和投诉得到妥善处理。

6. 与监管机构合作：企业合规师需要与监管机构进行合作，提供相关的合规信息和报告。他们可能需要参与监管机构的调查和审计，提供所需的文件和数据。

7. 监督合规风险管理：企业合规师需要监督合规风险管理的过程。通过评估和审查企业的合规控制措施，确保其有效性和适应性，并提出改进建议。

8. 更新合规政策和程序：企业合规师需要及时更新合规政策和程序，以适应法律法规和行业规范的变化。保持对相关法律法规和行业动态的关注，并将其及时纳入到企业的合规框架中。

9. 提供合规咨询和建议：企业合规师需要为公司管理层和员工提供合规咨询和建议。通过解答员工的合规问题，提供合规培训和指导，并参与合规风险管理和决策。

第六章

企业制度文件管理

第一节　企业制度文件管理概述

一、企业制度和制度文件

企业制度是企业制定或认可的内部规则，就特定管理事项规范企业自身和企业成员的行为。管理事项是指企业有意识支配的人财物等要素、产供销等程序和时间、空间、方法等标准。企业成员包括个人成员和组织成员。个人成员是指与企业建立劳动关系的个人，或者外部相关方基于合理判断认为其代表企业的个人。组织成员是指受到企业控制的法人或者非法人单位，例如分子公司、内部管理部门、特设机构和临时机构等。行为包括计划、组织、指挥、协调、控制等活动。

企业合规管理的一项关键工作是落实合规措施。企业通常以制度文件的形式固化合规措施。制度文件是文件化的企业制度，也可以从另外一个角度认为制度文件是企业制度的文件化载体。

企业制度并非全部以文件化形式存在。除了文件化形式外，企业制度还可能表现为口头宣布的制度、信息系统中的设置、企业成员默认遵循的先例和约定俗成的做法等。在考虑企业制度时，不能局限于文件化的资料。

文件化赋予制度权威性和稳定性，使其便于获取、引用和参考，而且只要控制好制度文件的版本，使用者通常不会对制度文件的文本内容产生争议。因此，企业普遍采用文件化的方式进行制度建设。

同时，作为合规管理中的有形输出物，制度文件是相对容易识别的工作成果，因此在检查、评价、审核、认证等工作中，相关方通常从企业的制度文件入手，据以评价企业合规管理体系的设计情况，并且作为进一步检查合规管理体系运行情况的依据。

二、制度文件的分类

企业可以从不同的角度对制度文件进行分类。选择分类方法时，应当考虑企业的管理习惯和实际需要。

(一) 按照效力层级划分

按照效力层级，可以把制度文件划分为基础文件、实施文件和操作文件。

1. 基础文件

基础文件需要经过企业治理层批准后才能生效，表明企业就某个问题的基本态度、立场、目标和要求，涉及外部相关方利益的保障、企业成员利益的保障、企业指挥权、控制权、监督权的分配和行使等关键问题。基础文件通常涵盖内部授权和决策、制度管理、档案管理、对外投资、财务管理、人力资源管理、举报调查、劳动纪律处分等方面。

关于企业章程是否属于制度文件存在不同看法。企业章程先于企业存在，是股东（含发起人、出资人、合伙人等，以下同）之间就企业治理关键问题达成的合意，由股东按照一定程序制定和修改，不需要经过企业批准或认可，因此本书认为企业章程不属于企业制度文件。

行为准则是最上位的制度文件，其他制度文件应当与行为准则对齐，不得与行为准则发生冲突。行为准则的内容大多为原则性规定，比较笼统，需要由其他制度文件予以细化。当具体情形缺乏适用的制度文件时，行为准则也可以直接作为决策或者行动的依据。

规范制度管理活动的制度文件通常被称为"制度的制度"，用于规范制度文件的管理程序和形式要求。

2. 实施文件

实施文件通常由企业管理层批准后生效，在基础文件的基础上明确实现目标的具体措施、方式和路径。管理层可以授权内部管理部门、特设机构、临时机构和人员在一定范围内制定和发布实施文件。

实施文件的效力等级低于基础文件，因此不能与基础文件发生冲突。如果某项规则应当由基础文件做出规范，而该规则在基础文件中缺失，则应当对基础文件进行修改和补充，而不能使用实施文件取代基础文件。例如，企业可以在基础文件中规定保护举报人的一般原则，并通过举报调查程序文件明确保护举报人的具体方式。

3. 操作文件

操作文件通常由内部管理部门、特设机构和临时机构发布，如果涉及与其他内部机构的工作协同，需要经过管理层的认可。操作文件就某项活动明确特定要求，例如角色、步骤、顺序、时间、空间、载体、工具、记录等。

操作文件的效力等级低于基础文件和实施文件，因此不能与基础文件或实施文件发生冲突。

基础文件、实施文件和操作文件的划分是相对的，反映出管理权限逐步下放且管理颗粒度逐步细化的过程，便于企业及时根据需要调整部分制度文件的内容。当然，企业可以使用一个综合性的制度文件包含基础文件、实施文件和操作文件的内容。

（二）按照管理事项划分

按照管理事项对制度文件进行分类是一种常见的方法，例如划分为人力资源、财务、资产、生产、研发、采购、销售等制度，这些类别也可以按照企业习惯组合为更大的类别，如生产经营类、业务支撑类、内部监督类等。

这种分类方法通常与企业内部管理部门的设置相适应。其优点在于各管理部门按照其职能和职责牵头制定相关制度文件，推动制度文件的执行，并且关注执行效果。这种分类方法的弊端在于容易造成本位主义，强化管理部门之间的条块分割，各部门制定的制度文件便于本部门开展管理工作和实现绩效目标，但是可能导致企业整体效率低下甚至偏离目标。

（三）按照适用主体范围划分

按照适用范围，可以把制度文件划分为适用于全体企业成员的制度文件和适用于部分企业成员的制度文件。适用于部分企业成员的制度文件可以按照单位、岗位或者从事的具体事务进一步区分。

这种划分方法影响到确定制度文件发布和宣贯的范围，或者设置对制度文件进行检索和浏览的权限。

三、企业制度在合规管理中的作用

以文件化形式存在的企业制度在合规管理中发挥着重要作用。

（一）指引作用

外部合规义务渊源中，最重要的一类是法律规范。很多建立合规管理体系的企业要求其成员遵守"所有适用的法律法规"。我国在立法中采用成文法的方式，西方欧美法系国家接受判例作为法律渊源之一。成文法和判例都是以文件化形式存在的，但是企业不能照搬法律文件作为制度文件。因为，随着立法活动的发展，理解和运用法律文件日益成为专业活动，普通人既无法对大量的法律文件进行全面的认知，也无法对法律文件中细微的差别形成深入的理解，更无法对法律文件之间的冲突做出判断。

道德规范中设定的合规义务更加复杂。不同的文化背景、教育环境和生活经历可能使人们对字面上相同的道德概念产生截然不同的理解。

企业对法律规范和道德规范进行识别、分析、吸收和转化。这些工作是由专业人员完成的,普通员工未必参与其中,但是这些工作输出的制度文件代表企业的意志,成为企业的自我规范。

(二)预测作用

在企业制度出现之前,企业成员可以根据个人经验和判断代表企业做出决定并且采取行动。随着企业不断积累知识和经验,那些产生良好效果的做法被固化下来,成为企业制度,不符合制度要求的做法不再被允许。

当制度被企业成员普遍接受和执行后,每个成员可以确切地知道自己的行为可能产生的结果和影响,也可以预测其他企业成员如何与自己互动,从而实现不同岗位和工作流程之间顺畅的衔接配合。

(三)教育作用

《劳动合同法》第四条第二款规定,"用人单位在制定、修改或者决定有关劳动报酬、工作时间、休息休假、劳动安全卫生、保险福利、职工培训、劳动纪律以及劳动定额管理等直接涉及劳动者切身利益的规章制度或者重大事项时,应当经职工代表大会或者全体职工讨论,提出方案和意见,与工会或者职工代表平等协商确定"。显然,企业制度只有在文件化之后才能满足以上要求,进而作为认定违规行为和对员工进行纪律处分的依据。

即使没有上述法律规定,当事人和其他企业成员可以依据制度文件对具体行为是否构成违规做出判断,并且预知违规行为一旦被发现后可能出现的后果,从而使制度文件起到遏制违规行为的作用。同时,制度文件中也有大量正面鼓励的内容,这对实现合规管理目标具有积极意义。

(四)评价作用

尽管仅在内部适用,制度文件经常被用于执法检查、法庭质证、尽职调查、管理体系认证等外部场景,由外部方对企业是否实际进行合规管理以及合规管理的有效性进行评价。

例如,当企业成员发生违规行为时,企业希望在企业意志与企业成员的个人意志之间划清界限,此时企业制度文件可能发挥重要作用。2017年5月31日,甘肃省兰州市中级人民法院在(2017)甘01刑终89号刑事裁定书中终审认定,"雀巢公司手册、员工行为规范等证据证实,雀巢公司禁止员工从事侵犯公民个人信息的违法犯罪行为",因此判决雀巢公司无需对员工的犯罪行为承担责任。

四、制度文件管理的目标

不能把制度文件等同于企业制度。在实践中，经常发生制度文件实施的效果与企业本意背道而驰的现象。反之，如果企业制度本身不合理，也无法通过精心撰写的制度文件予以弥补。

很多管理者认同制度文件是重要的管理工具，但在实践中可能陷入"重数量不重质量""重制发不重改废""重管控不重应用"的误区。如果企业出现这些问题，可能导致企业成员误解、忽视甚至故意曲解制度文件，从而使制度文件停留在纸面上，与企业成员的实际行动脱节。

制度文件以文件化形式存在，天然受到撰写者语言表达能力和使用者理解能力的局限。这些局限叠加上文提到的管理误区，使对制度文件的有效管理变得尤为困难。

为了克服这些困难，在制度文件管理中，企业管理者应当设定两个目标——撰写高质量的制度文件和有效利用制度文件。制度文件的管理工作应当围绕这两个目标展开。

为了实现制度文件管理目标，在制度文件的撰写中应当充分考虑企业外部和内部的情况，分析利益相关方对企业的要求和期望，在准确把握企业希望通过制度文件达成的效果、文件使用者和文件应用场景的基础上，明确制度文件的类型和功能，合理设置制度文件的结构，合理使用规则语言和技术要素。除了文本外，企业应当对制度文件进行全生命周期的管理。

五、制度文件管理的原则

本书建议企业在制度文件管理中，遵循以下三项原则。

（一）目标导向原则

制度文件管理应当服务于沟通目标、协同目标、经营目标和合规目标。

1. 沟通目标

无论由谁撰写，经过适当程序批准生效的制度文件代表企业的意志，不是企业内部个别成员的意志。制度文件应当促成符合企业意志的共识，包括概念、分类、权责、程序、结果等方面的共识。制度文件的使用者应当能够相互理解，并且预测其他各方的行动。

2. 协同目标

很少有企业只制定一份制度文件。通常情况下，企业根据实际需要针对管理事项分别制定制度文件。不同制度文件之间应当互相兼容、互相配合、互相补足，共同服务于企业管理的大局，而不是通过制度文件在企业成员之间划分地盘或者相互设置障碍。

3. 经营目标

与制定法律规范的立法机关不同，企业是经营主体。企业制定制度文件的目的不是设定权利和义务，也不是维护公平正义或者建立公共秩序。制度文件应当服务于企业的经营目标。经营目标体现为企业的使命愿景和发展战略，并且渗透具体经营活动。

4. 合规目标

企业的经营活动是在履行外部合规义务的前提下开展的，企业在撰写制度文件时必然要考虑合规目标。无论是否引用法律规范和道德规范作为依据，企业制度不能与之冲突。制度文件除了在字面上不能存在不合规的表述外，还要避免在制度文件的执行过程中诱发违规行为。

(二) 使用者中心原则

制度文件的使用者是企业内部成员。在撰写和使用时，应当考虑文件具体是由哪些成员在应用，他们的需求是什么，企业对他们有什么要求和期望，如何使他们知悉和理解这些要求和期望。

例如，如果某一管理事项对于使用者是一个相对陌生的领域，不同使用者就相关概念存在分歧，则制度文件中的概念条款需要经过仔细推敲，尽量消除歧义。反之，如果使用者对制度文件中的概念有约定俗成的认识，则没有必要进行概念解释。

如果企业希望使用者就管理事项区分不同的情形，采取差异化的行动，则制度中的分类条款非常重要。

如果企业希望使用者遵从相同的程序，则应当在制度文件中具体、详细地描述角色和步骤，甚至辅以图形强化说明。

企业应当根据使用者受教育程度和专业知识的不同选择适宜的制度文件语言，例如财务管理人员希望会计核算准则中准确使用财务管理术语，建筑工地上的施工人员希望安全生产制度简单直白。如果企业在多语种环境中经营，还要考虑使用者的母语和非母语情况。

(三) 本效平衡原则

与非文件化的制度相比，制度文件内容固定，在一定时期内保持稳定，而且便于传播和宣贯。对于企业成员众多、人员流动率高、管理层级复杂、部门分工细密的企业，制度文件的这些效益尤其明显。

虽然不容易衡量，制度文件也给企业带来一定成本支出。显性的成本支出包括制度文件撰写、讨论、审批、发布、宣传、培训、修订等过程中的人力成本和必要时的咨询服务费用，隐形的成本支出包括由于内部成员行为规范化而放弃更优解的成本、限制内部多样性的机会成本、对制度执行情况进行监督、检查和评价的成本等。

本效平衡原则要求企业控制制度文件的数量和篇幅长度，充分考虑制定制度文件的必要性，科学设计制度文件的整体结构和具体制度文件的内部结构。过度的制度文件管理可能妨碍经营效率和效果，落后于实践的发展，或者价值低于成本。如果发生这种情况，除非出于合规需要，应当及时修订或者清理制度文件。

第二节　制度文件的撰写

制度文件由基本结构和附加结构组成。基本结构包括名称和正文，是制度文件必备的结构。附加结构包括附件和前言等，根据实际需要添加。用好编码、缩写、引用等技术要素，有利于提高制度文件的管理效率和使用效率。制度文件的行文风格影响其使用和传播。

一、名称

制度文件的名称应当清晰简洁地反映制度文件的核心信息，便于使用者根据名称判断制度文件的类型和主要内容。

制度文件可以采取三段式命名方式，由适用主体、管理事项和效力层级组成。

（一）适用主体

在默认的情况下，制度文件适用于全体企业成员，此时制度文件名称中可以省略适用主体。如果制度文件适用于部分企业成员，则应当反映在名称中。

例如：《××集团财务管理办法》，是适用于××集团全部成员单位的制度文件。《××集团本部费用报销规范》，是适用于××集团本部这个单位的制度文件。

（二）管理事项

管理事项包括要素、过程和标准。一份制度文件的内容可以针对单一管理事项，也可以针对多个管理要素或者管理要素之间的组合。名称应当尽可能准确地反映制度文件所涉及的主要管理事项。

例如：《××集团本部费用报销规范》涉及的管理事项包括财务要素、办理报销的程序和报销标准。

（三）效力层级

企业可以通过文件编码或者名称区分制度文件的效力层级。在使用文件编码的情况下，使用者可以通过编码规则理解制度文件的效力层级。在使用名称的情况下，企业对不同效力层级的制度文件分配相应的后缀。

例如：将基础文件命名为"制度""办法"，将实施文件命名为"规定""规则"，将操作文件命名为"规范""细则"。

具体的命名规则随企业管理习惯而不同，但是应当注意保持稳定性和一致性，避免造成混淆。

虽然法律规范并不禁止企业模仿政府机构立法的命名规则，但是企业应当避免使用类似"法""法律""条例"这样的制度文件名称，因为这样的名称容易在企业内部造成混淆，在企业外部可能引起争议。

二、正文

正文是制度文件的核心部分，由制度条款组成。常见的制度条款包括目标、依据、适用范围、术语定义、分级分类、职责权限、权利义务、管理原则、管理程序等。

本书把常见的制度条款分为三个主要类别——说明条款、权责条款和操作条款。

（一）说明条款

说明条款包括目标条款、依据条款、适用范围条款、术语定义条款、分级分类条款和附则条款。

1. 目标条款

目标条款明确制定制度文件希望达成的结果。"目标"也可以表述为"目的""期望""预期效果"等。目标可以是战略层面的，也可以是运营层面的，可以是远期的，也可以是近期的。

目标条款越具体，越有利于使用者判断与自己的关联性。

例如：制度文件的目标可以是"提升企业合规管理水平"，也可以是"防止在商务接待中发生贿赂风险"，还可以是"明确商务宴请的审批程序"。

显然，"明确商务宴请的审批程序"这样的表达更便于使用者理解本制度文件的内容和用途。

2. 依据条款

依据条款说明制度文件的上位规则渊源。上位规则来源于企业外部或者企业内部。外部渊源包括法律法规、国际条约或公约、商业惯例、行业准则、上级机构做出的决定或者发布的规则等。内部渊源包括企业章程、效力等级更高的制度文件、企业希望通过本制度予以实施的基础文件或者明确操作要求的实施文件、企业做出的公开声明等。

撰写依据条款时，通常择取与制度文件关系最密切且具有权威性的上位规则，不需要罗列所有相关文件。

3. 适用范围条款

适用范围条款说明制度文件适用的企业成员范围或者管理事项范围。

（1）企业成员范围

制度文件所适用企业成员范围的基本模式是适用于单一企业的全体个人成员。

在此基础上，制度文件可能适用于部分个人成员，例如中层管理人员、新员工、劳务外包人员。在适用于部分人员的情况下，撰写制度条款时应当对适用对象进行明确界定。

例如：制度文件要求中层管理人员参加合规培训，则应当通过术语定义条款明确"中层管理人员"的范围。

部分制度文件可能扩大适用范围，例如适用于实习人员。在这种情况，企业应当通过实习协议等文件，明确实习人员遵守企业制度文件的义务，并且确保实习人员能够知悉制度文件的内容。

在企业集团内，通常包括总部、二级、三级或者更多层级的企业，这些企业通过股权投资或者协议形成控制关系。总部或者高层级的企业可能制定制度文件，并希望自动适用于下级企业。除非在公司章程或者控制协议中对自动适用的条件做出约定，这种做法可能受到质疑。

制度文件通常不能直接适用于企业外部的组织和人员。如果企业希望通过制度文件约束外部组织和人员，应当将制度条款的内容转化成合同条款，由双方签署确认，或者要求对方签署单方面的承诺。

例如：企业要求进入计算机机房的外来人员签署承诺，遵守机房内的行为要求和操作规范。这个条款实际上是对企业内部人员的要求，即要求接待人员制作承诺书并指导外来人员签署。

（2）管理事项范围

企业根据需要决定管理的颗粒度，就同一事项，可以将管理事项细分为不同类型。

例如：企业可以就对外信息发布做出规范，同时就财务信息的对外发布做出进一步规范，在发布财务信息时，除遵守前者外，还要遵守后者的特别要求。

4. 术语定义条款

出于行文简洁的需要，在制度文件中使用术语或者概念是一种常见做法。在撰写制度条款时，应当考虑是否使用术语、是否有给出定义，以及如何给出定义。在考虑这些问题时，应当遵循使用者中心原则，避免在使用者中产生误解或者混淆。

（1）专业术语

在使用者为专业人员的情况下，使用术语有利于简化沟通。专业人员包括生产技术人员、信息技术人员、财务人员、法务人员等。如果一个专业术语已经由权威文件给出定义，可以推定接受过专业培训和训练的使用者熟悉该术语的含义，无需另外给出定义。在这种情况下，应当确保制度文件中所使用术语的定义与权威文件中的定义完全一致，而且专业人员对于何者为权威文件存在共识。

如果使用者为非专业人员，则应尽量避免使用专业术语，或者对专业术语进行明确定义并且给出出处。

（2）管理术语

管理术语是在企业经营过程中约定俗成使用的语言。有些企业鼓励成员使用管理术语，这能加强企业成员之间的亲密感，在一定程度上起到巩固企业文化的作用。如果管理术语字面含义清晰而且企业内部对管理术语的含义有普遍共识，则无须在制度文件中特别定义，否则应当给出定义。

例如：企业成员对"新员工"可能有不同的理解，普遍认为入职企业不满一定期限的员工是新员工，但是离职后重新加入企业或者在企业集团内调动岗位的员工是否属于新员工，可能存在不同认识。

在对术语进行说明时，可以灵活地采取定义、举例、列举场景等方法，务求在使用者中达成共识，避免定义周密严谨但是使用者不理解的情况。

一旦采用术语后，在制度文件中应当保持前后一致，不能对术语的表述进行增减，不能使用不同的术语代表相同的含义，也不能使用相同的术语代表不同的含义。

需要注意的是，术语定义条款是说明条款，应当避免在术语定义条款中设定权利义务或者做出操作要求。

（3）日常用语

日常用语是社会公众普遍使用的语言，可能渊源于权威文件或者文学作品，例如"舞弊""欺诈""贿赂"。日常用语虽然被公众长期使用，但是通常很难对其中的词汇进行严谨定义，或者定义可能使制度条款变得冗长而且难以理解。因此，企业通常不对日常用语进行定义，但是应当保证在制度文件中的用法与公众普遍的理解基本一致。如果日常用语在企业制定的制度文件中被赋予特别的含义，则应当进行定义。

5. 分级分类条款

分级分类是企业经常使用的管理方法，分级管理有利于针对影响力不同的管理事项投入企业资源，分类管理有利于针对不同情形的管理事项采取适用的管理措施。如果存在不同的管理场景，应当考虑在制度文件中进行分级分类，再逐一明确权责条款和操作条款。

常见的分级方法包括按照规模、严重性、重要性等标准进行分类。例如，根据规模划分重大投资项目和非重大投资项目，根据违规行为的严重程度分为严重违规行为、普通违规行为和轻微违规行为。

分类方法取决于相关管理事项，例如将商务招待区分为礼品和款待，将资金支出区分为预算内支出和预算外支出。

不同等级或者不同类别之间，应当相互独立，避免交叉，同时所有等级或者类别应当相互补充，避免遗漏。为了避免交叉或遗漏，分级分类标准应当清晰，在适用分类标准时保持前后一致。

例如：企业在非生产性采购中区分办公用品采购和计算机软硬件采购。由于分类标准不一致，在管理中可能造成混乱。

6. 附则条款

附则条款一般位于正文的最末，说明制度文件的生效条件、发布日期、负责解释的部门或人员、被本文件所取代或修订的制度文件等。

（二）权责条款

权责条款包括职责权限条款、权利义务条款和违规后果条款。

1. 职责权限条款

企业通常按照科层结构进行内部组织，设置内部管理部门和岗位，分配职责和权限，保证企业意志自上而下得到贯彻执行。内部管理部门的职责和权限通常由治理层决定，记载在相关决定文件中。岗位职责和权限需要由任职者确认接受，通常记载在聘书或者劳动合同中。由于这些文件的内容通常为概括描述，在制度文件中还会针对具体情形进行细化。

在撰写职责权限条款时，不能与上位文件的字面或实质性要求发生冲突。除非经过批准，不能通过下位制度文件中的职责权限条款变更、扩大或缩小原本的职责和权限。

例如：如果需要对董事会的合规管理职责进行规范，应当修改公司章程增加或者明确董事会的职责，而不能制定合规管理制度，在其中规定董事会的职责。

在撰写职责权限条款时，应当明确主体，避免出现把职责赋予企业而非具体的内部管理部门或岗位的情况。

例如："公司要求，对全体员工开展反贿赂培训。"在这个句式中，全体员工是接受培训的对象，但是没有明确组织开展培训的主体。除非另外有文件明确反贿赂培训的职责，这条规定实际上可能无法得到落实。

在撰写职责权限条款时，应当避免与操作条款混淆。

例如：企业可以在职责权限条款中规定首席合规官负责组织合规培训；但是，关于首席合规官组织合规培训的范围、频率、形式、记录等要求，则应当由操作条款作出规定。

2. 权利义务条款

权利义务条款明确相关方享有的权利和承担的义务。

例如：制度条款规定首席合规官有权调取企业的任何信息，收到首席合规官要求的部门和人员有义务配合。

权利条款可以区分为确权条款和授权条款。

例如：制度文件规定员工有权受到公平对待，不因民族、种族、年龄等因素受到歧视，这是一个确权条款。制度文件规定员工有权匿名举报，这是一个授权条款。

义务条款可以区分为命令条款和禁止条款。

例如：制度文件要求员工在提供商务接待前获得适当批准，这是一个命令条款。制度文件要求员工在商务接待中不得提供奢华的礼品，这是一个禁止条款。

3. 违规后果条款

违规后果条款明确违反义务、滥用权利、不履行职责、超越权限等行为的后果。对员工进行劳动纪律处分，需要依据明确的制度文件，因此违规后果条款必不可少。但是，企业无法穷尽违规情形，而且过多的惩罚性内容可能对使用者产生逆反作用，因此可以使用一份劳动纪律处分制度概括主要的违规行为和对应的后果，在其他制度文件中将违规后果指向劳动纪律处分制度。

（三）操作条款

有些企业的制度文件止步于权利义务条款，似乎已经明确管理要求，但是由于缺乏操作条款，制度文件无法落地。操作条款是正文中的核心条款。操作条款包括原则条款、程序条款和标准条款。

1. 原则条款

原则条款一般从目标条款演化而来，代表企业就相关管理事项所秉承的态度和立场。

制度文件通常无法穷尽同一类型的所有管理场景。原则条款是操作条款的总纲，对于同类管理场景普遍适用。当具体的操作条款缺失时，使用者可以根据原则条款做出判断。

虽然管理原则条款比较抽象，但是如果流于泛泛的要求，可能对具体的工作缺少指导性。

例如：如果把遵纪守法作为一项管理原则，要求企业成员在工作中遵守适用的法律法规，这无疑是正确的原则，但是对实际工作缺少指导价值。如果修改为合规优先原则，要求企业成员在遇到经营目标与合规目标冲突时，可以放弃经营目标，而不得放弃合规目标，可以指导企业成员在目标冲突的情况下做出选择。

如果只适用于少量管理场景，可以在这些管理场景中作出具体规定，不作为一般性原则。

例如：把合规部门保持独立性作为一项原则，适用范围过窄，应当在合规部门的权利义务条款中进行更具体的规定。

2. 程序条款

程序条款是对具体管理场景中的行为做出的规范，可以进一步分为结果条款和过程条款。

（1）结果条款

结果条款明确管理场景所输出的成果，包括有形或者无形的输出物、输出物的形式、输出物应当符合的数量和质量要求，以及通过管理需要达成的效果等。

例如：在合规培训制度文件中，规定每名员工在年底前完成必修课程的合规培训。

就管理结果而言，可以区分为企业希望出现的结果和企业希望避免的结果，即积极结果和消极结果。积极结果比消极结果更清晰、具体、容易描述，因此相对而言更易于管理。

例如：开通合规举报热线是一个积极结果，防止发生性骚扰是一个消极结果，后者比前者更难以准确描述，需要通过多个指标对是否达成管理结果做出判断，单纯将没有收到关于性骚扰的举报作为达成结果的指标是不可靠的。

（2）过程条款

过程条款比结果条款更有利于实现严格管控，即全过程管控。

过程条款特定化管理场景中的各方主体、各方主体在场景中的角色、各方应当进行的活动、活动的先后顺序、活动开展的时间和空间、活动的载体、活动中使用的工具、活动的记录要求等。

例如：在合规审查制度文件中，就审查流程，应当明确发起审查的主体、发起审查的时间点、审查的信息来源、审查中使用的纸质表单或者信息化工具、出具审查报告和审查结论的主体等。

3. 标准条款

标准条款用于衡量具体的做法是否符合企业要求，因此标准条款通常使用量化的表述。

例如：在礼品款待制度中规定，赠送商务礼品的价值一般不得超过人民币 300 元；或者在举报管理制度中规定，收到举报邮件后应当在 24 小时内回复举报人。

需要注意的是，标准可能用于判断合规性，也可能用于判断是否合格。在以上的例子中，没有正当理由，赠送价值 500 元的商务礼品是违规行为；但是，在 48 小时后答复举报人是不合格的做法，并不必然导致不合规。

三、附件

附件的内容与正文直接相关，但并非制度文件的必备结构。附件的使用主要是为了压缩正文的篇幅，而且让使用者略过与自己关注点无关的内容或者直接找到与自己关注点相关的内容。附件内容通常为事项列表、流程描述、流程图、范本和模板等。

如果制度文件正文中有大段就某一事项的描述，而该事项只与部分使用者相关或者使用者只需要在特定情况下知悉和遵守，可以将该部分内容移至附件，以优化使用者在阅读正文时的体验。

当使用附件时，应当在正文中做出提示。

例如："申请人在提交申请时应当填写《申请单》。《申请单》范本见本文件附件一。"

四、技术要素

制度文件中的技术要素包括编码、篇章结构、简称和缩写、引用和提示、注释、附件等。技术要素在制度文件中不是必备要素，也不影响制度文件的实质性内容，但是有效利用技术要素有助于对制度文件的理解和使用。

(一) 编码

编码后的文件便于检索和引用。为了实现这个目标，编码应当具有唯一性，且便于识别和管理。

本书建议企业对制度文件进行统一编码，即按照一定的规则对制度文件进行编码，方便使用者一目了然地知悉这是一份制度文件，而且知悉制度文件的类型，及其在制度文件体系中的地位。

有的企业用内部发文文号作为制度文件的编号，这种做法虽然能够满足编码唯一性的要求，但是从编码上无法区分制度文件与其他文件，而且制度文件之间编码不连续，不利于后期管理。

在编码时，要考虑使用的便利。有的企业按照管理事项类别或者起草制度文件的内部管理部门对制度文件进行编码，这可能导致编码过于复杂，而且企业对管理事项的分类方法和内部管理部门的设置可能发生调整。

本书建议化繁为简。在对制度文件进行编码时，采用三段编码法，即字母+数字+版本号。其中，字母代表制度文件的效力等级，按照基础文件、实施文件和操作文件编码为 A、B、C，综合性文件视同高等级的文件。数字代表文件首次发布的时间顺序。版本号代表同一文件当前的版本。

例如："A14.2 合规管理办法"，在编码中，A 代表这是一份基础文件，14 代表这是企业发布的第 14 份基础文件，2 代表这是该文件第二次修订后的版本。

如果制度文件被废止，原编码应保留，其他有效文件的编码不变。

(二) 篇章结构

企业经常模仿法律文件的篇章结构，把制度文件的正文划分为章、节、条、款、项、目，篇幅较短的文件可能不分章节。

正文中条款的编号设计比较灵活，根据文件的内容、使用者的阅读习惯和企业的偏好编排。本书建议企业尽可能统一条款编号规则。

有的制度文件对条款进行连续编号。

例如：第一条、第二条……第 N 条。

也有的制度文件在章节内部进行连续编号，但全文编号不连续。

例如：第 1.1 条、第 1.2 条、第 1.3 条……第 2.1 条、第 2.2 条……

制度文件如果分章节，通常在章节编号之后添加标题，表明章节的核心内容。关于条款是否添加标题，实践中存在不同做法。标题具有提示作用，但是如果对内容的概况不准确，可能造成误导。

（三）简称和缩写

如果一个词组的字数超过四个，阅读和使用时会给人冗长的感觉，因此有必要使用简称或者缩写进行压缩。

简称是相对于全称而言。在制度文件中，通常对机构名称进行简化。

例如：将"××集团有限公司"，简称为"总部"。

缩写是相对于原文而言，包括中文缩写和英文缩写。

例如：将"重大事项决策、重要干部任免、重大项目投资决策、大额资金使用"缩写为"三重一大"。将中国工商银行缩写为"ICBC"。

在制度文件中首次使用简称和缩写时，应当使用适当的方式注明对应的全称或者原文。在文中再次出现时，应当使用简称或者缩写，避免与全称或者原文混用。

使用简称和缩写时，应当遵循权威文件或者公众常识。

例如：可以将"中国标准化研究院"简称为"中标院"，但是如果简称为"标研院"则违反了常识。

使用简称和缩写时，应当避免与常用词混同，造成误解。

例如：将"公司法定代表人"缩写为"公司法人"，与公司法定义的公司法人混同，造成概念混淆。

使用简称和缩写时，应当考虑缩写后的文字或者发音是否会使人联想到特定含义，而企业不希望建立这种联系。

与定义术语条款不同，简称和缩写不改变全称或者原文的含义，只是建立一种简化的对应关系，因此不需要对其含义进行特别的解释。

（四）引用和提示

引用和提示是在撰写制度文件的某些内容时，不再具体描述内容，而是引导使用者参考其他文件的内容，这些其他文件称为目标文件。

如果制度文件中相关内容已由目标文件作出规定，应当引用目标文件的编码、名称及条款编号，避免重新描述该部分内容。

例如：制度文件 A 涉及员工使用企业信息系统的行为，而相同内容已在制度文件 B 中做出规范，则制度文件 A 只需提醒使用者遵守制度文件 B 中的规定即可。

有些制度文件在指向目标文件时，把目标文件的内容重新抄录一遍，本书不建议这种做法，因为这增加了文件同步的工作量，如果两份文件修订不同步，则容易出现制度文件之间的冲突。

如果制度文件与其他制度文件之间有衔接关系，可以通过提示的方式引起使用者注意。

例如：制度文件 C 就计算机硬件采购作出规定，其中涉及招标流程的部分，应当指向制度文件 D 规定的招标流程。

在引用和提示时，应当确保引用或提示信息准确，目标文件存在且有效，使用者能够获得目标文件。

（五）注释

注释具有灵活性，在制度文件正文中出现时，通常与被注释的内容在同一个页面中展示，便于使用者阅读和理解。

需要注意的是，注释的内容为说明条款，应当避免在注释中设定权责或者操作要求。

五、行文风格

制度文件的行文风格受到企业文化氛围和起草人个人风格影响较大，有的庄重朴实、有的轻松诙谐、有的简洁凝练、有的严谨周密。

无论如何选择行文风格，应当始终把握制度文件是企业制度载体这个基本点。

一方面，制度文件应当服务于企业希望达成的目标，准确表达企业的立场和态度，不能歪曲或者偏离企业的意志；另一方面，制度文件应当考虑使用者的感受，便于使用者理解。

第三节　制度文件的生命周期管理

制度文件的生命周期管理是指从制度文件立项到起草、征求意见、审议、发布、培训、复审、修订和废止的全过程。

一、立项

制度不完善是企业的常态，因为企业无法通过制度约束经营管理的方方面面。另外，很多企业受到制度文件过多的困扰，叠床架屋的制度文件让人望而却步。

为了避免这种情况，有必要在着手制定制度文件之前，进行立项管理。通过制度立项，明确制度文件要达成的目的、主要的使用者和使用场景以及制度文件中的关键条款。

在立项过程中，企业需要考虑外部和内部的情况。从外部角度，重点考虑需要将哪些法律规范和道德规范转化为企业的自我规范。从内部角度，重点考虑是否有必要对相关管理事项进行规范，目前已有的规范方式是否能够满足企业需要，该事项是否已经有制度文件做出规范，现有制度文件在规范该事项方面存在的不足。

二、起草

制度文件起草时，应当明确撰写人或者撰写团队。除了遵循本章第二节中提供的建议外，撰写人应当对相关管理事项进行调研，确定其范围、参与方、各方的角色、现行做法、可以预见期间内可能发生的变化、已知的良好实践等。

三、征求意见

撰写人在起草过程中应当征求相关人员的意见和建议，包括执行者和监督者的意见。在形成制度文件草案后，可以通过发布征求意见稿的方式征求意见。在征求意见时，可以采用预先设计好的表单，便于提供意见者明确其意见针对的条款或者问题、修改建议和理由。

撰写人应当对收集到的意见逐条审阅，确认采纳、部分采纳或者不采纳，并提供明确的理由。作为良好实践，撰写人应当把意见处理情况反馈给提供意见者。

四、审议

审议包括专业审议、民主审议和管理审议。专业审议是由专业团队基于专业知识和技能进行的审议，例如由合规团队对制度文件进行合规审查。如果管理事项与员工切身利益相关，应当由员工对制度文件进行民主审议。按照制度的制度，制度文件在生效前要经过治理层、管理层等机构审议通过。

专业审议、民主审议和管理审议都应当按照相关制度文件中规定的职责权限和操作程序进行。

五、发布

制度文件只有经过发布才能生效，而且只在发布的范围内生效。制度文件的发布应当按照制度的制度所规定的程序进行。

如果制度的制度规定某些制度文件要经过一段时间的公示才能生效，则应当遵守公示期的规定。

关于是否对制度文件保密，企业有不同的做法。本书认为，制度文件应当作为内部文件管理，限制未经授权对外提供和公布。在企业内部，制度文件应当向全体成员公开，除非有明确的理由保密或者只向部分成员公开。

制度文件生效后，应当通过便于使用者检索和阅览的方式保存，例如通过公司内部信息系统列示。如果制度文件难以检索或阅览，可能打击使用者学习和执行的积极性，而且在发生违规行为时，企业可能很难证明已经向员工告知制度文件的内容。

有的企业编制并发放纸质的制度汇编，本书认为这种做法已经不适应当前的企业情况。一方面无法保证制度文件的知悉范围，另一方面不便于检索和浏览。随着非现场办公的普及，员工更难以获得纸质的制度汇编。同时，大量印刷厚重的制度汇编不利于保护生态环境。

六、培训

与法律文件不同，制度文件的使用者大部分不是受过训练的专业人员，而是普通员工，即使撰写者认为自己写得足够清晰、具体、明确，文字的表达能力仍然受到天然的局限，因此有必要对制度文件进行配套培训。

培训方式包括自学、引导学习和课堂教学。企业可以制作简介、说明、常见问题解答（FAQ）等文件，与制度文件匹配，便于使用者自行学习，也可以录制视频、提供培训课件引导使用者学习。对于内容复杂或者涉及思想意识的制度文件，自学的效果不佳，企业可以组织员工参加课堂学习、模拟演练或者实地训练。

七、复审

企业应当明确对制度执行情况进行监督的内部管理部门，由该部门对执行情况进行检查，发现和纠正违规行为。另外，企业可以定期或者不定期收集使用者的意见反馈，了解使用者掌握制度内容的情况、执行制度的意愿和在执行中遇到的问题，作为后续修订制度文件的依据。

八、修订

企业应当定期对制度文件进行全面清理，如果发现制度文件不适应当前的管理需要、存在冲突或者不合理的情况，及时进行修订。

如果企业发布试行或者暂行性质的制度文件，应当在这些制度文件中明确其有效期，在到期前启动修订程序将其转为普通制度文件，或者予以废止。

九、废止

当制度文件完成其管理使命后，应当及时废止。企业可以通过发布新制度文件的方式废止旧的制度文件，或者在制度清理过程中宣布其废止。

有的企业为所有制度文件设定有效期。如果有效期届满前没有得到续展，制度文件自动废止。这种做法有利于避免制度文件管理中的懒惰现象，而且能够在一定程度上解决制度文件容易制定但难以废止的问题。

第四节 合规管理制度文件

合规管理制度文件是指围绕合规管理体系的建设和运行制定的制度文件，通常包括行为准则、合规管理基本制度、合规管理具体制度和专项指南或指引。

一、行为准则

行为准则是企业最上位的制度文件，适用于全体企业成员，包括企业自身。

行为准则的前言部分通常由企业的治理层或管理层代表发布致辞，申明企业的合规政策和合规承诺，明确把合规作为对企业成员行为的基本要求。行为准则中，通常还列明合规举报渠道，例如举报热线的电话号码、举报邮箱等，同时明确企业反对打击报复和保护举报人的立场。这使行为准则发挥公布举报渠道的作用。

行为准则的正文通常围绕五个方面，就与合规相关的主要管理事项，表明企业的立场和态度。这五个方面是：

- 员工与员工的关系；
- 员工与企业的关系；
- 员工与外部相关方的关系；
- 企业与外部相关方的关系；
- 企业与社会的关系。

相关管理事项应当根据合规风险评估的结果确定，通常按照合规义务领域、经营管理活动领域或者二者结合进行划分。按照合规义务划分的管理事项包括反行贿、反舞弊、反垄断、反洗钱、反歧视、反不正当竞争、个人信息保护、数据安全、安全生产、环境保护、劳工保护等。按照经营管理活动划分的管理事项包括研发、采购、生产、销售、市场推广、客户服务等。

尽管涵盖的内容很多，行为准则的篇幅不宜过长，以正常阅读速度三十分钟内读完为宜。行为准则的语言尽量平实直白，立场鲜明，避免法律用语，也避免广告式的宣传用语。

行为准则通常具有传播属性。很多企业在企业官网上公开行为准则，访问者可以自由下载。有些企业把行为准则印制成便于携带和使用的小册子，也有企业把行为准则的内容制成电子书或者应用程序，方便在移动终端上阅读。

二、合规管理基本制度

合规管理基本制度通常包括一份基础文件，以及关于合规审查、合规尽职调查、若干实施文件和操作文件。

（一）基础文件起草要点

基础文件明确合规管理的目标、原则、职责分工和主要管理措施。基础文件是合规部门开展工作的主要依据，因此其中的职责权限条款特别重要，合规部门通过这份文件获得具体授权，推进合规管理工作。文件中同时明确其他部门在合规管理中承担的主体责任。

（二）合规审查制度起草要点

合规审查制度应当明确合规审查的事项范围、职责、程序和记录要求。

需要注意的是，制度文件中合规审查的范围应当与企业经过合规风险评估决定开展合规审查的范围一致。

撰写合规审查的程序条款时，可以参考本章第二节相应内容，应当明确参与审查各方的职责、发表意见的方式、发生意见分歧时的处理方式和做出最终决定的方式。

开展合规审查时，针对不同的待审查事项，应当有相对完整的审查要点，保证合规审查有的放矢，而不仅基于审查者个人的知识、经验和判断。企业可以通过优化审查要点清单，使之更贴近企业面对的合规风险，降低合规审查工作的难度。

企业应当保留开展合规审查的完整记录，必要时作为企业落实合规管理工作的证据。因此，在合规审查制度中应当明确记录要求。这一点，对于其他合规管理制度也适用。

（三）合规尽职调查制度起草要点

合规尽职调查制度应当明确对商业伙伴进行合规尽职调查的对象范围、职责、程序和记录要求。

合规尽职调查的对象主要是交易中的商业伙伴和投资中的商业伙伴。在制度文件中，应当明确合规尽职调查的对象范围，例如是否对商业伙伴的商业伙伴进行合规尽职调查。

撰写合规尽职调查的程序条款时，也可以参考本章第二节相应内容，明确参与审查各方的职责、发表意见的方式、发生意见分歧时的处理方式和做出最终决定的方式。由于商业伙伴不是企业成员，在设计程序时，应当考虑内外信息交换的接口方式，保证信息真实、准确、完整。

(四) 合规举报制度起草要点

合规举报制度应当明确举报管理的受理范围、管理原则、职责、程序和记录要求。

在撰写制度文件前,企业需要明确与合规举报相关的一系列关键问题。例如,企业对待合规举报的态度和立场、企业是否接受匿名举报、是否将举报违规行为作为员工的义务等。

合规举报制度文件通常对举报线索进行分级分类,以采取与被举报问题相适应的管理程序。文件通常强调对举报人的保护原则和保护措施。

(五) 违规行为调查制度起草要点

违规行为调查制度应当明确违规调查的案件范围、管理原则、职责、程序和记录要求。

在制度文件中,企业通常对案件进行分级分类,以重点关注严重违规行为。文件中还需要明确调查人员的义务,以免调查人员滥用职权,同时需要明确参与调查的涉嫌违规人员和其他知情人员的权利和义务。

违规行为调查具有很强的程序性和可操作性,因此在制度文件中应当关注程序的设计,以保证调查工作自身的正当性和调查结论的真实性。

(六) 合规关注名单制度起草要点

合规关注名单制度应当明确关注名单适用的主体范围、使用方式、职责、程序和记录要求。

需要注意的是,在同一组织内,例如一个企业集团,应当共享关注名单,以免出现自相矛盾的情况。

关注名单的管理程序包括名单建立、更新、检索、核实和匹配结果等方面。

建立关注名单时,需要审核提议将某一主体加入关注名单的理由,以免出现利用关注名单打击报复的情况。

企业通常不公布关注名单,包括在企业内部,也仅供检索,不能进行全库浏览或下载,以免使企业陷入纠纷。

(七) 劳动纪律处分制度起草要点

劳动纪律处分制度应当明确违规行为的主要类型和严重性等级、与各级违规行为对应的劳动纪律处分后果、决定和通知的程序、受到劳动纪律处分者的申辩和申诉权利和记录要求。

劳动纪律处分制度应当尽量保证过罚相当,避免小过重罚,同时在类似严重程度的违规行为之间保持处分后果的一致性。

三、合规管理具体制度

合规管理具体制度是与特定管理事项相关的制度文件。企业通常可以从合规义务或者经营管理活动两个维度划分合规管理事项。

（一）单项合规制度

企业通常就反贿赂、个人信息保护、出口管制、经济制裁等受到监管高度关注的领域制定单项合规制度，在制度明确企业的合规立场、管理原则、职责分工和主要管理措施。

在这些领域制定单项合规制度体现企业对相关问题的重视，便于统筹管理，而且便于单独向外部方提供。

（二）业务制度中的合规条款

严格来讲，企业关于研发、采购、生产、销售等业务行为的所有制度都是合规管理制度。这些制度中的规则，一部分来源于作为企业合规义务的法律规范和道德规范，经过转化后成为企业的自我规范，用于约束企业的行为。另外一部分基于企业对经营目标和效率的追求，由企业自主制定，用于约束企业成员的行为。这两类规则都依赖企业成员的执行予以落实。

相较于单项的合规制度，大多数企业成员更习惯于按照经营管理活动梳理与自己相关的制度文件。因此，企业没有必要制定大量的单项合规制度。更优的做法是将合规管理要求转化成合规条款，嵌入业务制度中。

例如，在股权投资制度中，将是否构成经营者集中作为立项时的考虑事项，通过合规审查流程把控合规风险。这种做法的效果优于专门制定反垄断专项合规制度。

四、合规管理指引

合规管理指引或者指南，是一类常见的合规管理体系文件。根据其内容，可以将指引类文件归入制度文件或者培训资料。前者符合制度文件的特征，设定具体的规则，要求企业成员遵守，具有强制约束力；后者没有强制约束力，企业成员按照指引内容操作也不构成违规，因此可以视为宣传推广良好实践的培训资料。

（一）适用于组织的合规管理指引

适用于组织的合规管理指引通常由企业集团的总部发布，指导下属单位开展合规管理工作。这一类指引的内容比较宏观，适合下属单位管理层和合规专业人员使用，在体系建设工作中参考。

(二) 适用于个人的合规管理指引

适用于个人的合规管理指引由企业发布,指导本单位员工在具体工作中协助企业实现合规管理目标。这一类指引针对具体的经营管理活动场景,可操作性很强。如果企业要求员工按照指引进行操作,则应当将其归入制度文件管理;如果内容为工作建议,则应当明确并非强制要求。

第七章

企业合规管理实施与控制

企业在建立了合规管理组织、明确了合规管理政策要求的基础上，还需要有一整套完善的管理控制要求来保障合规管理体系实现有效运行。本章将就如何强化合规管理的实施与控制进行探讨，以确保企业合规管理的政策要求得到落实保障。

第一节　合规管理实施与控制概述

《GB/T35770-2022 合规管理体系 要求及使用指南》在正文 8.2 中已经提出对合规管理运行的实施与控制的要求："组织应实施控制以管理其合规义务和相关合规风险。应对这些控制进行维护、定期评审和测试，以确保其持续有效。"在其附录 A 中进一步详细说明如下：

"8.2 确立控制和程序

组织需要有效的控制，以确保组织的合规义务得以履行，不合规得以防止、发现和纠正。控制的设计宜足够严格，以促进在特定的组织活动和运行环境中实现合规义务。在可能的情况下，这种控制宜嵌入到组织的正常过程之中。

控制包括：

——清晰、实用且易于遵守的文件化运行方针、过程、程序和工作指示；

——系统和例外报告；

——批准；

——分离不相容的岗位和职责；

——自动化过程；

——年度合规计划；

——人员绩效计划；

——合规评估和审核；

——证实的管理层承诺和模范行为，以及其他促进合规行为的措施；

——就员工的预期行为（标准、价值观、行为准则）进行积极、公开和频繁的沟通。

在开发支持合规管理的程序时，宜考虑：

——将合规义务纳入程序，包括计算机系统、表格、报告系统、合同和其他法律文件；

——与组织中其他评审和控制职能的一致性；

——持续监视和测量；

——评估和报告（包括管理监督），以确保雇员遵守程序；

——识别、报告和上报针对不合规的情况与不合规的风险的具体安排。"

近几年，在国内企业实践操作中，不同企业对合规管理实施与控制包含的内容存在不同的理解。比如，一些企业参考了国内出台比较早的《商业银行合规风险管理指引》《保险公司合规管理办法》等标准和指引，重点关注合规风险的识别评估和监测、合规报告、合规审核、合规考核和问责、合规培训、合规举报等工作内容。

2018年出台的《中央企业合规管理指引（试行）》明确了合规管理运行机制包括合规风险识别预警、合规风险应对、合规审查、违规问责、合规评估，以及合规管理保障机制包括合规考核评价、合规信息化、合规培训、合规文化培育、合规报告等内容。随后的几年，地方国务院国资委参考《中央企业合规管理指引（试行）》纷纷出台针对地方国有企业建立完善合规管理体系的地方性办法，在合规管理运行与保障方面又加入了很多内容，如合规联席会议、合规检查、合规监测、合规咨询等相关工作内容，从多维度对合规管理运行的实施与控制提出要求。这样的提法虽然看似覆盖了合规管理工作的方方面面，但实践中的问题就是过多的工作要求分散了有限的合规管理资源，特别是在国内企业刚开始开展合规工作时，往往面临专业人员和资源缺乏的情况，过多的实施与控制要求没有区分企业合规管理工作的重点，不仅加大了合规管理部门的工作量，还可能引起业务部门的反感，从而无法达到合规管理目标和效果。

为了保障资源能够投入合规管理的关键环节，2022年国务院国资委出台了《中央企业合规管理办法》，没有再区分合规运行与合规保障，重点明确了企业合规管理运行机制应涵盖的工作内容：

一是合规风险识别评估预警，即要求企业定期梳理和评估经营管理中的合规风险，建立数据库，对高风险行为进行及时预警，以预防可能的违规事件。风险数据库根据不同业务和风险等级分类，确保风险的实时监测和控制。

二是合规审查作为必经程序嵌入经营管理流程，其适用范围不仅限于重大决策，而是涵盖所有经营管理流程，要求各部门明确审查标准，定期评估审查效果，以强化合规性管理。

三是合规风险报告，即要求企业迅速应对合规风险事件，对重大风险事件进行首席合规官牵头的跨部门协作处理，并向国务院国资委报告，以确保及时有效的风险管理。

四是合规整改，通过健全规章制度、优化业务流程等，堵塞管理漏洞，提升依法合规经营管理水平。

五是举报和调查，即鼓励内部举报，设立举报平台，确保举报渠道公开透明，违规行为查证后追究责任，强化了内部监督和自我纠正机制。

六是违规行为追责问责，通过明确责任范围，细化问责标准，对违规行为严肃追责，违规记录将影响员工考核，以此强化责任意识。

最后，合规管理体系有效性评价，即通过定期和专项评价，不断优化管理体系，确保其有效性，并将合规管理纳入企业法治建设考核评价体系，实现持续改进。

这些工作内容共同构成一个完整的合规管理体系，帮助企业预防、识别、应对和纠正违规行为，提升企业的法治化管理水平。在本书中，对合规风险识别评估预警、合规管理有效性评价设有专章的介绍，因此在本章中将重点介绍其他的合规管理运行的实施控制内容。

第二节　合规培训宣贯

如果说合规管理制度是针对企业内外部机构和人员行为的具体合规要求，那么合规培训宣贯就是将合规管理要求传达给企业内外部人员，对其合规意识和价值观的再造和强化，根本目的是提高企业内外部人员的合规意识，树立最高的诚信道德标准，进而指导个体的行为，使其主动遵守合规的要求，并且努力践行更高的道德标准。即使没有明确的合规制度与流程作为参考，也能根据最高的诚信道德标准做出正确的决定。

《GB/T35770-2022 合规管理体系 要求及使用指南》对合规培训与沟通的要求如下：
"7.2.3 培训

组织应定期对有关人员进行培训，培训应在聘用开始时和组织策划的时间间隔实施。培训应：

a）适合于人员的岗位及其面临的合规风险；

b）进行有效性评估；

c）进行定期评审。

结合已识别的合规风险，组织应确保实施程序对代表组织开展业务并可能给组织带来合规风险的第三方进行培训，提高其合规意识。培训记录应作为文件化信息予以保留。

7.4 沟通

组织应确定与合规管理体系有关的内部和外部沟通，包括：

a）沟通什么，

b）何时沟通，

c）与谁沟通，

d) 如何沟通。

组织应：

——结合沟通需求，综合考虑沟通的多样性和潜在障碍；

——确立沟通的过程，确保结合了相关方的意见；

——在确立沟通过程时：

- 应将其合规文化、合规目标和义务纳入沟通内容；
- 应确保所沟通的合规信息与来源于合规管理体系的信息一致且可信；

——对与合规管理体系相关的沟通内容进行回应；

——视情况，保留文件化信息作为其沟通的证据；

——在组织的各层级和职能内部沟通与合规管理体系有关的信息，视情况包括合规管理体系的变更；

——确保人员能在沟通过程中为合规管理体系的持续改进作出贡献；

——确保人员能在沟通过程中提出合规疑虑；

——通过组织确立的沟通过程，对外沟通包括其合规文化、合规目标和义务在内的与合规管理体系相关的信息。"

从国内实践来看，合规培训宣贯是所有企业从开展合规管理之初就要重点去做的工作。《中央企业合规管理办法》对于合规培训宣贯的要求如下："第二十九条 中央企业应当将合规管理纳入党委（党组）法治专题学习，推动企业领导人员强化合规意识，带头依法依规开展经营管理活动。""第三十条 中央企业应当建立常态化合规培训机制，制定年度培训计划，将合规管理作为管理人员、重点岗位人员和新入职人员培训必修内容。""第三十一条 中央企业应当加强合规宣传教育，及时发布合规手册，组织签订合规承诺，强化全员守法诚信、合规经营意识。""第三十二条 中央企业应当引导全体员工自觉践行合规理念，遵守合规要求，接受合规培训，对自身行为合规性负责，培育具有企业特色的合规文化。"

一、合规培训宣贯的原则

合规的培训宣贯是指通过多种形式，对企业内外部群体进行的合规意识形态或特定合规信息的推广。企业开展合规培训宣贯应该秉承以下原则：

（一）重要性原则

员工对于培训宣贯的重视，根本责任在于管理者而不是培训者。从管理层开始，各级领导应该充分认识其重要性，提出要求。

（二）适当性原则

以风险评估为基础，针对不同岗位、事件和风险类型，制定多样化的培训和宣贯形式，避免过多或者片面的实施。

（三）有效性原则

在培训宣贯过程中需要良好的互动和讨论，一些专业性较强的培训应该设置课后测试，以确保培训效果。

（四）持续性原则

合规培训宣贯不是一劳永逸的，基于外部监管要求、企业运营模式的变化，都要求保证持续性的培训效果，所以合规培训宣贯工作是需要不间断地开展的。

二、合规培训的内容和形式

合规培训是企业员工合规认知提高的一个重要方法，也是企业整体合规文化建设的必要组成部分之一。

第一，合规培训应与员工角色和职责所涉及的合规风险及任务相符合。

在任何一个企业中，员工的角色任务都有多样性。例如，生产型企业中，就有从事生产操作、技术、管理、采购、维修、物流、财务、安保等各种职能角色。每个角色所涉及的合规风险都各有不同。其中，采购管理者主要在对外商务活动过程中应注意预防商业腐败相关风险；而生产操作工人则很少与外界商业伙伴直接打交道，所以他们所涉及的可能是违反企业内部操作流程的风险；而财务管理者则主要是在财务账目管理中涉及到财务内控相关和舞弊相关的风险。

因此，合规培训应考虑受众人员的岗位特点、风险发生概率进行调整。比较好的做法是在培训之前，对受众人员进行深入访谈，结合以往合规风险评估结果，寻找出一些典型的合规风险点。这些风险点进一步得到受众部门的认可、补充和完善后再进行针对性的培训内容设计。

第二，合规培训应基于员工认知和能力差异而设计。

企业员工的家庭背景、教育背景不同，工作背景不同，岗位职责不同，所接受企业内部培训的程度也不同，其对公司合规政策流程以及价值取向要求存在认识高低不同是必然的。合规培训应尽量填补员工中存在的合规认知差距，使所有员工对合规制度流程的认知以及合规价值取向向同一个水平靠近。例如，在培训之前向受众群体发放调查问卷，收集员工对合规方面的问题。通过分析这些问题，就能够基本掌握受众存在的一些合规认知水平状态。对这些问题做一些培训内容设计，能够很好地填补员工对合规认知上的偏差，达到查漏补缺的作用。

第三，合规培训内容应现实可行并且易于被员工理解。

合规培训应尽量避免冗长而晦涩的理论介绍。合规培训者要做的是把培训的内容转变为通俗且易于被员工接受的呈现形式。如果只是合规的理论、制度和流程的宣教，那么员工就需要努力理解这些内容，并在实际工作中把这些教条理论与具体工作任务相结合。这是一个二次消化的过程。如果员工觉得内容枯燥，很可能连一次消化也不去尝试。因此，合规培训无论内容是什么，都应尽量规避教条理论传授方式，减少员工二次消化的可能。比较推荐的方法就是将所要讲的制度流程融入到具体的实际工作案例中，通过讲授具体的案例来让员工对这些教条如何运用有一个最直观的理解。

第四，合规培训应与员工日常工作相关并且符合行业、企业特点。

在设计培训时，不仅要融入企业所在行业的一些典型合规监管要求，企业自身的合规政策要求，也应尽量选取与受众日常工作密切相关的素材，有助于受众群体接受培训的内容。尽管一些固定的主题可以制作成标准的培训教材，比如以上谈到的行为准则、举报制度等的介绍，但除此之外应尽量使用"本地化"的案例题材。比如，针对质量管理部门的培训可以结合员工经常进行的外出质量审核活动设计一些案例，而针对物流管理部门可设计一些与海关人员商务往来的案例等。

第五，合规培训的形式应足够灵活，综合运用各种培训技术，满足企业和员工的不同需求。

合规培训不单纯是技能培训，很大程度上来说，合规培训的目的是启发员工的合规思考模式。因此在设计培训形式时，需要广开思路，尽最大的可能调动受众者的参与兴趣。只有全身心地融入培训的过程，员工才能达到思想意识的触动，进而转化为实际行动。在形式上，互动式培训是比较建议的培训形式。比如，在培训中融入一些简单的互动游戏，或者采用小组讨论的形式，通过讨论具体的案例或问题，帮助员工展开思路，集思广益地寻找到合规的思维方式。

此外，网络培训是现在大多数企业采用的一种高效的培训方式。合规培训完全可以借助此类培训平台设计培训内容，不仅可以实现一次性大批量人员的合规培训，提高培训效率，也可以实现更多有趣新颖的培训形式，比如视频、三分图培训模式等，提高合规培训的执行效果。

总而言之，在企业内部，专门负责培训的部门和合规管理部门应承担相应的合规培训协调和执行工作。在培训前期，要做好培训的需求分析、培训计划；在培训开展时，要结合受众群体的任务、特点以及企业的合规要求设计企业培训内容；培训的形式应最大化地减少受众群体二次消化的过程，通俗易懂，抓住人心；培训后，要做好培训的效果评估和跟踪记录。此外合规培训的内容和形式应根据企业最新的情况和要求进行持续更新。一个运行良好的合规培训机制是一个持续改善的过程，衡量一个有效的合规培训不仅要看培训的内容是否充分贴合实际，而且要衡量培训内容是否深入人心，被受众者接受和消化。

三、合规宣贯的内容和形式

与合规培训不同，合规的宣贯活动不以传授大量的理论知识或技能为目的，而是旨在提升企业内外部人员的诚信合规意识和道德水平，或仅在某一个具体领域内就可能面临的业务场景所需掌握的合规知识或技能进行宣传和普及。在制定宣贯策略时，应考虑多个方面：一是企业的合规风险评估分布图；二是管理层和员工的合规认知短板；三是企业合规管理发展的新要求；四是企业生产经营现状及发展要求；五是股东方及管理层的合规宣传建议；六是企业对利益相关方的合规要求和期待等。当然，随着企业运营过程中一些不断出现的新情况或问题，合规宣贯活动可进行临时的调整或增加。

在合规宣贯计划的制订过程中，企业应该清楚目标是什么，针对哪些机构或群体开展，何时、何地开展活动，以及如何开展活动。合规宣贯活动可以是持续和定期进行的，也可以是短期或一次性的活动。相对合规培训而言，合规宣贯的形式更加不拘一格，需要在进行活动设计时进行充分的构思，如网站、邮件、媒体传播、广告、时讯、年度（或其他周期类）报告、信息讨论、公开日、特别群体、社区对话、社区活动、电话热线等。这些方法可以鼓励相互理解，使内外部相关方对企业的合规承诺更容易被接受。

根据受众人员的不同，可以把合规宣贯活动分为内部宣贯与外部宣贯两类。内部宣贯是指对企业内部员工群体进行的宣传与沟通活动；外部沟通是指对企业外部相关机构或价值链体系的商业伙伴及其员工群体进行的合规宣传与沟通。

（一）内部宣贯

合规的内部宣贯是企业针对内部员工进行的一系列宣传与沟通类活动。企业应该采取适当的方法来宣传，以确保合规的信息被所有的员工持续地听到和理解。宣贯活动应当能够清楚地传递企业对员工的期待，并且应告知员工，让其知道哪些不合规的情况将得到相应的调查与处理，员工还应知道在必要的情况下向谁报告和寻求解决办法。

通常而言，企业可以采取任何可以达到宣传效果的措施来进行宣传。一个比较成熟的合规宣传策略是成体系的，或者说一些固定的宣传渠道是存在的。比如，企业的内网上可以开设合规专区，企业内部的报刊上可以开设合规专栏，定期发布合规时讯，其他的措施比如合规海报、卡片以及合规屏保等。这些合规宣传的基本媒体形成之后，任何合规主题信息可以通过这些媒体同时向外推广，达到强势推送的宣传效果。

除了固定类的合规宣传媒体平台、传统的宣传物品外，举办合规宣传活动也是一个非常有效的合规推广措施。比如，在企业内部开展诚信合规主题的大型会议，在会议上可以邀请领导或员工进行诚信合规主题的宣讲活动；开展合规话题的研讨会，在会上组织员工集体讨论合规典型的案例；举办合规主题的比赛，比如合规海报创意大赛，并结合赛事的进程在员工中展开造势宣传，鼓励员工积极参与并实施一定的奖励。这些合规活动配合其他合规传统宣传措施能够在员工群体中起到非常好的文化传播的作用。当然，以上仅是一些通常的活动参考，还有更多的合规宣传与沟通活动需要广大的合规从业者来开创。

(二) 外部宣贯

合规的外部宣贯活动是针对企业外部机构和人员的宣传与沟通活动。企业对外合规宣传的目的是展现企业的诚信核心价值观以及企业的合规承诺，并将该价值观向企业的利益相关方进行传递。

1. 针对全部社会群体的外部宣贯。

在企业的社会责任报告中包含专门的一部分介绍企业的合规管理体系，以及企业遵守最高道德准则的要求及具体措施等。此类宣传旨在提高社会群体以及利益相关方对企业的核心价值及合规体系的认知度，有利于展现企业的品牌形象和企业声誉。

2. 针对企业的利益相关方的外部宣贯。

利益相关方包括但不限于监管单位、客户、合作方、供应商、投资方、应急服务机构、非政府企业和相邻单位等。其中，针对企业的上下游价值链体系的合规宣贯是对外合规宣贯中一个比较传统的项目，目的是向企业的利益相关方表明企业的诚信合规立场和要求，推动价值链体系遵循同样的道德标准，从而最终促进企业的一切商务活动的诚信与合规，确保企业的上下游商务往来活动遵循公平、公开和公正的标准，推动良好的市场竞争环境的形成。对价值链的合规宣传与沟通可以通过多种措施来实现。例如，在与商业伙伴合作之前要求其签署一份合规的承诺书，明确列示企业对商业伙伴的合规要求和违反该等要求的法律责任，也可在这类文件中介绍企业内部的合规制度与流程，告知企业的举报政策与联系方式等。除此之外，企业也可借助定期的商业伙伴沟通会议来传递企业的合规要求和期待等。

总而言之，合规培训宣贯是合规管理体系的重要内容之一。两者相辅相成，缺一不可，共同承担着企业对内和对外合规意识形态、合规知识与技能推广与提升的任务。通过持续进行的合规培训与宣贯类活动，企业的整体合规文化能够不断得到夯实与深化，企业内部员工的合规意识得到加强，外部机构和人员能够及时了解企业对其的合规期待，从而进一步约束价值链体系的行为。通过企业的对外宣传活动，企业的品牌形象和声誉也会得到提升。

合规培训宣贯活动需要与合规风险评估结果与企业的现实条件、任务和发展目标相符合，做到定期的统筹和规划。合规培训宣贯的形式均呈现多样灵活的特点，鼓励创新，鼓励员工的积极参与。合规培训宣贯是一项持续不断的工作，在开展的同时应做好自我评估和经验总结，不断提升执行效果。只有通过不断完善合规培训宣贯工作，企业内外部机构和人员才能保持一个高度的诚信和合规意识，最大化地避免各类合规风险发生，确保企业的可持续健康发展。

第三节　合规审查

合规审查是指为确保企业经营管理活动与所适用的法律、规则和准则等相一致，而对公司经营管理活动提出合规审查意见或合规风险提示的活动。

《中央企业合规管理办法》第二十一条明确提出"中央企业应当将合规审查作为必经程序嵌入经营管理流程，重大决策事项的合规审查意见应当由首席合规官签字，对决策事项的合规性提出明确意见。业务及职能部门、合规管理部门依据职责权限完善审查标准、流程、重点等，定期对审查情况开展后评估"。

一、合规审查的基本要求

（一）合规审查的目标

企业合规审查的目标不仅是管控风险，而且必须与公司经营的总体战略目标保持一致，与企业长期利润发展的价值取向保持一致，即合规审查要服务于公司实现利润最大化的核心目标。因此，合规审查的部门不能就风险论风险，在合规审查过程中要充分考虑成本、收益和业务发展，不仅要通过控制风险来减少损失，还要通过建立合规风险管理体系，确保在有效控制风险的前提下，保证公司效益最大化的最终目标的实现。

（二）合规审查的原则

1. 多角度原则

企业内部不同部门或不同业务的风险，有的相互叠加放大，有的相互抵消减少。因此，合规审查不能仅仅从某项业务、某个部门的角度考虑风险，必须坚持以效益最大化为中心，按照业务增长与风险控制相适应、风险成本与风险收入相匹配的基本原则，在通盘考虑各种风险的状况和影响的基础上，出具合规审查意见，确保合规审查能够识别公司面临的风险。

2. 协调性原则

合规审查的协调性表现在时间上和业务上。因为外部监管的法律法规环境在不断变化，公司业务产品在不断创新，合规管理需要适时作出反应和调整，定期检查、修正合规机制以保证审核最新的合规风险，保证公司始终处于合规守法，稳健安全经营的状态。公司合规审查不仅仅是合规管理部门的事情，而是需要各个部门从专业角度开展，这就要求相关人员应具有较高的业务素质和较强的协调能力，既要善于处理好与外部监管部门的关系，也要妥善处理好企业内部各部门之间的关系。

3. 预警性原则

预警性是指合规审查不仅仅是一种事前的审查，更重要的是事前防范。通过合规审查，要能够及时判定、评估和监测公司所面临的各类合规风险，并就合规风险及时向高级管理层和董事会提出咨询建议和报告，对事前识别合规风险和发现可能违规行为进行评估，最大限度地降低违规行为实际发生的可能性，提出切实可行的业务开展建议。

（三）合规审查的依据

合规管理实践中，企业需要依据有关法律法规、行政规章和监管规定，对企业的经营管理事项及相关法律文件的合法合规性和有效性进行审查，对相关法律合规风险进行识别、提示，提出相应的合规风险防控措施或建议。具体来讲，包括国家法律法规、地方性法规、行政规章等，这是企业合规管理的基础和前提；涉及行业监管机构发布的规定和指引，这些规定通常针对特定行业或领域，对企业的经营活动提出具体要求；特定行业内部公认的行为准则和标准，这些准则虽然不具有法律强制性，但对企业的行为有重要指导意义。对于跨国经营的企业来说，还需遵守相关的国际条约、国际商业惯例和规则，比如，联合国等国际组织施加的制裁、特定国家的贸易限制和出口管制规定。此外，企业根据法律法规和自身实际情况制定的章程、行为准则、规章制度、操作流程等，以及承诺要遵守的道德标准和商业伦理等，也是企业开展内部合规审查的重要依据。

企业在进行合规审查时，需要综合考虑上述依据，确保企业的经营活动符合所有相关要求，有效防控合规风险。

二、合规审查的主要内容

合规审查的对象一般分为以下几方面内容：一是全面合规审查，主要是指对公司法人治理事务、决策、项目、合同与协议、法律文件以及公司内部规章制度等的合规审查。二是专项的合规审查，如对某一具体项目或者某一业务领域是否符合合规管理要求进行专门性审查，如涉及重大项目（合资合作、投资并购、资产重组、融资担保、解散分立、新产品、新业务等）的合规审查等。三是开展重点领域合规审查，主要是针对市场交易、安全环保、产品质量、劳动用工、财务税收、知识产权、商业伙伴等领域，以及对境外投资经营领域的投资保护、市场准入、外汇与贸易管制、环境保护、税收劳工等高风险领域合规审查。在此，结合当前企业的合规管理实践，针对几种主要的合规审查情形进行说明：

（一）涉及公司内部新建或修订制度的合规审查

合规管理工作是一个需要不断提高、改进的动态过程，需要适时根据外部环境、法律法规等多种因素做出反应并制定新制度。为此要通过及时修订各项业务的管理要求，使依法合规经营原则真正落实到业务流程的每一个环节和每一位员工。

因此，合规管理部门作为第二道防线，需要持续履行合规统筹管理职能，评估内部各项程序和指引的适当性，实时跟进在政策和程序方面已被发现的包括违规风险在内的任何缺陷，并提出制度的审查与修改性建议，制定与监管法规、内控、声誉风险管理相关的政策等，加强合规风险提示，坚持"与时俱进"。

需要说明的是，新制度的审查与修订并不意味着任务的完结，合规新制度的审查内容应与业务结合，紧密遵循法律法规只是公司合规管理的起点，而非终点。深入了解公司的业务经营模式，以保证合规管理的标准合理与质量到位才是非常必要的。当公司所面临的法律法规和市场情况发生变化时，以及新制度的制定审核与修订后，合规管理部门同时应当对合规手册进行修订并进行评估，以确保公司经营行为仍然符合相关要求，合规管理仍然可以有效控制风险，合规手册内容仍然可以正确地指引公司的发展，如果合规手册规程制定与推行过程不能与公司新制度的制定以及修订相结合，那么合规管理就存在缺陷，并可能在未来引发问题。

（二）涉及重大事项决策的合规审查

合规审查的目标是保证企业效益最大化。但是当企业追求快速发展、追求当期利润最大化的时候，面对瞬息万变的市场，强调合规可能导致呆板和低效率，就很有可能因此而丧失机会，然而，如果单纯追求利润最大化而忽视了合规风险的管理，又有可能使合规风险成为现实，而使公司遭受更大的声誉和财产的损失。因此，正确处理合规与发展的辩证关系，是涉及重大决策的合规审查首先需要面对的问题。

涉及重大事项决策的合规审查，不仅要求企业建立科学、适宜的合规管理机制和组织架构，还要求企业的文化体现求实、灵活的合规审查理念。这些基本要求具体体现在公司高级管理层和合规管理部门的合规理念上。这种理念要求在合规与现实中间不断寻求既符合业务发展需要，又不使合规失效的平衡方案。因此在涉及重大事项决策的审查时，按照法律法规的相关规定，合规管理部门应对审议事项充分发表意见，使决策者充分听取合规意见，使决策事项合法、合规，规避违规风险。

（三）涉及新产品、新业务的合规审查

违规操作所带来的短期经济利益，往往超过违规操作可能产生的负面后果。当业务发展受到利益的驱动时,合规经营与违规操作之间的权衡使得企业内部规章制度的效力逐渐弱化。一方面是由于违规操作不一定都会被发现,另一方面是即便被发现了,只要不涉及案件,一般不会处罚或处罚比较轻微。因此,业务发展与合规经营的关系就转变为在经济利益与违规处罚之间的一种"权衡利弊"的关系,并且这个利益与处罚的"天平"往往是不平衡的,最终导致合规经营在面临经济利益的诱惑时,其有效性大打折扣。

合规管理部门对业务部门新产品、新业务的审查方面,应注意新产品和新业务的开发和拓展、新客户关系的建立或这种客户关系的性质发生重大变化时,应积极主动对合规风险进行识别、评估、量化、监控、测试和报告;协助业务部门针对合规风险,设定恰当的内控流程和标准;参与新产品、流程的审批;对产品销售宣传材料、销售渠道选择等方面提供合规建议;在合规风险暴露之后加强对危机的管理和及时处置,或有必要时采取监管、测试和汇报制度。当然,合规部门的这种做法并不是要代替业务部门的工作,合规部门仅仅是从合规风险管理的层面,对业务部门的新产品、新业务的合规性进行判断、识别、管理和评估,且在有必要时,系统地提出修改建议。

三、合规审查的方式与流程

(一)合规审查方式

合规审查工作可以通过以下方式进行:

1. 事前审查,参与合规审查事项的前期考察、情况调查、商业谈判等。
2. 参加会议,采取参加相关审查事项专题会议的方式开展合规审查工作。
3. 书面审查,对发起部门与子(分)公司提供的需要开展合规审查事项的资料进行书面审查。

合规管理部门应根据不同事项,以适当的方式发表合规意见,包括:合规意见书、合规建议书、会签意见、会议发言等。合规管理负责人在履职过程中,可以以出具合规意见书或会议发言等形式发表合规意见。合规审查意见以会议发言方式作出的,最终应形成书面记载,书面形式包括会议纪要、邮件等。合规意见书应当一事一议,格式规范、依据充分、分析透彻、逻辑严密、表述准确。

合规管理部门负责将合规意见按照档案管理的要求归档存查。在明确合规审查基本内容的基础上,企业应开展规范化、流程化和精细化的书面(或电子版)留痕动态审查方式。把合规审查融入公司日常业务管理之中,才能体现合规审查的实际意义,才能真正发挥防范和控制合规风险的作用。

为此,应注重将合规审查工作贯穿于事前、事中和事后的全过程,并明确审查要点,确定审查操作步骤，确保审查程序的合法合规。同时，通过合规履职的独立性、权威性的保障，给予其行使职权的必要资源，包括合规管理人员可以获得必要的数据和准确的信息资料、利用稽核部门与业务条线的检查整改数据等进行合规性分析。

(二) 合规审查流程

合规审查不单纯是基于基本审查范围内业务的审查，而且是基于合规风险的流程管理。合规审查制度要有利于业务流程管理，服务于管理各类风险的需要。各业务条线制定的相应政策、程序、操作手册或操作指南，组成满足合规审查流程管理要求的相关制度，成为指导实际操作的标准。合规管理人员的大量工作之一就是要确保审查制度的合规性。缺乏流程管理的合规审查，看似很完善，实际可操作性却很差。因此，只有树立起合规审查流程管理的理念，才能从整体上落实合规审查的质量。

目前大部分企业的合规审查实践仍处于探索起步阶段，各企业的着力点也不尽相同，确定一个成熟的流程建设应是考虑的重点。应采用稳健策略，以实事求是的精神，发挥公司主观能动性，先试点，待成熟若干流程模式后，再行全面推广。

比如，企业在开展日常业务、执行决策、履行合同等经营活动的各阶段，对识别的合规风险或有关合规问题，应当进行合规论证。对各部门的规章制度、业务方案、商务模式等应当进行合规审查的，根据事项性质和内容，选择审查方式和审查部门。根据相关制度规定须提交有关职能管理部门进行专项审查的，应按照规定提交审查。

涉及重要规章制度制定、重大事项决策、重要合同签订、重大项目运营等经营管理行为的，应当将合法合规性审查作为必经程序，由相关业务主办部门负责专业领域合法合规性审核，在其完成合法合规性初审后，提交合规管理部门进行复核。合规管理部门应当对违法违规内容提出修改建议，未经合法合规性审查或审查未通过的不提交决策和实施。在合法合规性审查中发现重大合规风险时，审查部门应以风险提示函方式，督促相关业务承办部门按照审核意见进行整改。

第四节 合规考核

合规考核是合规风险管理的重要组成部分。特别是对于合规文化尚不成熟、长效合规管理机制还未形成的一些企业，通过合规考核来提升合规执行力就尤为重要。对全体员工的合规考核被列为一种有效的控制措施以确保对合规义务的履行。企业应该结合其发展价值观，将合规考核纳入企业绩效管理体系中去，有效协调业务拓展与合规管理的关系，帮助员工建立正确的业务发展目标。

一、合规考核的对象范围

合规考核是促使企业员工达到何种目标和为什么要达到此种目标而达成的共识与承诺，并以此促进员工取得优异业绩的管理过程，使员工符合企业行为规范、认同组织合规文化、不断提升合规水平，大幅度增强员工的主人翁意识和满足感。

合规考核的对象范围通常包括企业内的所有员工，但根据企业的规模、行业特性、组织结构以及合规风险管理的需要，考核的对象范围可能会有所不同。以下是合规考核对象的几个主要范围：

一是全体员工。其中普通员工作为企业运营的基础，需要遵守基本的合规要求，以及中层和基层管理人员，他们需要对所管辖领域的合规管理负责。

二是特定岗位员工。一些高风险岗位员工，如财务、采购、销售等岗位的员工，这些岗位可能涉及更高的合规风险；还有合规关键岗位员工，如合规官、法务人员、内控人员等，他们的工作直接关联到企业的合规管理。

三是特定部门或团队。一些重要的职能部门，如人力资源、财务、法务等，这些部门在合规管理中扮演重要角色；还有业务部门，尤其是那些直接面对客户或市场的部门，需要确保业务操作合规。

四是高级管理人员。比如董事会成员负责制定企业的合规政策和方向，高级管理层如CEO、CFO等，对企业的合规管理承担最终责任。

五是外部合作伙伴。比如一些关键供应商，企业也可能将其纳入合规考核范围，特别是一些分销商和代理商，他们代表企业进行市场活动，其合规行为也关系到企业形象。

合规考核对象的范围应当根据企业的实际情况和合规管理需求来合理设定，以确保合规考核的有效性和针对性。

二、合规考核的内容

合规是业务发展的基石。一个有效的绩效管理体系不但对员工的业务能力和成绩进行考核，而且对员工在业务中的合规执行情况也应该进行考量，并占据一定的考核比重。业务业绩考核当然是非常重要的，但是合规考核是一票否决的东西，一旦合规性不达标，业绩再好也不行。

企业可以制定单独的合规绩效考核机制，也可以将合规考核标准融入到总体的绩效管理体系中去。为了量化和管理合规工作，通常会使用KPI机制。这些指标可以根据公司的具体情况来设定，例如特别重大事件、重大事件、严重事件等，并具体化为可衡量的标准。设置合规考核的关键绩效指标（KPIs）是一个系统的过程，需要考虑以下几个步骤：

一是明确合规目标和要求，确定公司必须遵守的法律法规、行业标准以及内部政策，明确合规管理的目标，比如减少违规事件、提高合规意识等。

二是识别和评估合规风险。进行风险评估，识别可能导致违规的风险点。评估这些风险的可能性和影响，确定哪些风险需要通过 KPI 来监控。

三是制定可量化的指标，根据识别的风险和合规目标，制定具体的、可量化的指标，如违规事件的次数和严重程度、合规培训的完成率、内部审计和合规检查的频率和结果、合规问题报告的数量和质量。

四是设定目标和基准，为每个 KPI 设定具体的数值目标或基准。确定这些目标是挑战性的但同时也是可实现的。

五是制定考核和评价方法：确定如何收集和验证 KPI 数据。制定评价标准和考核周期，比如季度或年度考核。

六是定期监督和评估合规考核 KPI 的有效性，确保有关人员了解 KPI 的重要性，并参与到合规管理中来。根据 KPI 的评估结果，调整和优化合规管理措施。定期审查和更新 KPI，确保它们与当前的合规要求和业务环境保持一致。

以下是一些具体的合规考核 KPI 示例：

√违规事件率：记录一定时期内发生的违规事件数量，与总业务活动量相比。

√合规培训覆盖率：完成合规培训的员工数与员工总数的比例。

√合规政策更新及时率：合规政策在规定时间内更新的比例。

√合规审计通过率：合规审计中无重大发现的比例。

√违规损失金额：因违规事件导致的直接经济损失。

通过这些步骤，可以有效地设置和实施合规考核的关键绩效指标。通过合规考核，对有重大合规贡献的员工应该给予表彰或奖励，对合规表现有问题的员工，应该给予积分扣分或相应的处罚。

三、对管理层的合规考核

（一）对管理层合规考核的内容

对管理层的合规考核是确保企业合规管理体系有效运行的关键环节。以下是对管理层进行合规考核的主要内容，包括但不限于：一是合规意识，即管理层是否重视合规工作，能否以身作则，树立良好的合规榜样，同时是否积极参与合规培训，提高自身的合规知识和能力。二是管理层是否制定和实施有效的合规政策和流程以及确保合规政策得到传达和执行，并对相关流程进行监督和评估。三是管理层是否能够识别和评估企业面临的主要合规风险以及是否采取措施有效控制和缓解这些风险。四是管理层如何处理合规事件，包括违规行为的调查、报告和纠正，是否建立了一套有效的合规事件应对机制。五是管理层是否推动合规培训，确保员工了解合规要求。六是管理层是否为合规部门提供了足够的资源，包括人力、财力和技术支持以及确保合规部门的独立性和权威性。七是管理层是否推动企业合规文化的建设，使合规成为企业文化的核心部分，以及通过激励机制鼓励合规行为。

对管理层考核的方法一般包括：管理层定期进行自我评估，检查合规职责的履行情况；内部审计部门对管理层的合规管理进行审计，评估合规体系的有效性；定期编制合规考核报告，总结管理层的合规表现和存在的问题；通过匿名调查或反馈机制，收集员工对管理层合规管理的看法和建议；有时还可以邀请第三方专业机构对管理层的合规管理进行独立评估。

通过这些考核内容和方法的结合使用，企业可以有效地评估管理层的合规表现，将合规考核结果纳入管理层的绩效考核体系，与薪酬和晋升挂钩，促进合规管理体系的持续改进和优化。对于公司高管、CEO 层级的合规考核，可以由董事会制定考核指标，也可以由董事会相关成员与人力资源部主管等人员共同进行考核。对于各部门的主管，可能是由人力资源部牵头组成的绩效考核委员会（或薪酬管理委员会等组织）来进行合规考核，CEO、合规部主管、人力资源部主管等都作为考核小组成员。

对于各部门除主要负责人之外的其他层级的管理层，合规考核的做法不尽相同。在一些企业，对个人的合规考核是采用自上而下逐级考核的方式，即主要由被考核人的直线领导来考核，这其中也包括对管理层的考核。当然，考核中一般还包括被考核人自评、下级对被考核人的匿名评价，以及与被考核人业务相关的平级同事之间的相互匿名评价。

此外，评价人还可以参考人力资源部门等人员的意见和信息，公正评价该管理人员的合规考核的等级。考评人会给出具体的评分依据，被考评人对上级的评价也可以给出自己的意见并进行充分的申辩。也有一些企业对个人的合规考核是由人力资源部门负责的，主要是看被考核人是否出现违反行为准则、被举报调查、内部审计发现问题或外部的监管处罚等情况，作为扣分项。有些部门出现重大事件，如果是部门管理、流程和团队监管、教育上存在漏洞，管理者要承担一定的责任。

(二) 对管理层合规考核的信息收集

不论对管理者个人的评价是由其主管领导、绩效考核委员会或是人力资源部来主导，绩效考核信息的收集都是必要的。

对管理者的合规 KPI 考核中需要收集的信息包括：合规目标和标准达到（或未达到）的情况、管理者因合规方面的工作或行为受到的表扬和批评情况、证明合规工作绩效突出或低下所需要的具体证据、对找到管理者合规问题（成绩）原因有帮助的其他数据，以及同其本人就绩效问题进行谈话的记录等。为此,企业内需要进行持续的合规绩效沟通,通过书面报告、管理者参与小组会议、定期面谈、进展回顾等方式建立沟通机制。

在日常的工作中,就应该进行一些信息的汇总,比如合规培训的举办频次,覆盖多少部门员工等。具体的收集信息的渠道包括管理者个人的汇报和总结、同事的观察、上级的检查和记录、下级的反映与评价,以及内部合规审计和外部合规审查结果等。企业需要让员工树立绩效信息反馈意识,保证各种渠道畅通、信息来源全面,这样可以让绩效考核真实客观,让企业的绩效管理更加有效。

(三)对管理层合规考核的评价标准

不同企业对管理层合规考核的评价标准是不同的。有些企业的主要合规指标的计分采用区间法,对考核指标的衡量不做评分,而是划分档次。而在有些企业,主要的合规考核指标的计分都采用减分法,如果发现个人在遵守流程制度和完成工作要求方面有异常情况时,就按照一定的标准扣分。一般这类公司在合规管理方面制定了全面、细化的政策,以及工作标准和要求,把要求分解到每一个工作步骤,执行上也是严格落实到每一个人。合规表现会作为所有员工工作任务和工作计划的一个重要方面,每半年或一年进行考核。这种做法力求尽量发现问题,通过公司的投诉和调查机制、各项监督和沟通管理机制,把所有的风险和违反合规政策和执行标准的行为都暴露出来,然后给出一个具体评判,并做相应的处理。减分法一般以关键事件为基础进行合规考核,比如通过预先设计不良事故清单和设定考核操作流程,来确定员工的绩效水平。

目前,中央企业对于领导干部的考核统一采用国务院国资委的对于中央企业领导班子和领导人员的考核评价办法,其中对于领导作风形象的考核包括诚信务实和廉洁自律。这方面的考核采取"一票否决"制,如果出现廉洁从业方面的问题,则会导致严重的纪律处分。这种考核通过负面清单的方式,通过建立诚信合规档案,重用合规的个人,惩罚违规的个人。

四、对员工的合规考核

对员工的合规考核是确保企业内部合规文化得以贯彻和执行的重要手段。合规考核以本部门领导对员工进行考核为宜。有合规管理部门的企业,可以邀请合规管理部门派员参加。合规管理部门不是决定部门,各部门负责人自己决定,因为部门负责人对自己部门的合规关键因素和员工更了解,便于工作落实到实处。

针对员工合规考核的主要内容,包括但不限于:是否了解并掌握与企业相关的法律法规、行业标准及公司内部的合规政策;在日常工作中是否遵循合规要求,如诚信、反腐败、反洗钱等;是否积极参与公司组织的合规培训,提高自身的合规意识和能力;是否能够识别工作中可能遇到的合规风险，并采取适当的预防措施；在发现合规问题时，是否能够及时报告，并协助调查和处理；是否认同并积极推动企业合规文化的建设。

传统的绩效考评方法有平衡记分卡、关键绩效指标法全视角考核法（360度考评法）等。在合规考评中使用比较多的是360度考评方法，该方法是绩效考核方法之一，即上级、同事、下属、自己和顾客对被考核者进行考核的一种考核方法。通过这种多维度的评价，综合不同评价者的意见，则可以得出一个全面、公正的评价。此外，还可以通过定期的合规知识考试，测试员工对合规知识的掌握程度。通过日常工作观察，评估员工的合规行为是否符合公司要求。检查员工的合规培训记录，包括出勤情况、培训效果评估等。分析员工提交的合规报告，评估其合规风险识别和报告的积极性。通过分析员工处理的具体合规案例，评估其合规处理能力和态度等。

对于合规考核的结果予以公开认可和表彰是一个企业重视合规的重要表现。被公开认可和表彰公开的方式包括大会表扬、群发电邮表彰。合规绩效考核结果也可应用于绩效奖金的发放。包括短期激励、中长期激励、短期激励与中长期激励结合等方式。合规是对合规义务的履行，员工不履行合规义务时需承担相应的责任，接受相应的惩戒。及时且适当的惩戒首先应当针对违规的个人，对其所做的惩戒的力度要与其对组织或企业所造成的损害相当。对于那些触犯法律并且严重侵害组织或企业利益的，企业或组织还应当考虑把违法者移送司法机构予以惩罚。与惩处相关的，企业还得考虑减少风险及损失，以便把因为违规人违规或违法的风险和损失控制在尽可能小的范围。

合规考核机制的直接目标是改善合规绩效、提升员工合规能力。用合规考核的结果指导员工梳理、完善合规工作流程，通过发现员工在完成合规工作过程中遇到的困难和不同员工完成情况的差距，共同分析原因，并提出具体的合规绩效改善措施，形成新的合规目标。同时，通过合规考核的结果公平地显示员工对公司合规工作做出的贡献大小，据此决定对员工的奖惩和晋升的调整和制定有针对性的员工合规管理培训计划。

最终，通过合规考核促进合规核心价值观的树立，将诚实信用的合规文化渗透到工作的方方面面，并内化为每一个企业员工的内心道德准则和行为标准，以此指导自身的行为与企业的目标达到一致，实现个人价值和企业价值的同步实现。

第五节　合规举报调查与处理

合规举报调查是指企业在接到关于潜在违规或不当行为的举报后，进行的正式调查程序。合规举报调查是企业合规管理中重要的组成部分，对于维护企业的合规性、防范风险、促进企业健康发展具有重要作用。

《GB/T35770-2022 合规管理体系 要求及使用指南》对合规举报调查的要求如下：

"8.3 提出疑虑

组织应确立、实施并维护一个报告过程,以鼓励和促进(在有合理理由相信信息真实的情况下)报告试图、涉嫌或实际存在的违反合规方针或合规义务的行为。该过程应:

——在整个组织内可 并可访问;

——对报告保密;

——接受匿名报告;

——保护报告者免于遭受打击报复;

——便于人员获得建议。

组织应确保所有人员了解报告程序、了解其自身的权利和保障机制,并能运用相关程序。

8.4 调查过程

组织应开发、确立、实施并维护过程,以评估、评价、调查有关涉嫌或实际的不合规情形的报告,并做出结论。这些过程应确保能公平、公正地做出决定。

调查过程应由具备相应能力的人员独立进行,且避免利益冲突。组织应视情况利用调查结果改进合规管理体系。组织应定期向治理机构或最高管理者报告调查的次数和结果。组织应保留有关调查的文件化信息。"

一、合规举报的核心要求

合规举报是指企业内部员工或其他利益相关方发现企业存在违法违规行为时,通过正式的渠道向企业内部或外部监管机构报告的行为。通过合规举报可以揭露企业内部的腐败、欺诈、侵权等违法行为,及时发现并处理潜在的风险,避免企业遭受更大的损失,保护企业和员工的合法权益,维护公平正义的工作环境,鼓励员工遵守法律法规和公司政策,形成良好的合规文化。通过合规举报,实现成员之间、企业与外部伙伴之间的相互监督来最大化地降低企业内部及相关外部机构之中可能存在的合规风险。

比如,《中央企业合规管理办法》第二十四条中提出的要求是"中央企业应当设立违规举报平台,公布举报电话、邮箱或者信箱,相关部门按照职责权限受理违规举报,并就举报问题进行调查和处理,对造成资产损失或者严重不良后果的,移交责任追究部门;对涉嫌违纪违法的,按照规定移交纪检监察等相关部门或者机构。

中央企业应当对举报人的身份和举报事项严格保密,对举报属实的举报人可以给予适当奖励。任何单位和个人不得以任何形式对举报人进行打击报复。"

(一)合规举报的原则

合规举报的原则是指在企业建立和维护合规举报体系时应遵循的基本准则,这些原则旨在确保举报机制的公正性、有效性和保密性。

合规举报的主要原则如下：一是透明性，即举报政策和程序应明确、公开，使所有员工都能了解如何举报以及举报后的处理流程。二是匿名性，即举报者应有权选择匿名举报，其身份信息应得到严格保密，以消除举报者对报复的担忧。三是保密性，即整个举报过程和调查活动应保密，只有经过授权的人员才能访问相关信息。四是无报复，即企业应承诺对举报者不进行任何形式的报复，包括但不限于解雇、降职、骚扰或其他不利待遇。五是公正性，即调查过程应公正无私，对所有涉及的人员公平对待，不偏袒任何一方。六是有效性，即举报系统应能够有效运作，确保所有举报都得到及时、适当的处理。

（二）合规举报的方式

企业应提供必要的举报途径和手段、采取技术措施，建立安全的令员工放心的举报环境是保证合规举报体系有效运行的必要前提，一般包括如下措施：

1. 在企业办公场所设立举报箱，应充分考虑和理解举报人员的安全防范心理，举报箱设立的地点，在保证相关区域符合安全规定的前提下，应避免电子探头监控。或可以考虑分别设立实名举报箱和匿名举报箱。

2. 设立举报电话（或录音电话）、传真、电子邮箱等。对于电话和传真，应与相关运营商协商，尽量研究技术手段，屏蔽来电显示等可以暴露举报人员信息的内容，以减少匿名举报者的担心。

3. 对实名举报人员信息的保密至为重要，可采取限定实名举报信息受理人的做法，指定一名或两名信息受理人员，也可考虑将信息受理人员名单予以公示。举报信息受理人作为知晓举报人信息的最初级，今后发生泄密问题时将会以其为源头开展追责工作。

4. 对于负责企业举报信息收集及调查处理工作的部门或岗位人员，应确保其工作的保密性和独立性，对上级主管部门或领导垂直负责，业绩考核、职级升迁和工资待遇等由上级部门决定，尽量脱离本级企业的权力制约，避免在本企业管理层的领导下监管本企业的合规管理监督工作所造成的消极和尴尬局面。

二、合规举报的信息收集与处理

（一）建立正确的举报信息收集理念

在举报信息收集工作中，只关注信息本身，不考虑举报人的动机，在处理信息中应排除其他因素干扰，只就信息所涉及的问题和线索进行调查核实。

（二）拟定举报信息的规范格式

举报信息资料尽量规范化，以提高信息收集整理和展开调查的效率，企业可根据自身情况拟定举报信息的规范格式和体例，内容应客观翔实，主要包括被举报人基本信息、涉及项目信息、客户情况、违规情况及分析、涉及的金额及已造成或将导致的经济损失、证据资料（如不能获得证据，可提供获取证据的途径）、其他知情人等。但不应禁止举报人根据自己所掌握的情况自行编写举报信息内容。

（三）信息收集举报人员的配置

为保证举报网络的监控效能，应结合企业规模配置信息收集举报岗位人员，根据具体情况，岗位可以是兼职或是专职，同时还应考虑企业员工分布人数的性别特点。

（四）对举报信息的跟进

举报信息要全部登记在案。收到举报信息后，企业应有专人对举报信息进行评估分析，并决定进一步的行动，譬如是否进行调查，是否移交给其他相关部门处理。如果决定调查，必须按规定的流程来启动和进行内部调查。企业应告知投诉方企业已收到相关投诉并在积极跟进。

（五）举报信息的分类和分享

对于举报信息要按风险类别整理编辑，并按照企业制定的分享渠道和范围，按职责仅仅分送给"需要知道的人"，分享信息者应承担保密义务。从保密原则出发，企业应建立规避制度，严格限定或监督企业领导及具有相应权利的人员调取举报信息。

三、合规调查的基本程序

一旦建立了完善的合规举报机制之后，企业就有可能收到各种违规违纪的举报。此时，企业就要对举报的内容进行调查。

（一）制定调查方案

调查方案需根据举报中提到问题的不同性质，复杂程度，牵涉面等来制定。调查方案通常由负责调查的部门或其指定的人员制定。调查方案中要尽可能写明被调查人姓名职务（以防同名同姓），证人和可能有助于调查的人员的名字，由哪个部门或由谁来执行调查，要调查的问题，调查的方向，可能用到的方法等。调查方案要根据新掌握的情况及时补充更新。

(二) 审查文件记录

调查开始访谈和询问之前，首先要熟悉与案件相关的政策规定，审查有关的文件和证据。例如与举报案件相关的所有文档、记录，还包括被指控人的个人档案，以便于了解其是否曾经被调查过，是否受过任何纪律处分等。另外如果有必要的话，包括其邮件、公司配给的电话通话记录等。其间，防止销毁证据及串通是非常必要的。因此，在有些情况下，管理层必须采取必要的措施防止被指控的人销毁证据或破坏公司的财产。措施包括禁止进入工作场所、公司的内部网络、禁止接触公司的文件或资金、锁定邮箱等，直到调查程序结束。在采取以上行动之前，最好要咨询公司的法律部门。

(三) 开展调查访谈

为了避免串通供词，对于有利害相关的人员在必要的时候要采取措施防止他们以任何方式接触。在难以做到的情况下，最好是同时分别进行访谈。

调查人员应该对所有与案件相关的人员进行访谈，包括举报人，被告人以及了解与事件有关情况的其他人员。这些人员可能是单位的员工、前员工、客户、合作伙伴或供应商。访谈的顺序最好首先是举报人（如果知道谁是举报人的话），其次是了解情况的其他人员，最后是被告。但是在有些情况下访谈被告也可以排在第二位。访谈的场所最好是一个密闭的，远离人群的单独的隔音的房间。尽量避免电话访谈，如果条件不允许，电话访谈也是进行有效访谈的手段之一，当然，这要求调查人员要具备更丰富的访谈经验。所有的访谈都应该做好详尽的记录。通常这些记录是文字形式的，在有些情况下，记录也可以是音频或视频形式的。

在访谈时，要避免提问答案可能是简单的是和不是的问题。所涉及的问题一定是要对方用叙述的方式才能回答清楚的。尽量避免采取指责式的强势的问话方式，而应该是了解情况方式的问话形式。在访谈中，调查人员应该尽量控制好自己的情绪，尽量不要打断对方的叙述，即使在发现对方可能在撒谎的情况下，也要保持克制，不一定要马上指出对方的谎言，而应该是做出你对他提供的信息有些困惑而要求对方继续详细的解释。要保持怀疑的心态但是不要表现出怀疑的情绪。

在开始提问的时候，建议最好是先问对方的基本情况，比如像简历的内容。这样做的好处是先使对方放松，觉得你对他好像不是很了解，其次，这些问题是没有什么压力的，回答也不容易撒谎，因此可以掌握对方回答真实问题的特点。

在了解已经发生的具体事件的时候，调查人员提问时要切记五个W原则，即：什么时间，什么地点，谁参与了，发生了什么情况，发生的原因。

(四) 形成调查结论

调查人员分析收集到的证据和访谈获取的信息,评估其相关性、可靠性和充分性,根据证据确定事件的事实情况,区分事实与推测,对照法律法规和公司政策,评估行为的合规性。在此基础上,编写详尽的调查报告,包括调查过程、发现的事实、结论和建议。调查报告需经过法律和合规部门的审核,确保报告的准确性和完整性。最终,需要将调查结果向相关管理层报告,并根据需要向董事会报告。根据调查结果,企业需要采取必要的纠正和预防措施,包括但不限于纪律处分、制度修订、培训加强等,同时还应对纠正处理措施的实施情况进行跟踪和监督,确保问题得到有效解决。在不透露举报人身份的情况下,向举报人反馈调查结果和处理情况。

四、违规事件处理与责任追究

国内实践中,《中央企业合规管理办法》第二十五条第一款提出"中央企业应当完善违规行为追责问责机制,明确责任范围,细化问责标准,针对问题和线索及时开展调查,按照有关规定严肃追究违规人员责任"。

对违规行为人或未能对违规行为采取防范措施的人应该进行纪律处分。违规行为一经查实,企业应立即对违规行为人采取纪律处分。这些处理方式包括训诫,口头或书面警告,降级,降职,调职,最终警告,解雇。企业还可向执法部门报告违法情况以及向违规者提起民事诉讼。

纪律处分应与违规者的福利和奖励相关联。例如,根据违规行为的程度和性质,扣减违规者的奖金,违规者将不享受调薪和/或晋升的机会。当员工收到奖励或晋升的提名时,企业应有适当的流程去检查员工在过去12个月或其他设定的时期内有无涉及违规行为。如果有的话,则不再考虑对该员工的奖励或晋升。

企业必须以一致的方式执行纪律处分结果。也就是说,如果一名级别低的员工因为员工报销中的不当行为受到警告处分,那么高级经理因为同样或类似的不当行为也应受到警告处分。当员工发现在纪律处分时出现区别或歧视对待,这对于维持有效合规损害极大。对于纪律处分执行一致还表现在当地法律允许的情况下,员工在一个国家违反企业规定应当与另一个国家的员工违反同样的企业规定而受到类似的纪律处分。

一个好的做法是建立纪律处分委员会来监督或作出最终决定。纪律处分委员会的成员可以包括来自法务部门、人事部门、合规部门以及业务部门的领导。委员会需要对违规者的经理或越级经理提出的纪律处分提议进行审批,或者自行作出决定。通常最好由违规者的经理作出纪律处分的提议,因为其更为了解违规者的过去和当前情况,包括违规者是否初犯或是惯犯。经理就纪律处分提出建议时可以咨询相关人事经理,负责人事方面的律师或其他必要的人。在一些跨国企业内,纪律处分在执行之前,需要最终由总部集中管理的合规部门或其代表批准同意,确保在各个国家对于相似类型违规行为的纪律处分执行一致。

当违规者的劳动关系解除之后,企业可以把特定类型的违规者标注为"不适用再次聘用"。还应建立相应的检查系统确保任何将来聘用的新员工并非出自这个"不适用再次聘用"名单上的人。只有严重违反企业合规管理政策规定或法律规定的违规者才能被记录到这个名单。

企业有时会遇到这样的情况:违规者因为严重违反完善建立的内部政策要求,如收受回扣或利用职权把业务机会转给其家族公司而被解雇,但是之后劳动仲裁要求企业恢复与违规者的劳动关系。这可能是多种原因导致的,可能与内部政策建立的程序相关的,与违规认定证据相关的,也可能违规行为达不到劳动法中解除劳动关系较高的标准,以及对于规定和证据不同的解读。为了降低此类风险,如果违规者拒绝辞职,一些企业为了规章制度的执行,就不得不与违规者谈判,以达到和平分手的目的。尽管这样是解除劳动关系的一个办法,但这会向其他员工发出一个错误的信号:他们的雇主抓住了严重违规的员工,还得给钱请他们离开。严重违反内部政策的成本太轻微,达不到有效威慑其他员工效仿违规者的作用。

因此,企业应要求员工对实际或潜在的欺诈或其他违纪行为有所反应,包括制止和举报。对那些未能对欺诈或其他违纪行为有所反应的员工要采取惩罚措施。如果员工知道企业的政策规范被违反或可能被违反,但是故意视而不见,装作不知情,或任由违纪行为发生,那么员工就未能做到防范欺诈或其他不当行为的发生。

总之,严格的违规责任追究机制是合规管理体系的重要环节,能够确保合规举报及调查等措施效果落到实处。问责并不以处罚为最终目标,而是希望通过问责机制,一方面帮助违规人员、违规部门消除调查所发现的缺陷,减少危害;另一方面将合规结构性错误识别出来,并报告给相关负责人员,以保证从过去的案件中总结出经验教训能够被纳入合规体系的发展过程之中。

第六节　合规报告

合规报告主要是指企业合规部门及合规专业人员就涉及企业合规的各种事项和问题,依规逐级向上汇报的路线和过程。

《GB/T35770-2022 合规管理体系 要求及使用指南》对合规报告的要求如下:

"9.1.4 合规报告

组织应确立、实施和维护合规报告的过程,以确保:

a) 界定适当的报告准则;

b）确立定期报告的时间表；

c）实施非常规报告机制以便于临时报告；

d）实施保证信息准确性和完整性的机制和过程；

e）向组织中合适的职能或板块提供准确和完整的信息，以便及时采取预防、纠正和补救措施。

合规团队向治理机构或最高管理者提交的任何报告内容均应受到充分保护，以防止被修改。"

国内的实践中，企业合规报告制度已成为一项非常重要的企业合规管理制度。比如，《中央企业合规管理办法》提出"中央企业发生合规风险，相关业务及职能部门应当及时采取应对措施，并按照规定向合规管理部门报告"。"中央企业发生重大合规风险事件，应当按照相关规定及时向国务院国资委报告"。

一、合规报告的基本原则

（一）准确完整

合规报告应基于可靠和准确的数据和信息，确保所有陈述和披露的事实无误，同时全面涵盖所有相关的合规要求和问题，不得遗漏任何重要信息。

（二）客观及时

合规报告应基于客观事实，在规定的时间内完成并提交，确保合规信息能够及时反映当前的状况，避免个人偏见和主观判断影响报告的内容，即合规部门及合规专业人员应当将企业合规情况客观反映出来，同时保障合规报告的过程是客观的，避免受到外界不良因素的干扰。

（三）保密及可追溯

合规报告中包含的敏感信息应得到妥善保护，防止未经授权的披露。同时，合规报告中的信息应能够追溯到原始数据和文档，以便在需要时进行验证。

二、合规报告的形式分类

合规报告是企业为了展示其遵守相关法律法规、内部规章制度以及合同要求的情况而编制的正式文件。合规报告的主要形式包括以下几种：

一是定期合规报告。这是最常见的合规报告形式，通常在年度、季度结束时编制，总结过去一段时间企业的合规状况，包括合规管理体系的实施情况、合规风险的识别和管理、合规事件的调查和处理结果等。

二是专项合规报告。针对特定的合规问题或领域，如反贿赂、反洗钱、数据保护等，企业可能会编制专项合规报告，详细说明在该领域的合规措施和效果。

三是事件驱动合规报告。当企业发生重大合规事件时，如违规行为、监管机构的调查等，企业需要及时编制报告，详细说明事件的原因、影响、应对措施和后续整改计划。

四是合规审计报告。由内部或外部审计机构对企业合规管理体系进行审计后出具的报告，评估企业合规管理体系的充分性和有效性。

五是合规自查报告。企业定期或不定期进行的自我检查，以评估合规风险和控制措施的有效性形成的自查报告。

六是合规风险评估报告。对企业面临的合规风险进行识别、评估和分析后形成的报告，通常包括风险的性质、可能的影响、发生概率和推荐的应对措施。

七是监管机构要求的合规报告。根据监管机构的要求，企业可能需要定期或不定期提交特定的合规报告，以满足监管要求。

三、合规报告的主要内容

合规报告的内容通常包括以下要素：

√报告的编制依据和目的

√报告的时间范围

√合规管理体系的概述

√合规风险的识别和评估

√合规事件的调查和处理

√合规培训和沟通情况

√合规改进措施和建议

√结论和后续行动计划

不同行业和地区的合规报告可能有所不同，企业应根据自身的实际情况和监管要求选择合适的报告形式和内容。

比如，定期性报告即指企业合规部门及合规专业人员依照企业规定的时间要求，汇报企业合规的相关事项。根据企业规模的大小、企业管理的实际、合规风险的强弱、合规事务的繁简等综合因素，可将定期性报告进一步分为：年度合规报告、季度合规报告以及月度合规报告。这类报告的汇报内容一般包括但不限于合规风险评估情况，合规培训的组织情况和效果评估，发现的违规行为以及处理情况，违规行为可能给组织带来的合规风险，已识别的合规漏洞或缺陷，建议采取的纠正措施，合规管理工作的整体评价和分析等。

专项性合规报告主要是指企业合规部门及合规专业人员就某些专项合规问题进行有针对性汇报的路线和过程。在具体的合规管理工作中，不同种类的企业所面临的企业合规风险是不同的，这就决定了在合规管理中也有着不同的重点和关键点。此外，同一企业在不同的发展阶段也会面临不同的企业合规风险，这也要求合规管理的重心需要及时调整。为此，各个企业需要根据自身的实际情况，来制定本企业关于专项合规报告的工作流程和内容。常见的专项合规报告主要有：反舞弊专项合规报告、反商业贿赂专项合规报告、财务管理专项合规报告、人事管理专项合规报告、安全防范专项合规报告等。

不定期合规报告主要针对经营管理过程中发生的某一或某类重大突发性违规事件、合规缺陷或重要合规信息，内容上具体从时间、地点（或环节）、性质、原因、可能造成的损失和影响以及拟采取的纠正措施等方面进行描述，或对外部监管部门出具的书面监管意见进行回应。

第七节　合规危机应对

合规危机应对是指企业在面临合规风险事件或潜在违规行为时，采取的一系列紧急措施来控制损失、恢复合规状态、维护企业声誉和避免进一步的法律责任。

一、合规危机事件的分级管理

企业应规范合规风险预防和应对行为，加强合规危机事件分级管理，建立健全合规危机事件应急处理体系和工作机制，控制、减轻和消除合规危机事件对企业引起的危害及造成的损失，保障企业经营稳定、声誉和员工生命财产安全，使企业在面对突发合规危机能够快速反应、有效控制和妥善处理。

企业针对日常梳理识别出的合规风险，应重点查找相关制度流程的设计、执行缺陷，分析、评判法律后果，针对可能引发重大违规事件的风险隐患，制定完善合规风险防控的应急预案。企业可根据合规风险评估的结果，划分应急事件的等级：一级风险应急事件，即可能导致企业正常运作受到严重影响、财产受到损失、公司声誉受到重大影响的事件，比如因行业或监管政策变化被主管机构或监管部门处罚、制裁等导致企业不能正常运作的事件等。二级风险应急事件，即业务部门有明确预期或合规管理部门判断可能导致对公司的声誉造成影响和损害的事件，比如因公司发生重大财产损失、重大诉讼等影响其信用和正常履行经济合同的重大突发不利事件；或公司高级管理层出现严重违法、违规案件，或已就重大经济事件接受有关部门调查等的突发事件。

实践中，企业应按照权限分工统筹协调，由相关业务领导牵头负责应对处置，督促业务部门将风险防范的应急管理措施落实到具体业务环节和工作岗位，最大限度化解风险、降低损失。合规管理部门可以通过挂牌督办、销项管理等方式，对重大违规事件风险隐患的应急处置工作进行督导。

二、合规危机应对的工作内容

企业的任何部门和全体员工均有采取各项措施、预防合规危机事件发生的义务。企业各部门负责人作为突发、应急事件预防、预警工作第一负责人，应定期检查及汇报部门有关情况，做到及时提示、提前控制，将事态控制在萌芽状态。公司全体员工在确知发生或发现可能引发重大突发合规风险事件时，均有责任立即向上级及合规管理部门报告。汇报的方式包括但不限于书面、口头、电子邮件等。应对合规危机事件时，应严格遵守法律法规和行业标准，确保应对措施合法合规，同时，要保护利益相关方的合法权益，包括员工、客户、供应商等。

合规危机应对的关键在于快速、透明和有效的行动，以最小化损害并重建信任。企业应提前制定详细的合规危机应对计划，并在平时进行演练，以便在危机发生时能够迅速有效地应对。

企业首先需要确认合规危机的性质、范围和可能的后果，评估危机对企业的财务、声誉和法律方面的影响。其次，激活合规危机管理团队，该团队通常由高级管理人员、合规官、法务人员、公关专家和其他相关人员组成，实施预先制定的合规危机应对计划。同时，进行彻底的内部调查，以查明违规行为的起因、涉及的人员和过程，保留所有相关证据，包括文件、记录和电子数据。最后，立即咨询法律顾问，了解可能面临的法律责任和最优的法律策略，确保所有应对措施符合法律规定。

具体来说，企业可建立应急工作办公室作为应对突发事件的议事、决策、协调、处理机构，应对企业的突发危机事件。当预警启动后，应急办公室应收集有关危机处理的情况和资料，汇总有关突发事件的各种重要信息，进行综合分析并提出建议，同时及时报告突发事件，向管理层报送、实施应对突发事件或刑事调查危机的方案计划，决定启动或终止企业内部突发事件应急预案或相关重大的处置措施。因此，企业建立完善的合规应急预警机制是化解外部调查危机的重要制度保障。预警信息应包括疑似突发、应急事件的类别、起始时间、可能影响范围、预警事项、应采取的措施等。预警信息采用逐级传递原则，在采取措施仍不能消除预警事项，无法确知预警事项是否消除，预警事项十分紧急、来不及采取措施或判断的情况下，部门负责人应立即向分管领导及合规管理部门报告。

合规危机事件发生时，按照处置权限应启动应急处置流程，成立应急处置专项执行小组，着手进行应急事件处置，尽量控制损失及影响，争取时间，为事件处理创造有利条件。在启动应急预案后，应急处置专项执行小组应尽可能了解事件的来龙去脉，并根据需要与外部机构和政府部门保持联络，了解事件全貌及最新动态；在全面掌握信息的基础上，形成初步事件处置建议，向领导小组进行汇报，由领导小组组织有关人员核查发生风险的原因，分析风险的动态。同时，根据风险起因和风险状况，制定相应的合规风险应急处置方案。

针对外部监管机构的调查，企业的应对方案是否得当，会对违法行为的处罚方式和幅度产生巨大影响。因此，发生合规危机事件以后，企业的领导层和合规管理部门必须予以最大重视，尤其要避免涉事业务人员自作主张不当应对。相应应急处置小组成员、受影响部门负责人、关键岗位负责人或其指定代理人在启动应急预案后必须立即到位，承担起应急事件应急处置的职责。对于有可能涉及违反外部监管要求的相关业务部门与子公司，应对相关员工进行初步的访谈，为之后收集调查文件、确定调查文件的保管人、了解调查波及的大致范围进行准备，并要求相关员工不得删除相关文件记录。应急处置人员、相关协作部门及人员在启动应急预案后应保证内外通信畅通，做好员工应急动员及突发事件应急处置指令传达工作。

许多企业应对外部监管机构的合规调查时，统一由合规管理部门协调本级业务部门、职能管理部门进行处置应对。相关业务部门、职能部门接到外部合规调查要求时，应及时报告同级合规管理部门。合规调查事项涉及全系统、总部层面的，由公司合规管理部门统筹负责。必要时，应考虑聘请专业的第三方协助企业应对外部调查。

此外，企业还需要制订沟通计划，确定如何与内部和外部利益相关者沟通，包括员工、客户、供应商、股东和监管机构，保持透明度和及时性，避免信息真空。根据调查结果，企业应采取必要的整改措施，包括修正违规行为、加强内部控制和合规体系，确保整改措施能够有效防止未来发生类似事件。同时，按照监管要求及时向监管机构报告合规危机和采取的措施，如有必要，对外发布公开声明，说明情况、采取措施和未来的规划。在危机结束后，企业需要进行全面的评估，分析危机应对的效果和不足，根据评估结果，更新合规政策和危机应对计划。最后，可以采取积极的公关活动，修复企业声誉，通过实际行动展示企业改进合规管理的决心和成果，以及加强合规监控，确保整改措施得到有效执行，对员工进行合规培训，提高合规意识和能力。

第八章
企业外部相关方合规管理

企业外部相关方合规管理是指企业在与外部组织和个人互动时，确保这些相关方遵守适用的法律法规、行业标准和内部政策所采取的合规管理措施。通过这些措施，企业可以有效地管理外部相关方的合规风险，促进企业整体的合规性和可持续发展。

第一节 企业外部利益相关方合规管理概述

一、外部利益相关方的概念和范围

自 1963 年斯坦福大学研究小组定义利益相关方以来，至今已有近 30 种定义。利益相关方一般泛指所有受企业经营活动影响或者影响公司经营活动的自然人或社会团体，即利益相关方是能够影响一个企业目标的实现或者能够被企业实现目标过程影响的人。

任何一个企业的发展都离不开各利益相关方的投入或参与，公司追求的是利益相关方的整体利益，而不仅仅是某些主体利益。一般认为，利益相关方包括企业的股东、债权人、雇员、消费者、供应商等交易伙伴，也包括政府部门、本地居民、本地社区、媒体、环保主义等压力集团，甚至包括自然环境、人类后代等受到企业经营活动直接或间接影响的客体。这些利益相关方与企业的生存和发展密切相关，他们有的分担了企业的经营风险，有的为企业的经营活动付出了代价，有的对企业进行监督和制约，企业的经营决策必须考虑他们的利益或接受他们的约束。

其中，内部利益相关方是指在企业内部的，如股东、经营者、职工等；外部利益相关方是指客观上影响公司或受到公司影响，公司必须对其承担一定社会责任的利益主体，如商业合作伙伴、社区、政府、社会团体、新闻媒介等。

二、外部利益相关方合规管理的基本内容

随着企业理论的发展，越来越多的人主张，公司不仅仅是一个追求利益最大化的微观经济

主体，而是社会经济运行的基本"细胞"，除了股东之外，公司还与其他利益相关方编织着一张利益关系的网，他们虽然有不同的利益追求，但在社会进步、经济发展、环境保护等方面有着共同的利益和要求，共同推动了公司长期繁荣和发展，公司如果仅仅保护股东利益，而忽视了对其他利益相关方的适度保护，不仅不合乎社会利益，也是对社会生产力的极大破坏。因此，公司应该注意保护利益相关方的利益，重视其社会责任。

利益相关方参与公司治理有利于公司内部制衡的实现，有利于对经营者形成有效的监督约束机制，有利于降低"代理成本"。公司治理从本质上说是各利益相关方之间相互制衡关系的有机整合，这就是说，从一开始公司治理的主体就应该是包括股东、职工、债权人、客户、供应商在内的所有利益相关方，也只有通过这些利益相关方的共同参与才能形成有效的公司治理。

利益相关方参与公司治理有利于对各相关方的利益形成有效保护，激励他们为公司长远绩效的提高而努力。一般而言，利益相关方在公司中处于"外部人"地位，他们的利益往往会受到经理人员和大股东的侵犯，这显然不利于公司的长远发展。从理论上说，如果公司治理制度能够充分保证利益相关方的利益，会减少利益相关方面临的实际风险，从而鼓励其进行专用性的投资，这对公司而言是极为有利的。比如，如果一个公司在实际中注重供应商的利益，就会形成一种稳定的业务关系，避免机会主义行为，从而降低了交易成本，这对双方都是有利的；另外，如果对职工的合法权益进行有效的保护，职工就会安心为公司效力，有动力去进行专业化的技能培训，从而提高生产效率，这仍然是一种双赢的选择。总之，利益相关方参与公司治理可以减少市场的不确定性，使交易双方都能够为了共同的目标努力，最终提高企业的长期绩效。

通过利益相关方参与到职能管理过程，参与到企业生产运营过程，共同解决企业生产运营过程中涉及的可持续发展问题，包括员工、资源、环境和社会问题等，最终实现负责任的研发、采购、生产、销售以及售后服务，直至实现创新性合作，创造共享价值。合规管理是取得利益相关方信任非常重要的管理模式。企业作为利益共同体中，如果伤害了某一个方面的利益的话，可能就会使这个平衡利益关系发生倾斜，被伤害利益的那些人就要找企业的麻烦。为了避免发生这样的事情，企业建立相应的合规部门进行相应管理是非常必要的。

对企业外部相关方合规管理的主要内容包括：一是确定了解与外部相关方互动过程中需要遵守的具体法律法规，识别行业内的最佳实践和标准以及企业对外部相关方合规的内部要求。二是制定合规管理计划，如评估与外部相关方合作可能带来的合规风险，制定针对外部相关方的合规政策和程序，对外部相关方进行合规培训，确保他们了解并遵守相关要求。三是实施合规管理措施，如在合同中明确合规条款，要求外部相关方遵守，或者定期监督外部相关方的合规行为，进行必要的审计，以及建立外部相关方合规问题的报告和反馈机制。四是与外部相关方建立基于合规的合作关系,在合作过程中保持透明度、增强信任,鼓励外部相关方提出改进合规管理的建议。五是对外部相关方的合规问题进行及时调查,对发现的问题采取纠正措施并监督执行,记录合规问题和处理结果,用于未来的合规评估。六是定期评估外部相关方的合规表现,保持与外部相关方的有效沟通,及时更新外部相关方关于法律法规变化的资讯等。

合规管理要求不仅针对企业自身及其内部员工,同样也针对利益相关方的行为。通过合规管理体系建设,推动公司自身及外部利益相关方的合规管理,打造合规生态圈,进一步优化营商环境,营造合规、有序、健康和公平竞争的营商环境,在保护利益相关方的同时,实现企业的可持续发展,同时也能促进企业更好地承担社会责任。

第二节 商业合作伙伴的合规管理

一、商业合作伙伴合规管理概述

(一)商业合作伙伴的含义

商业合作伙伴,又称商业合作伙伴或是业务伙伴。一般来讲,商业合作伙伴包括客户、合资伙伴、供应商、承包商、经销商以及广告公司、公关公司、咨询公司、代理公司以及其他第三方等企业日常经营需要发生业务合作关系的实体或个人。商业合作伙伴通常是为了某种特定的目标,与合作方企业达成的一种合作关系。在合作过程中,企业间分工合作,实现共担风险、共同获利的合作关系。商业合作伙伴关系是人与人之间、企业与企业之间达成的最高层次的合作关系,而且这种合作关系往往是相互信赖的、相对稳定的。

(二)合规性是选择商业合作伙伴的首要条件

如上所述,商业合作伙伴包含客户、合资伙伴、供应商、承包商、经销商以及广告公司、公关公司、咨询公司、代理公司以及其他第三方等,是企业日常经营需要发生业务合作关系的实体或个人的一个大的概念,因此,企业在选择商业合作伙伴的过程中由于其拟合作的商业合作伙伴的类型差异,其考虑的因素也不同,包括它提供产品或服务的质量与能力、成本结构、财务运营状况等,但不管是何种商业合作伙伴合作关系,要实现良好的合作效果,需要考虑两个重要的方面:

第一,是否能够找到企业文化的共同点。

全球公司在全球布局价值链,需要与不同国家的企业进行合作,其在全球寻找商业合作伙伴的过程中,商业合作伙伴之间企业文化的差异可能会导致冲突的发生。具体原因可能会有以下几种：一是不同国家之间的社会文化存在巨大差异，来自不同国家的企业之间相互合作，双方容易因为语言障碍，缺少沟通交流或解释不当而产生误解，最终影响业务合作关系。二是不同国家的企业由于价值观、文化传统等方面的差异，可能会产生冲突，合作一方依据自身文化对来自不同文化背景的信息做出价值判断，很可能出现失误。三是思维观念和行为模式的冲突。不同文化决定了不同的思维活动方式，来自不同文化背景的合作双方会面临更多的障碍。这些障碍可能导致误解、沟通中断、过度保守、非理性反应等诸多不良后果，并形成恶性循环、加深对立、加剧矛盾与冲突，造成企业的合作失败。

可见，企业在建立业务合作关系的过程中，由于企业文化间的差异，使得企业对信息的理解和反映也不尽相同，从而对双方的合作关系可能产生不利影响。因此，企业在建立合作伙伴关系的过程中必须寻求企业文化上的共同点，在相关问题理解上达成共识，这样才能保证合作伙伴关系在建立和运行中保持稳定。

然而，不管是来自哪个国家、哪一种文化价值观体系，所有的企业都希望建立一种自上而下的、所有人员主动遵守各种规章管理制度并自觉维护规则的有效性与权威性的氛围与机制，形成一种按照诚实、守信、正直、审慎等道德价值标准和行为操守准则来办事的合规文化。显然，合规性是商业合作伙伴之间合作可以找到的共同点。在合规运营的基础上，双方才有可能放心地开展业务合作，达到合作的目标。

第二，是否建立合理有效的管控机制以规避合作风险。

商业合作伙伴之间的合作需要有共同的目标。商业合作伙伴之间的合作，其最理想的情况是，合作伙伴们在各自能力范围内利用自身优势来互为补充，最终达到总体目标的实现。但是在具体实施中，各个企业的目标可能存在差异，而企业可能会以各自的实际具体的目标为主，这些实际的目标，不一定都是相同且一致的，有时是存在矛盾的。

所以，当企业之间建立起合作伙伴关系后，一方面需要对这一系统中的总体目标进行合理的认识，另一方面需要在各不相同的目标中找到折中的方面，进行适当的平衡。为避免商业合作伙伴之间目标有不一致的方面，需要企业建立起合理有效的管控机制，以求降低并解决合作关系中面临的风险。这种风险不仅仅包括常规的商业风险，如运营风险、财务风险、市场风险和技术风险等，也包括非商业风险，即因其商业合作伙伴的不合规或不合法行为曝光而引起的可能损失，包括受到信誉的、运营的和财务的处罚。而商业合作伙伴之间通过建立合适的管控机制，是可以在相当大的程度上避免违规给企业造成损失，从而促进双方合作的有效进行。

因此，不管是从建立企业文化共同性的角度出发，还是从规避风险的角度出发，合规性都是企业选择商业合作伙伴的首要条件。企业只有与具备良好声誉、诚信经营的商业合作伙伴开展合作，才有可能实现最终的合作目标。

二、商业合作伙伴合规管理的主要内容和程序

企业对商业合作伙伴的合规管理需要在企业整体合规管理的大框架之下,因此,许多企业都会在公司的商业行为规范准则中体现其对商业合作伙伴管理的一般政策和要求。在此基础上,一些企业会出台专门针对商业合作伙伴的诚信合规管理政策,或者是一些特殊类型的商业合作伙伴(如供应商或者中间商)的商业行为准则。在商业合作伙伴诚信合规管理政策中,企业将其对商业合作伙伴的合规管理要求——说明,由此构成了商业合作伙伴合规管理框架的最重要的内容。商业合作伙伴诚信合规管理政策是企业合规管理制度的重要组成部分,对于规范企业与商业合作伙伴的合规经营、合作互利有着重要的作用。

(一)商业合作伙伴合规管理的主要内容

在商业合作伙伴的选择阶段,对新的商业合作伙伴的合规风险的识别与评估,以及尽职调查是必不可少的合规管理步骤,也是将风险控制在正式签订业务合同之前的一道防火墙。对现有已经进入公司业务合作伙伴系统的商业合作伙伴,则应在后续管理上持续监督和关注,通过协同其他合规项目,沟通培训等各种方式方法提高商业合作伙伴的合规意识,并对发现的诚信合规问题及时做出评估和处理,为商业合作伙伴建立符合企业自身需求的系统化管理模式。

通过以行为规范为导向,政策制度为依据,工作指引为方法,系统工具为实操,可以将商业合作伙伴的合规管理框架划分为:

第一,商业合作伙伴诚信合规管理政策体系。

企业对商业合作伙伴的合规管理是企业防范和应对运营活动中涉及的商业合作伙伴合规风险的一整套的管理要求。比如,企业在防范合规风险时,要向商业合作伙伴宣传公司的员工权利、利益冲突、反对商业贿赂等方面的合规要求,制订适应当地实际情况的商业合作伙伴诚信合规管理制度和办法。

第二,商业合作伙伴风险识别与尽职调查工作指引。

建立商业合作伙伴准入管理制度,确定甄选合作伙伴的标准和具体要求,并且按照标准选用合格的商业合作伙伴进入数据系统。从合作形式和实际风险分析去划分需要进行合规尽职调查的商业合作伙伴是十分必要的。对于通过前期合规风险识别评估为高风险的商业合作伙伴,通过尽职调查有利于准确地把握合作中的合规风险点,并在合作过程中对合规风险进行一定的管控,进而可以大大降低整个合作过程面临的合规风险。

第三,商业合作伙伴的监督与管理系统。

对于与商业合作伙伴拟定的合同中合规条款的设定,日常运营中对商业合作伙伴合规风险

的监控，以及明确不合规事项的报告机制和应对方案等。加强对商业合作伙伴的日常监督管理，应建立商业合作伙伴监管档案，并定期维护与更新。同时，还应建立与商业合作伙伴合作情况的实施信息反馈机制，实时跟踪商业合作伙伴在商业活动中的表现。定期审核商业合作伙伴监管档案，检查商业合作伙伴合规尽职调查的有效性与可靠性。

第四，商业合作伙伴的培训与沟通机制。

在日常的合作中，与商业合作伙伴保持沟通和必要的培训。为了提高商业合作伙伴的合规意识，确保合规标准和风险管理的践行，应当定期对商业合作伙伴进行合规政策的宣讲和培训。还可以针对特定地区开展商业合作伙伴发展项目，以为商业合作伙伴提供更加适宜的、个性化的培训。商业合作伙伴可以通过电话、邮件或者网站咨询合规问题，或者举报投诉潜在的违规行为。

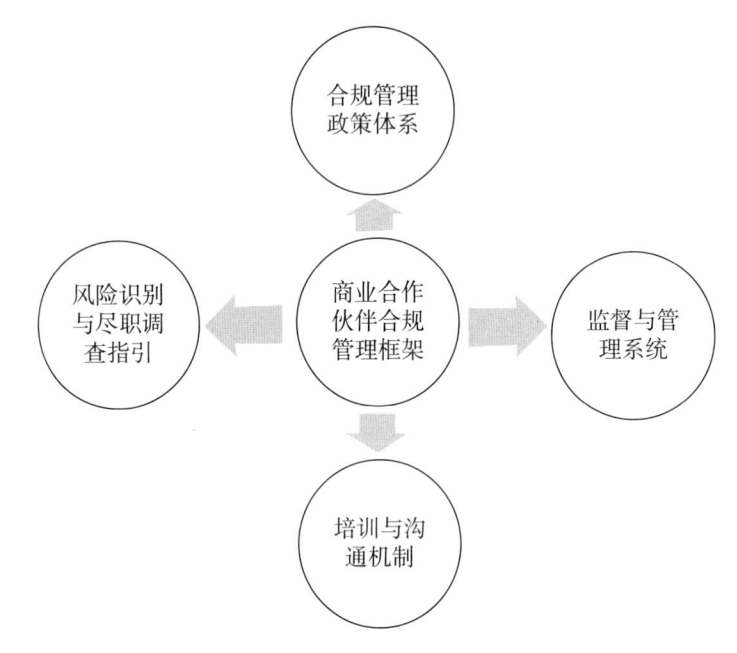

图 8-1　商业合作伙伴合规管理框架

总之，企业可以依照自身业务类型及发展战略，在市场环境不断变化的情况下，分时分阶段的制定、强化、调整商业合作伙伴的合规管理体系框架，通过合适的政策体系、评估工具和监管系统，最终有效并持续地促进商业合作伙伴完成企业各阶段目标，实现企业与商业合作伙伴的互利双赢，同时促进整个社会的经济发展，营造诚信的市场环境。

（二）商业合作伙伴合规管理的基本程序

企业需要在其整体的合规管理框架内嵌入统一的商业合作伙伴管理流程，而这一流程的关键部分则是确保商业合作伙伴同意以合约的方式遵守诚信合规管理政策。

1. 商业合作伙伴的资格审查

商业合作伙伴的选择应遵循标准化的资格审查程序。这是商业合作伙伴选择过程中的一个核心元素,以确保商业合作伙伴持续满足企业的需求。作为确保商业合作伙伴内部及其可持续发展的一个先决条件,在资格审查阶段,商业合作伙伴应该致力于满足其诚信合规管理政策体系的要求,并通过问卷调查等方式提供关于遵守企业商业行为规范要求的自我评估。

2. 商业合作伙伴的管理与评估

为了确保商业合作伙伴在业务关系中持续遵守绩效要求,企业需要基于统一标准对现有商业合作伙伴的绩效进行定期评估,并对评估结果进行评级。在对商业合作伙伴所进行定期的流程和系统审计期间,首先需要检查商业合作伙伴对企业商业行为准则的持续实施情况。如果存在违反行为准则的行为,企业需要与商业合作伙伴共同就相应的改进措施达成一致。在约定的情况下,企业可以授权第三方外部审计监督商业合作伙伴的可持续发展表现,一旦发现违规行为之后,商业合作伙伴必须立即行动,在议定的时限内采取补救措施加以处理,这些措施的执行情况会对商业合作伙伴的年度效绩评定、商业合作伙伴未来潜力的评估以及定期的质量核查结果将造成影响。

3. 商业合作伙伴的培训与沟通

企业仅仅在自己公司内部实施合规管理是不够的,还需要确保其商业合作伙伴也遵循相同的原则。提升商业合作伙伴的合规管理能力十分重要,这样企业就可以与商业合作伙伴一起共同应对未来的可持续发展挑战。因此,企业关于商业合作伙伴的诚信合规管理政策以及相应的管理流程,应确保为所有的商业合作伙伴共同获悉、接受、遵守和确认。

为了实现这一目标,企业可以为商业合作伙伴提供统一的合规培训,将合规管理的要点传达给众多商业合作伙伴,而培训的形式则可以多种多样。企业可以在不同国家根据自身的经验开展特定的商业合作伙伴合规管理研讨会,或者是将企业的合规工作报告由企业的合规官向商业合作伙伴宣讲。

最后,为了保持业务流程的完整性和透明度,为商业合作伙伴提供可靠的沟通和举报渠道,对于确保有效合规而言是不可或缺的,它能够确保可能的不当行为得以举报、揭露和彻底调查。

三、商业合作伙伴的合规风险识别与尽职调查

(一) 商业合作伙伴的合规风险特征分析

在市场经济条件下,任何一家企业开展生产经营活动都会面临一定的风险,包括市场风险、财务风险、法律风险和合规风险等。对企业来说,通常的风险是指影响其总体或部门

目标的不确定性。在市场经济环境中，企业的生产经营行为应该在遵循一定的规则要求的条件下达到一定的目标，而一旦违反要求或者未能达到目标，就存在不确定性，便产生了风险。

从合规管理的角度来看，诸如保证公平、廉洁地开展业务、促进贸易合规或者是保护劳工权利和环境等内容，都可以作为企业合规管理的工作目标，由此决定了企业应该承担的合规义务。合规义务是企业追求商业行为价值观水平的综合反映。不同的企业，因为其生产经营管理水平、规模、复杂性、结构、运营的方式和市场竞争地位不同，所坚守的商业行为价值标准有高有低，从而主动承担的合规义务，即形成的合规承诺也各不同。除了强制性的合规要求以外，合规承诺的标准有高有低，对应的合规风险点也相应有多有少。

随着企业生产经营全球化，强制性的合规要求会因为东道国和所在国的叠加而越来越复杂，合规承诺也会因为所在国的市场竞争环境不同而出现本土化调整，合规风险也就更加复杂化。从当前全球合规管理的大趋势来看，可以将合规风险分成三大类：行为不合伦理道德规范承诺的风险、行为不合业务沟通和专业技术承诺的风险、行为不合国家法律法规和社区规定要求的风险[①]：

一是行为不合伦理道德规范承诺的风险，可能包括但不限于，商业贿赂风险、操纵市场价格风险、不道德欺诈风险、不廉洁腐败风险、舞弊风险、对产品不负责任风险、违背企业核心价值观风险、血汗工厂蔑视人权风险等。

二是行为不合业务沟通和专业技术承诺的风险，可能包括但不限于，与相关方信息沟通风险、相关方要求识别响应风险、产品技术风险、产品质量风险、售后服务风险、产品功能持久性风险、产品节能风险、产品绿色风险、产品智能化风险、产品人性化设计风险、产品技术专利风险、产品知识产权风险、商业秘密风险、资产保值增值风险等。

三是行为不合国家法律法规和社区规定要求的风险，包括但不限于，违反商业法规风险、生产安全风险、职业健康安全风险、环境风险、社会责任风险、风俗信仰文化冲突风险、社区冲突风险、社会治安风险、政治风险等。

根据企业与商业合作伙伴合作模式的不同，合规风险管理的特征也不同。下面列举几种典型合作模式下商业合作伙伴的合规风险。

---

① 详见王志乐：《合规 V——建立有效的合规管理体系》第27页。

表 8-1 不同类型商业合作伙伴的合规风险

商业合作伙伴类型	业务合作内容	合规风险
供应商	提供原材料、半成品和各类服务	产品质量风险、道德欺诈风险等
合资合作伙伴	战略合作者或联合权益所有者	商业贿赂风险、道德欺诈风险等
代理商	代表企业行事的个人或机构	商业贿赂风险、道德欺诈风险等
承包商	从事工程、建筑等项目承包的机构	生产安全风险、商业贿赂风险等
经销商	受雇于组织从事营销活动和销售产品的机构或个人	商业贿赂风险、道德欺诈风险等
咨询公司	向企业提供咨询服务的个人或公司	知识产权风险、商业贿赂风险等

但事实上，笼统地评估商业合作伙伴整体有什么合规风险，并没有太多的具体管理意义，对商业合作伙伴合规风险的管理需要放在企业整体合规风险管理的框架之中，即企业整体合规管理的重点内容构成了对重要商业合作伙伴的风险识别以及合规审查的关注重点。

由于不同的企业对于合规管理的重点内容定义的范围不甚相同。一方面，如果按照狭义的合规管理的要求，那么合规管理的重点将放在反对商业贿赂与腐败，那么对商业合作伙伴合规风险的管理也需要放在易发生腐败的方面。比如，在反腐败领域，需要重点审查可能代表公司与政府部门有接触的商业合作伙伴，审查的重点在于商业合作伙伴以往的廉洁记录、付款的合理性和流程等合规关注的重点领域不同，由此对商业合作伙伴进行尽职调查的侧重点和角度也会不同。

另一方面，如果按照广义的合规管理的要求来理解，合规管理不仅仅局限于反对商业贿赂，也包括要符合企业在业务开展过程中的各个层面的法律法规规范，所以，对商业合作伙伴的合规风险的识别的范围也应该不断扩大，需要考虑所有可能存在的不合规风险，包括违反人权、环保、质量、安全以及商业贿赂等各种因素。这意味着要想控制商业伙伴的合规风险，需要企业投入更多的管控措施、更大的成本。

总之，对商业合作伙伴合规风险的识别需要在企业整体合规管理的大框架下，权衡考虑合规目标、管控资源成本等其他各种因素才是最合适的。

(二) 商业合作伙伴合规尽职调查的内容和形式

为了最大限度地降低商业合作伙伴给企业造成的经济和声誉损失，企业在与商业伙伴合作之前，需要对其进行合规尽职调查，根据合规尽职调查评估结果，由企业决策层决定是否与该业务伙伴进行商业合作，建立商业合作伙伴关系。因此，企业做好合规风险的尽职调查显得相当重要。

1. 合规尽职调查的内容和范围

合规尽职调查主要是指通过对商业合作伙伴或合作方进行调查，收集与拟进行合作的关键问题相关的信息，从而达到了解商业合作伙伴和合作方的目的，发现其业务上的优势和弱点，找出其现存和潜在的各种重大问题和影响合作的重要因素，以便为作出是否与之进行合作或交易的决定等。

一般来讲，对商业合作伙伴进行合规方面的调查摸底，了解的内容主要包括：商业合作伙伴的设立与存续、股权结构和公司治理、资产和权益的权属与限制、业务运营、守法合规等方面的法律状态，发现、分析评估商业合作伙伴存在的各方面的合规问题，揭示或提示拟进行的交易相关的法律风险，为判断合作是否可以继续进行提供依据等。

具体来讲，合规尽职调查的内容和范围依照交易类型和商业合作伙伴的功能角色不同而各有不同，而且，尽职调查审查的重点在于与商业合作伙伴进行交易的必要性、合法性和合理性。总体上，可以从以下几个方面进行调查：

1）合规风险制度和流程调查

a）商业合作伙伴是否有明确的政策以及相关的行为规范，明确定义贿赂行为，并且禁止一切形式的（无论是直接或者通过第三方实施的）贿赂行为？

b）商业合作伙伴是否有正式明确的合规项目来实施其反贿赂的零容忍政策？

c）商业合作伙伴是否会定期进行风险评估，评测所有商业活动的贿赂风险？

d）商业合作伙伴是否有相关流程保证对账本和记录进行真实性核查，确保其恰当合理地记录包括代理商和其他中间方在内的所有财务往来？

e）商业合作伙伴是否有相关程序，确保付给代理商和其他中间方的报酬是对其提供的合法服务给予的合理有据的报酬，并且通过真实渠道支付，而不是用于贿赂的借口？

f）商业合作伙伴是否有相关流程，在开发、执行、评估、改善反贿赂项目时与相关利益方沟通，比如与员工工会或其他员工代表沟通？

g）商业合作伙伴是否涉及疏通费的相关政策和程序，明确禁止疏通费或者不提倡疏通费？

h）商业合作伙伴是否有相关流程和监控措施，确保慈善捐助和赞助不会被用于行贿？

i）商业合作伙伴是否在对礼物、招待和费用等方面对员工有相关指导和规定？

j）商业合作伙伴是否有相关流程以监督合规项目的有效进展和实施、分享新近的最佳做法、并对有违合规项目操作的内外部人员实行惩罚？

k）商业合作伙伴是否有相关政策或流程，规定任何员工不会因为拒绝行贿而遭到降职、处罚或其他后果，即使其拒绝行贿的行为导致企业失去生意？

2）合规风险防控执行情况调查

a）商业合作伙伴是否有措施确保不通过代理商或者别的中间商进行不当付款？

b）对于行贿或者行为不符合合规项目的代理商和中间商，商业合作伙伴是否对其进行制裁？

c）商业合作伙伴专门的合规项目是否能切实针对已发现的贿赂风险？

d）商业合作伙伴是否有相关流程确保合规项目与中国的反腐败法律以及它运营所在的其他国家司法体系中的相关法规相一致？

e）商业合作伙伴是否有相关流程，在全公司范围内实施问责以确保合规项目在其所有业务实体和分支中有效执行？

f）对与商业合作伙伴有主要投资关系或业务关系的公司，包括合资企业、联营、供应商、承包商等，商业合作伙伴是否鼓励实施相似的合规项目？

3）合规风险控制组织保障调查

a）商业合作伙伴是否有内部监控体系，包括账务和机构核查、会计和记录保存管理，并由内部审计人员定期审计，确保有效抵制贿赂？

b）商业合作伙伴是否鼓励员工表达顾虑，并且提供安全畅通的渠道，使得员工可以寻求建议、表达顾虑、举报违规行为而不遭到报复？

c）商业合作伙伴是否有相关流程使得包括高管在内的所有员工及其他与该公司有业务关系的公司的员工，了解合规项目，并提供较为详细的指南和不断培训，指导如何实施合规项目？

d）商业合作伙伴是否有相关程序、确保审计委员会、监管委员会、董事会等可以监控、评审，并对合规项目的可行性和有效性做出独立评估，以及及时获取任何问题的报告？

e）商业合作伙伴的董事会、所有者或者相关高层是否正式批准合规项目，并且明确表示全力支持执行该项目？

2. 合规尽职调查的方式和方法

合理与成熟的尽职调查方法，既能够促使合规尽职调查标准化，也能在一定程度上保障尽调质量，合理规避风险。具体实施尽职调查的工作方法，主要有资料收集、调查问卷、零距离访谈、现场观察、引擎搜索、雇用第三方调查六种。每种调查方法都会各有利弊，具体可以根据尽职调查的要求考虑综合加以运用，甚至对于重点问题可以同时采用多种方法，以确定具体的合规风险。

1）资料收集

对于基础资料的收集，主要是取得企业已经在现实中存在的基础资料，如各类表单、记录、档案等。可以用提供资料清单的方式由商业合作伙伴按清单上的内容提供，也可以由调查人员自行按照清单从企业调取。尽职调查清单大多是收集资料时所用的清单，而在收集资料时，有些内容还是需要进一步地细化、具体化。

在实际工作中,由商业合作伙伴按资料清单提供资料的方式进行调查可以节省调查人员的工作时间。但如果对应的商业合作伙伴的员工对清单存在理解上的问题,调查人员往往很难得到想要的资料,许多情况下还是需要现场调取以便决定资料的取舍,并借以发现清单以外的重要资料及具体情况。

由于合规风险识别所需要尽职调查的内容与企业管理的内容在某些方面并不一致,而且大多数企业在全面法律风险管理方面还处于空白阶段,因此,对于资料清单上的内容,可能会出现企业无法全面提供相关资料的情况。另外,就目前的企业管理水平而言,许多企业往往由于相关资料的管理制度并不健全或执行不力,某些资料未能及时归档,甚至未能妥善保管的情况也并不罕见,加之某些企业对于清单上的内容根本无法理解,所以建议这类调查可以分阶段进行,通过一轮接一轮地提供清单和收取资料,才能逐步描述出企业合规风险的现实状况。

对于进行调查的人员来说,必须不断地确认每次往来清单上的资料是否已经提供,并对资料及时进行判读以确定下一轮的调查清单,同时还需对所取得的资料进行分类管理和目录管理。

2）调查问卷

调查问卷的调查方式与资料清单的方式并不冲突,而且使用方法也比较多。一般使用这类方式进行调查主要是用于取得被调查对象的主观印象和感受,从而得到通过前一方法无法取得的基础资料以外的情况。例如,通过资料清单虽然可以得到各种制度的具体内容,但无法知道制度的执行情况和执行者对于制度的主观感受,对于这些存在于某些调查对象主观意识中的内容,一部分可以通过调查问卷的方式取得,还有一部分则必须用访谈的方式才能取得。

调查问卷的设计需要考虑到各种不同的情况,使应答人员容易理解并回答,如果以选项的方式提问,而问题的选项范围又过于狭窄,调查对象无法正确地回答问题,企业也就得不到真实情况的信息。调查问卷得到商业合作伙伴的有效反馈后,能够帮助锁定合规尽职调查的重点内容,同时也排除某些并不存在的选项,以便确定下一步的调查范围和重点。

例如,对于某企业的合规尽职调查表的内容局部如下：

公司董事会或高级管理层已经对公司所有管理人员和员工制定了以下哪些制度和做法：

a）整体监管合规项目

如果有,该制度在贵公司的实际运作中是否得到遵守？

b）内部交易制度

如果有,该制度在贵公司的实际运作中是否得到遵守？

c）公司治理制度

如果有,该制度在贵公司的实际运作中是否得到遵守？

d）交易行为准则/伦理制度

如果有，该制度在贵公司的实际运作中是否得到遵守？

e）媒体危机处理制度

如果有，该制度在贵公司的实际运作中是否得到遵守？

f）相关证券法规要求的披露制度

如果有，该制度在贵公司的实际运作中是否得到遵守？

g）数据保护方面的合规制度

如果有，该制度在贵公司的实际运作中是否得到遵守？

h）健康和安全方面的合规制度

如果有，该制度在贵公司的实际运作中是否得到遵守？

i）环境方面的合规制度

如果有，该制度在贵公司的实际运作中是否得到遵守？

j）反贿赂和腐败方面的合规制度

如果有，该制度在贵公司的实际运作中是否得到遵守？

k）反垄断/竞争法方面的合规制度

如果有，该制度在贵公司的实际运作中是否得到遵守？

l）产品安全方面的合规制度

如果有，该制度在贵公司的实际运作中是否得到遵守？

m）公司是否全面建立了违反相关制度的非公开举报制度？

3）零距离访谈

在对商业合作伙伴的尽职调查中，面对面"零距离"的访谈往往是必不可少的，这也是其他任何一种方式都无法替代的调查方式。这类方式往往用于内容比较复杂，无法简单地通过资料清单及调查问卷取得的内容，或者是由于内容比较敏感，商业合作伙伴的具体工作人员不愿意通过书面方式提供信息的内容。

由于是面对面地进行调查，被访者与调查人员的沟通比较直接、即时，调查人员可以通过及时调整方向而取得许多表面上的调查所无法取得的内容。而且，面对面地回答问题远比查找及提供资料、阅读及回答调查问卷来得容易，工作负担轻，因而调查人员访谈所得到的信息往往更为丰富、生动。更重要的是，通过面对面的访谈，可以得到一些问题背景等方面的信息，这些信息如果通过其他调查方式则可能无法取得。

例如，在对某一企业之前的环境污染事故处理状况进行尽职调查时，通过资料清单所得到的信息非常有限，而且根本无法判读资料所描述的状态。在改为访谈后，具体负责环境保护的部门管理人员非常配合，从企业环境污染源及环境保护措施的历史沿革、当前的主要污染源、污染处理情况，到当前正在解决和无法解决的污染问题等均做了详细审查解答，并直接派人带领调查人员查看了现场。事后得知，该部门由于缺乏整理资料的人手，无法及时提供相应的调查资料，而当面访谈时则可以通过口述将相关内容和盘托出，使调查取得了满意的结果。在双方熟悉以后，后续的资料调取等均变得十分容易，对于某些不明之处也可以简单地通过电话进行沟通。

还有一些内容也只能通过访谈的方式取得，那就是企业员工对于企业潜在合规风险的看法，以及对企业合规管理制度执行情况的主观看法等。随着目前企业管理人员的文化素质不断提高，其观察问题、思考问题的能力也在不断提高。但由于他们所处的岗位或职务的原因，许多员工都不愿意在公开场合透露他们所看到或听到的问题，以免造成上级或同事之间的矛盾，只有在一对一的访谈时才有可能得到第一手的资料，如企业合规风险管理工作的盲区、更为行之有效的工作方案、应当加以利用的资源等。这些信息往往对合规风险的识别及对症下药具有极高的价值，甚至会对调查人员的尽职调查思路提供极具价值的补充。而这些只能通过零距离的访谈才能得到，同时以访谈的方式进行尽职调查也有利于后续工作的进行。

4）现场观察和调查核实

对于具有特别规定的场所，或者可能存在合规风险的工作流程，往往需要通过现场观察才能确切了解合规风险。前者如服务企业的具体服务环境是否符合法律要求或者消防设施是否到位；后者如经营过程中办理某些手续的对内、对外流程等。这类调查无需企业提供资料，只是需要提供相应的场合，然后以现场观察的方式获取现实工作中合规风险的第一手资料。通过这种方式所调查出来的信息往往令企业更容易了解到商业合作伙伴的相关情况。

调查核实的目的，或者是取得商业合作伙伴因某种原因无法有效提供的资料，或者是对所收集到的各类资料的真实性、完整性、有效性等进行核实。某些资料由于商业合作伙伴的管理不善很有可能无法提供，或是某些部门心存顾虑刻意不想提供，而另外一些资料虽然已经取得，但其确切情况到底如何需要进一步核实，在这些情况下，都需要主动调查核实以得出确切的结论，以便准确判断合规风险点。

5）引擎搜索

对于各种类型的商业合作伙伴，需要考虑可能存在的各种不合规风险，包括违反人权、环保、质量、安全以及商业贿赂等各种因素，并在此基础上收集商业合作伙伴的相关信息，即收集对商业合作伙伴合规尽职调查的关键数据。相关信息可以通过全球商业数据库、政府的诚信管理系统或互联网以及公司内部已有的关于商业合作伙伴的数据库等资源收集相关资料。

比如，在国内，可以通过检察院的"行贿档案查询系统"查询商业合作伙伴是否有违规行为，这个系统相当于"企业商业腐败黑名单"，里面包含了多年的行贿案件的信息，有企业也有个人的信息，企业申请后可以免费查询；还可以有偿使用商业银行的诚信系统，这里包括的信息更广泛，记录的都是黑色信息，可以查询到商业合作伙伴是否有不良的金融记录。

6) 雇佣第三方进行调查

对于一些非常重要的、且风险较高的商业合作伙伴，可以雇用第三方进行合规尽职调查。专业的第三方调查公司可以通过搜集商业合作伙伴资料、核实信息、量化主要风险等方法来帮助企业强化商业合作伙伴的合规管理。一些全球知名的调查公司可以向客户提供数据管理平台支持信息浏览、信息存档和审计等多种功能。通过该平台，企业可查询其商业合作伙伴的情况，搜集重要的企业信息、信息披露、参考资料和证明文件，并确认商业合作伙伴是否严格地遵守相关的合规行为准则和行业惯例。在此基础上，有的调查公司还可以将商业合作伙伴的数据与尽职调查的工作流程整合在一起，同时还可进行复杂的合规报告工作并实时访问关键信息。显然，雇用第三方调查可以获得关于商业合作伙伴更加准确的信息，但同时成本也更加高，所以大多数企业只有针对高风险的商业合作伙伴时才会使用第三方尽职调查。

总之，在开展尽职调查的基础上，业务部门和合规部门再共同对商业合作伙伴的合规风险进行评估，并对评估中发现的问题做出响应。所有商业合作伙伴只有通过合规尽职调查后才能开展合作。一些企业将尽职调查的结论分为允许合作、附条件允许合作和不允许合作三种，即使是允许合作的合作伙伴，依据合作类型的不同，在一定周期后也要重新进行评估，当然业务部门也要在日常的合作中对商业合作伙伴的诚信合规管理情况进行监督，并在必要时启动特别调查程序。

四、商业合作伙伴的合作、管理与监督

（一）对商业合作伙伴的合规条款约束

随着企业合规风险意识提高，特别是认识到合规对可持续发展战略举足轻重的地位，企业对于商业合作伙伴的合规要求也不断提高和细化。鉴于中国目前的合规大环境，企业为减少商业合作伙伴的合规风险给自身带来的冲击，开始尝试借助合同条款对商业合作伙伴的行为进行合规约束，以获取商业合作伙伴的"合规承诺"。

经过尽职调查以后，一些企业在与商业合作伙伴的交易合同汇总增加详尽合规条款，以有效管控商业合作伙伴的合规风险。

一般而言，合规约束条款的内容包括：

①符合法律的条款

该条款应明确商业合作伙伴在与委托方的交易中负有遵守所有适用的反商业腐败法律的义务。在此，可以适当列举中国的《刑法》、《反不正当竞争法》、《国家工商行政管理局关于禁止商业贿赂行为的暂行规定》、FCPA 以及 2010 年英国贿赂法，同时概括性规定商业合作伙伴应遵守所有适用的反腐败法律、地方性法规、部门规章、组织纪律和其他适用的行

业标准。

②符合商业合作伙伴诚信合规管理政策的条款

在与高风险的商业合作伙伴（如代理商、经销商）的交易中，除了符合法律条款之外，委托方通常额外要求商业合作伙伴遵守其专门的诚信合规管理政策。该条款具有格式条款的特征。若商业合作伙伴违反该政策，其可能会存在质疑诚信合规管理政策正当性的倾向，企图逃避责任。

为避免该情形，委托方可以在符合商业合作伙伴诚信合规管理政策条款中明示：1）委托方已向商业合作伙伴详细说明该政策；2）该政策旨在促进商业合作伙伴共同遵守相关反腐败法律和商业道德规则，无意免除委托方责任或加重商业合作伙伴的责任、排除商业合作伙伴的主要权利，且该诚信合规管理政策也不包含任何具有上述效果的内容。

③支付条款

在与商业合作伙伴的合同中，委托方应在支付条款中说明货款、服务费、佣金等款项的计算依据，以满足相关反腐败法律的金额合理性要求。以服务佣金为例，佣金应与所提供的服务或销售金额成比例，且符合相关市场正常水平。此外，按照相关规定，"账外暗中"支付回扣有可能被工商部门认定为商业贿赂。因此，委托方与商业合作伙伴应对销售折扣的支付与收受进行正确的账务账簿记载并开具发票。

④禁止不当支付与账簿记载条款

该条款要求受托方不得向政府官员、主管事业单位人员或其有亲密关系人员或交易相关的其他单位或个人给付或承诺给付现金或财产性利益。

该条款通常要求商业合作伙伴或其员工为交易之目的向其他单位或个人支付款项时，应取得委托方的书面同意。同时，商业合作伙伴应在账务账簿正确记载交易相关的成本和款项支付，以便委托方审计。

⑤审计条款

按照审计条款，就交易相关的财务账簿记载，委托方有权对商业合作伙伴进行审计。该审计可以由委托方内部资源或聘请独立第三方专业人员进行。通常该审计包括审核商业合作伙伴的内控制度及实施、与交易相关的成本费用特别是受托方员工的差旅、娱乐招待支出等。

实践中，商业合作伙伴可能不希望向委托方公开与交易相关的所有成本费用明细，而只同意由独立第三方进行专项审计。独立第三方完成审计后将不披露审计明细，而仅告知委托方其商业合作伙伴是否存在向政府官员、主管事业单位人员或与其有亲密关系人员或交易相关的其他单位或个人给付或承诺给付现金或财产性利益的情形。

此外，若商业合作伙伴与委托方为同业竞争的市场主体，委托方实施审计获悉受托方经营成本信息有违反反垄断法之嫌。在此情形下，委托方亦应考虑委托独立第三方对商业合作伙伴进行审计。

⑥违约终止条款

该条款赋予委托方在商业合作伙伴违反合规条款时解除合同的权利。该条款宜作成一个单独条款，而独立于其他合同终止条款。值得注意的是，中国法院在部分案件判决中认为，即便合同双方约定了依约解除情形，但守约方是否具有解除权利亦应考虑违约方的违约程度。因此，商业合作伙伴应在交易合同中向委托方作出恪守合规条款的保证，商业合作伙伴任何违反保证的行为将构成根本性违约，委托方将有权据此解除合同。

⑦赔偿条款

赔偿条款（Indemnity clause）规定，若商业合作伙伴违反合规条款，它有义务赔偿委托方遭受的全部损失。该等赔偿条款为英美法系概念，可独立于合同双方的主交易（underlying major transaction）。事实上，若交易合同适用中国法，中国法院很可能不支持该等赔偿条款，而更可能支持违约方在实际违约情形下对守约方的补偿责任（compensation liability）。因此，委托方若希望赔偿条款得以适用，且合同存在涉外因素，可在中国法律允许的前提下约定英美法系域外法律作为合同的管辖法律。

⑧其他条款

除了上述条款之外，如有必要，委托方应在合同中要求商业合作伙伴采用与委托方一致的诚信合规管理政策，鼓励商业合作伙伴员工积极举报违法违规事件，并规定商业合作伙伴有义务接受委托方持续的合规培训。

总之，合规条款整体上看是对商业合作伙伴在合规方面的原则性约束或框架性约束，此外，企业也会选择在本行业合规高风险领域设计特别条款来强调或突出商业合作伙伴在此方面应遵守的义务。

如前文提到，有些企业选择在合同的开始写入对商业合作伙伴行为合规的"诚信条款"，从保证提供的资质、材料信息的真实性到要求商业合作伙伴承诺再代表企业工作时，遵循所有适用的规章制度，包括承诺避免各种形式的贿赂等。很多企业在自己的供应商或经销商认证系统里直接放入这些"诚信条款"，参选的供应商或经销商在进入系统后，需先对这些条款进行打钩同意后，方能进入到系统的下一步操作。当正式的商业合作合同签署时，该供应商或经销商在进入系统时同意承诺的这些"诚信条款"会成为合同的一部分内容。

（二）对商业合作伙伴的持续监督管理

为了确保商业合作伙伴在业务关系中持续遵守企业的合规要求，一些企业基于统一标准对商业合作伙伴进行持续的监督管理。在管控合规风险方面对商业合作伙伴进行持续的管理是合规方案得以成功执行的重要组成部分。

1. 建立商业合作伙伴合规监管数据库

在与商业合作伙伴合作的过程中，企业应当留意内部和外部与商业合作伙伴相关的业务活动有关的风险，并及时关注与聘用的商业合作伙伴相关业务活动领域在法律、监管等方面的发展动向。

企业可以建立并维持相关流程，用来发现商业合作伙伴在日常运营中未能遵守相关要求的活动。这些流程包括维护违规事件的图表或者清单，类似于创建并维护一份关于商业合作伙伴符合监督要求特定标准的个人档案。打分卡也可以用来持续追踪商业合作伙伴的表现。所有查实的违规活动都需要适当地文件化以保存相关记录。所有获得的信息都可以用于与商业合作伙伴进行合规沟通，作为处罚它的支持证据以及定期对商业合作伙伴进行业务和合规审阅。

在大数据时代，建立对商业合作伙伴的合规监管数据库是一个很好的选择。通过定期归集、整理、记录对商业合作伙伴的合规尽职调查程序文件及结果，可以建立商业合作伙伴的合规监管档案，并定期维护与更新。同时，还可以建立对商业合作伙伴使用情况的实时信息反馈机制，实时跟踪商业合作伙伴在商业活动中的表现。定期审核商业合作伙伴监管档案，检查商业合作伙伴合规尽职调查的有效性与可靠性，检查内容包括但不限于对商业合作伙伴合规尽职调查程序及商业合作伙伴后续管理情况是否符合公司规定；商业合作伙伴的聘用是否履行了适当的审批程序；合同的起草、审查、会签、签署和履行情况是否规范；支持性文件是否充分；等等。

2. 对商业合作伙伴的合规审查与处理

企业对于商业合作伙伴的合规监管往往选择设置三道防线。第一道防线就是在"准入式"的审核阶段，通过企业自身的管理平台或系统对于商业合作伙伴的合规风险做出评估并决定是否建立合作关系；第二道防线就是当确立商业合作关系后，在具体签署商业合同时，与商业合作伙伴订立"合规条款"；第三道防线则是对商业合作伙伴的合规审查与持续性评估。

企业应定期对商业合作伙伴进行合规审查，以此来确定是否继续与商业合作伙伴的业务关系。合规审查之后通常有三种选择：续展，不续展，有条件续展。根据实际情况，审查可以发生在不同的时间间隔，例如6个月，18个月，2年或3年。审查需要考虑的相关因素包括交易规模、业务关系的时间长短及紧密程度、风险评级等。收集信息的方法多种多样，这可以从要求商业合作伙伴填写调查问卷开始，然后根据从其他渠道获得的信息检查商业合作伙伴提供的信息。组织可以通过媒体检索，数据库调查，法庭判决，现场访问，访谈商业合作伙伴管理层，与商业合作伙伴竞争对手、供应商交谈等获得所需的信息。合规部门可以在合规审查中提供意见。与合规、法务、财务、合作伙伴管理领导一起，相关业务部门领导需要根据年度审查结果就与商业合作伙伴的业务关系做出决策。如果商业合作伙伴对业务来说非常重要，组织更高级别的管理者也可能需要加入决策过程，尤其当倾向于不续展或有条件续展某个商业合作伙伴时。

当组织决定有条件续展某个商业合作伙伴，这里的条件是指合规条件。例如，只要商业合作伙伴同意在特定的时间内满足这些条件，则允许与商业合作伙伴的业务关系继续保持 6 个月。如果这些条件得以全部履行，则业务关系将完全延伸到下一年或下一个期限间隔。如果条件没有得到满足，则业务关系就会终止。

如果商业合作伙伴并未接受合规条件或在期限内没有满足约定的条件，企业就需要为可能终止业务关系的情况做好充分准备，并且需要向商业合作伙伴的首席执行官、董事会主席及其他高级管理层成员清楚、充分地沟通条件和相关后果。这些沟通常以正式书信的方式进行，并说明聘用组织对商业合作伙伴具体的条件内容和要求。从战术上来讲，当合规部门坚持要求有条件才能续展的立场并且与商业合作伙伴沟通，直接与商业合作伙伴合作的公司的业务部门的领导，就需要劝说商业合作伙伴去执行条件和要求。

第三节　企业配合外部监管的合规管理

一、与外部监管机构的日常沟通

企业与外部监管机构的沟通是合规管理的重要组成部分。良好的沟通不仅能帮助企业了解和遵守相关法律法规，还能在监管机构中建立积极的形象。在当今的全球市场环境下，公司应建立适当的合规管理流程以应对来自监管部门的越来越多的关注，确保企业对可能的监管审查做好准备。监管机构并不是企业的敌人，而是他们的合作伙伴。监管机构的作用在于提高管理效率，保证市场公平竞争，培养企业的社会责任感。因此，企业和需要正确认识监管机构的作用和重要性，树立合作的意识，并发挥其积极作用，而不是将其视为可有可无的存在，甚至是对自身利益的威胁。

企业应建立良性互动的监管合作沟通机制，增加外部监管机构对公司的信任，具体的措施包括但不限于：

一是了解监管机构的职能、责任和监管重点，熟悉监管机构发布的最新政策、法规和指导原则。企业和需要理解监管机构当前的工作重点，明确监管机构提供支持的方式和途径，找到合作的矛盾点并建立相对应的解决方案。

二是定期举行沟通会议。企业可以邀请监管机构负责人参加讨论会议，讨论行业发展前景、业务展示、企业运营状态等话题。通过这些会议，双方可以互相了解对方，建立起不错的人际关系。

三是积极主动地提供信息。企业和机构需要主动向监管机构提供自己的运营情况、业务扩展情况、财务报告等信息。这可以起到增进双方合作的作用，同时避免监管机构因为对有所隐瞒而对企业产生不信任。公司还可以通过发展与监管机构规则要求相一致的合规管理政策，来降低在报告义务和遭受处罚方面的风险。同时，保持与监管机构的及时沟通与交流。

四是及时回复监管机构的通知和要求。企业和机构需及时地回复监管机构所发出的通知和要求，避免因疏漏而误解了监管机构对其的要求。企业可以就一些潜在风险事项提前请求与机构的工作人员面对面地对质询和争议进行沟通，与外部监管机构建立公开透明的关系。

二、企业应对外部合规调查的要求和程序

在公司遭遇外部监管机构执法行动时，企业的合规管理部门应组织各相关部门通力合作，与外部律师有效配合，同时要协调与政府有关部门的关系，积极与执法机关做尽可能的沟通，充分了解执法机关所关注的事项，同时积极采取适当措施应对外部调查减少潜在的不利影响。

首先，企业的领导层和合规管理部门对外部调查应予以必要的重视，并制定应对方案。根据合规风险的动态及风险起因和风险状况，制定相应的风险应急处置方案，采取相关措施组织风险排查。通过排查迅速识别有可能涉嫌违法违规的业务部门与子公司，如发现违法行为、发生重大违规违纪、涉嫌违法犯罪事件时，应暂停相关业务的办理，并及时开展内部业务排查，全面掌握违规事实或可疑操作，同时避免事件传播扩大，引发外部不良影响，避免违法违规行为的进一步升级给企业带来更大的损失。

为此，企业应该明确指示相关业务人员立即停止疑似违规行为，特别是避免涉事业务部门或人员自作主张不当应对。即使业务受到短期影响，也应立即暂停与可能存在问题的客户的往来。如果企业在和专业人士咨询后排除合规问题，则相关业务可以恢复。企业应该迅速针对可能涉事的业务部门或子公司，对相关员工进行初步的访谈，及时开展内部业务排查，全面掌握违规事实或可疑操作，为之后收集调查文件、确定调查文件的保管人、了解调查波及的大致范围进行准备。同时需要注意的是，应明确要求相关员工不得删除相关文件记录，以免给企业带来更大的被动。

其次，法务、合规部门应积极与监管部门沟通协调，了解事态的原因及可能的发展，同时向监管机构提供良好的记录报告，证明公司在本次违规行为之前没有或至少在行业内很少发生被处罚的情况。如果可能因违法受到罚款、责令停业整顿、暂停和停止该项业务等行政处罚时，应向监管部门说明业务情况，争取有利的监管政策，对企业从宽处罚。如果企业能向监管机构展示，公司拥有良好运行的合规管理体系，即使某些特例导致失误，但是如果能使得监管机构相信这类错误只是偶然发生的现象，那么公司诚信合规的形象并不会受到太大损害。

在建立合规管理体系的过程中，企业应该注意如果建立或改进合规制度的主要目的是减免相关监管机构的处罚，那么合规管理体系需要参照相应机构的评判标准，否则可能事倍功半。

合规流程需要嵌入到业务流程中，否则可能被外部监管机构认为是"纸面合规"。合规工作成果应该妥善保存，以便在合适的时机呈现给外部监管机构。

最后，如果与监管部门沟通协调并提供相关的证明材料，仍不能阻止监管部门将案件移交给司法机关刑事立案，那么企业应当立即组建专业的律师团队并制作详细的应对方案。经过前期的应对，案件不能消化在外部监管与侦查机关的初查阶段，案件有较大可能被刑事调查，如何在短时间内了解外部调查的相关政策法规以及有关调查程序，同时了解诉讼权利如何维护，这就需要外部律师尽可能制定详细的应对方案正确引导应对调查，以此争取得到最轻的刑事处罚。

第四节　企业配合外部媒体的合规管理

企业配合外部媒体的合规管理一般是指企业在处理各种经营活动、宣传活动和突发事件中，与媒体开展沟通控制与企业相关的舆论情况的合规管理活动。与企业相关的各类舆情涉及企业的声誉，正确的舆情处理可能使突发合规风险事件的不利影响消除到最低，而错误的舆情处理方式可能会使企业正常的、合法、合规、合理的经营行为遭受到重大声誉损失。企业需要加强涉及外部媒体的合规管理，综合、全面、妥善处理不利舆情，降低潜在的声誉损失。

一、重视与外部媒体的日常信息沟通

现代企业发展到今天，要格外重视与外部媒体的沟通。媒体沟通并不仅仅是企业发生危机时才表现出的一次新闻发布会、一次道歉或者一个登报说明等简单的方式。企业与外部媒体的沟通包括了通过新闻媒体传播给目标受众的每一条信息。这些传播对象包括客户、媒体、股东、雇员、投资分析师或监管人员。新闻媒体是沟通的载体，与媒体的沟通是公众沟通的基础。企业与外部媒体的沟通应蕴含在企业的整个运营过程之中，包括企业日常与新闻媒体关系的培养、危机公关时与新闻媒体进行交流、利用媒体的舆论导向作用去解决问题等。

企业主管与外部媒体沟通的部门应定期向各类媒体发布多种信息，包括产品信息、管理创新信息、企业文化活动、企业重大节日、企业发展中的疑难问题等。这些信息要让媒体了解，不断引起媒体的关注，并配合媒体采访做好企业的对外舆论服务工作。同时，企业资讯部门要对媒体资源做到妥善管理，及时跟踪。要采取多种形式经常性地和媒体进行交流，寻求媒体对企业的关注、支持和理解，与媒体成为朋友。比如，企业相关部门可以安排企业管理者与媒体见面、发布信息、报告、演讲、与之互动交流，或邀请媒体到企业参观访问，与员工代表座谈交流、畅谈心声。这些都是企业与外部媒体日常沟通互动的有效方式，这种与媒体良好关系的建立对企业来说也是非常有意义的。不仅如此，媒体的持续关注也更有利于企业良性的发展。

二、建立舆情风险防控的长效机制

当合规风险事件发生引发的危机已经不可避免时，企业应当更加谨慎地处理与外部媒体的关系。企业需要培养正确的媒体公关态度，与外部媒体保持良性的互动沟通。企业应尽可能主动传达真实可靠的信息，选择可靠的媒体传播信息，同时应给予媒体适当的引导。特别是在突发的危机事件中，企业与外部媒体沟通的缺失会使事件愈演愈烈，夹杂着各种情绪的猜测，对企业的声誉等影响更大。

实践中，企业的合规风险信息，往往分散在不同的部门。由于部门之间职责职权的不同，可能导致信息的相互隔离，形成信息孤岛，难以识别和发现合规风险。企业应当利用现代互联网、大数据、人工智能等先进科技带来的效率和便利，实现有效的信息共享，有针对性地应对和解决合规风险问题，实现有效的合规管理。

为了有效地防控舆情风险，企业应建立舆情监测机制，及时发现并关注舆论动态，对重大舆情，尤其是涉及重大合规风险事件，要及时预警，密切跟踪，确保第一时间发现、第一时间处置，把各种不良信息解决在萌芽状态，把握舆论引导的主动权，由此逐步形成反应迅速、运作高效的舆情监测队伍和监测制度。

其中，舆情预警是指在舆情发生之前或其他重大合规风险事件发生后，根据以往总结的规律或观测得到的可能性、潜在性征兆，向企业的相关职能管理部门发出紧急信号，报告舆情情况及可能的走势，避免在不知情或仓促不备的情况下任由舆情进一步扩散，使相关事件进一步升级，造成不必要的损失。这就要求企业的职能管理部门及时跟踪重大突发事件，及时研判舆情走势，关注敏感性（网络）舆论，及时发现媒体及公众关心的热点、焦点问题，对此作出及时的舆情动向分析和预警判断，提出初步的处置意见和应对措施。为此，企业可以指派专人负责网络监测、研判工作，明确工作职责，形成制度，做到研判工作常态化。同时，可以利用网络舆情监测系统软件，对网络舆情进行初步分析，在监测、分析的基础上，再由研判人员进行判断。

现代信息科学技术、网络搜集引擎技术和数据挖掘技术的快速发展，为企业的舆情风险的研判与应对提供了必要的技术保障，企业的相关管理职能部门应建立舆情监测分析系统，配备必要的网络舆情分析软件等。

此外，企业还应建立舆情信息反馈机制，针对民众所关心的问题，充分把握"时度效"，予以权威回应。健全舆情引导机制，畅通舆情表达渠道，打造不同层面、不同影响的发声阵地，建立权威信息发布制度，有效引导舆情。建立突发舆情快速决策机制，结合实际，根据突发事件的性质、类型、规模，科学设计应急处置工作预案，设定及时启动相关预案的条件，抓住处置最佳时机，建立职责明确、组织有力、运行灵活、统一高效的应急处置指挥机制，实现突发事件靠前指挥、果断决策、第一时间处置，即迅捷、依法、适度、高效处置。

最后，企业应建立和规范媒体接待工作机制，制定接待方案，规范接待人员、接待方式、接待流程等，同时完善新闻发言人制度。建立评论工作机制，通过传统媒体、新兴媒体，立体正面发声，澄清事实，借力第三方等进行评论引导。建立管控机制，针对有害信息，采取果断措施，进行有效调控。健全分类处置机制。针对网络舆情多发频发，分清轻重缓急、分类有效处置。根据发布载体、传播速度、网评数量、舆论反响等指标，将舆情信息分为不同等级，制定标准清晰、流程规范、授权到位的差异化处置方案。

第九章

企业合规文化建设

企查查大数据研究院联合中国社科院城市与竞争力研究中心发布的《2020中国企业发展数据年报》显示：截至2021年2月，中国共有在业/存续的市场主体1.44亿家，其中企业4457.2万家，个体工商户9604.6万家。2020年，全国新增注册市场主体2735.4万家，共注、吊销企业1004.28万家。

另据2021年《财富》世界500强排行榜显示：2021年《财富》世界500强排行榜里，中国（含中国香港）上榜公司数量连续第二年位居第一，达到135家，若加上中国台湾地区企业，中国共有143家公司上榜（1995年中国只有3家企业上榜）。美国上榜公司数量则为122家，位居第二。同时，自1995年《财富》杂志第一次发布同时涵盖工业企业和服务性企业的《财富》世界500强排行榜以来，有164家企业从未落榜。

两则消息，诸多数据，引人思考。改革开放四十多年来，中国企业在与全球企业同场竞技中，数量与质量在以突飞猛进的速度双双提升，的确引人注目。与此同时，一年内即有一千多万家企业注销或吊销，是否也令人唏嘘呢？而那164家《财富》世界500强排行榜上的常青树以及国内外并不少见的"百年老店"，其背后又有怎样的成长故事，隐藏着什么样的"长寿"秘诀，向全球企业昭示出何种生存的真谛？

沉舟侧畔千帆过，病树前头万木春。在全球市场大浪淘沙、潮起潮落这样既平常而又残酷的竞争中，倒下的企业悲壮地成为铺路的枕木，托起继续前行和后继的新生企业通往新征程的轨道；登上竞争高地而挺起腰板的企业，则成为树立起来的旗帜，指引后来者前进的方向。其实，精明的企业家和众多的企业管理方面的专家学者早已揭示，决定企业生存或是消亡、短命抑或长寿、孱弱或者强大、卓越还是平庸的关键要素，是企业文化。通用公司（GE）前CEO杰克·韦尔奇说："企业根本是战略，战略本质是文化。健康向上的企业文化是一个企业战无不胜的动力之源。"任正非关于企业文化的重要性有这样一段阐述："资源是会枯竭的，唯有文化才会生生不息。一切工业产品都是人类智慧创造的。华为没有可以依存的自然资源，唯有在人的头脑中挖掘出大油田、大森林、大煤矿……精神是可以转化成物质的，物质文明有利于巩固精神文明。我们坚持以精神文明促进物质文明的方针。这里的文化，不仅仅包含知识、技术、管理、情操……也包含一切促进生产力发展的无形因素。"①

2018年，中兴公司以"现身说法"的方式，为中国企业上了一堂生动深刻的企业合规课，同时也让人们懂得合规文化是企业文化中鲜明而独特的内容。然而，尽管国内外有关企业合规管理的规则制度都强调企业合规文化在企业合规管理体系中必不可少且十分重要，但实际上很多企业在强化合规管理的过程中，仍然把合规文化放在点到为止、提及为宜的位置加以"重视"，而在众多研究企业合规的文章和著作中，系统阐释论述企业合规文化的更是寥寥无几。本章在参考借鉴众多专家学者研究企业文化成果的基础上，循着"文化—企业文化—企业合规文化"的探寻思路，按照由上往下、由大到小、由浅及深的层次和前后照应互补的方法，介绍企业文化的基本知识和重要理论，并对企业合规文化建设进行探讨。

第一节　企业合规文化概述

一、文化是组织生存和发展的重要力量

关于文化的定义很多，有人说多达150余种②，《韦氏新大学词典》将"文化"定义为：文化指的是一种包括思想、言谈、行动和人造物品的人类行为的综合形式，并依赖于人们的学习和传递知识的能力向后代传递。一般认为，文化是人类在社会历史发展过程中所创造的物质财富和精神财富的总和，尤其指精神财富，如人类创造的文学、艺术、教育、科学等。文化是一个群体的共同属性，只要一个群体具备足够的共同实践和经验，文化就会形成，大至国家、民族、社会，小至企业、部门、家庭，只要你走近观察它或者融入其中，都可以感受和发现文化的存在。

文化看不见，摸不着，但是否形成文化以及文化水平的深浅高低，常用来衡量一个群体生长发育的成熟度与健康度，身处该群体中的每一个人，都会清晰真切地感受到文化氛围的浓淡以及对自己无时不在、无处不及的影响，并由自己的亲身体会和认知出发，对该群体的文化做出发自内心的评判。而长期生活在其中的人们，则会在不知不觉的潜移默化中受其熏陶、对其敬仰、被其改变，久而久之则在自觉或不自觉中融入其中，步入其道，深入其髓，并以自己的所作所为、所言所语，作用并影响这一文化环境。对于个人而言，文化则是其在成长过程中生存生活、学习工作、实践交往等所有活动中就知识积累、道德修养、行为善恶等各方面积淀而达到的综合素质和自身修养。

---

① 王京生、陶一桃主编、杨柳执行主编、陈广著：《华为的企业文化》，海天出版社，第3页。
② [美]金·卡梅隆、罗伯特·奎因：《组织文化诊断与变革》，王素亭译，中国人民大学出版社2020年版。

由此，人们在评价一个社会、一个组织或一个人时，最简单的方法和语言就是用"文化"二字表达出自己最直接的看法，比如当一个人作出"那个城市就是一座文化沙漠""那个组织毫无文化氛围""那个人一点文化都没有"等诸如此类的判断时，闻听此言的人对该城市、该组织和该人的印象一定是野蛮、粗鲁、脏乱、冲突以及不协调、不和谐、不安全、不文明等各类贬义词语所表达出来的负面信息。反之，当一个人作出"那个城市真是一座文化殿堂""那个组织文化氛围十分浓厚""那个人很有文化"等赞许的判断时，人们闻此而形成的印象也会与文明、民主、和谐、自由、公正、平等、尊重、正义、诚信、安全等褒义词语所表达出来的正面信息相关联。

文化对于国家和民族兴衰的重要性，同样适用于企业、社团等各类组织。对于企业而言，文化才是一个企业区别于其他企业的最本质的内在特质，是企业的精神支柱，也是企业可持续发展的基石。优秀企业成功的背后，各有自己的管理风格，而决定这些管理风格的恰恰是企业各自的文化。能把那些成就卓越的企业与其他企业区分开来的标志之一，就是这些杰出的企业具有充满活力的企业文化。

二、企业文化是决定企业兴衰成败的重要因素

（一）企业文化的产生与发展

企业文化是企业在生存与发展过程中创造的物质和精神文明，伴随着企业的产生而产生，发展而发展。应当说企业产生之日，就是企业文化存在之始。但是，很长一段时间，企业文化对于企业发展的作用及其作用原理并未引起人们的重视。企业文化作为企业这一生命体强盛壮大的基因和密码被发现挖掘出来，并成为独立的概念，始于20世纪70年代末80年代初。当时，作为第二次世界大战战败国的日本，国土空间相对狭小，自然资源极度贫乏，经济在战争中遭受严重创伤。然而，日本面对"先天不足"的客观条件，仅用二十多年的时间，就创造了令人不可思议的经济奇迹，不仅赶上大多数西方发达国家，而且迅速成为世界第二大经济体，日本企业生产的商品更是以质优价低的巨大优势，大举占领美国市场，对美国企业形成强烈的冲击，构成严峻的挑战。

日本经济和日本企业迅速崛起，在令美国人刮目相看的同时，也引起了他们的极大关注和兴趣。日裔美籍学者威廉·大内于1981年4月出版了他对日本企业的研究成果——《Z理论》，并在该书中首先提出了企业文化的概念。所谓Z理论，就是美国的企业应当结合本国的具体情况，学习日本企业的管理方式，并形成自己独特的管理方式。

企业文化概念诞生以来，中外学者从企业文化管理的角度研究企业的兴衰成败方兴未艾且日益深入，学术研究硕果累累，作为书籍呈现于读者面前的如：外国学者帕斯卡尔和阿索斯合著的《日本企业管理艺术》、特伦斯·迪尔与艾伦·肯尼迪合著的《企业文化——企业生活中的礼仪与仪式》、罗伯特·沃特曼和托马斯·彼德斯合著的《追求卓越——美国优秀企业的管理》、金·卡梅隆和罗伯特·奎因合著的《组织文化诊断与变革》、埃德加·沙因与彼得·沙因合著的《组织文化与领导力》；我国学者陈春花、乐国林、李洁芳和张党珠合著的《企业文化》、周斌主编的《企业文化理论与实务》、罗长海的《企业文化学》、刘光明的《企业文化》，等等。

时至今日，虽然还有一些企业的领导者在一定程度上受到企业文化虚无论和无用论的影响，但中外优秀企业的成功经验已经反复证明：企业的核心竞争力并非来源于外部，而是取决于企业文化，而且企业文化所反映的企业精神和企业价值观，才是影响企业日常经营活动、指引企业发展方向、决定企业成败的关键因素。王明胤在其所著《企业文化定位·落地一本通》中指出：企业由低向高各发展阶段的经营管理模式，一般是沿着"人治、法治、文治"三个阶梯拾级而上，层次递升。

第一种是人治管理模式。普遍适用于企业发展的初级阶段，存在于小企业的管理模式，其突出特点是老板个人"一言堂"，管理经验是"五靠"，即管理靠经验，决策靠感觉，组织靠道义，领导靠威信，激励靠奖金。

第二种是法治管理模式。适用于企业发展到一定规模时实行。企业的运行犹如按精心设计的程序运转起来的机器，惯性下的运转轨迹很难靠人为去改变。比如一些大型的国有企业，领导更换对企业运行的影响不会很大，企业的发展也不会因为领导个人的好恶而轻易偏离方向，更不会因为某一个人的离职而停止运转。法治模式是规模化的企业实现飞跃和可持续发展、探索和建立企业科学管理的必经阶段。

第三种是文治管理模式，是法治模式基础上的升华与晋级。文治管理模式是以人为核心、以理念为导向、以战略为中心、以制度为基础的文化管理模式。文治管理模式是基于假设的一种管理模式，管理者假设要达成某种经营成果，成果需要员工的特定行为来支持，而特定行为是由理念决定的。所以，管理的重心就是人的"理念"。

（二）企业文化的概念与范围

对于企业文化的定义，众说纷纭，专家学者各有其表。总体而言，企业文化是形成于企业生存发展过程中、渗透于企业一切活动里、领导大力倡导、员工普遍认可、全体人员共同遵守的一整套共享的观念、信念、价值观和行为规则。它包括价值观、信仰、道德规范、行为准则、历史传统、企业制度等诸多方面的内容，是企业精神财富的总和。

企业文化能够促成一种共同的行为模式，这种共同行为模式是企业文化最强大的力量所在。企业文化决定着领导者的行为方式，直接影响着人力资源的有效性，对于提升企业独有的核心竞争力有着深刻而长远的作用。正如《组织文化与领导力》一书的作者埃德加·沙因所说："有这样一种可能性，但在领导学研究中并未得到重视，即领导者所做的唯一真正重要的事情，就是创造并管理企业文化。因此，领导者的独特才干就在于和文化打交道。"观察中外企业可以看出，凡是那些业绩辉煌、生命力旺盛、品牌形象优秀的企业，普遍都有一个共同之处，那就是他们都会有一套坚持不懈的核心价值观，有其独特的、不断丰富和发展的优秀企业文化体系。

（三）企业文化的要素、结构与分类

1. 企业文化的构成要素

在企业文化系统中，是哪些因素决定了企业文化的类型，企业文化在公司的日常经营管理中如何发挥作用，也就是说企业文化的构成要素有哪些。不同学者从不同视角进行研究并提出了不同的观点，最有代表性的当属特伦斯·迪尔与艾伦·肯尼迪提出的企业文化五要素说。此外，还有河野丰弘的七要素说，以及托马斯·彼得斯的八要素说。

特伦斯·迪尔与艾伦·肯尼迪合著的《企业文化——企业生活中的礼仪与仪式》中对企业文化五要素进行了详细描述，此后人们对企业文化要素进行更加深入的研究，多数都源自这一学说。[①] 这五大要素包括：

一是企业环境：也就是企业面临的生存与发展条件，这里主要是指企业所处的外部环境。每个企业在经营活动中，自身产品、竞争对手、商业伙伴、面对的客户、政府监管等以及其他社会条件均不相同。不同的环境决定了企业应该采取什么样的经营策略和经营活动才能取得成功。在塑造企业文化的过程中，企业所处环境是最重要的影响因素。比如，如果一个公司要靠销售大众化的商品而获得成功，就应该发展一种称之为"努力工作/尽情玩乐"的企业文化来激发并保持销售队伍的充沛精力和旺盛斗志，而对于那些在无法得知最终能否成功之前就必须投入大量研究与经费的公司，则应当着力发展名为"赌注型"的文化，以确保在采取行动前已经进行过缜密的思考。

二是价值观：这是一个企业的基本理念和信仰，是企业文化的核心要素。对员工而言，价值观界定了"成功"这一概念的标准，决定着企业内部员工对某一事件、某一行为、某一结果作出好与坏、对与错、功与过、成与败等价值取向与判断。统一的价值观念使员工在判断和选择行为时具有统一的标准。对企业而言，价值观是企业人格化的产物，它决定了企业应该做什么、为何这么做、向着什么方向前进和怎样做才能效益更好以及做得好与坏的评价标准，为

[①] 参见特伦斯·迪尔、艾伦·肯尼迪：《企业文化——企业生活中的礼仪与仪式》，李原、孙健敏译，中国人民大学出版社2020年版。

企业的生存和发展提供了基本方向和行动指南。

三是英雄人物：在这些英雄人物身上鲜明地体现着企业文化，他们是企业员工学习的榜样和效仿的对象。在现实生活中，越来越多的企业开始重视树立和塑造自己的英雄人物，挖掘他们身上所展现出来的企业文化，并通过他们向其他员工宣传企业提倡和鼓励的精神。由于这些英雄对于员工来说近在眼前，看得见，接触得到，从他们身上可以认识到先进并不遥远，成功力所能及，英雄人物既是对外的企业形象展示，又是对内的员工激励。

四是礼仪和仪式：指企业日常生活中一些系统化和程序化的惯例，包括企业举行的各种表彰、奖励、聚会以及文体活动等。这些文化方面的仪式，可以把企业中发生的某些事件加以戏剧化和形象化处理，从而生动地宣传和体现本企业的价值观念，使人们通过这些生动活泼的活动和寓教于乐的形式来感受企业的文化内涵。

五是文化网络：指企业内部非正式的信息传播渠道，包括企业内部的轶事、故事、猜测、传闻等形式，这在一定程度上可以理解为企业的非正式沟通网络。企业中的非正式组织，是由于组织成员的感情和动机上的需要而自发形成的，因此其沟通渠道是通过企业内部的各种社会关系把人们联结在一起，并且依据心理、情感的力量来加以承接，它所传递的信息往往反映出企业员工的真实愿望和心态。

关于这五种文化要素如何在相互作用中孕育充满活力的企业文化，两位作者在其原著出版20年后所著《新企业文化：重获工作场所的活力》中，又以"重新关注文化要素"进行了描述。在一个凝聚力很强的企业中，生机盎然的企业文化能够为一个深刻而持久的共同目标作出贡献。这种文化的活力，在很大程度上是基于长期以来人们通过共同合作和互相学习而编织出来的一块完整的文化织锦。这块织锦中交织着一套互锁的文化要素：历史产生了价值观；价值观创造了行为的重心并塑造着行为；英雄人物是核心价值观信念的具体化身；礼仪与庆典进一步强调了价值观，并唤醒了集体主义精神；通过故事，传颂英雄事迹，强化核心价值观，并提供有关企业事件的令人兴奋的素材。

此外，河野丰弘在其所著的《改造企业文化：如何使企业展现活力》中，提出了企业文化的七要素：即员工的价值观、情报收集的取向、构想是否会自发地产生、从评价到实行的过程、员工的互助关系、员工的忠诚度和活动的形态。罗伯特·沃特曼和托马斯·彼德斯合著的《追求卓越——美国优秀企业的管理》提出了优秀企业文化的八个要素，包括崇尚行动、贴近顾客、自主和创新精神、以人为本、亲自实践及价值驱动、坚持本业、精简机构和人员、宽严相济等。

2. 企业文化的结构层次

对于企业文化内容结构层次的划分，有二层次、三层次、四层次、五层次等多种说法。比较著名的是沙因提出的三层次理论①，更为流行和普遍适用的则是企业文化的四层次结构理论。

（1）三层次结构理论

它将企业文化从最外在的可以看得见的表层向内在的不可视的深层，依次分为顶层的人工饰物、中层的外显价值观和内层的基本假定，而重点则是要更好地理解和管理那些较深层次的文化内容。

顶层的人为饰物：就是当进入到一家企业时，面对一个新的环境，人为饰物是最容易观察到的，在企业内部的所见、所闻与所感。比如一家酒店、商场、银行或汽车4S店等企业营业大厅有什么特点，以及你对这些特点相应的情绪反应。你很快就会发现不同企业的行事风格是截然不同的，例如在数字设备公司，员工经常会开会讨论，办公区域看不到围墙或关闭着的门，有的严格，有的宽松，有的紧张，有的活泼，有的摆设生活化如家一样温馨，有的整洁有序条理井然，一切都显得正式。在人工饰物这一层次上，企业文化的内容确实非常明确，并且具有即时的情绪影响力。但事实上你并不清楚企业员工为什么会以当前的方式行事，该企业为什么会形成现在的组织结构。仅仅在企业内部闲逛和观察，你无法真正理解该企业的文化究竟是什么，即使看到的内容极其相似，你也并不清楚他们是否具有同样的意义。

中层的外显价值观：每一个企业中所有成员的活动，都是个人价值观的反映。要想深度解读一家公司的企业文化，仅凭表面观察人工饰物的层次是远远不够的，你需要询问一些与企业信奉的价值观有关的问题，如他们为什么这样做？为什么有的采取开放式办公，而有的企业则实行封闭式工作？有时你会发现，两家企业同样提倡客户导向，重视团队合作，产品质量及正直诚信等，其布置摆设和行事风格却可能迥然不同。有一些更深层次的思想或观念在主导外在的行为。这些更深层次的思想或观念，可能与企业信奉的价值观一致，也可能存在差异和不同。这些不一致告诉我们，是更深层次的思想或观念推动了外显行为的产生。

内层的基本假定：要理解这一较深层次的企业文化，你必须用一种历史的视角来思考企业。纵观企业的发展历史，究竟是创始人和关键领导者的哪些价值观、信仰和经营理念使组织走向了成功？回想一下，企业不正是那些最初将自己的价值观、信仰和经营理念灌输给被雇用的个体或小团队的人所创建的吗？如果创始人的这些价值观和经营理念与企业所处的发展环境不适应，企业就不可能取得成功，自然也就不可能发展出相应的企业文化。

（2）四层次结构理论

该理论将企业文化由外到内依次分为物质层、行为层、制度层和精神层。

物质层即物质文化，俗称企业的"硬文化"或表象文化，是指企业通过视觉识别系统的

---

① 参见埃德加·沙因、彼得·沙因：《组织文化与领导力》，陈劲、贾筱译，人民大学出版社2020年版。

设计和传播，面向企业内外部所展示出来的社会形象和所传达出来的企业文化信息，包括企业内部的工作环境、生产的产品和提供的服务以及企业的品牌形象等外在方面的各项内容。

行为层即行为文化，是指企业员工在日常经营活动中所应遵循的行为标准和外在的行为表现，包括企业和企业员工思考和行为的模式，如服务用语、行为规范与习惯、思维方式、服务标准、商务礼仪、企业风尚、仪式活动等，是对员工行为方式、行为习惯的规范，是企业文化核心理念在员工具体行为层面的反映与折射。

制度层即制度文化，是企业文化核心理念通过制度化融入管理的重要载体，是员工践行企业文化以及树立企业形象的重要保障，包括企业规范、流程、领导体制、人际关系以及各项规章制度和纪律约束等。制度文化是员工践行企业文化以及树立企业形象的重要保障。

精神层即精神文化，或称作理念层，是企业的"软文化"，也是企业文化建设中最基础、最核心、最重要的部分，包括企业的使命、愿景、核心价值观、信仰、企业精神、员工素质、优良传统以及企业的主要经营理念等，是企业文化的核心所在。

企业文化的物质层、行为层、制度层和精神层是相互联系、相互作用、密不可分的，精神层决定了行为层、制度层和物质层，制度层是精神层、物质层和行为层的中介载体，物质层和行为层是精神层的体现，它们共同构成企业文化的完整体系。其中企业的精神层是最根本的，它决定着企业文化的其他三个层面，也是企业文化建设的精要和重点。

3. 企业文化的分类

国内外学者从不同标准和角度，对企业文化进行了多种分类，代表性的分类有以下几种：

（1）奎因和卡梅隆在其所著《组织文化诊断与变革》中，以企业文化差异对企业效率的影响为依据，将企业文化分为以下四类：[1]

一是等级（控制）/官僚型文化。德国社会学家马克斯·韦伯提出了官僚组织广为人知的七大经典特征：规则、专业化、贤能管理、等级、所有权分离、无人情味、责任。这些特征对于实现组织目的非常有效，因此以实现有效、可靠、顺畅运行和可预测产出为主要挑战的组织，广泛采用官僚组织形式。与这种形式相匹配的组织文化的典型特征是工作环境的正式化和结构性。程序规定了人们做什么，有效的领导者是优秀的协调者和组织者，正式的规则和政策将组织统一起来。

从美国典型的快餐厅（如麦当劳）到大型公司（如福特汽车公司）再到政府机构等，提供了等级型文化的案例原型。一般而言，大型组织和政府机构的主导文化均是等级文化。等级型文化的特征是工作环境受到严格控制，正规的制度和政策把组织黏合在一起，人们做事遵循程序，稳定、可预期和效率是组织关注的重点。在我国，该类文化多见于大型国有企业。

---

[1] 参见金·卡梅隆、罗伯特·奎因：《组织文化诊断与变革》，王素婷译，中国人民大学出版社2020年版。

二是市场（竞争）型文化。该组织形式在20世纪60年代后期开始流行，它聚焦于外部环境而非内部事务，它主要关注外部相关方如供应商、顾客、承包商、被许可方、工会和立法者的交易处理。在等级型文化中，内部控制的维持依赖于规则、专业化工作以及集中化的决策方式，而市场型文化不同于等级型文化之处在于，它的运行主要通过市场机制、竞争动力和货币交易实现。也就是说，市场组织的主要关注点，是与其他相关方开展交易（交换、销售以及合约）以形成竞争优势。毫无疑问，市场型组织的核心价值观是竞争力和生产力。飞利浦、施乐公司是这一组织形式的代表。我国许多大中型股份制企业或者大型的民营企业也可归入此类。

市场型文化的基本假设是外部环境充满了敌意而非仁慈，顾客挑剔，只对价值感兴趣，组织的职责是提高其竞争地位，管理层的主要任务是驱动组织获得更高的生产力、成效和利润，其假设是清晰的目标和积极的战略可以带来生产力和盈利。市场型文化以结果为导向，领导者是进取心十足的生产者，也是强硬的、苛求的竞争者。将组织凝聚在一起的黏合剂就是致力于获胜，长期的关注点是采取竞争措施、实施扩张目标和指标，成功的定义是市场份额和市场渗透，在竞争中获胜、在市场中赢得领导地位至关重要。

三是部落（合作）/家庭型文化。它类似于家庭型组织，共同价值观和目标、凝聚力、参与性、个性化以及"我们"的集体意识渗透于部落型文化中。与其说是一个经济单元，它们更像一个扩展的大家庭。与等级型文化中的规则和程序或者市场型文化中的竞争和利润中心不同，部落型文化的典型特征是团队协作、员工参与项目和公司向员工提供承诺。这些特征具体表现形式为：半自治的工作团队——他们依照团队（而非个体）的成就获取相应的奖励，可以雇用或者解雇团队成员；鼓励员工提出改进自己和公司绩效建议；给员工授权的工作环境。部落型文化的基本假设包括：工作环境的最佳管理效果是通过团队协作和员工成长实现的；最好把顾客当作伙伴；组织的职责是营造人性化的工作环境；管理层的主要任务是给员工授权，提升他们的参与度、敬业度和忠诚度。日本企业在第二次世界大战后引入了这些原则并将其成功应用，取得了显著成效。

部落型文化的典型特征是拥有友善的工作场所，人们可以进行大量分享。它就像扩展的大家庭，领导者扮演的角色是导师甚至家长，将组织凝聚在一起的因素是忠诚和传统，员工的敬业度非常高，组织强调从个人成长中获得长期利益，极强的员工凝聚力和良好的士气很重要，人们对成功的评价标准是内部氛围、关怀员工。组织优先强调的是团队精神、参与和共识。这种文化类型常见于拥有悠久历史的企业。

四是委员（创造）/活力型文化。全球由工业时代进入信息时代后，组织所处的外部环境变化加快，发展加速。为应对这一形势，不同于前三种文化类型的一系列假设得以形成，委员型文化应运而生。该型文化的假设是创新和前沿精神带来成功，组织的主要任务是开发新产品和新服务，为未来做好准备，管理层的主要任务是促进创业、创造力以及前沿性活动，人们认为调整适应和创新可以带来新资源和利润，组织强调形成关于未来的发展愿景、有组织的无序状态和有约束的想象力。

委员型文化的特征是动态的、富有创业精神和创造性的工作场所，人们乐于冒险和承担风险。有效的领导者是愿景型、创新型的，是以风险为导向的。将组织凝聚在一起的黏合剂是对试验和创新的投入。关注点是始终处于新知识、新产品和新服务的前沿。时刻准备开展变革、应对挑战是至关重要的。组织长期的关注点是快速成长和获取新资源。成功意味着生产独特的、具有原创性的产品和服务。委员型的组织多见于航空、软件开发、智囊咨询和电影制作等行业，其面临的挑战是生产创新型的产品和服务，并对新机会做出迅速反应。不同于市场型组织或等级型组织，委员型组织没有集中的权力和权威关系。有时在由另外一种文化占据主导地位的大型组织里，委员型组织也会作为单元存在。该种文化常见于一些处于创业期的高科技公司。

（2）在美国企业管理专家特伦斯·迪尔与艾伦·肯尼迪合著的《企业文化——企业生活中的礼仪与仪式》中，以企业生产经营中风险的大小和信息反馈的快慢为依据，将企业文化划分为以下四种类型：

一是硬汉型文化。这是个人英雄主义者的世界：它们通常承担高风险，并能迅速地获得自己的行动是否正确的反馈信息。在经营世界里有大量的组织属于这一类型，如建筑业、管理咨询业、出版业、投资银行、广告、电视、电影、体育运动行业等。它们往往在财务上投资巨大，其回馈也会立竿见影。硬汉型文化倾向于年轻人的文化，它看重速度而不讲究持久，巨大的工作压力和紧张的工作节奏，常常会使他们在步入中年之前就筋疲力尽。在这种环境中，要么大获全胜，要么一无所有，擅长在这种文化类型中生存的人物，需要赌博并渴望获得即时的回馈。在这种文化中，机遇扮演了一个关键的角色。由于那些在短期里没能成功的人选择离开，因而带来了行业的高流动率，因此，在硬汉型文化的氛围中，想要建设一种强有力的、富有凝聚力的文化是非常困难的。

二是努力工作/尽情玩乐型文化。该类型文化存在于销售人员的世界，娱乐和行动是这里的主角。员工个体几乎不承担什么风险，但是他们能迅速地获得自己是否取得了成功的反馈。在经营世界中，绝大多数销售取向的公司都归属于这种努力工作/尽情玩乐型的文化范畴，包括电脑公司、办公设备供应商、绝大多数刚刚起步的高科技公司以及所有的辅助产业，例如汽车零售业、电话推销商和股票经纪人。要想在这样一种文化类型中取得成功，要求员工对业务活动保持一种高度的甚至是疯狂的状态，且在所有的或至少是绝大多数时间里，维持一种精神饱满的状态，成功来自持之以恒。如果说硬汉型文化中任何取得成功的人都会成为一位明星，那么在努力工作/尽情玩乐型文化中，只有团队才能赢得世界，因为任何个体都无法造就真正的差异。

三是赌注型文化。他们制定高风险的决策，而且需要花费数年才能了解这一决策是否正确。处于这种文化类型中的公司，包括资本投资公司、采矿和冶金公司、大集团企业、石油公司以及诸如建筑公司之类的服务型企业。这些公司的赌博者，并不像硬汉那样拿着自己的职业生涯去冒险，他们常常是以整个企业的未来作赌注。作出正确决策的重要性使得企业上上下下都鼓励一种深思熟虑的风气。在赌注型文化中，时间以月或年来计算，而不是以天或周为单位。公司的价值观关注未来，强调对未来进行投资的重要性。这种文化类型的一些大公司宣传口号如"发展和进步是我们最重要的产品"（通用电气公司）、"通过化学使生活变得更加美好"（杜邦公司）、"美国铝业不能坐等明天的到来"（美国铝业公司）。

四是过程型文化。这是一个很少能获得甚至根本无法获得反馈的世界。员工很难测量他们做了什么工作，他们因此更关注如何完成这些工作。在经营世界中，占据这个低风险、慢反馈角落的常常是银行、保险公司、金融服务组织、绝大多数零售商、大型政府部门、公共服务机构，以及处于严格监管行业中的公司（如制药公司）。这种文化的价值理念，强调技术的尽善尽美——要能够计算出风险，找到解决办法，并要使过程和具体细节正确可靠。

实际上，没有一家企业能够精确地、纯粹地归属于这四个范畴当中的任何一个，在真实的世界里，任何一家公司都会发现自己是由这四种文化类型构成的一种混合体。不同的业务部门创造并体现出独特的文化，如销售部门属于努力工作/尽情玩乐型文化，研发部门属于高风险和慢反馈的世界，制造部门和会计部门遵循的是过程型文化模式等。

（3）日本企业文化研究专家河野丰弘将企业文化类型划分为五种（见表9-1）。

表9-1 企业文化类型（河野丰弘）

要素	五种企业文化类型				
	活力型	独裁活力型	官僚型	僵化型	独裁僵化型
基本特征	富有创新价值，具有革命性的构想不断产生	追随独裁者，但充满活力	行事重视固定的规则与流程	对于创造性的思维不关心，习惯满足已有模式	不做创新的事情，只会逢迎奉承，以追求自身利益为主
对企业的忠诚度	两极化	终身雇用	终身雇用	有机会就换工作	有机会就换工作
实例	较为年轻的企业	年轻的企业	老化的企业、大型的机械性组织企业	老化的企业、垄断的企业、强大的企业	旧企业

第二节　企业合规文化的概念及特征

一、企业合规文化的概念

企业合规文化是企业文化的重要内容，也是企业合规体系的重要组成部分和企业合规管理的重点，它与企业的合规组织、合规制度、合规运行机制等一道构成了企业合规体系的支柱。同时，企业合规文化也是企业合规体系有效运行的关键要素，它还是企业合规管理体系有效运行的标志性成果。可以说，没有企业合规文化作为保障的合规管理体系，很难持续运行并不断改进，同时，企业合规管理体系的运行和管理，如果不能培育出日渐深厚的企业合规文化，其有效性也必然会受到质疑。因此，国内外许多有关企业合规的政策和规范，都突出强调企业合规文化建设，企业合规管理的出发点和落脚点，也往往都指向企业合规文化。

巴塞尔银行监管委员会《合规与银行内部合规部门》在其"引言"部分就开宗明义地指出："合规应从高层做起。当企业文化强调诚信与正直，并且董事会和高级管理层作出表率时，合规才最为有效。""合规应成为银行文化的一部分。合规并不只是专业合规人员的责任。"

中国银行监督管理委员会2006年发布的《商业银行合规风险管理指引》第一章"总则"部分第六条规定："商业银行应加强合规文化建设，并将合规文化建设融入企业文化建设全过程。合规是商业银行所有员工的共同责任，并应从商业银行高层做起。董事会和高级管理层应确定合规的基调，确立全员主动合规、合规创造价值等合规理念，在全行推行诚信与正直的职业操守和价值观念，提高全体员工的合规意识，促进商业银行自身合规与外部监管的有效互动。"

中国保监委员会2016年发布的《保险公司合规管理办法》第一章"总则"部分第四条规定："保险公司应当倡导和培育良好的合规文化，努力培育公司全体保险从业人员的合规意识，并将合规文化建设作为公司文化建设的一个重要组成部分。保险公司董事会和高级管理人员应当在公司倡导诚实守信的道德准则和价值观念，推行主动合规、合规创造价值等合规理念，促进保险公司内部合规管理与外部监管的有效互动。"

2014年2月19日发布的《中国银行业监督管理委员会办公厅关于加强信贷管理严禁违规放贷的通知》明确提出：要加强教育管理，培育良好信贷合规文化，要求各银行业金融机构应有组织、有计划地开展信贷人员岗位规范和业务流程教育，让员工熟知工作流程、业务规范以及违规操作应承担的责任。开展职业道德教育、法制和案例警示教育，培养员工诚实守信的职业操守，筑牢员工拒腐防变的思想道德防线。加大合规文化建设力度，增强各级管理人员的合规意识，高级管理人员要带头执行各项管理制度，严禁授意或指令下属违规放贷，引导员工树立合规操作意识和遵纪守法观念，培育"合规从高层做起、合规人人有责、合规创造价值"的信贷合规文化。

国家发展改革委等七部委 2018 年 12 月 26 日发布的《企业境外经营合规管理指引》专章规定企业合规文化建设，在培育企业合规文化方面，要求企业应将合规文化作为企业文化建设的重要内容。企业决策层和高级管理层应确立企业合规理念，注重身体力行。企业应践行依法合规、诚信经营的价值观，不断增强员工的合规意识和行为自觉，营造依规办事、按章操作的文化氛围。在推广企业合规文化方面，要求企业应将合规作为企业经营理念和社会责任的重要内容，并将合规文化传递至利益相关方。企业应树立积极正面的合规形象，促进行业合规文化发展，营造和谐健康的境外经营环境。

国务院国资委 2018 年 11 月 2 日发布的《中央企业合规管理指引（试行）》，将企业合规文化作为合规管理保障措施单条内容予以规定，要求企业"积极培育合规文化，通过制定发放合规手册、签订合规承诺书等方式，强化全员安全、质量、诚信和廉洁等意识，树立依法合规、守法诚信的价值观，筑牢合规经营的思想基础"。2022 年 8 月 23 日，国务院国有资产监督管理委员会又发布《中央企业合规管理办法》，将其作为《中央企业合规管理指引（试行）》更新换代文件，指导中央企业合规建设。其中进一步强化了企业合规文化建设的地位，由指引中的单条规定，升级为独立成章进行规范，其第五章"合规文化"共包括四条内容：

"第二十九条 中央企业应当将合规管理纳入党委（党组）法治专题学习，推动企业领导人员强化合规意识，带头依法依规开展经营管理活动。

第三十条 中央企业应当建立常态化合规培训机制，制定年度培训计划，将合规管理作为管理人员、重点岗位人员和新入职人员培训必修内容。

第三十一条 中央企业应当加强合规宣传教育，及时发布合规手册，组织签订合规承诺，强化全员守法诚信、合规经营意识。

第三十二条 中央企业应当引导全体员工自觉践行合规理念，遵守合规要求，接受合规培训，对自身行为合规性负责，培育具有企业特色的合规文化。"

《中央企业合规管理办法》将企业合规文化建设作为中央企业领导专题学习、法治宣传教育和合规培训的重要内容，提出明确要求，以强化全员守法诚信、合规经营意识，更加突出地体现出对企业合规文化建设的重视。

对企业合规文化建设的重视，同样也体现在全国三十多个地方政府国务院国资委参照国务院国资委发布的企业合规建设指引性文件中，比如《上海市国务院国资委监管企业合规管理指引（试行）》第三十条就规定"积极培育合规文化，通过制定发放合规手册、签订合规承诺书等方式，强化全员安全、质量、诚信和廉洁等意识，树立依法合规、守法诚信的价值观，筑牢合规经营的思想基础"。

在合规管理实践中，企业也普遍重视合规文化的基础性地位和作用，投入足够的资源进行合规文化的建设培育和宣传推广，明确宣示企业所尊崇的价值观。

那么什么是企业合规文化呢？美国联邦处罚指南中提到，企业合规文化就是推动一个可以鼓励道德行为和符合法律规定的承诺的组织文化。

GB/T 35770—2017/ISO 19600：2014 中给予"合规文化"的定义是：贯穿整个组织的价值观、道德规范和信念，与组织的结构和控制系统相互作用，产生有利于合规成果的行为准则。

ISO 37301：2021 将"合规文化"定义为：贯穿整个组织的价值观、道德规范、信仰和行为，并与组织结构和控制系统相互作用，产生有利于合规的行为规范。同时指出，组织应在其内部各个层级建立、维护并推广合规文化。对于整个组织所要求的共同行为准则，治理机构、最高管理者应做出积极的、明示的、一致且持续的承诺。最高管理者应鼓励倡导和支持合规的行为，应阻止且不容忍损害合规的行为。

作为企业文化的组成部分，企业合规文化就是企业在其产生、运行和发展过程中，不断形成、积淀、传承、光大并深植于企业各个方面和全体员工理念及行为之中，指导、引领、影响企业产生有利于合规的思想观念、价值理念、思维方式和行为规范，包括并不限于与企业合规相关的企业价值观、信仰、道德规范、行为准则、历史传统、企业制度等。

一个企业倡导合规、崇尚合规并实施合规管理，就是因为企业认可合规以及与合规本身所包含的要素如诚信、法治等的价值和作用，从而树立起正确的合规价值观、道德规范和信念，并将其融合贯穿于企业的组织结构、控制系统和运行机制中，最终产生有利于合规的行为规范。

二、企业合规文化的特征

正确认识企业合规文化的本质特征，有利于增强企业合规文化建设、实施企业合规文化管理的有效性。企业合规文化建设中的各项活动，都应该充分体现企业合规文化的本质特征，而不能背离企业合规文化所蕴含和体现的精神和要求，否则就会造成企业合规文化建设事倍功半，甚至毫无效果。

与企业合规管理体系中的合规组织、合规制度、合规管理流程、合规信息化等要素相比，合规文化具有以下五个方面的特征：

1. 发展变化的传承性。当企业开启建设合规管理体系、实施合规管理进程的时候，企业合规文化的基因早已深植于企业血脉中。企业合规文化融合发展的过程，是在挖掘总结、提炼升华、宣扬光大本企业合规文化要素的基础上起步的。企业合规文化的传承性，就是其传承来自企业优秀历史文化中的合规基因，包括企业经营所信奉的价值观、企业愿景、道德规范和信仰等蕴含合规因子的企业文化。优秀的企业合规文化一旦产生，就会世代相传，绵延不断，特别是企业初创之时的价值观和企业精神，都会在日后一直影响企业合规文化，并在企业经营实践中光大其精神，丰富其内容，塑造其灵魂。比如，我国不少老字号品牌，不仅拥有历史悠久、世代传承的卓越产品、精湛技艺和优质服务，更具有体现中华民族传统美德的优秀文化，特别是其中蕴含的诚信为本、货真价实、担当责任、善待员工的合规理念，是企业永不消逝的底色。比如，享誉全球的中国中药品牌药企同仁堂，早在三百多年前就树立了"以人为本，以义为上"的企业精神，始终秉承"诚信为本、药德为魂"的经营理念，新时代下进而提出"善待社会、善待职工、善待投资者、善待合作伙伴"的口号，充分彰显了其优秀合规文化的长盛不衰，历久弥坚。

2. 时代背景的融合性。一个企业的合规文化，尤其是对于全球化背景下开展跨国经营的企业而言，必然与其所处历史时期相同步，与其所处的国家和地区的政治、经济、法律、文化、监管政策等相适应，与其自身所在的行业特征相一致，与其自身发展历程和内部结构相协调，融合各方面的文化元素而凝练成企业的合规文化。因此，企业合规文化必然要融合于企业本身、特定时代背景、所处的行业环境以及当时当地的社会环境，融合企业所经历的历史文化、区域文化、行业文化、企业文化中的合规因素，并伴随企业的成长、社会的发展、法律制度和监管要求的变化而不断更新，从而既适应企业实际需求又符合时代精神。例如，中外企业中的"百年老店"，其合规文化虽经历史沧桑却始终展现出体现时代要求的风采，伴随海外经营而不断融入国际化元素。正是因为不断融合来自各方面的合规元素，这些企业的合规文化显示出经久不衰的强大生命力、历史适应性和时代精神的光辉。

3. 形成过程的渐进性。在企业合规管理体系建设中，组织的建立、制度的制定、资源的供给、保障措施的落实，都可以通过密集式的人才和物力投入，产生立竿见影的效果。然而，企业合规文化的形成则是一个非常缓慢渐进的过程，急于求成则可能产生欲速则不达的负面效果。没有哪一家企业创立了公司或者建立了合规管理体系，就会即刻形成良好的企业合规文化。企业合规文化不是一朝一夕建设而成的，而是要经过长期的培育和积淀，在不知不觉、潜移默化和"润物细无声"的滋养过程中逐渐形成的。

如果将合规文化看作企业合规管理结出的果实，那么就需要企业中上至领导、下到员工一起来做"锄树力士、运水力士、修桃力士、打扫力士"，对合规管理这棵果树进行精心和耐心的长期培育，方能结出合规文化这粒"仙果"，并反过来滋养企业，使之基业长青，"长生不老"。

4. 适应群体的共识性。企业合规文化是企业全体员工共同培育的果实，也是共同信守的价值理念。因此，共识性也是企业合规文化的必然要求，是企业文化得到有效传播与推行的前提。如果一个企业的合规文化不被企业绝大多数员工认同，其不但不会成为员工的行动指南和价值导向，反而会变作束缚员工精神的枷锁，导致企业形成扭曲、消极的企业文化。特别是在近年来的企业合规管理实践中,有的企业没有充分考虑自身的实际,盲目照搬照抄一些跨国公司合规管理的做法,其所提出的合规口号虽然表面上显得"高、大、上",但实际上并不接地气,没有被绝大多数员工认可和接受,不能转化为员工自觉自愿的合规行为和合规理念,从而使企业合规文化成为"飘浮在空中的装饰品"。

5. 发挥作用的全面性。在企业合规管理体系中,与其他要素相比,企业合规文化常常呈现出无形无声、无影无踪的表现形式,但其在企业合规管理过程中又无时不在,无处不有,无人不受其影响。如本章前述关于企业文化结构层次的分析,企业合规文化在结构上由外到内同样可以依次分为物质层、行为层、制度层和精神层,从外表直达内核,全纵深穿透,全员额覆盖。从其作用的对象看,企业合规管理的人、财、物、事以及内外部关系,无所不及。从其发挥作用的方式看,合规文化在企业合规管理过程中,具有导向、约束、激励、凝聚、辐射、补缺、美化、协调等多种功能,它不仅可以直接对企业的合规管理产生正向的、积极的、健康的促进作用,而且可以对合规管理的各个方面进行查漏拾遗,填空补缺,弥合间隙,修正差错,确保企业的合规管理体系持续、健康、有效地运行。实际上,就一个企业的合规管理而言,无论制定出多少制度,也无论制度多紧多严,终会有疏漏之处,因为制度总是针对企业合规管理已经发生和预判发生的情况而定,而企业合规管理过程中需要面对的情况则是千变万化、随时而新的,当制度在管理时空上所不及、所不能时,企业的合规文化则能以其无形无声、无影无踪又无处不在的魅力,发挥补充填空之作用。如果将企业的合规管理比作植物生长,企业的合规文化就如同植物生长所需要的风、光、水、肥、土等,其中的营养成分以看不见、摸不着的方式滋养着"植物"健康成长。在企业合规管理中,唯有合规文化可以起到全覆盖的作用,使企业的合规管理不生缝隙,不留余地,没有死角。

第三节 企业合规文化的渊源及内容

一、企业合规文化的渊源

企业合规文化的渊源是指其产生的本源和出处,或者说企业合规文化建设需要从哪些方面汲取营养,借鉴经验,丰富内容,改进形态。企业合规文化的渊源决定其内容、成分和性质。从我国企业当前合规管理体系建设的实际需要出发,企业合规文化的元素来自以下方面。

(一)中华传统文化中的合规基因和现代企业管理中的合规理念

企业受所在国家历史文化的浸染和熏陶,不同国家的企业文化和价值主张表现出鲜明的国家特色。比如华为的企业文化,任正非在《致新员工书》中说:"华为的企业文化是建立在国家优良传统文化基础上的企业文化，这个企业文化黏合全体员工团结合作，走群体奋斗的道路。有了这个平台，你的聪明才智方能很好地发挥，并有所成就。没有责任心，不善于合作，不能群体奋斗的人，等于丧失了在华为进步的机会。"①

中华优秀传统文化积淀着中华民族最深沉的精神追求，包含着中华民族最根本的精神基因，代表着中华民族独特的精神内涵，是中华民族生生不息、发展壮大的丰厚遗产。在中华民族的传统文化中，孕育了许多优秀的文化基因，包含诸多合规文化的因素，这些优秀的文化基因包括但不限于：

1. "自强不息"的奋斗精神；
2. "精忠报国"的爱国情怀；
3. "天下兴亡，匹夫有责"的担当意识；
4. "重义轻利、舍生取义"的牺牲精神；
5. "革故鼎新"的创新思想；
6. "扶危济困"的公德意识；
7. "国而忘家，公而忘私"的价值理念；
8. "君子爱财，取之有道"的商业信条；
9. "货真价实，童叟无欺"的诚信理念；
10. "己所不欲，勿施于人"的处世之道；
11. "以和为贵，和而不同"的东方智慧；
12. "一诺千金，诚实守信"的商业品格。

在中华文化典籍中，有关上述合规文化的精妙论述、阐释与故事不胜枚举，比如作为合规文化基石的诚信原则，就是儒家倡导的重要道德规范。《论语》中有关"信"的名言警句和故事有很多，如：

1. 子贡问政。子曰："足食，足兵，民信之矣。"子贡曰："必不得已而去，于斯三者何先？"曰："去兵。"子贡曰："必不得已而去。于斯二者何先？"曰："去食。自古皆有死，民无信不立。"——《论语·颜渊》（翻译：子贡问怎样治理政事。孔子说："备足粮食，充实军备，老百姓对政府就有信任。"子贡说："如果迫不得已要去掉一项，在这三项之中去掉哪一项呢？"孔子说："去掉军备。"子贡又问："如果迫不得已还要去掉一项，在这两项之中又去掉哪一项呢？"孔子回答说："去掉粮食。因为，自古以来谁也免不了一死，没有粮食不过是饿死罢了，但一个国家、一个政府不能得到老百姓的信任就要垮掉。"）"民无信不立"这句话的意思是：如果百姓对国家都没有足够的信任，那么这个国家就不能很好地建立起来。可见

---

① 王京生、陶一桃主编、杨柳执行主编、陈广著：《华为企业文化》，海天出版社2018年版，第5页。

孔子把"信"看作立国做人根本之所在。

2. 信近于义，言可复也。——《论语·学而》（翻译：所守的诺言如果符合于义，那么所说的话就能够兑现。）

3. 言必信，行必果。——《论语·子路》（翻译：说话一定守信用，做事一定有结果。）

4. 子以四教：文，行，忠，信。——《论语·述而》（翻译：孔子以四项内容来教导学生：历代文献、社会生活的实践、忠诚、守信。）

5. 子张问崇德辨惑。子曰："主忠信，徙义，崇德也。"——《论语·颜渊》（翻译：子张向孔子请教怎样去提高品行修养和辨别是非，孔子说："以忠诚信实为主，行为总是遵循道义，这就可以提高品德。"）

6. 子曰："人而无信，不知其可也。大车无輗，小车无軏，其何以行之哉？"——《论语·为政》（翻译：孔子说："一个人如果不讲信用，真不知道他还能做什么呢？就像大车的横木两头没有活键，小车的横木两头少了关扣一样，怎么能行驶呢？"）

7. 子夏曰："君子信而后劳其民，未信，则以为厉己也；信而后谏，未信，则以为谤己也。"——《论语·子张》（翻译：子夏说："君子得到民众的信任之后才能去役劳他们，没有得到信任就去役劳，民众就会认为是在折磨他们。君子得到君主的信任之后才能去进谏，没有得到信任就去进谏，君主就会以为是在诽谤自己。"）

8. 子张问仁于孔子，孔子曰："能行五者于天下为仁矣。"请问之，曰："恭、宽、信、敏、惠。恭则不侮，宽则得众，信则人任焉，敏则有功，惠则足以使人。"——《论语·阳货》（翻译：子张向孔子问仁。孔子说："能够处处践行五种美德，就是仁了。"子张问："请问是哪五种？"孔子说："庄重，宽厚，诚信，勤敏，慈惠。庄重就不会招致侮辱，宽厚就会得到众人的拥护，诚信就会得到别人的任用，勤敏则会取得功绩，慈惠就能够使唤人。"）

9. 子曰："君子义以为质，礼以行之，孙以出之，信以成之。君子哉！"——《论语·卫灵公》（翻译：孔子说："君子做事要把合宜作为原则，依照礼来实行，用谦逊的言语来表述，用诚信的态度来完成它。这样做才是君子啊！"）

10. 子张问行，子曰："言忠信，行笃敬，虽蛮貊之邦，行矣；言不忠信，行不笃敬，虽州里，行乎哉？立则见其参于前也；在舆则见其倚于衡也，夫然后行。"——《论语·卫灵公》（翻译：子张问怎样才能处处行得通。孔子说："言语忠实诚信，行为笃厚恭敬，即使到了蛮貊地区，也能行得通。言语不忠实诚信，行为不笃厚恭敬，即使是在本乡本土，能行得通吗？站立时，就好像看见忠实、诚信、笃厚、恭敬的字样就在我们面前，在车上时，就好像看见这几个字刻在车前横木上，这样才能处处行得通。"）

11. 子曰："不逆诈，不亿不信，抑亦先觉者，是贤乎！"——《论语·宪问》（翻译：孔子说："不预先怀疑别人欺诈，不凭空臆想别人不诚信，却能先行察觉，这样的人才是贤者啊!")

除此之外,《吕氏春秋·贵信》在评价诚信的价值和作用时说:"凡人主必信。信而又信,谁人不亲?信立则虚言可以赏矣。虚言可以赏,则六合之内皆为己府矣。信之所及,尽制之矣。……君臣不信,则百姓诽谤,社稷不宁;处官不信,则少不畏长,贵贱相轻;赏罚不信,则民易犯法,不可使令;交友不信,则离散郁怨,不能相亲;百工不信,则器械枯伪,丹漆染色不贞。"(翻译:凡是君主一定要诚信。诚信再诚信,什么人不来亲附?诚信树立了,就可以鉴别虚假的话了。可以鉴别虚假的话,那么天地四方就都成为自己的了。诚信所到达的地方,就都能够控制了。……君臣不诚信,那么百姓就会批评指责,国家就不会安宁;做官不诚信,那么年少的就不敬畏年长的,地位尊贵的和地位低贱的就相互轻视;赏罚不诚信,那么百姓就容易犯法,不可以役使;结交朋友不诚信,那就会离散怨恨,不能相互亲近;各种工匠不诚信,那么制造器械就会粗劣作假,丹、漆等颜料就不纯正。")

其中的"百工不信,则器械枯伪,丹漆染色不贞",若放在现代的商业环境中来理解,就是说如果生产厂家失去诚信,其所生产的商品就会质量低劣,市场上假冒伪劣的商品就会泛滥成灾,损害消费者利益,污染营商环境。这不正是我们市场经济发展过程中某些阶段、某些地方以及某些商家不讲诚信的真实写照吗?

"义"与"信"是中华传统文化中同等重要又紧密相连的核心价值理念,二者常合称"信义"。同时,"义"与"利"又经常相提并论而形成儒家关注的义利观,是企业合规文化的核心内容。《论语》中有关"义"的论述如下:

1. 子路曰:"君子尚勇乎?"子曰:"君子义以为上。君子有勇而无义为乱,小人有勇而无义为盗。"——《论语·阳货》(翻译:子路说:"君子崇尚勇敢吗?"孔子说:"君子把义看作是最尊贵的。君子有勇无义就会作乱,小人有勇无义就会去做盗贼。")

2. 子曰:"君子喻于义,小人喻于利。"——《论语·里仁》(翻译:孔子说:"君子懂得的是道义,小人懂得的是利益。")

3. 子曰:"饭疏食饮水,曲肱而枕之,乐亦在其中矣!不义而富且贵,于我如浮云。"——孔子《论语·述而》(翻译:孔子说:"吃粗粮、喝冷水、弯着胳膊当枕头,乐趣就在其中了!用不义的手段得到富贵,对我来说,那就如同天上的浮云。")

4. 子曰:"见利思义,见危授命,久要不忘平生之言。"——《论语·宪问》(翻译:孔子说:"看见利益先想一想该不该得,遇到危险便肯付出生命,经过长久的穷困日子却不忘记平日的诺言,也就可算是完人了。")

5. 子曰:"君子之于天下也,无适也,无莫也,义之与比。"——《论语·里仁》(翻译:孔子说:"君子对于天下的事,没有规定一定要怎样做,也没有规定一定不要怎样做,而只考虑怎样做才合适恰当,这样就行了。")

6. 子曰："夫达也者，质直而好义。察言而观色，虑以下人。"——《论语·颜渊》（翻译：孔子说："真正的通达，是品质正直，懂礼义，有正义。善于观察别人讲话时的脸色，从而体察其心意，常考虑如何谦恭待人。"）

7. 子曰："君子之仕也，行其义也。道之不行，已知之矣！"——《论语·微子》（翻译：孔子说："君子出来为官做事，是为了尽应尽之道义。至于大道之难行，君子早就知道了！"）

8. 子曰："上好礼，则民莫敢不敬；上好义，则民莫敢不服；上好信，则民莫敢不用情。"——《论语·宪问》（翻译：孔子说："在上位者讲究礼节，百姓就没有人敢不尊敬；在上位者讲究行为正当，百姓就没有人敢不服从；在上位者讲究诚实信用，百姓就没有人敢不说真话。"）

在义利观上，儒家的代表人物孔子、孟子、荀子等，都主张以义为重、先义后利，强调"君子义以为上""见利思义"。《孟子》提出："生，亦我所欲也；义，亦我所欲也。二者不可得兼，舍生而取义者也。"《荀子·荣辱篇》讲："荣辱之大分，安危利害之常体：先义而后利者荣，先利而后义者辱；荣者常通，辱者常穷；通者常制人，穷者常制于人。是荣辱之大分也。"受儒家思想影响，我国历史上的儒商，都把"重义"视为经商的重要原则，强调宁舍利取义而决不见利忘义。商人应与士一样，讲究道德修行，做到"利以义制，名以清修"。在中国传统文化里，以诚信为主要内容的企业文化，包含着深厚的合规理念，这种文化一直绵延不断，源远流长，并且随着时代的发展不断焕发出新的生机与活力。

逐利是企业的本性和天分，营利是企业经营的目的和任务，而正确处理义利关系，则是企业始终都要面对的现实课题。然而，君子爱财，取之有道。重义轻利、先义后利、必要时舍利取义，是企业合规文化不可或缺的重要方面。每个企业在努力谋取自己利益的同时，也必须考虑其商业行为是否符合并有助于促进国家利益、社会利益、员工利益和商业伙伴的利益，并确保不因自己的商业行为损害他人利益。在企业利益与国家利益、社会利益发生冲突的时候，应该使前者服从于后者。只有这样，企业才能实现和谐社会"在共建中共享、在共享中共建"。

改革开放以来，我国企业以开放包容和兼收并蓄的态度，大力引进外资和西方国家的现代企业管理制度，越来越多的企业开展国际化经营，在"引进来"与"走出去"的过程中，吸收借鉴美欧日等西方国家现代企业的管理经验和理念，将西方企业文化中的竞争观念、效率观念、质量意识、规则意识、品牌意识、创新意识、环保意识、责任意识、尊重人权、保护劳工等思想，与中国"天人合一""人本主义""革故鼎新""与时俱进""诚信俭朴""脚踏实地""重义轻利""惠民利民""和谐共赢"等优秀的传统文化有机结合起来，从而促进我国企业合规管理在东西方文化交汇融合中，实现跨越式发展，不断提升企业软实力，并进而助力我国企业在参与国际合作及竞争中不断形成新优势。

(二) 社会主义核心价值观

社会主义核心价值观是社会主义核心价值体系的内核，体现社会主义核心价值体系的根本性质和基本特征，反映社会主义核心价值体系的丰富内涵和实践要求，是社会主义核心价值体系的高度凝练和集中表达。

党的十八大强调，倡导富强、民主、文明、和谐，倡导自由、平等、公正、法治，倡导爱国、敬业、诚信、友善，积极培育和践行社会主义核心价值观。在社会主义核心价值观基本内容中，富强、民主、文明、和谐是国家层面的价值目标，自由、平等、公正、法治是社会层面的价值取向，爱国、敬业、诚信、友善是公民个人层面的价值准则。

社会主义核心价值观从国家、社会、公民三个层面，分别阐述了价值目标、取向和准则。富强、民主、文明、和谐是中国特色社会主义现代化国家的建设目标，这四者紧密联系、相辅相成构成了统一整体。有了价值目标，国家发展、社会进步才有了方向和精神支撑。所以国家的价值目标在社会主义核心价值观中居于主导地位。富强、民主、文明、和谐反映了社会主义的本质特征，体现了人民群众的根本利益，承载着中华民族的精神追求。

自由、平等、公正、法治是从社会层面对社会主义核心价值观的高度凝练。这四者体现了中国特色社会主义的价值追求，反映了社会主义社会的基本属性，是对美好社会的生动表述，也是中国共产党矢志不渝、长期实践的核心价值理念。

爱国、敬业、诚信、友善的价值准则，着眼于公民应当遵循的基本行为规范，凝聚了全社会的道德共识，涵盖了社会公德、职业道德、家庭美德、个人品德等方面，继承了中华民族传统美德、中国革命道德和社会主义新时期道德的优秀传统，具有基础性、广泛性和普遍性。

社会主义核心价值观是企业文化核心理念的根基。积极培育和践行社会主义核心价值观，与中国特色社会主义发展要求相契合，与中华优秀传统文化和人类文明优秀成果相承接，是企业合规文化建设重要的指导思想和必备内容。《关于培育和践行社会主义核心价值观的意见》明确要求"开展各项生产经营活动，要遵循社会主义核心价值观要求，做到讲社会责任、讲社会效益、讲守法经营、讲公平竞争、讲诚信守约，形成有利于弘扬社会主义核心价值观的良好政策导向、利益机制和社会环境"。

企业要把践行社会主义核心价值观作为企业文化建设的重要目标和任务，将其与企业的思想教育、价值导向、文化活动紧密结合，融入企业合规文化建设的全过程，成为企业员工能够普遍理解、接受和自觉遵守奉行的价值观念。要把学习践行社会主义核心价值观贯穿到企业发展的整个过程当中，做到讲社会责任、讲社会效益、讲守法经营、讲公平竞争、讲诚信守约。要注重经济行为和价值导向的有机统一，实现企业长远发展的同时，也为社会发展注入正能量，做出应有贡献。在企业合规文化建设中，要不断推进各项规章制度的修订和创新，通过相关制度的完善和优化、制度体系的融合，把培育和践行社会主义核心价值观融入员工的日常工作和生活中，形成全员参与、全员践行的风气。

(三) 新时代的企业家精神

党的十八大开启了中国特色社会主义的新时代，我国发展站到了新的历史起点上。在这个新阶段，我国党和国家事业发展从指导思想、理念思路、方针政策、体制机制、根本保证到社会主要矛盾、社会环境、外部条件等各方面都发生了巨大变化，发展水平和发展要求更高，呈现出新的时代特征。改革开放以来特别是我国进入新时代，一大批有胆识、勇创新的企业家茁壮成长，形成了具有鲜明时代特征、民族特色、世界水准的中国企业家队伍，也孕育培养了具有中国特色的新时代企业家精神。2020年7月21日，习近平总书记在企业家座谈会上，从以下五个方面概括并论述了新时代应当弘扬的企业家精神：

第一，希望大家增强爱国情怀。企业营销无国界，企业家有祖国。优秀企业家必须对国家、对民族怀有崇高使命感和强烈责任感，把企业发展同国家繁荣、民族兴盛、人民幸福紧密结合在一起，主动为国担当、为国分忧，正所谓"利于国者爱之，害于国者恶之"。爱国是近代以来我国优秀企业家的光荣传统。从清末民初的张謇，到抗战时期的卢作孚、陈嘉庚，再到新中国成立后的荣毅仁、王光英，等等，都是爱国企业家的典范。改革开放以来，我国也涌现出一大批爱国企业家。企业家爱国有多种实现形式，但首先是办好一流企业，带领企业奋力拼搏、力争一流，实现质量更好、效益更高、竞争力更强、影响力更大的发展。

第二，希望大家勇于创新。创新是引领发展的第一动力。"富有之谓大业，日新之谓盛德。"企业家创新活动是推动企业创新发展的关键。美国的爱迪生、福特，德国的西门子，日本的松下幸之助等著名企业家都既是管理大师，又是创新大师。改革开放以来，我国经济发展取得举世瞩目的成就，同广大企业家大力弘扬创新精神是分不开的。创新就要敢于承担风险。敢为天下先是战胜风险挑战、实现高质量发展特别需要弘扬的品质。大疫当前，百业艰难，但危中有机，唯创新者胜。企业家要做创新发展的探索者、组织者、引领者，勇于推动生产组织创新、技术创新、市场创新，重视技术研发和人力资本投入，有效调动员工创造力，努力把企业打造成为强大的创新主体，在困境中实现凤凰涅槃、浴火重生。

第三，希望大家诚信守法。"诚者，天之道也；思诚者，人之道也。"人无信不立，企业和企业家更是如此。社会主义市场经济是信用经济、法治经济。企业家要同方方面面打交道，调动人、财、物等各种资源，没有诚信寸步难行。由于种种原因，一些企业在经营活动中还存在不少不讲诚信甚至违规违法的现象。法治意识、契约精神、守约观念是现代经济活动的重要意识规范，也是信用经济、法治经济的重要要求。企业家要做诚信守法的表率，带动全社会道德素质和文明程度提升。

第四，希望大家承担社会责任。我说过，企业既有经济责任、法律责任，也有社会责任、道德责任。任何企业存在于社会之中，都是社会的企业。社会是企业家施展才华的舞台。只有真诚回报社会、切实履行社会责任的企业家，才能真正得到社会认可，才是符合时代要求的企业家。这些年来，越来越多企业家投身各类公益事业。在防控新冠疫情斗争中，广大企业家积极捐款捐物，提供志愿服务，作出了重要贡献，值得充分肯定。当前，就业压力加大，部分劳动者面临失业风险。关爱员工是企业家履行社会责任的一个重要方面，要努力稳定就业岗位，关心员工健康，同员工携手渡过难关。

第五，希望大家拓展国际视野。有多大的视野，就有多大的胸怀。改革开放以来，我国企业家在国际市场上锻炼成长，利用国际国内两个市场、两种资源的能力不断提升。过去 10 年，我国企业走出去步伐明显加快，更广更深参与国际市场开拓，产生出越来越多世界级企业。近几年，经济全球化遭遇逆流，经贸摩擦加剧。一些企业基于要素成本和贸易环境等方面的考虑，调整了产业布局和全球资源配置。这是正常的生产经营调整。同时，我们应该看到，中国是全球最有潜力的大市场，具有最完备的产业配套条件。企业家要立足中国，放眼世界，提高把握国际市场动向和需求特点的能力，提高把握国际规则能力，提高国际市场开拓能力，提高防范国际市场风险能力，带动企业在更高水平的对外开放中实现更好发展，促进国内国际双循环。①

企业家精神内涵的界定，与时代的特点紧密相连。提到企业家精神，往往会使人想到它能够创造价值，特别是经济价值。新时代的企业家精神中，除了创造经济价值之外，还要彰显爱国情怀、创新精神、诚信品格和社会责任。企业家精神中的"诚信"品格，正是企业合规的基石，是对企业家的基本要求，也是企业家的立身之本，企业家在修炼领导艺术的所有原则中，诚信是绝对不能摒弃的原则，包括增强法律意识、坚守契约精神，以诚实守信推动经营发展行稳致远。

（四）法治观念与国际规则意识

市场经济是法治经济，依法治企是依法治国方略在企业中的延伸，守法经营是对企业的基本要求，是任何企业都必须遵守的一个大原则。作为依法成立的主要市场主体，企业的所有经营行为，都离不开法律的保护，同时也受到法律的约束。各类企业都应把守法诚信作为安身立命之本，依法经营、依法治企、依法维权，坚决守住法律的底线，偷税漏税、走私贩私、制假贩假等违法行为坚决不做。只有这样，企业才能实现持续发展，不断壮大。所谓依法治企，就是要坚持法治理念，在企业内部形成依法决策、依法经营、依法办事、依法维权的法治氛围，

---

① 参见习近平：《论把握新发展阶段、贯彻新发展理念、构建新发展格局》，中央文献出版社，第 359—362 页。

使企业管理的所有行为都纳入法治化轨道，切实做到健全制度、规范管理、严格监督，有效防控和降低企业经营风险。

企业法治文化是依法治企的理念要求，是企业文化精神层的基础和载体，同时也是企业合规文化的主要内容。随着我国市场化、法治化、国际化的营商环境日益完善，政府对企业依法经营的监管也更加严格和密实。企业必须适应法治化的环境，树立依法治企理念，用法治思维和法治方式管理企业经营，培育以法治文化为基石的企业合规文化。

建设企业法治文化，需要对企业经营行为进行全领域、全过程、全方位、全员额的依法规范，不断完善企业以法治为导向的规章制度并确保其在企业经营中全面执行。"走出去"的中国企业，还要严格遵守经营所在国家和地区的法律制度和政府监管要求，诚信守法，树立中国企业的良好形象。

企业法治文化建设有助于带动企业和员工培养自觉守法意识，形成法治思想观念、法治文化氛围，将法律知识转化为法治意识，通过法治文化理念的传导、感染和文化氛围的熏陶，潜移默化地影响员工，促进员工自觉地遵守、敬畏、信仰法律。员工的守法合规、诚信履约是企业诚信经营的重要体现。

国际经贸规则是当今世界上国家与国家、国家与地区之间在发生国际经贸关系时，共同认可和共同遵循的一系列行为准则。这些准则一般是通过协定、协议、条约、公约等形式表现出来的。当前，世界正经历百年未有之大变局，全球经贸格局的不确定性、长期性和复杂性，加速了新一轮经贸规则的调整与大国之间的利益博弈。国际规则正发生深刻变化，全球正由"经济之争"转向"规则之争""制度之争"。未来国际经贸规则重塑的趋势是：多边贸易体制对国际经贸规则重构的领导力在削弱，高标准自由贸易协定逐渐引领国际经贸规则的重构；发达经济体与新兴经济体之间利益诉求与博弈加剧，经贸谈判重心从"边境规则"向"边境内规则"扩展延伸；服务贸易和数字贸易成为新一轮国际贸易规则的竞争焦点，随着数字经济、区块链、人工智能、云计算等新兴技术迅猛发展，围绕新议题设置与谈判，将成为新一轮规则话语权争夺的前沿地带。

如何加快适应全球新一轮国际经贸规则变革重构的大趋势，积极参与全球经贸秩序重塑，并把握规则主动权，不仅是国家之间的竞争着力点，也是企业参与国际合作与竞争并形成新优势的制高点。我国正在着眼于构建更高水平开放型经济新体制，以规则、规制、管理、标准等制度型开放为重点，加快接轨、适应、推动创新国际经贸规则，积极推动缔结新的贸易协定，加快推动我国开放型经济从要素型开放转向制度型开放，不断完善开放发展的制度环境。在学习掌握和适应运用国际经贸规则方面，规则知识、规则意识、规则思维和规则运用能力，将成为企业合规文化的重要部分。企业在走出去的过程中，必须更加自觉地遵守当地法律法规和风俗习惯，运用法律和规则维护自身合法权益。走出去的中国企业都会面临经营管理合规问题，在合规方面不授人以柄才能行稳致远。特别是对外经贸企业必须强化合规意识，加强合规管理，切实防范法律风险。对于我国加入和承认的国际经贸规则，要给予高度重视，在反商业贿赂、反不正当竞争、反垄断、出口管制、人权与劳工保护、知识产权保护、数据合规等重点领域，尽快实现从合规应对、合规管理到形成合规文化的过渡。

（五）企业领导对合规的认知

企业领导者的个人文化是企业文化的种子之一，其文化素养、精神境界尤其是对企业合规的观念，直接影响企业合规文化建设。沙因在《企业文化与领导》中说："领导者的重要才能就是影响文化的能力。"中外企业文化形成与传承的事例都表明，领导者就是企业合规建设与管理的动力之源。尤其是对由企业领导初创并引领发展的民营企业（家族企业）而言，领导者既是企业文化的践行者、代表者，也是企业合规文化的设计者和建设者。比如中外一些知名的企业家如通用电气公司的杰克·韦尔奇、松下电器公司的松下幸之助、索尼公司的盛田昭夫、微软公司的比尔·盖茨、海尔集团的张瑞敏、华为公司的任正非、格力电器公司的董明珠、福耀玻璃集团的曹德旺等，这些企业家的价值观念、个人信仰、精神境界和品格魅力，通过其一言一行、一举一动，指导、引领和培育着企业合规文化，塑造起企业良好的社会形象。

领导者在企业合规文化建设和管理方面身体力行、指导支持、以身作则，并利用一切机会和条件传播企业合规文化，就会极大地引领、推动企业合规文化建设。在近年来我国一些民营企业在合规管理中，有的企业高层领导不仅自身在守法合规方面率先垂范，而且带头作出合规承诺并认真践行，同时通过在企业内部讲话授课、开会访谈、撰写文章、参与合规创建活动等多种方式，宣传弘扬企业的价值观、使命和愿景，有效培育企业合规文化，极大地影响和带动了企业合规文化建设，其自身的合规知识、合规理念、合规意识、合规习惯和合规做法，对企业员工产生着"无声胜有声"的持久影响，在企业营造浓厚的合规文化氛围方面，发挥了中流砥柱的作用。

（六）协会商会规范所倡导的行业规范

行业协会商会聚集着大量经营范围同类别的企业。行业文化也在一定程度上影响和决定企业合规文化的内容、倾向与特征。一般来说，行业协会商会都会建立健全以下行业自律机制：一是根据行业发展要求制定自律规约，规范会员企业生产和经营行为，引导本行业的经营者依法竞争，以维护市场竞争秩序。二是制定行业职业道德准则，规范从业人员职业行为，全面提高从业人员的思想道德素质、科学文化素质和技术业务素质，培育从业人员的职业道德和职业精神，营造诚信执业良好氛围，对于违背行业职业道德准则的从业人员实施行业惩戒。三是建立与国际标准相一致、符合行业特点的社会责任指标和评价体系，提升行业社会责任绩效，以推动会员企业履行社会责任。四是制定发布本行业的产品和服务标准，积极参与制定国家标准、行业规划和政策法规，不断提高行业产品和服务的质量。行业协会商会所倡导的这些企业精神，对所属行业的企业合规文化建设，具有很强的针对性、指导性和有效性。

尤其是在核心价值观取向上，企业合规文化在融入行业合规文化的同时，要对行业文化进行借鉴、扬弃和扩展。同行业的企业往往在类型、性质、规模、人员结构等方面既有相似之处，也有差异存在，对行业合规文化理念、规范、特性的重构和再造也不尽相同。企业在进行合规的文化建设上，虽然可以进行跨行业的合规文化交流与借鉴，但同行业企业之间在企业合规文化方面共同点往往更多，相互之间的学习交流和互通有无，对于加强自身企业合规文化建设也会更加有效。比如在近年来我国企业合规管理体系建设中，电力、医药、互联网等方面的行业协会，都发布了行业企业合规管理指导性规范，对同行业企业合规管理提出了明确的行业要求，这将在很大程度上强化同行业企业合规文化的相似性。

（七）党建文化

中国共产党党内法规是党的中央组织、中央纪律检查委员会以及党中央工作机关和省、自治区、直辖市党委制定的，体现党的统一意志、规范党的领导和党的建设活动、依靠党的纪律保证实施的专门规章制度。党内法规对于企业中的党组织和具有党员身份的员工，具有强制约束力，但并不强制适用于全社会。

公有制为主体、多种所有制经济共同发展的基本经济制度，是中国特色社会主义制度的重要组成部分，也是完善社会主义市场经济体制的必然要求。"毫不动摇地巩固和发展公有制经济""毫不动摇地鼓励、支持和引导非公有制经济发展"（"两个毫不动摇"）已写入新时代坚持和发展中国特色社会主义的基本方略。国有企业是中国特色社会主义的重要物质基础和政治基础，是中国特色社会主义经济的顶梁柱。目前，在我国的各类企业中，全部国有企业和部分民营企业，都建立了中国共产党的各级组织，加强企业党建文化建设，是国有企业合规文化的重要内容，而且对民营企业也产生了巨大的影响，形成了中国企业合规文化建设的特色。

党建文化体系是指党的建设的指导思想、基本理念、组织行为、制度建设、活动形式、组织形象等一系列内容的总和，是中国共产党一百多年来探索形成的独特组织体系，其精神内涵、制度建设、队伍建设、宣贯措施、形象塑造等，都与企业文化建设融为一体并保持高度一致，尤其在国有企业中，党建文化更是发挥着引领、规范与推动作用，很多国有企业的企业文化理念体系基于党建文化内涵发展而来。从目标层面看，国有企业内的党建文化与企业合规文化目的完全一致。在国有企业的合规管理体系建设中，党的组织建设是合规体系非常重要的组成部分，党建文化也是企业合规文化的重要内容。

实际上，企业合规文化的渊源远不止以上七个方面，国家重大发展战略、经济社会生活中新的思潮、现代企业管理实践中的成功经验、企业文化包括亚文化中的合规因素等,都将不断影响并丰富着企业合规文化的内容,为企业合规文化建设提供源源不断的营养成分。

二、企业合规文化的内容

如本章第一节所述,按照特伦斯·迪尔与艾伦·肯尼迪合著《企业文化——企业生活中的礼仪与仪式》的观点,企业文化是企业员工一致认可并共同遵循的价值体系和行为准则,由企业环境、价值观、英雄人物、礼仪和仪式、文化网络等五个要素构成。企业合规文化作为企业文化的组成部分,也同样包含这五个要素。按照企业合规管理的国际国内标准关于合规文化的定义,合规文化通常由贯穿于组织的价值观、道德规范和信仰构成。

(一) 企业合规价值观

价值观是关于价值的一些基本观点、看法和态度,如什么是价值、怎样评判价值、如何创造价值,一方面表现为价值取向、价值追求和价值目标,另一方面表现为价值审视、价值评判和价值尺度。任何社会都有自己的核心价值观,即占主导地位的价值观,它是一个社会意识形态的主体和灵魂,作用于经济、政治、文化、社会生活的各个方面,从根本上制约、规范着社会的发展方向和道路,直接而深刻地影响着社会的凝聚力和创造力。

企业价值观则是企业在生产经营过程中推崇和遵循的基本信念和准则,是企业全体或大多数员工一致认同的价值判断体系。在企业层面,价值观是企业制定政策、进行决策以及选择行为方式的指导方针,当企业面对决策和选择时,必须考虑的首要因素和价值排序;对员工而言,价值观帮助员工回答诸如我们崇尚什么、我们最看重什么、我们决不能容忍什么、在面对矛盾和冲突时我们选择什么等一系列有关价值判断的问题,从而引导员工思维、约束员工行为、为员工提供判断是非价值的标准。由于价值观不同,不同的人对同一个事物、同一件事情、同一个问题会作出不同的理解和回答。

价值观的确立是企业合规文化建设的重要内容,每个企业都会根据自己的实际情况在生存与发展过程中形成具有自己特点的合规价值观,如守法诚信、合规底线、以人为本、客户至上、质量第一、效益优先,等等。一般来说,企业合规价值观的确定,要符合企业发展战略和使命愿景,符合时代要求和社会现实,符合企业员工利益。王明胤在其所著《企业文化定位·落地一本通》中提出了企业价值观定位的三原则:一是人的价值高于物的价值,二是共同的价值高于个人的价值,三是客户的价值和社会的价值高于企业的生产价值和利润价值。

企业价值观一旦确定,不能随意改变,更不能在实践中任意背弃和破坏,否则迟早会动摇企业根基,给企业造成难以弥补的损失。这样的事件在我国企业发展的历程中并不少见,众所周知的"三鹿奶粉"事件,三鹿公司从辉煌走向灭亡的原因就是其在经营中完全背离了自己确定的核心价值观。三鹿公司为自己确定的价值观是"诚信、和谐、创新、责任"。然而，在面对激烈的市场竞争和巨大的利润诱惑时，三鹿公司却完全忘记了诚信、责任的价值理念，将大量的三聚氰胺添加于奶粉之中，危及消费者利益乃至生命健康，最终导致三鹿公司自身的毁灭！

实际上，不少企业为了标榜自己的文化、展示企业的形象、取信于客户，往往都会选择诸如诚信合规、厚德载物、上善若水、客户至上、追求卓越等漂亮的词语，作为自己的价值观进行表述，而在企业经营活动中却将其束之高阁，全然不顾，并不能真正落实到企业及其员工的经营思维和行为上，直至走向倾覆，悔之已晚。而那些能够持续成长的企业，尽管它们的发展战略和经营活动不断地随着客观环境的变化而改变，却始终保持着稳定不变的企业核心价值观，并将其视作企业全体员工行为的底线、红线、高压线，不可触碰和逾越，从而彰显企业核心价值观在企业中的崇高地位和最高价值。

企业在全体员工中宣贯自己的价值观并建立相关原则，以员工手册、行为准则或其他形式呈现出来，可使企业内外部人员在规定不清、不全或没有规定的情况下，也能根据原则性的指引开展业务，有效地应对合规风险。比如西门子公司所有员工在代表西门子做决定时，被要求在遵守规则和程序的基础上，都要问自己以下四个问题：

（1）我的决定是否符合西门子的利益？

（2）我的决定是否符合西门子的价值观和我的价值观？

（3）我的决定是否符合法律标准？

（4）我是否准备好为我的决定承担责任？

（二）企业合规道德规范

企业道德规范与合规文化二者关系十分密切，可以说如影随形，当人们谈论合规的时候，往往就会与企业道德规范相提并论，比如经济合作与发展组织发布的合规性文件《内控、道德与合规—最佳实践指南》。GB/T 35770—2017/ISO 19600：2014 定义"合规文化"为："贯穿整个组织的价值观、道德规范和信念，与组织的结构和控制系统相互作用，产生有利于合规成果的行为准则。"取而代之的 GB/T 35770—2022/ISO 37301：2021 修改该决义为"贯穿整个组织的价值观、道德规范、信仰和行为，并与组织结构和控制系统相互作用，产生有利于合规的行为规范"。巴塞尔银行监管委员会 2005 年发布的《合规与银行内部合规部门》"引言"部分指出："合规法律、规则和准则不仅包括那些具有法律约束力的文件，还包括更广义的诚实守信和道德行为的准则。"美国联邦处罚指南中给予合规文化的定义是"推动一个可以鼓励道德行为和符合法律规定的承诺的组织文化"。美国司法部刑事司《企业合规体系评估指引》关于"政策和程序"指引要求"任何妥善制订的合规体系均应涉及兼具道德标准的内容和有效性的且能够解决并致力于减少公司在风险评估过程识别的风险的政策和程序"。2002 年，美国公司首次出现"首席道德与合规官",由公司董事会任命,向董事会汇报,全面负责企业的道德与合规政策的制定、管理和执行。目前,全球很多大型跨国公司的合规管理体系中,内部设置的企业合规高层管理岗位,其名称有的也称作"首席道德与合规官"(CECO)。

企业道德文化是指企业文化中以企业道德为中心的文化形态和特质。它包括企业的道德观念、道德情感、道德理想、道德规范、道德行为以及影响企业道德的基本因素和途径,它通过企业道德的舆论、修养、教育、传统、习惯和信念来调节企业内外部的各种关系,形成了完整的企业道德文化体系。在企业合规文化管理中,具体表现为职工的善恶、义务、良心、荣誉、幸福、公正、诚信、友爱等道德文化形态。企业道德文化以企业道德为核心,通过一系列的道德范畴来调整企业与企业之间、企业与顾客之间、企业与员工之间、企业员工相互之间等各种关系的行为规范。企业及其员工在一定的道德意识支配下,表现出有利于他人和社会的行为。

企业道德文化是企业文化的重要组成部分,当然也是企业合规文化的核心之一。它在企业高层领导的倡导下,为广大员工所接受和认同,从而逐渐形成了本企业的道德文化规范。现代企业道德文化在企业管理活动中主要表现在尊重人、关心人和爱护人,重视企业的道德义务和社会责任,重视企业行为的道德价值取向。具体要求:

一是在处理个人、集体和国家的利益关系上,要统筹兼顾,既要尊重和关心企业员工的个人正当利益和需求,又要最大限度地追求商业和企业集体的利益,同时还要兼顾国家的利益,承担起对社会的责任。

二是倡导以义兴利,在对待义与利的关系上,坚持义利互济、先义后利的原则。要从商业和企业的长远利益出发,合法经营,文明办企,不谋求不义之财,不追求非法之利,不实施欺诈行为,对顾客诚信善待,对社会和国家负责任、尽义务,守法纳税,树立良好的企业形象和商业信誉,以此赢得消费者的信任。

三是要用仁爱之心对待职工,尊重、爱护和信任自己的员工,尊重他们的价值、尊严和贡献。在企业实现自身发展和获取利润的同时,尽可能地考虑职工的福利,做到公司、职工二者利益兼顾,从而营造内外和谐的人际关系、良好氛围和经营环境。

四是以诚实守信、童叟无欺的道德原则处理企业与顾客的关系。对顾客以诚相待,热情服务,货真价实,讲究信誉,恪守信用,坚决杜绝坑蒙拐骗等欺诈行为。

五是以真诚合作、互惠互利、平等竞争、公平交易的道德原则处理与商业伙伴之间的关系。在追求和保护自身利益的同时,尽量考虑和保障交易对象的利益。提倡真诚合作,互相尊重,彼此谦让,互惠互利,从而维护持续健康的合作伙伴关系。

企业道德规范能够让企业以真善美的意念以及合法诚信的行为,处理企业经营过程中所涉及的各种关系,守住法律和道德要求的底线,抬高扩张义务和责任的上限,从而为企业树立良好的市场口碑和社会形象。在这方面,下述佳能珠海公司给予员工停产补偿的做法,极大地抬高了道德义务和责任的上限，为企业树立了良好的社会形象。

2022年1月中旬，中国传统节日春节即将到来，疫情的阴霾仍然笼罩全球并对企业经营和人们生活造成诸多不利影响。佳能珠海公司发布的一份因停产对员工进行补偿的公告，在社会上引起了轩然大波并吸引舆情关注，这个公告的原文内容如下：

关于协商一致解除劳动合同优待方案的

公告全体员工：

大家好，经公司与工会协商小组协商一致，确定本次方案最终内容，现就共通内容说明如下：

优待方案

即日起到20××年××月××日17点（周×）之前，自主选择按照协商一致方式和公司解除劳动合同，并签署《协商一致解除劳动合同协议书》（以下简称"解除协议"）的员工，公司将按如下标准支付补偿。

1. 经济补偿金（优于法定）

计算标准：N+1

① "N"是指法定经济补偿金，即员工公司工龄×员工月平均工资；

② "+1"是指相当于代通知金（即1个月月平均工资）的金额；

③ "公司工龄"指员工在公司工作的年限（自入职日开始计算至最后工作日2022年1月31日止）。每满1年支付1个月月平均工资。6个月以上不满1年的，按1年计算；不满6个月的，按半个月计算。

④ "月平均工资"是指员工在劳动合同解除或终止前12个月的平均工资。关于"前12个月"，以各位员工的2021年2月—2022年1月（含2021年7月、2022年1月支付的特别津贴）作为计算期间，以下亦同。

按照《劳动合同法》规定，员工月平均工资高于当地社会平均工资3倍的，以3倍数额作为上限计算，且计算工龄的最高年限为12年，但公司决定本次优待方案不设定该上限。

2. 峥嵘岁月，青春无悔——特别慰劳金

①工龄不满10年：从2008年1月1日起算的公司工龄×平均月工资×1.0

②工龄满10年不满20年：从2008年1月1日起算的公司工龄×平均月工资×1.2

③工龄满20年从2008年1月1日起算的公司工龄×平均月工资×1.3

3. 风雨无惧，再创辉煌——就业支援金

①工龄不满5年：支付1个月平均工资；

②工龄满5年不满10年：支付2个月平均工资；

③工龄满 10 年不满 15 年：支付 3 个月月平均工资；

④工龄满 15 年不满 20 年：支付 4 个月月平均工资；

⑤工龄满 20 年不满 25 年：支付 5 个月月平均工资；

⑥工龄满 25 年不满 30 年：支付 6 个月月平均工资；

⑦工龄满 30 年：支付 7 个月月平均工资。

4. 新春回首，感动常在——感怀铭记奖金

全额支付 2022 年上下期两次特别津贴，评价标准按照 2021 年下期特别津贴标准，低于 A2 评价的一律按照 A2 评价标准支付。

5. 阖家欢乐，幸福安康——春节慰问金

探亲路费 1000 元，春节红包 1000 元。

根据我国的劳动法，经济补偿金按照"N+1"标准计算，N 为法定经济补偿金，即员工工龄×员工月平均工资，"+1"就是增加一个月平均工资。同时《劳动合同法》对于补偿金有个双封顶的规定：员工月平均工资高于当地社会月平均工资 3 倍的，以 3 倍数额作为上限计算，且计算工龄的最高年限为 12 年。2021 年全国社会月平均工资最高的北京为 9227 元，3 倍封顶不超 3 万元。因此，企业向员工支付的"N+1"经济补偿金，其实是有上限的。

佳能珠海公司对员工的这个经济补偿方案，分为五部分，即经济补偿金、特别慰劳金、就业支援金、感怀铭记奖金以及春节慰问金。其一经公布就立即成为社会关注的焦点，原因就在于，一个因经营遇到困难、生存面临问题的企业，在即将停产的时候对员工补偿金竟然还不设上限，完全按照员工实际工资水平以及在公司工作的工龄计算，远高于劳动法规定的标准。按照这一补偿方案，假如一个员工在 2000 年 1 月 1 日入职，月工资 1 万元人民币，那么基础赔偿就有 22 万元，特别慰劳金有 17 万元，就业支援金有 7 万元，补偿总额就有 46 万元；部分工作 30 年的老员工，最高补偿甚至超过了 150 万元。珠海高新区透露，佳能珠海公司停产前的员工为 870 余人，按照补偿方案推算，佳能珠海的总补偿金预计超亿元。很多网友评价佳能为"良心企业"，同时感慨"中国企业什么时候才能这么有良心？"佳能珠海公司关爱员工的做法，很好地诠释了企业道德规范在促使产生有利于合规成果的行为准则、为企业赢得市场口碑和塑造良好社会形象方面的重要作用。

（三）企业合规信仰

信仰是对某人或某种主张、主义、宗教极度相信和尊敬，并以此作为行动的榜样或指南，如信仰宗教、信仰马克思主义等。企业信仰则是得到企业员工和整体认同，作为企业员工行动的榜样和指南，并为之奋斗的东西，它可以是一个观念、一种思想、一种主义等。

企业是依法成立的、以营利为目的、从事商业经营活动的法人或其他社会经济组织。企业是市场经济活动的主要参与者、社会生产和服务的主要承担者、经济社会发展的重要推动者。既然企业是一个以营利为目的的组织，企业信仰也就是企业作为一个社会组织，对其所采取的营利手段、方法和途径所持有的共同的坚定的信念，企业组织的成员都坚定地相信通过这样的手段、方法和途径，可以确保企业持续不断地盈利，实现长久的发展。比如IBM的企业信条是"成就客户、创新为要、诚信负责"；同仁堂的企业信条是"同修仁德，济世养生""炮制虽繁必不敢省人工，品味虽贵必不敢减物力"；青岛啤酒的企业信条是"用我们的激情酿造出消费者喜好的啤酒，为生活创造快乐"；阿里巴巴的企业信条是"让天下没有难做的生意"；百度的企业信条是"让人们最便捷地获取信息，找到所求，致力于向人们提供'简单、可依赖的'信息获取方式"；蒙牛的企业信条是"致力于人类健康的牛奶制造服务商"；希尔顿酒店的企业信条是"宾至如归，微笑服务"；华为的企业信条是"把数字世界带入每个人、每个家庭、每个组织，构建万物互联的智能世界"；等等。企业明确自己的信仰并对此孜孜以求，不仅为企业带来源源不断的利润，也为利益相关方、员工、社会和国家贡献自己的力量，并因此得到相应的认可和回报。

企业合规信仰就是企业对合规无条件地绝对相信，并将其内化为企业及其员工的精神力量，企业坚定地相信合规是企业实现营利的手段、方法和途径，以公开的宣示或实际的行为，对合规"有没有用"以及"如何发挥作用"的问题作出肯定的回答。比如有的企业认为"合规创造价值"，有的企业提出"合规承载着企业的梦想"，有的企业相信"合规确保企业基业长青"等。

企业是否真的信仰合规，可以从企业领导是否对合规给予足够的重视、是否建立有效的合规管理体系、是否投入必要的资源、是否配备应有的合规团队、是否赋予合规独立的地位等方面进行评判，这是有关企业合规的指导性文件对建立合规管理体系的明确要求，也是全球跨国公司企业合规管理实践的通行做法。当企业仅仅把合规作为装点门面和追逐时尚的饰物，并非真正成为领导及全体员工内心真诚的信仰时，其所谓的合规管理也只能流于形式，而深层次的危机迟早会演化为显现的风险，给企业带来灾难。

第四节　企业合规文化建设路径及评测

一、企业合规文化建设路径

合规文化是企业合规管理体系的重要组成部分，反映了企业的治理机构、各级管理层、员工和其他相关方应对合规风险的意识和态度。企业的合规管理能否成功，很大程度上取决于企业的合规文化能否有效地渗透到企业的各个层级和领域，并持续地发挥作用。通常来说，企业的合规文化深厚，企业合规管理的有效性就强大；企业合规文化肤浅，企业合规管理的有效性就弱化。因此，国内外有关企业合规建设的指导性文件和合规管理体系建设的实践，都十分重视企业合规文化建设。GB/T 35770—2017/ISO 19600：2014 提出的支持合规文化发展的因素包括：

1. 一系列已发布的清晰的价值观；

2. 管理层积极实施和遵守价值观；

3. 不论职位，处理相似措施时保持一致；

4. 在监视、辅导、指导过程中以身作则；

5. 对潜在员工进行适当的就业前评估；

6. 在入职培训或新员工训练中强调合规和组织价值观；

7. 持续进行合规培训，包括更新培训内容；

8. 持续就合规问题进行沟通；

9. 建立绩效考核体系，考虑对合规行为的评估，并将合规表现与工资挂钩，以实现合规关键绩效措施和结果；

10. 对合规管理业绩和结果予以明确认可；

11. 对故意或因疏忽而违反合规义务的情况给予即时和适当的惩罚；

12. 在组织战略和个人角色之间建立清晰的联系，反映出合规是实现组织结果所必不可少的；

13. 就合规进行公开和适当的沟通。

该标准同时指出，合规文化的形成体现于下列方面的实现程度：

1. 所有上述事项均得到充分实施；

2. 利益相关方（尤其是员工）相信上述事项已得到充分实施；

3. 员工充分了解与其自身活动和所在业务部门活动相关的合规义务；

4. 组织各层按要求针对不合规进行"自主"补救，并采取相应措施；

5. 合规团队所扮演的角色及其目标得到重视；

6. 员工有能力且受到鼓励向相应的管理层提出其合规疑虑。

ISO 37301：2021 在 GB/T 35770：2017/ISO 19600：2014 的基础上，细化了支持合规文化发展的因素，由 13 项扩展至 19 项。

《企业境外经营合规管理指引》提出合规文化培育和推广的措施包括：

1. 企业应将合规文化作为企业文化建设的重要内容；

2. 企业决策层和高级管理层应确立企业合规理念，注重身体力行；

3. 企业应践行依法合规、诚信经营的价值观，不断增强员工的合规意识和行为自觉，营造依规办事、按章操作的文化氛围；

4. 企业应将合规作为企业经营理念和社会责任的重要内容，并将合规文化传递至利益相关方；

5. 企业应树立积极正面的合规形象，促进行业合规文化发展，营造和谐健康的境外经营环境。

《中央企业合规管理指引（试行）》提出培育合规文化的措施包括：通过制定发放合规手册、签订合规承诺书等方式，强化全员安全、质量、诚信、廉洁等意识，树立依法合规、守法诚信的价值观，筑牢合规经营的思想基础。《中央企业合规管理办法》则通过将合规管理纳入党委（党组）法治专题学习、推动企业领导人民强化合规意识、常态化开展合规管理培训、加强合规宣传教育、发布合规手册、签订合规承诺、引导全体员工自觉践行合规理念等措施，培育具有企业特色的合规文化。

将这些指导性文件关于建设企业合规文化的建议应用于实践，企业可以通过以下路径建立、发展、维护并不断改进自身的合规文化。

（一）管理层对合规的公开承诺与率先垂范

企业管理层尤其是高层管理人员作为企业文化的布道者，对于企业合规文化建设的重要性不言而喻。GB/T 35770—2017/ISO 19600：2014 提出：发展合规文化要求治理机构、最高管理者和管理层，对组织的各个领域所要求的共同的、已发布的行为标准作出积极的、可见的、一致的和持久的承诺。巴塞尔银行监管委员会发布的《合规与银行内部合规部门》也强调"合规应从高层做起。当企业文化强调诚信与正直，并且董事会和高级管理层作出表率时，合规才最为有效"。《美国司法部刑事司企业合规体系评估指引》强调："公司创建并培养职业道德与合规文化十分重要，一项有效的合规体系要求公司领导层作出从最高领导开始实施合规文化的高度承诺。"中国有句俗话叫"火车跑得快，全靠车头带"。如果企业管理层能在合规方面为企业全体员工树立一个很好的榜样，身体力行地实施自己企业的合规价值观、合规道德规范，坚守合规信仰，那就必将带动整个企业形成浓厚的尊崇合规的氛围，反之就会使企业的合规工作流于表面，形同虚设。管理层支持、带动和参与企业合规文化创建，首先要公开、坚定、明确、持久地做出合规承诺，在企业网站、内刊、墙报、文化园地等宣传阵地，喊出响亮的合规口号，一致地支持合规的态度。其次要以身作则地践行合规，宣传合规，带头执行企业合规制度，做到言行一致，以"其身正，不令而行"的表率作用，带动员工合规。最后要重视、倡导、支持合规，利用领导讲话、致辞、撰文、受访、参加论坛和研讨等活动，不失时机地宣传企业的合规理念，发出合规倡议，提出合规要求和建议，并在自己职责范围内，给予企业合规工作必要的人才和物力等资源支持，给予合规工作在企业内部应有的重视，给予合规岗位人员履职尽责独立的地位。

(二) 建立与合规文化相融相生的制度规范

规范的制度是企业合规文化得以传播和落实的重要保障。亚马逊内部有一句流传甚广的名言："良好的意愿是没有用的，建立可执行的机制才是关键。"企业的价值观、道德标准、合规信仰等文化理念，无论是多么漂亮的口号，仅仅宣扬这些宽泛、空洞的价值理念并不能真正明确地指引员工的行动，而需要用明确可行的制度来具象化企业的价值观，用以规范、指引和约束员工的行为。只有建立明确的制度规则，才能让员工明白无误地采取行动，并且保证这样的行动符合企业的价值理念和企业发展方向。

企业合规文化是"软约束"，制度规范是"硬约束"，二者之间相辅相成，相依共生。合规文化是建立制度规范的导向，制度规范是合规文化落地生根的保障。以合规文化为指导建立起来的制度规范，会通过强制性约束，使全体员工理解合规文化理念，进而养成合规习惯，促使企业合规文化落地生根。比如，企业倡导诚信守法、廉洁公正、公序良俗、关爱员工等合规文化，那么在企业的商业行为准则及其他相关制度规范中，就应该作出与之相应的制度规范要求，明确可执行操作的内容，以确保在日常经营和员工行为中，体现企业的上述合规文化和价值理念。

(三) 持续不断地开展合规培训

企业合规文化能否得到全体员工的认同、遵循和传递，进而内化为员工的自觉行动，这在相当程度上取决于企业合规培训的效果。

GB/T 35770—2017/ISO 19600：2014 对企业全员合规培训，作出了明确具体的指引：治理机构、管理层和具有合规义务的所有员工都宜具备有效履行合规义务的能力。培训项目的目标是确保所有员工有能力以与组织合规文化和对合规的承诺一致的方式履行角色职责。设计合理并有效执行的培训能为员工提供有效的方式交流之前未识别的合规风险。对员工的教育和培训宜：

1. 针对与员工角色和职责相关的义务和合规风险量身定制；
2. 适宜时，以对员工知识和能力缺口的评估为基础；
3. 在组织成立时就提供并持续提供；
4. 与组织的培训计划一致，并纳入年度培训计划；
5. 实用并易于员工理解；
6. 与员工的日常工作相关，并且以相关行业、组织或部门的情况作为案例；

7. 足够灵活，涉及各种技能，以满足组织和员工的不同需求；

8. 评估有效性；

9. 按要求更新；

10. 记录并保存。

当发生以下情况时，还应当考虑再次进行合规培训：

11. 角色或职责改变；

12. 内部方针、程序和过程改变；

13. 组织结构改变；

14. 合规义务尤其是法律或相关方要求改变；

15. 活动、产品或服务改变；

16. 从监视、审核、评审、投诉和不合规，包括利益相关方反馈产生的问题。

将这些指引性建议落实到企业合规培训实务中，要注意把握培训的针对性、有效性、普遍性和灵活性。

合规培训的针对性主要是培训要根据不同的时机、不同的对象、不同的背景等安排有针对性的培训师资、培训内容、培训方式。比如新员工入职、老员工调岗、新的法律法规出台、相关国际规则改变、政府有关部门提出监管要求、所属行业商会协会制定新的标准、利益关系方反馈重要信息等特定时机，以及对企业内部不同层级的人员进行合规培训，都需要有针对性地作出安排。

合规培训的有效性是要通过一定的考核验收方式，对培训效果作出定量定性的分析判断，比如通过考试、谈话、讨论发言等适当方式了解参训人员对有关培训内容的知识掌握程度、参训人员对企业核心价值、使命、愿景等重要内容的认知和熟记程度、对培训课程的心得体会、培训内容在工作中的运用能力等，并收集培训对象提出的改进意见和建议。

合规培训的普遍性需要对企业上至高层管理人员、下至每个普通员工进行全员培训。企业中每个人员都负有与其岗位职责相适应的合规义务，都应该雨露均沾地受到企业合规文化的熏陶。因此，合规培训在对象上应当做到全员、全覆盖、无死角。

合规培训的灵活性要求培训要适应客观条件，发挥主观能动。企业规模有大有小、各自条件有好有差，比如很多大型集团公司设立了企业大学、学院、培训基地或中心，配备有专职的师资队伍。这种办学条件下的集中培训效果固然好，但合规培训同样适宜于日常工作和业务流程中的随机和应景培训。那些以部门、班组、团队为单位的培训举办时间更方便、主题更集中、内容更有针对性。比如上级领导对下属人员或部门提出包含合规内容的工作要求、下级人员向上级领导汇报工作中有关合规方面的交流、企业合规部门与其他部门就合规管理中的问题进行的工作协调沟通、部门或班组会议讨论涉及合规的议题、接待或拜访客户听到的合规方面的建议、听取监管部门提出的合规要求等,都可以视为合规培训。这些有时间、有地点、有交流对象、有合规内容、有培训效果的学习交流机会,经过完整的记录和整理,都可以作为有效的培训。

(四) 坚持开展企业合规文化宣传工作

企业合规文化的宣传是指通过多样化传播载体和手段,构建起企业内外部宣传、推广、参透企业合规文化的传播体系,并通过各种传播途径将企业的价值观、道德规范、合规信仰、企业愿景和使命等企业合规理念的信息,传递给员工、利益相关方、客户和社会公众,从而提升企业合规文化的影响力,增强企业员工和利益相关方等对企业合规文化的认同感。

一是打造企业内部视觉环境,塑造企业合规的视觉形象,有意识、有计划地将企业合规文化方面的各种特征展示和传播出来。在企业的建筑外观和室内设计、装饰等方面,充分体现企业合规的价值观和基调,使合规文化成为企业总体形象的有机组成部分;在进行内部环境建设时,可以设置合规文化长廊、展厅、宣传板,也可以充分利用前台、会议室甚至各个办公室的空间设计和装饰布置等,对企业愿景、使命、价值观、合规理念等加以宣传。通过制作企业名片、台历挂历、外赠笔本等小礼品、信纸信封、邀请函、证书等,进行企业合规文化宣传,展示企业合规形象。通过打造生动活泼、形式多样的视觉环境,既能对外展示企业合规的良好形象,又能对内让员工更多地感受到企业合规文化氛围,随时学习企业合规知识,在耳濡目染下逐渐适应并认可企业的合规文化。

二是充分发挥企业内部的文化墙、文化展厅、企业内刊、企业官网、各种会议等文化宣传阵地,登载、发布和展示企业合规文化方面的内容,使企业员工能从日常持续不断地宣传中,受到经常性的熏陶教育,感受到企业合规文化在眼前、在耳边、在周围,进而入心入脑,最终转化为合规信仰和合规意识,真正贯彻执行企业合规理念,使企业合规文化深植于企业各项业务的全流程。

三是积极举办或参加有关企业合规方面的论坛、研讨、培训、交流等专业性活动,了解企业合规方面的最新情况。借助这样的机会,宣传企业在合规管理及合规文化建设方面的做法,对外展示企业合规的良好形象。

(五) 公正严格地实施合规考核评价与奖励惩戒

企业合规考评与奖惩,是从合规管理有效性和考核激励的角度,将企业合规文化建设与人力资源管理相结合,将员工遵守企业合规制度、践行企业合规文化的行为,与其个人进步和薪酬挂钩,从而引导、激励员工参与企业合规文化建设。《中央企业合规管理指引(试行)》第二十三条规定:"加强合规考核评价,把合规经营管理情况纳入对各部门和所属企业负责人的年度综合考核,细化评价指标。对所属单位和员工合规职责履行情况进行评价,并将结果作为员工考核、干部任用、评先选优等工作的重要依据。"《企业境外经营合规管理指引》第十八条关于"合规考核"规定："合规考核应全面覆盖企业的各项管理工作。合规考核结果应作为企业绩效考核的重要依据,与评优评先、职务任免、职务晋升以及薪酬待遇等挂钩。……考核内容包括但不限于按时参加合规培训,严格执行合规管理制度,积极支持和配合合规管理机构工作,及时汇报合规风险等。"企业合规考评与奖惩是形成企业合规文化、促使合规文化落地生根的有力措施,在考评基础上对合规工作进行监督、激励和改进,有利于形成企业合规文化建设的长效机制。

以上"两个指引"及其他关于企业合规管理的指导性文件,都强调合规考核的重要性。大量的企业合规管理实践也表明,对那些模范遵守企业制度规范、认真履行合规义务、忠实践行企业核心价值观、道德规范和合规信仰者,实施正向激励,并旗帜鲜明地给予奖励,是促进企业合规文化建设的有力措施。合规考评中的绩效指标,可以纳入企业人力资源管理体系,对于树立起来的先进典型,一方面要与薪酬挂钩、与企业年度的评先评优挂钩、与个人职业前途和职务晋升挂钩,切实增加合规考评"含金量";另一方面要通过举办富含企业合规文化要素的庆典暨颁奖仪式,大张旗鼓地宣传先进典型,传播企业的合规文化理念和价值观,从而激发员工对企业合规文化建设的认同感、荣誉感和使命感。

对企业合规文化建设而言,与正向的合规激励相对应,严格的违规惩戒同等重要。企业合规文化深深根植于企业清晰描述出来的规章制度、价值观、诚信理念、道德规范、合规信仰、企业使命和愿景等一系列刚性要求之中,并以制度、准则等方式转化为全体员工明确的行为禁忌,是任何人都不得触碰的合规底线,越线即受处罚。《中央企业合规管理指引(试行)》明确提出要"强化违规问责,完善违规行为处罚机制,明晰违规责任范围,细化惩处标准。畅通举报渠道,针对反映的问题和线索,及时开展调查,严肃追究违规人员责任"。实际上,严格、公正、公开地惩戒违规行为所形成的警示、震动和忠告效果,有时比正面激励对合规文化建设产生的促进作用效果更加明显,影响更加深远。在企业合规发展历程中的两个标志性事件,即"西门子事件"和"中兴事件"中,涉案人员上至高层管理人员下至当事责任人,严厉而公开公正的处罚,对这两家公司合规管理和合规文化建设的影响是极其深刻而长远的。反之,在对违规行为和人员惩戒方面一旦发生例外和不公平情况,就会产生"破窗"效应。2016年,阿里巴巴4名程序员在公司内部发起的中秋节"抢月饼"活动中,违反活动规则使用脚本以成本价多刷了124盒月饼,公司即以其行为背离公司价值观为由将其开除。这种以"小题大做"的方式处理违规行为,恰是及时修补第一扇"破窗"的明智之举,收到了很好的亡羊补牢之效。

建设企业合规文化的方法和途径多种多样,不一而足。除上述外,故事讲述、征文比赛、文艺汇演、主题聚会、唱响司歌、节日纪念等,都是企业建设合规文化的常用有效方法,企业可根据自己的实际情况不断创新合规文化创建工作。

二、企业合规文化建设评测

企业合规文化建设是一个长期不断的积累、沉淀、挖掘、创新、总结与提升过程，通过评测，可以检验企业合规文化建设的工作和成效，总结成功的经验，发现存在的问题，提出改进的建议，提高企业合规文化建设的能力和水平。对企业合规文化建设的评测，可以从以下方面入手，评测合规文化建设工作的过程和结果。

1. 示范性。领导对合规工作的态度和做法，对企业合规文化有着直接而重大的影响。企业高层管理者坚定、清晰、一致、持久的合规承诺，并以身作则地践行企业核心价值观、道德规范和信仰，是企业合规管理有效性的关键环节，也是企业合规文化的明显标识。企业高层管理者是否能够通过言行一致的做法，为广大员工树立起践行合规文化的标杆，通过自身的言传身教和管理训诫，有效推动企业合规文化建设，在很大程度上决定着企业合规文化落地实施的成败。比如，如果企业高层管理者在公司网站、企业报刊、会议讲话、总结表彰、论坛研讨、内部沟通交流等时机和场合，经常性地发出倡导和支持合规的声音，展示参加有关企业合规活动的图片、音像，无疑会营造出企业合规文化的浓厚氛围。反之，如果企业高层管理者在企业合规建设方面常年销声匿迹，必然给人以领导不重视合规工作的印象，从而影响企业合规文化建设。

2. 外显性。企业合规文化的外显性主要体现在企业合规是否有专门的组织或人员进行管理，企业合规文化工作是否有明确的年度规划，企业合规文化宣传推广的各项活动是否定期组织、效果如何，有关企业合规文化的表述是否精准到位，是否有与合规文化推广相匹配的宣传与传播媒介，企业合规文化是否与其核心价值观内在一致，企业是否有承载企业合规文化的形象识别系统以支持合规文化的外在表现和有效传播。

3. 系统性。企业合规文化建设是一个长期的过程，它涉及一个企业内部的各个部门、各层级人员、各项制度规范、企业运行机制等方方面面。如果将其比作一台运行中的机器，合规文化就是这台机器每个部件的"润滑剂"，保证企业合规管理体系的正常而有效地运转。如果仅仅把合规工作看作个别部门、个别人员的事情，而没有在企业内部形成全面介入、全员参与、全力支持的系统，就很难形成良好的企业合规文化。缺了"润滑剂"的企业合规管理体系这台机器，也必然会锈迹斑斑，难以有效运转。

4. 规范性。规范性要求企业的商业行为准则等规章制度，要充分体现企业的合规文化，或者说企业的合规文化要融会贯通于企业的各项制度中。企业的制度服务服从于企业的信仰，必须以企业价值观为核心，将企业的价值理念具体体现于制度的条文以及制度规范下的业务流程和员工行为准则，用以引导和规范员工的行为。一旦企业的合规价值理念得到认可，那么相关制度也就会得到有效执行，从而使企业的合规信仰得到认同，企业的合规文化在业务流程和员工之间得到推广和弘扬。

5. 一致性。就是企业员工对企业合规文化认知的共同性和支持度，它在很大程度上反映了企业文化建设的力度和效果。具体体现在企业员工对包括企业核心价值观、使命、愿景、信仰等在内的合规文化的认知，是否同心同向同表现，员工是否了解企业合规文化，是否赞同并积极响应企业合规文化。

6. 有效性。每个企业无论其是否有显性的企业文化展示，都会有潜藏于企业深处的合规文化因子，其犹如流淌在企业体内的血液，支撑着企业健康成长的生命体。企业合规文化的有效性，突出地体现在其与企业合规制度、合规组织、合规运行机制等共同作用，在预防违规行为、防范合规风险、塑造企业良好形象和品牌、践行企业核心价值观、实现企业使命和愿景、保障企业健康持续发展等方面发挥的推动作用。特别是当企业合规管理体系中其他部位缺失、偏差或出错时，企业合规文化能否以其无形的力量，起到补缺、纠偏、扶正作用。

7. 典型性。企业合规管理方面的典型，是企业在合规方面树立起来的标杆和样板，富有鲜活的生命力和强烈的感染力。企业合规管理方面的典型，其本身就承载和蕴含着企业合规文化的精华，这包括企业是否有在合规文化建设方面叫得响亮的合规口号，是否有为企业、行业、社会认可的合规专业人才，是否有在合规管理方面的先进做法和独特经验，是否有其可以引以为豪的先进典型人物，是否有值得讲述和宣传的合规文化故事。有的企业在谈及合规管理和合规文化建设方面，对其典型人物和突出事迹如数家珍，滔滔不绝；有的企业则事少辞乏，讲不出什么经验和故事来。企业如果在合规管理方面没有自己独树一帜的做法，就很难产生具有典型性的合规文化建设经验，也很难推出具有影响力的人物。

8. 资源性。这是指企业在合规管理和合规文化建设方面人、财、物的投入。如本章前述，企业合规管理体系建设的指引性标准和文件，都把保障必要的资源作为企业合规管理的基本要求和衡量合规管理有效性的尺度。目前，虽然企业合规已成为我国的社会热点之一，但其在企业层面的受重视程度却千差万别，有的甚至是天壤之别：有的企业的合规团队专职与兼职人员多达数百甚至数千人，企业每年投入合规建设方面的资金上亿元；而有的企业虽然表面上建立了合规组织，制定了相关的制度，但从事合规管理的人员屈指可数，且有的还是兼职，在合规文化的建设、宣传和推广方面既少实招，更无实效。资源投入是看得见、摸得着、算得出、感受得到的硬条件，可以据此直接判断出企业对合规文化建设的重视程度，也可以据此感知企业合规文化的浓淡与深浅。

第十章
企业合规管理体系评价与改进

企业合规管理的本质是一项管理活动，而管理的生命力在于其有效性。要了解企业合规管理的有效性，可以对企业合规管理体系的有效性进行评价。

第一节 企业合规管理体系评价概述

对合规管理体系的评价，不仅是企业不断评价合规风险防范能力与不断优化与提升自我合规管理能力的重要方式，也是执法机构对企业合规管理所发挥作用做出责任减免与减轻处罚必经的审查过程。不管是来自企业内部、外部或者内部与外部结合的评价，其主要目的都是对合规管理体系的有效性进行评价，审查企业开展合规管理是否达到了合规管理的目标。企业内部开展自愿性的合规管理体系有效性评价，不仅关心合规管理体系运行的效果，还要关注合规管理体系运行中的效率与成本。企业外部，如执法机关或第三方外部等审查机构，主要关注合规管理体系的效果与合规管理工作所做的努力。

值得我们每一个人注意的是，企业合规管理体系评价并没有一套、也不可能出现这样一套放之四海而皆准的标准，每个企业因为自身所处的环境、发展阶段、开展业务、组织结构、管理素质、客户对象、竞争地位不尽相同，所建立的合规管理体系也是不相同的，因此评价的指标体系与标准也是不同的，这一点在我们对合规管理体系进行评价时要铭记于心。本章内容对合规管理体系评价与改进提供一个基本思路与方法，供企业合规师或者合规专业人士参考。

一、企业合规管理体系评价的目的

对企业合规管理体系进行评价是企业合规管理体系建设的重要一环，对企业合规管理体系提升与改进具有重要的价值。开展合规管理体系评价，其最终目的还是在于确保企业的经营活动符合法律法规、行业标准及内部规章制度的要求，从而降低合规风险，提升企业的合规管理水平和整体竞争力。

第一，合规管理体系评价的目的是识别和防范合规风险。企业在经营过程中面临各种合规风险，这些风险可能来自外部环境的变化，如法律法规的更新、市场环境的变化等，也可能来自企业内部管理的不足。通过合规管理体系评价，企业能够识别自身面临的主要合规风险，并评估现有的风险管理措施是否有效，从而采取针对性的措施，降低合规风险。

第二，合规管理体系评价旨在提升企业的合规管理水平。通过系统的评价，企业能够全面了解自身在合规管理方面的现状，识别存在的问题和不足之处。基于评价结果，企业可以制定和实施改进措施，优化合规管理体系的各个环节，如政策和程序的完善、合规文化的建设、风险管理能力的提升等，从而提升整体的合规管理水平。

第三，合规管理体系评价的目的是促进企业的可持续发展。合规是企业可持续发展的基础，通过合规管理体系评价，企业能够确保其经营活动符合相关的合规要求，避免因合规问题导致的法律责任、经济损失和声誉损害。合规管理体系评价帮助企业建立良好的合规文化和管理机制，从而支持企业的长期发展和竞争力提升。

第四，合规管理体系评价还旨在增强企业的透明度和信任度。通过合规管理体系评价，企业能够向利益相关方展示其在合规管理方面的努力和成效，增强外部对企业的信任和认可。这对于企业在市场竞争中赢得更多的合作机会和资源支持具有重要意义。

第五，合规管理体系评价的目的是支持企业的战略决策。合规管理体系评价提供了企业在合规管理方面的全面信息和分析结果，为企业管理层和董事会在战略决策中提供了重要的参考依据。通过评价，企业能够更好地理解合规管理与企业战略目标之间的关系，从而在战略规划和执行中更好地融入合规管理的要求。

二、企业合规管理体系评价的意义

从合规管理本身的工作而言，企业合规管理体系评价的意义是为了了解企业合规管理体系是否在发挥作用，是如何在发挥作用以及发挥了怎样的作用。[①]

第一，合规管理体系评价的核心在于关注合规管理体系是否在发挥作用。企业建立合规管理体系，其核心在于预防与监测企业所面临的合规风险，防止企业因为行为不当导致监管处罚与受到财务与声誉损失。对企业合规管理体系的评价，其核心目的就是要关注合规管理体系能否有效运行，能否在预防、检测与应对企业面临的合规风险方面发挥作用。因此，对企业合规管理体系评价的核心就是要关注企业合规管理体系的有效性。从国外司法部门的经验来看，对企业合规管理体系有效性评价主要关注三个方面，一是合规管理体系设计是否良好？二是合规

---

① 丁继华：《以评促建推进企业合规管理体系建设》，来源：微信公众号"丁继华"。

管理体系执行是否有效？三是合规管理体系在实践是否取得了良好效果。[①]

第二，合规管理体系评价可以帮助企业了解合规管理体系是如何发挥作用。合规管理体系评价要结合外部环境因素与内部治理结构，就企业合规管理的基本制度、组织架构、内部控制流程与机制、企业合规文化等进行全面的评价。通过评价要了解企业的合规管理基本现状与风险管控情况，结合管控措施了解管控效果。比如，企业通过对企业合规培训进行评价，了解相关培训是否提升了员工的合规经营意识。通过流程管控措施的评价，了解相关流程是否被员工遵守与执行。通过评价要对合规管理体系运行时存在的难点与问题进行全面认识，帮助企业根据不同企业的特点、管理状况、资源投入等，评价企业是否建立符合自身特点的合规管理体系。

第三，合规管理体系评价可以帮助企业审视合规管理体系发挥了怎样作用。企业投入大量的资金与人力开展合规管理体系建设，不能仅为了获得认证或者完成上级交办的任务而制定一套合规管理制度。如果出现这样的情况，企业的合规管理体系建设工作就做成了纸面上的合规文件，不仅增加了企业的成本，还会导致在企业内部大量增加无效的制度与规范，影响对制度的执行力与公信力，并对合规管理工作失去信任。因此，评价企业合规管理体系，不仅关注企业是否建立了合规管理体系，还应重点关注合规管理体系是否在预防合规风险方面有效。此外，为促进合规管理体系的有效性，一般来说，可以定期对企业对合规管理体系的有效性进行评价，让企业合规管理体系发挥更好的作用。

第四，合规管理体系评价可以促进企业对现有的合规管理体系改进与完善。合规管理体系评价要关注到企业合规管理的执行情况、合规管理体系的适当性和有效性等问题。合规管理体系评价要求企业定期对合规管理体系进行系统全面的评价，发现和纠正合规管理贯彻执行中存在的问题，促进合规体系的不断完善。为确保合规管理体系评价的独立性与专业性，相关评价工作可由企业合规管理相关部门组织开展或委托外部专业机构开展。

三、企业合规管理体系评价的发展过程

在推进企业合规管理体系建设的过程中，相关监管部门对合规管理体系的评价要求也有一个认识过程，经历了要求企业建立合规管理体系到评价合规管理体系有效性，从形式上合规到实质性合规的关注。

（一）自愿开展合规管理体系评价阶段

进入20世纪80年代，制定企业合规管理方案已经成为美国等发达国家履行社会责任与践

---

① US Department of Justice, Evaluation of corporate compliance program (2019).

行商业伦理管理的重要机制。大量的美国企业建立了合规管理体系，以负责任商业行为理念和商业伦理原则来管理可能出现的不合规行为。部分政府部门与非政府组织关注到企业合规管理体系运行与管理有效性披露存在的缺陷，着手对企业开展合规管理体系运行进行评价，其目的是评价合规管理体系运行的有效性，同时也鼓励企业积极对企业合规行为进行更详细与实质性的披露。这个时期，建立了合规管理体系的企业以管理体系运行特点也定期对合规管理体系的运行进行自愿性评价与改进。

（二）有效性评价纳入法律激励阶段

首次将合规管理方案有效性纳入法律激励政策的是1991年《美国量刑指南》，该指南从要求企业建立合规管理体系到企业有一个"有效的防止和检测违法行为的程序"[1]，通过合理设计、实施和执行，使其在预防和监测犯罪行为方面具有有效性。一个有效预防和发现违法行为的合规方案的特点是，该组织在寻求预防和发现其雇员和其他代理人的犯罪行为方面进行尽职调查。通过对合规管理体系有效性进行法律激励，对于那些拥有"有效预防和发现违法行为的方案"的企业，联邦量刑委员会给予从轻量刑。合规管理体系有效性评价受到了政府监管部门的重视。

（三）有效性评价成为关键步骤阶段

随着合规管理体系的发展，合规管理体系有效性评价已经成了合规管理体系建设工作最重要的一环。目前，有效性评价已经引入到了合规规制的司法实践中，外部合规立法文件明确要求企业定期对合规管理体系的有效性进行评价；有效性评价也是指导企业建立合规管理体系的各类标准规范性文件的重要组成部分。事实上，有效性评价本身就是企业合规管理体系建设与运行的一部分，也是合规管理体系建设、实施、发展与维护的关键性步骤。

四、大合规管理体系评价依据文件概述

合规管理体系可以是全面的合规管理体系，也可以是专项的合规管理体系。全面的合规管理体系又被称为"大合规"管理体系。[2] 针对企业合规管理体系的有效性评价，首要的是要弄清楚企业是依据什么样的合规管理体系标准所建立，这些依据是由哪些要素所构成。

从评价企业全面的合规管理体系的依据文件看，主要有美国司法部发布的《有效的合规与伦理方案》（Effective Compliance and Ethics Program）[3]，国际标准化组织发布的《ISO 37301 合

---

[1] CHAPTER EIGHT – SENTENCING OF ORGANIZATIONS (1991).
[2] "大合规"理念的提法由中国中铁集团在合规管理体系建设时首次提出。
[3] U.S. SENTENCING GUIDELINES MANUAL ch. 8 (Nov. 2004).

规管理体系 要求及使用指南》。针对中央企业及境外经营的企业，国务院国资委发布了《中央企业合规管理指引（试行）》，国家发展与改革委联合国务院国资委、外交部等七部委发布了《企业境外经营合规管理指引》、中国证券业协会发布的《证券公司合规管理有效性评价指引》也是指导企业开展合规管理体系建设与评价的文件。

（一）美国司法部：《有效的合规与伦理方案》

美国《联邦量刑指南》中有效合规方案中7个要素不仅被看成企业成立有效合规方案的标准，也是评价企业合规方案有效性的"黄金标准"（gold standards）。企业根据该标准制定方案并确保有效实施，以此来证明企业没有蓄意违反法律法规。有效合规方案中的7个要素又被称作合规黄金标准七条：企业要建立预防和监测犯罪行为的标准和程序；领导层理解和监督且有充足的支持资源确保合规方案有效，授权特定人员执行合规方案；能够阻止存在不当行为的人员担任领导职务；对合规方案标准和程序进行沟通和有效培训；建立监督、审计和报告机制；制定激励和纪律处分机制；迅速地对违规事件做出反应并对合规方案进行修补。在该方案的最后一条，是在2004年增加，企业应对合规风险进行周期性评价，也被称为黄金标准第八条。①

（二）ISO 37301 合规管理体系要求及使用指南

《ISO 37301 合规管理体系 要求及使用指南》不仅是指导企业建立合规管理体系的标准，也会是企业对合规管理体系进行审查和认证的依据。合规管理体系的要素规定了组织的结构、岗位和职责、策划、运行、方针、惯例、规则、理念、目标和实现这些目标的过程。该文件的结构图与其他管理体系一致。从结构上看，该标准包括合规管理的目标，合规管理的原则，合规管理领导力、治理与文化，企业及其环境。合规管理目标包括廉洁诚信、合规文化、管理一致性、良好声誉、企业价值观和伦理道德等。合规管理原则包括诚信、良好治理、比例原则、透明性、可靠性及可持续性六个。合规管理领导力、治理与文化建设上，包括建立、发展、执行、管理、评价和提升。在企业及其环境方面，要考虑到企业所处的法律、社会、文化、数字化、金融、结构、环境、利益相关方等因素。《ISO 37301 合规管理体系 要求及使用指南》符合持续改进原则，即计划、实施、检查、行动（Plan-Do-Check-Act）②的循环。整体合规管理在计划阶段，企业各级管理层要进行合规承诺；根据企业业务与组织结构决定合规政策的范围；指定管理角色和分配职责；明确合规义务与合规风险。在实施阶段，企业各级管理者要给

---

① 丁继华：《有效的合规与伦理方案：合规黄金标准8条》，微信公众号丁继华。
② ISO 19600, Compliance management systems — Guidelines.

予支持；员工要胜任能力和合规意识；对合规进行沟通和培训；把合规要求与业务运营结合；开展内部控制和制定程序；对合规工作文档管理。在检查阶段，企业开展内部审计；进行管理层评价；实施监控和测评；报告合规疑虑；根据调查流程进行调查。在行动阶段，针对不合规问题进行持续改进与提升。

（三）国务院国资委：《中央企业合规管理办法》

《中央企业合规管理办法》（以下简称《办法》）将在2022年10月1日施行。该办法于2022年7月28日经国务院国资委（以下简称国务院国资委）第97次委务会审议通过，作为部门规章发布。在2018年11月，国务院国资委发布了《中央企业合规管理指引（试行）》（以下简称《指引》），这是在中央企业经历四年合规管理体系建设实践之后，对中央企业强化合规管理提出的新目标。

《办法》对中央企业开展有效性评价提出要求。第二十七条指出，中央企业应当定期开展合规管理体系有效性评价，针对重点业务合规管理情况适时开展专项评价，强化评价结果运用。第八条规定董事会对合规管理体系有效性的监督职责，要求推动完善合规管理体系并对其有效性进行评价。第十四条指出具体落实有效性评价的部门，即中央企业合规管理部门根据董事会授权开展合规管理体系有效性评价。第四条指出，国务院国资委负责指导、监督中央企业合规管理工作，对合规管理体系建设情况及其有效性进行考核评价，依据相关规定对违规行为开展责任追究。

从国务院国资委开展的对中央企业合规管理体系评价内容来看，主要包括以下几方面的内容：在组织建设方面，主要评价：党委（党组）合规职责、董事会合规职责、经理层合规职责、法治建设第一责任人合规管理职责、合规委员会、首席合规官、业务及职能部门合规职责、合规管理部门合规职责、监督部门合规职责等设置情况；岗位合规职责清单制定、专职合规管理人员配置、合规管理员配置等情况。在制度建设方面，主要评价：纳入规划和年度重点工作、基本制度建设、操作层面制度建设、涉外制度建设、制度完善与落实等情况。在运行机制方面，主要评价：业务流程合规管控清单、合规风险识别评估预警机制、合规风险应对机制、合规审查机制、合规报告机制、违规问题整改机制、违规举报机制、合规评价机制、协同运作机制、合规管理纳入考核、合规管理资金投入等建设情况和落实情况。在监督追责方面，主要评价：违规行为追责问责、所属单位和员工违规行为记录制度建立、合规管理失职渎职行为追责等情况；在文化建设方面，主要评价：领导意识强化、合规培训开展、法治宣传教育等情况。在信息化建设方面，主要评价：合规管理信息系统建设、合规审查嵌入流程、系统互联互通、合规风险动态检查等情况。在违规处罚方面，主要评价企业是否存在违规处罚情况。

(四) 中国证监会:《证券公司合规管理有效性评价指引》

《证券公司合规管理有效性评价指引》[①] 的评价提出,应当以合规风险为导向,覆盖合规管理各环节,重点关注可能影响合规目标实现的关键业务及管理活动,客观揭示合规管理状况。合规管理有效性评价分为全面评价和专项评价。应当由董事会、监事会或董事会授权管理层组织评价小组或委托外部专业机构进行。在评价内容方面,《证券公司合规管理有效性评价指引》从合规管理环境、合规管理职责履行情况、经营管理制度与机制的建设及运行状况等方面进行评价。合规管理环境评价关注公司高层是否重视合规管理、合规文化建设是否到位、合规管理制度是否健全、合规管理的履职保障是否充分等。合规管理职责履行情况,关注合规咨询、合规审查、合规检查、合规监测、合规培训、合规报告、监管沟通与配合、信息隔离墙管理、反洗钱等合规管理职能是否有效履行。对经营管理制度与机制建设情况的评价,关注各项经营管理制度和操作流程是否健全,是否与外部法律、法规和准则相一致,是否能够根据外部法律、法规和准则的变化及时修订、完善。对经营管理制度与机制运行状况的评价,关注是否能够严格执行经营管理制度和操作流程,是否能够及时发现并纠正有章不循、违规操作等问题。《证券公司合规管理有效性评价指引》强调了评价问责,证券公司将合规管理有效性评价结果纳入公司管理层、各部门和分支机构及其工作人员的绩效考核范围。对合规管理有效性评价中新发现的违法、违规行为,证券公司应当及时对责任人采取问责措施。应当看到,《证券公司合规管理有效性评价指引》有很强的行业属性,是证券公司不断优化提升合规管理体系有效性的指引性文件,评价不具备强制性,但是能够指导行业公司开展合规管理实践。

五、专项合规管理方案评价文件依据

在指导企业建立合规管理体系时,执法机构或者行政部门还会制定专项的合规方案供企业参考。在对企业专项合规方案进行评价时,可以参考以下文件。

(一) 反腐败合规管理:《企业合规方案评价》

反腐败合规管理受到各国司法部门及国际组织的重视。从 1977 年美国通过《反海外腐败法》,到 2010 年英国通过的《反贿赂法》,再到 2016 年法国颁布的《关于透明度、打击腐败和经济生活现代化的法律》(《萨宾第二法案》) 是体现了美国、英国、法国打击腐败的立法和推动企业强化合规的决心。无论是美国《反海外腐败法》、英国《反贿赂法》还是法国的《萨

[①] 中证协发〔2012〕027号,关于发布《证券公司合规管理有效性评估指引》的通知,及中证协发〔2021〕126号,《证券公司合规管理有效性评估指引(2021年修订)》。

宾第二法案》都明确要求企业强化反腐败合规管理。此外，在国际多边组织层面，2010年，经济合作与发展组织（OECD）理事会通过了《内控、道德与合规的良好做法指引》；2016年，国际标准化组织发布的《ISO 37001反贿赂管理体系标准》，使得针对组织反腐败合规管理实现了全球化发展。全球企业强化反腐败合规管理无疑在各类组织中走在了最前面。

这里重点介绍在打击企业腐败时对企业反腐败合规方案评价文件，即《企业合规方案评价》（Evaluation of Corporate Compliance Programs）。相较于《ISO 37001反贿赂管理体系指南》这一国际惯例性标准，《企业合规方案评价》在2017年由美国司法部首次发布，这是美国司法部20多年来推进企业制定有效的反海外腐败合规方案的经验总结，也是被美国司法部门证明认为是一套有效的评价指标。《企业合规方案评价》结合了美国执法与合规监管的实践，体现了美国司法部门对企业合规的监管要求，代表了美国政府的利益与立场，对美国企业或者在美国有经营活动的外国企业建立合规管理体系有硬约束。

《企业合规方案评价》自2017年发布以来，在2019年4月进行了第一次修正，在2020年6月又进行了第二次更新。从两次更新来看，该方案的整体结构保持不变，并对各个评价指标进行更加详细的解释与完善，对企业建立合规方案更具针对性，指导性也更强。值得注意的是，该方案指出，由于必须在刑事调查的特定背景下对企业的合规方案进行评价，美国司法部门（刑事司）没有使用任何严格死板的格式来评价企业合规方案的有效性。他们参考《企业合规方案评价》文件和相关指标，结合每一个企业面临的风险状况和降低风险所制定的解决方案，进行具体和详细的评价。也就是说，执法部门在进行方案有效性评价时，要结合企业的实际执行进行评价。特别是企业根据实际情况制定了合规管理方案并开展合规管理活动，也可能还未能阻止一些低风险领域的违规行为，执法部门仍可肯定该方案的质量和有效性。

从结构来看，《企业合规方案评价》主要包括三个方面[①]：第一个方面是评价企业的合规方案是否有着良好的设计，评价企业在风险评价、政策和流程、培训沟通、举报机制、第三方管理、兼并与收购等方面是否有相应合规管理要求；第二个方面就是评价企业的合规方案是否被企业良好地执行，包括给予了充足的资源和权力让合规方案得到有效执行；第三个方面是评价企业合规方案在业务开展中是否起到了良好的效果，主要评价企业对合规方案持续监测、改进和更新，对不当行为进行调查、进行根本原因分析和采取补救措施等。整个评价指标可以参考的问题有160多个，当然，针对每个问题的评价，还可以进一步深入评价，直到相关问题能够反映出企业进行了实际的努力。应当看到，企业合规管理因企业所处的环境、行业特点、组织结构、组织氛围、内部管理与控制等因素，所以，评价时也不能局限于相关问题和指标。

从内容来看，《企业合规方案评价》有以下十个方面值得注意，包括：企业开展合规管理

---

① U. S. Department of Justice, Evaluation of corporate compliance programs（2020）.

工作是否基于风险管理的方法论；企业是否基于企业评价的风险状况进行了合理而有差别的资源配置；在授权与管理上，合规管理负责人是否可以向董事会进行独立汇报；合规管理责任是否整合进入其他部门的职责之中；企业的合规管理工作在实践中是否有工作标准及可以测量；企业是否结合不同人员开展了有针对性的合规培训；企业是否针对高风险制定了专门政策；企业是否对合规风险实施了内部控制，并开展了持续监控；对合规疑虑和进行合规举报机制是否健全且有效；企业合规方案在实施过程中是否能够被评价。

（二）反垄断合规管理：《反垄断刑事调查中的企业合规方案评价》

在针对反垄断合规方案有效性评价方面，美国司法部的反垄断司在2019年首次发布《反垄断刑事调查中的企业合规方案评价》[①] 指导文件，重点评价在违反《谢尔曼法》[②] 的刑事犯罪背景下企业合规方案是否有效。其目的，是协助反垄断司在调查反垄断指控和量刑阶段评价企业的反垄断合规方案是否有效，并为反垄断合规人员和公众提供更大的透明度。该指导文件包括两部分内容：第一部分内容是关于在起诉阶段评价企业的反垄断合规方案，第二部分涉及量刑时把企业合规方案的有效性纳入考虑因素。

美国司法部反垄断司在根据《反垄断刑事调查中的企业合规方案评价》提出的思路，评价企业反垄断合规方案是否有效。当企业有违反反垄断法时，可以给企业争取一个宽大处理的机会。检察官评价反垄断合规方案是否有效时，要关注以下三个基本问题：一是企业的合规方案是否解决和阻止了违反反垄断法的刑事行为？二是反垄断合规方案是否发现并促使了违规行为的及时报告？三是企业高级管理人员参与违法行为的程度如何？

为回答以上三个问题，就需要评价企业的合规方案是否有效。相应的评价指标包括以下九个方面的内容。一是企业的合规方案是否被全面有效地设计和执行；二是企业的高管是否以身作则参考合规文化的创建；三是合规管理负责人及其他部门的合规管理职责分配；四是企业是否进行反垄断合规风险评价；五是企业是否将合规反垄断合政策向员工进行了培训与沟通；六是企业是否对反垄断合规管理进行了周期性审查、监测和审计；七是企业反垄断合规举报机制是否有效；八是企业内部是否制定了针对反垄断违法违规的激励措施和纪律处分措施；九是评价企业发现不当行为后采取补救措施响应情况。

值得注意的是，《反垄断刑事调查中的企业合规方案评价》提供了司法部反垄断司在评价企业反垄断合规的意见，但不具有法律效力。司法部反垄断司不打算也不依赖于该文件创建任何可在法律上强制执行的实质性或程序性权利。应当看到，美国司法部反垄断司发布的《反垄

---

① 美国司法部，Evaluation of Corporate Compliance Programs in Criminal Antitrust Investigations，2019年7月，https://www.justice.gov/atr/page/file/1182001/download，最后访问时间：2024年10月10日。
② 《美国法典》第15卷，第1—7条。

断刑事调查中的企业合规方案评价》与美国联邦量刑指南发布的《有效的合规与伦理方案》和针对反腐败合规管理的《企业合规方案评价》在结构上保持了一致性。可见,《有效的合规与伦理方案》中的黄金标准是美国执法部门在评价企业合规管理的基本要素。

(三) 世界银行集团:《诚信合规指南》

世界银行集团(World Bank Group)发布的《诚信合规指南》[①](Integrity Compliance Guidelines),促进参与世界银行集团项目的企业主动遏制腐败和对腐败行为承担责任的方式。当企业在参与世界银行集团项目时,被发现存在腐败、共谋、胁迫、欺诈、妨碍调查五种行为时,世界银行集团将把相关企业及其关联实体纳入"黑名单"进行制裁。上了"黑名单"的企业要从"黑名单"中移除,就需要制定诚信合规方案,显示了企业做出了对不当行为自我纠正机制的努力。企业在从"黑名单"移除之前,要按世界银行集团诚信合规办公室(Integrity Compliance Office,ICO)的要求努力制定合规方案并接受其委托方的评价。

世界银行集团的《诚信合规指南》对企业建立诚信与合规提出了明确规定。要求企业把开展诚信与合规管理的努力和职责纳入到日常运营中。该指南中规定的合规管理要求包括了11个方面:对不当行为明确禁止;对管理层、员工、合规部门分配合规责任;从风险评价与审查着手启动合规方案;制定针对雇员尽职调查、限制公职人员安排、礼品与款待和娱乐与差旅报销、政治捐赠、慈善捐助和赞助、便利费、记录、欺诈、共谋和胁迫行为的内部政策;开展商业伙伴[②]合规管理,包括对尽职调查,正式与非正式告知己方的诚信合规承诺,让对方做出诚信合规承诺,恰当地文本记录,适当薪酬费用,开展监督;完善内部控制系统,在财务、合同责任和决策过程加强控制;持续培训与沟通;开发激励系统,包括正向的鼓励与纪律处分机制;建立报告渠道,明确报告的责任,提供咨询与建议,设置内部举报与热线,通过审查定期认证;对不当行为进行补救,建立调查流程,采取回应行动;开展联合行动,推广诚信合规方案。

世界银行集团关注企业制定的诚信合规方案的有效性。着眼于企业制定诚信合规方案的活力,要求企业在方案中至少应该包括合适的措施:努力预防不当行为发生;能够发现可能发生的不当行为;允许对涉嫌不当行为进行调查;对证据充分的不当行为进行补救。同其他企业合规方案要求一样,企业有效的合规方案要为解决自身面临的风险状况和环境而量身设计。诚信合规办公室与各方合作共同监督企业实施以《诚信合规指南》为基准的诚信合规方案,并根

---

① World Bank Group Integrity Compliance Guidelines.
② 业务合作伙伴包括第三方,如代理商、顾问和其他中介,代表,分销商,承包商,分包商和供应商,财团,合资伙伴以及与其有业务关系或与之合作以获取订单的其他第三方,许可证或其他法律服务,如销售代表,海关代理,律师和顾问。

据《诚信合规指南》文件对企业开展合规管理工作进行审查。具体审查时，会根据企业规模、行业特征、地理位置，特定的风险并审查企业是否根据这些风险配置资源和量身定制合规政策和管控措施。

诚信合规办公室为审查企业诚信合规方案的有效性而采取其他的步骤和流程考虑的因素有：企业的合规职能如何发展，不仅在总部层面，而且在工作现场；企业在做诚信合规背景尽职调查时，是否会拒绝雇用有诚信合规问题但可带来商业机会的潜在员工或聘请潜在业务合作伙伴；保存的决策记录和流程；使用报告机制来寻求诚信建议和报告诚信疑虑，这些机制在公司内部发挥着作用时，可以增加员工对报告机制的信任，员工可以秘密地报告并且不用担心遭到报复，以及企业会对不当行为采取适当的行动；企业采取相关行动，不仅在调查和纪律处分方面，还包括其他补救措施，如在特定程序中提出多个问题并将实践中的经验教训纳入培训，阐明或修订为诚信合规方案；企业采取创新方法在内部（例如，道德日活动，竞赛、内部网络中讨论合规问题）和外部（例如，业务合作伙伴诚信承诺和培训，集体行动举措）传播诚信合规信息；当诚信合规办公室准备确定受制裁的企业是否符合其解除制裁条件时，诚信合规办公室希望看到该企业已根据其风险而配置资源，并符合诚信准则原则，还有实施的可靠记录。诚信合规办公室还将寻求企业保证在释放后继续推进诚信合规方案，例如，通过管理层的承诺和制定前瞻性行动计划。

（四）其他专项类合规方案

在前面介绍的专项合规管理方案之外，应当说，针对各个涉及企业经营的法律法规都可以设计出相应的合规方案。此外针对企业的伦理承诺，也可以设计出专门的伦理管理方案。事实上，合规与伦理是一枚硬币的两面。从国际企业合规管理趋势来看，合规方案与伦理方案已经实现了紧密的结合。

按照合规管理的要求，一个完整、有效、可行的合规管理体系，无论是专注于全面的还是专项的合规管理，都需要接受有效性评价。因此，各类企业合规管理指引，都可以成为相关领域合规管理有效性的评价工具。在贸易合规管理领域（如经济制裁、出口管制），美国商务部还发布了《出口管制合规管理指南：有效合规方案的要素》（Export Compliance Guidelines：The Elements of an Effective Compliance Program）[①]，该方案包括了管理层承诺、风险评价、出口授权、记录保存、培训、审计、出口违法和补救、创建和维护出口管制手册八个要素。美国财务部海外资产管理办公室（OFAC）在2019年发布了《美国海外资产控制办公室（OFAC）合规

---

① U. S. Department of Commerce Bureau of Industry and Security, Export Compliance Guidelines：The Elements of an Effective Compliance Program.

承诺框架》①，该框架包括了五个最基本的且必要合规要素：一是管理层承诺；二是风险评价；三是内部控制；四是测试及审计；五是培训。由此可见，出口管制合规管理与 OFAC 的合规承诺框架的要素基本上是一致的。

此外，针对一些特定的行业，有的监管部门也发布了针对具体行业的合规管理指南或者评价指标，这些都可以成为企业建立或者进行合规管理体系有效性评价的依据性文件。

第二节　企业合规管理体系评价的总体框架

企业合规管理体系评价的总体框架是指导企业合规管理体系评价的原则与范围与评价内容，对合规管理体系评价有明确的指导意义。

一、企业合规管理体系评价循序的原则

对企业合规管理体系进行评价，应遵循以下原则：

（一）结果导向原则

企业合规管理体系的核心作用在于预防合规风险，对企业合规管理体系进行评价的首要原则应是以结果导向，评价合规管理体系是否有效。虽然，出现不合规行为不能全面否定合规管理体系的有效性，但是一个没有效的合规管理体系一定不能有效预防、检测和应对企业面临的合规风险。因此，对企业合规管理体系进行评价时，要重点关注合规管理工作实现了良好的结果，在结果的基础上进一步评价合规管控的过程。

（二）过程可核验原则

评价企业合规管控过程要了解企业合规管理体系在如何发挥作用。通过对合规管理体系进行评价，需要评价企业开展合规管理各项工作的过程是否按照企业所受的监管要求和相应承诺来实施。通过合规管理体系评价就要评价合规管理过程产生的各项文件，检查各项文件是否按照合规管理的要求进行完整的保存，通过来验证文件记录的各项工作是否满足合规要求。

（三）客观独立性原则

主体在评价企业合规管理体系时要保持中立的立场，对评价对象要保持客观和独立。评价

---

① A Framework for OFAC Compliance Commitments, https://home.treasury.gov/system/files/126/framework_ofac_cc.pdf，最后访问时间：2024 年 10 月 10 日。

合规管理体系时，不仅仅是通过定量来衡量，还会有大量的主观因素，如何保持客观性就成为评价主体面临的挑战。特别是聘请第三方参与合规管理体系评价时更是如此。

（四）方法一致性原则

正如合规管理体系建设时，对合规风险的评价要采取一致的方法一样。对同一个主体进行合规管理体系评价时，要选择一致的方法，同时也要评价合规管理体系建设过程中是否按照一致的方法开展各项工作。通过采取一致的评价方法也可以使得合规管理体评价更加客观和公正。

二、企业合规管理体系评价的范围

合规管理体系建设会覆盖到企业的业务、经营的地域。企业合规管理体系评价要围绕评价目标，确定合规管理体系评价的范围。确定了范围才能明确一定范围内面临的合规义务与合规风险，才能确定明确的目标和开展有效的评估。具体来说，在考虑评价范围时，要考虑企业业务延伸的广度与地域分布的宽度。

从业务角度来看，现代大型企业往往不会从事单一行业或者经营单一产品，而是涉足多个行业或者经营多个产品。对不同的业务线与产品线面临的合规风险是不同的，所以在评价时要结合业务特点有针对性地评价，具体到每个业务线与每个产品线的合规管理能力评价。

从地域角度来看，有的企业不仅在国内经营，还开展跨越国界经营。有的企业在国内经营，但是供应链上的产品、技术或者服务可能来自国外。在本国经营与开展国际业务或者跨国经营，面临的合规风险是不同，进行合规管理复杂性也是不一样的。在这种情况下，对合规管理体系评价也是有区别的。

当然，企业合规管理体系评价的范围还可以就合规管理工作本身来确定范围，比如就重点领域的管控进行评价，或者就某些关键环节进行评价，合规管理体系评价范围的确定取决于要评价的目标。

三、企业合规管理体系评价的内容

一个管理体系有自身的要素构成，企业合规管理体系评价的内容需要评价合规管理体系的各个构成要素是否达到了特定的要求。从企业合规管理体系评价的内容来看，主要围绕以下四个方面进行。

一是评价合规管理组织体系。合规管理组织体系建设有自身的原则性和适应性，评价合规管理组织时，要充分结合实际来考虑合规管理组织体系，并进行评价。一般来说，合规管理组织体系的评价可以从最高管理层、管理层和执行层角度来看合规管理的职责。最高管理层的合规职责评价主要关注包括治理机构与最高管理者的合规领导力，他们的合规领导力与合规承诺是如何与组织目标结合，如何在发挥作用，以及在组织中发挥了怎样的作用。管理层的合规职责评价包括管理者如何在组织中推进企业合规，包括业务管理与合规管理机构在推进合规时履行的职责，重点评价推进合规所取得的效果。执行层更多关注履行合规职责，是否以一种合规的方式在开展业务。

二是评价合规管理制度体系。企业合规管理制度是把企业遵守法律法规的义务和基于价值观所提出的合规承诺转变成为企业的合规要求，通过制定体系的制度文件，规范企业及员工的行为。企业合规管理制度应是分层分类分级管理的制度，评价合规管理制度体系要关注制度的合规性、制度的可执行性及制度执行的效果。

三是评价合规管理运行机制。合规管理体系有效运行机制为合规管理体系有效运行提供了支撑。在评价合规管理运行机制方面，主要关注企业合规培训与沟通机制、合规风险评价与应对机制、合规咨询与审查机制、合规责任与考核机制、合规举报与查处机制、合规优化与提升机制。这些机制在合规管理体系建设与推进合规管理工作发挥着重要作用，在评价合规管理运行机制时，不仅要关注各个机制本身的独立运行情况，还要关注相关机制的整体配合与协调运作情况。

四是评价企业合规文化建设。合规管理体系评价过程中还要关注企业在开展合规管理工作时如何培育合规文化，企业内部员工是如何将合规要求转化成为自觉的合规行为。合规文化评价内容既包括对企业各层级员工行为的评价，也包括对企业整体氛围的评价。

第三节 企业合规管理体系评价的程序和方法

企业合规管理体系评价时要遵循一定的程序和方法，在开展合规管理体系评价时，保持程序与方法的一致性，是获得客观与公正结果的关键。

一、企业合规管理体系评价的程序

企业合规管理体系评价的评价程序规定了合规管理体系评价工作从构想到执行的全过程，指导着合规管理体系评价工作的开展。

一是建立评价流程。通过流程规定合规管理体系评价的步骤和开展工作的步骤，对合规管理体系评价工作提供指引。一般来说，合规管理体系评价流程包括目标确定、制定方案、组建评价团队、开展评价工作、出具评价报告及后期延伸工作。

二是确定评价目标。合规管理体系的评价要清楚地表达合规管理体系评价所要达到的目的，评价目标要具体、简洁、合理、可量化与明确时限性。通过对合规管理体系评价目标的设定,一方面检验合规管理体系建设的工作,另一方面是检验合规管理体系评价工作。

三是制定评价方案,评价方案是开展合规管理体系评价的关键,企业合规管理体系评价方案的制定不仅要体现相关流程,还要围绕评价目标、被评价企业的范围与评价的内容进行设计。评价方案不仅要重视完整性,还要关注方案设计的可执行性。

四是建立评价团队。组织开展合规管理体系评价工作要结合目标和方案,由于合规管理工作本身的综合性与跨学科性,应该根据工作内容的复杂程度和专业需求,结合不同专业背景来建立评价团队。与此同时,评价团队还需要熟悉企业业务,能够结合业务特点开展有针对性的合规评价。

五是开展评价工作。在评价团队进入企业开展评价之前,整个团队应该是接受合规评价流程与步骤的培训。评价团队要持有专业、客观、公正的态度对企业合规管理体系开展情况进行评价,评价要坚持评价原则,保留好评价工作底稿,使得评价工作本身可具有追溯性。

六是出具评价报告。评价团队在评价工作之后,要结合合规管理体系评价的目标来评价企业合规管理工作的结果,并将评价报告提交给企业管理层、合规管理委员会或者董事会,让企业治理机构或最高管理层了解企业合规管理体系评价报告。

七是评价结果应用。根据企业合规管理体系评价的目标不同,评价结果应用场景也可能不同。评价结果可以应用到合规考核或者改进合规管理体系方面,从而将评价应用到企业管理之中。

二、企业合规管理体系评价的方法

企业合规管理体系评价包括定性方法与定量方法的结合,定量方法包括选择评价范围,通过评价员工行为和测评合规意识。定性方法通过询问问题的方式来评价员工是否合规,包括询问员工对合规的了解,通过员工回答的问题来判断员工对合规的了解程度。具体来说,评价企业合规管理体系建设有以下几种常用的方法。

一是案头分析。评价进入企业开展评价前,评价团队应该通过公开渠道收集整理待评价企业的基本情况,分析相关企业的行业特点与行业出现的合规问题,同时结合所评价企业合规管理体系建设的方案与合规管理体系建设的总结报告,全面掌握企业合规管理工作基本情况。

二是现场审查。评价团队要对企业进行现场评价。其间了解企业首席合规官或者合规管理工作具体负责人的具体工作,了解企业及所属子企业的合规管理工作情况。可以审查企业历次合规会议纪要(包括董事会、总经理办公会、合规协调会等)、阅读了合规管理制度、办法及各类专业制度、审查合规培训档案、违规处罚案例及分析报告、重点领域与关键环节合规风险识别及管控措施、合规管理日常工作与流程等,对所评价企业合规管理体系建设落实情况进行分析。

三是随机访谈。评价团队要求企业安排合规管理体系建设的各专项部门与参与部门负责人或者合规联络员进行访谈，同时还可以随机抽取一部分员工进行访谈，听取他们对企业开展合规管理体系建设的评价，共同就关键岗位、高风险管理岗位、重点领域等存在的合规风险与实施的管控措施进行交流，以便掌握公司各业务部门对合规管理体系建设的评价与支持情况。

四是问卷调查。评价团队还要结合企业合规管理工作开展情况，设计调查问卷，要求所评价范围内的业务部门人员进行书面回答相关问题。问卷调查可以是基础性的问题，了解员工对合规的掌握程度；也可以是专业性的，结合各个部门员工的工作情况，进行有针对性的了解。

五是合规审计。评价团队应用审计方法与工具对合规管理重点关注的问题进行审计，发现相关问题是否进行了有效的管控。评价团队可以针对企业风险评估的重点领域进行一定比例的抽查，开展问题分析与原因查找，对具体的管控措施进行有针对性的评价。

第四节 企业合规管理体系设计评价

企业合规管理体系设计好与否关系到企业合规管理工作效率与效果，开展合规管理体系评价首要关注的是企业合规管理体系设计是否良好。

一、合规体系建设方案设计良好性评价

一个良好的合规管理体系建设方案设计为开展合规管理提供了好的起点。良好设计能够充分地与最大限度地预防与发现公司与员工的不当行为，管理层与员工不会因为设计方案不好而不去执行，或者默许或迫使员工去从事不当行为。[1] 合规管理体系设计是否充分评估了企业合规风险。合规管理体系的本质作用就是预防与发现企业面临合规风险。企业合规管理体系设计良好性评价最基本与最关键要点就是要考察设计是否进行了全面的风险识别以及识别过程的可验证性。另一方面，合规管理体系设计是否针对合规风险评估所发现的重要风险配置了相应的资源与管控措施进行管控。

二、合规管理组织体系设计健全性评价

从企业管理组织体系的设计来看，第一，要重点关注合规管理组织体系是否覆盖了整个组织，实现了合规管理的"纵向到底、横向到边"的全覆盖要求。第二，要关注组织体系的设计原则中是否体现了"责、权、利"相匹配的原则、与组织规模相适应的比例原则、合规管理工作的独立性原则、合规行为的一致性等原则。第三，通过组织体系的设计，使得董事会、高级管理人员、中层管理人员、基层员工都有与职责相匹配的和明确的合规管理职责。第四，

---

[1] U.S. Department of Justice, Evaluation of corporate compliance programs (2020).

评价对首席合规官[①]工作的独立性，企业以什么样的措施来保证首席合规官汇报的独立性，汇报信息不被过滤掉，实现对企业管理层的监督与制衡。

三、合规管理制度体系设计规范性评价

评价合规管理制度体系不仅要包括与合规管理专业性相关的制度，还要包括指导公司合规行为的准则或者指南等基本制度，以及针对领域合规风险建立专项合规制度或者合规指南、操作手册等，这些要求是如何管控合规风险的。另外，还要关注企业经营管理相关的制度与合规管理专业性相关制度的衔接与配合，如何在业务管理制度中体现合规要求。

四、合规管理运行机制设计完备性评价

在对企业合规管理运行机制设计完备性进行评价时，要关注企业是否已经建立了合规培训与沟通机制、合规风险评价与应对机制、合规咨询与审查机制、责任与考核机制、举报与查处机制及持续优化机制，这些机制是确保合规管理体系有效运行的关键。

五、合规文化培育计划设计可行性评价

企业合规文化培育工作计划应主动纳入到合规管理体系建设设计中，一个好的合规文化培育计划能够在合规管理工作发挥作用，能够与企业核心价值观实现良好的结合。因此，合规文化培育工作计划的可行性也应是开展合规管理体系评价的重要内容。

六、合规管理信息系统设计先进性评价

对合规管理体系设计进行评价时，还应对合规管理信息系统设计的先进性进行评价。先进企业正在加快数字化转型步伐，合规管理的数字化、信息化也应融入到企业数字化转型的潮流中。利用大数据、云计算等技术对重要业务活动与关键流程开展实时动态监测，可以对合规风险即时预警，对违规行为启动自动暂停功能，从而使得合规管理工作更加高效与智能，体现出合规管理体系设计的先进性。

第五节　企业合规管理体系执行评价

企业合规管理体系的执行到位与否关系到合规管理工作成败。即使是一个设计良好的合规管理体系，如果得不到有效的执行，就变成了装饰性工程。

[①] 本文中，没有设置首席合规官的企业，首席合规官就是合规管理负责人。

一、企业管理层合规承诺的评价

合规管理体系执行来自企业管理层自上而下的合规承诺与践行。其中，来自企业最高管理层的合规承诺代表了企业的合规声音。首先，评价企业管理层是否进行了合规承诺，他们的承诺是否可验证，他们是否在以身作则践行合规承诺。其次，评价企业基层员工管理层所做的合规承诺的感受，基层员工的感受往往能够反映出企业的氛围，能够判断出管理层是否在真心实意地践行合规承诺。最后，评价那些没有兑现合规承诺或者违背合规承诺的人员是如何被对待的，包括是否给予了纪律处分，是否解除了雇佣关系等。

二、合规管理工作资源保障评价

确保管理体系得到执行的第二个重要方面是看企业推进合规管理工作时是否提供了充足的资源保障。评价企业是否为合规团队提供专项资金与充足资源，使合规管理团队推进合规工作得到应有的资源支持，是一个重要的参考指标。此外，还应评价企业在提供资源时是否随着业务生命周期、风险特征等因素及时动态调整，董事会是否为合规管理提供资源保障。

三、合规管理运行机制实施评价

第一，对合规培训沟与通的评价。关注合规培训是否完成对员工从知规到守规的训练。是否覆盖到所有有合规意愿的员工，确保他们学习到合规知识与掌握合规管理工具并帮助他们做出决策。合规沟通是否有效把合规信息传递出去，让利益相关者理解公司的合规政策，为企业推动合规工作营造良好的内外部环境。

第二，对合规风险评价与应对的评价。关注企业是否建立了合规风险评价制度或者流程，能否明确的责任部门开展合规风险识别，是否能够定期识别合规风险，针对合规风险能否配置相应的资源进行管控，以及合规风险识别、评估与应对是否进行了归档管理。

第三，对合规审查的评价。关注企业是否建立合规审查制度或流程，是否有明确的责任部门就各类合规事项进行咨询，是否明确了合规审查的事项以及合规审查的方式与方法。是否就合规审查机制的有效性进行监督与评价，判断相关合规审查机制实施的效果如何得到体现。

第四，对责任与考核的评价。落实合规责任要让各个业务部门负责人作为本部门合规管理第一责任人，企业是否把合规责任考核与业务考核结合起来，确保公司取得的业绩是通过合规的努力而实现，做到从过程到结果的合规。

第五，对举报与查处的评价。举报是公司发现不当行为的重要渠道之一，评估企业的举报查处机制，关键在于看企业是否对举报人有合理的激励，能否平衡举报人的收益与风险，是否有匿名的举报途径，是否有正式的调查流程，是否有防止对举报人的打击报复机制。此外，还要看企业对获得的举报信息要进行及时调查与处理，是否做到程序公正、公开与透明，是否做到违规案例的定期公开等。

第六，对持续优化的评价。任何体系建设都是一个长期性、系统性的工程，合规管理体系建设也不例外。评价合规管理体系时，要根据企业业务的发展与所处生命周期阶段性特征，对企业面临的合规风险与相应的管控措施和内部控制机制进行评估。同时对企业内部发生的不合规行为是否进行了及时原因分析和不断优化现有合规管理体系，使得合规管理能力得到了提升。

四、合规管理激励约束评价

合规管理执行到位需要通过考核与奖惩来对全体员工进行激励与约束。激励与约束是对合规管理执行的反馈。通过正向激励的方式，对支持与合规开展业务的员工给予奖励。通过对业务开展中存在不合规行为的员工进行惩戒，进行负向反馈。评价合规管理激励约束时，要关注企业的业绩考核指标是如何与合规努力过程结合的，企业的奖励与激励考虑了多少合规因素，企业在评价干部晋升时是否纳入了对干部的合规评价指标。

第六节 企业合规管理实践效果评价

企业合规管理实践的效果评价主要关注是否真正落实合规管理，包括对合规风险进行有效防范，合规管理工作目标能够完成，合规价值观与文化能够得到认同，企业声誉得到保护。

一、合规风险防范效果评价

合规管理实践效果评价要围绕合规管理体系对合规风险有效预防、检测与应对三大基本功能开展。

第一，评价合规管理工作是否对合规风险进行有效预防。开展了有效合规管理的企业能够预防企业不发生系统性合规问题，不会因为系统性合规问题给企业带来颠覆性影响。针对开展合规管理还是出现不合规行为问题时，这就要更加谨慎地评价合规管理体系，因为出现了不合规行为并不代表合规管理体系没有效果，而是需要评价企业是否对不合规行为进行了根本原因分析和整改，从而避免同类问题发生。

第二，评价管理工具是否对合规风险进行有效的监测。评价企业开展监测有什么样的管理工具，这些工具是否在发挥作用。如果企业开展了合规审计、内部控制穿行测试，就要分析审计出了什么合规问题，控制是否管控了相关风险。是否进行了现象梳理、问题查找、原因分析与更新管控措施，从而提升了合规风险防范能力。

第三，评价在发生不合规行为时是否进行了及时应对。不同的合规问题，企业要有不同的合规应对措施。当发展系统性合规问题时，要分析企业是如何进行合规整改与应对的。当发生偶发合规问题时，要分析企业是如何进行补救的。发生相关合规问题后，企业是否有启动同类问题自查自纠的机制。在重大合规问题与系统性合规问题发生后，是否对企业合规管理体系进行重新的设计或更新。

二、合规管理绩效指标评价

企业开展合规管理，要建立监测和度量合规绩效的指标，包括主动式、反应工和预测性指标。① 在对合规管理体系进行评价时，要分析和评估合规管理体系的绩效。

第一，评价合规管理绩效指标设计是否科学。科学地设计合规绩效指标可以帮助企业高效地监测合规管理工作。对合规绩效指标设计时，要注重指标设计考虑的简洁性、具体化、可量化、相关性和及时性，评价其科学性也应该从几个方面进行评价。

第二，评价企业合规绩效指标选择是否合理。每个企业因为发展的目标与面临的合规风险不同，企业要根据自身面临的合规风险设置与企业特点相符合的合规绩效指标。对企业合规绩效指标进行评价时，要结合企业特点来关注合规绩效指标的合理性。

第三，对主动式合规绩效指标进行评价。相关的评价指标有：（1）识别、发现、修订的合规风险的数量；（2）员工有效合规培训达成比率；（3）主动了解监管机构的相关政策变化与接触频率；（4）主动去了解来自利益相关方的反馈；（5）通过举报途径及时发现的不合规行为。

第四，对反应式合规绩效指标进行评价。相关评价指标有：（1）根据不同合规问题进行分类，定期发现了报告问题和不合规行为的数量；（2）因为不合规行为给企业带来负面影响程度，包括责任、经济、声誉与时间的损失等；（3）处理相关不合规行为与采取纠正措施带来的成本；（4）根据调查结果处理多少合规事件与员工。

第五，对预测性合规绩效指标进行评价。相关的评价指标有：（1）外部监管的变化趋势与合规风险增加；（2）历史不合规趋势与发生的频率；（3）基于历史数据对各类合规举报途径回归分析与改进；（4）基于历史数据对各类合规培训主题进行分析与改进；（5）基于历史数据对各类岗位人员的合规风险与合规问题分析；（6）新业务开展带来的新风险。

三、企业合规文化塑造评价

诚信合规文化是预防不当行为的关键。合规管理体系取得效果的一个重要方面就是评估企业内部是否形成了诚信合规的文化。对诚信合规文化的评价主要看以下方面：

---

① 郭凌晨、丁继华、王志乐：《企业合规管理体系有效性评估》，企业管理出版社，2021年10月，第66页。

一是企业是否把诚信合规作为企业核心价值观。合规管理体系有效须以诚信价值观念为指导，通过价值观的引导让全体员工认同与接受诚信合规的理念，强化各级管理者与普通员工形成合规意识，抵制企业不同层面的不当行为，从而为企业诚信合规文化的形成打下坚实的基础。这是评价企业合规价值观与合规文化认同的一个方面。

二是来自"高层的声音"是否坚定与清晰。领导的态度对合规文化的形成有很大作用。以身作则，树立诚信正直的企业文化是领导者们的重要职责。评价时要看，高层领导者和各级领导者们是否利用各种时机，宣传诚信合规的重要性，并与员工和合规工作人员保持合规事项上的沟通。此外，还要看企业领导是否经常向企业全体员工传递合规信息，引导逐层的管理者重视合规。比如，看高层领导团队成员是否定期向公司全体员工发表讲话，在给员工的邮件中是否在不断重申合规的重要性，敦促员工恪守公司的商业行为准则，并在其他会谈和演讲中及时向员工介绍遵纪守法、诚信经营的重要性，等等，这些都是评价企业培育合规文化的重要方面。

三是评价各层级领导是否在推广诚信合规文化。每个组织有一个整体文化，同时也还会存在亚文化。企业最高领导层为企业诚信合规文化建设定下基调，各层级领导也须推广诚信合规文化。当诚信合规在组织各个层级变得根深蒂固时，成为组织定义自我和指导运营决策的方式时，整个组织就形成了一种主人翁意识，诚信合规文化也就成为企业的基因，变得具有亲和力、吸引力和感召力。因此，要评价管理者在日常工作中的态度和要求，是否对员工产生潜移默化的影响，是否促进了合规文化的形成。

第七节 企业合规管理体系评价报告

企业合规管理体系评价报告是合规管理体系评价的书面呈现，对企业合规管理体系有系统的总结，有着多种用途。

一、合规管理体系评价报告注意事项

企业合规管理体系评价报告应该是一份客观、真实、有说服力的报告，在撰写评价报告时，应该注意以下方面：

一是确保报告的客观性。客观性要求评价过程不仅依赖于定性分析，还应更多地采用定量分析，以数据为基础进行评估。定量评价通过具体的指标和数据，能够提供更为直观和可比较的结果，使得评价更具说服力和科学性。然而，定性评价同样不可或缺，它能够揭示数据背后更深层次的问题和原因。在进行定性评价时，应从多个角度分析问题，力求全面和公正。这包括从不同的利益相关者视角出发，考虑合规管理的各个方面，如政策执行、风险控制和文化建

设等。通过多角度的分析，评价报告能够更全面地反映企业的合规状况，避免单一视角带来的偏差和局限性。最终，客观性的实现需要在定量和定性评价之间找到平衡，使得报告既有数据支撑，又具备深刻的洞察力。

确保报告的真实性。这是合规管理体系评价的核心。真实性要求所有关于合规管理现状、问题和结果的陈述都必须基于事实，确保信息的准确性和可靠性。这意味着在撰写报告时，评价人员需要对所有数据和信息来源进行严格的核实和验证，避免任何形式的夸大或误导。同时，报告应如实反映企业在合规管理中的优点和不足，避免选择性地展示信息。真实性不仅关乎报告的质量，也直接影响到管理层的决策。因此，评价人员需要保持高度的职业道德和责任感，确保报告内容的真实可信。此外，真实性还要求报告能够反映出合规管理的动态变化，及时更新和调整评价内容，以适应不断变化的法律法规和市场环境。通过这些措施，报告才能真正成为企业合规管理的可靠依据。

二是证据的充分性。这是让合规管理体系评价报告说服力的关键。为了让评价报告具有说服力，每项合规管理工作的评价都需要经过仔细检查和核对，确保在事实和客观基础上，报告具有内在的逻辑性和充分的证据支持。这意味着评价人员需要收集和分析大量的文档、数据和其他相关材料，以支持他们的结论和建议。证据的充分性不仅体现在数量上，更在于其质量和相关性。评价人员应确保所使用的证据直接支持报告中的每一个结论和建议，避免使用不相关或不充分的材料。此外，报告应清晰地展示证据与结论之间的逻辑关系，使读者能够轻松理解和接受报告的内容。通过注重证据的充分性，评价报告不仅能够增强其可信度和权威性，还能为企业的合规管理提供切实可行的改进建议，推动企业在合规管理方面的持续进步。

二、合规管理体系评价报告结构

合规管理体系评价报告要有完整的结构。一般来说，一份合规管理体系评价报告要包括以下几部分内容：

第一部分可以介绍合规管理体系评价的目的、背景与实现的目标；

第二部分可以就参加合规管理体系评价的相关方进行介绍，包括介绍评价活动的组织者、执行者，评价团队人员的相关信息，如评价团队的工作资历、工作经验、工作能力；

第三部分可以介绍被评价企业的相关信息，包括企业基本情况；

第四部分可以介绍评价的政策依据；

第五部分可以介绍评价的程序与方法；

第六部分可以介绍评价的评价基准日、评价报告日；

第七部分可以介绍评价数据和信息的来源；

第八部分可以介绍评价过程；

第九部分可以对评价结果的展示；

第十部分可以评价结果的使用建议。

三、企业合规管理体系评价报告应用

企业合规管理体系评价报告是帮助相关方了解企业合规管理体系运行情况的重要工具。它不仅促进合规管理体系的进一步优化提升，还能有效地与利益相关方进行沟通。

首先，合规部门的应用。合规管理体系评价报告对合规管理部门的影响最为直接，合规管理部门在合规管理工作方面的努力与取得的成果在评价报告中得到了全面体现。一方面，合规管理部门可以通过报告全面了解合规管理体系的运行情况，评估合规管理工作的效果，识别存在的问题，以及未来需要提升的方面。另一方面，企业管理层与董事会也会依据合规管理体系评价报告来判断合规管理部门的工作情况，从而作出相应的决策。这种反馈机制有助于合规部门不断改进工作，提升合规管理的整体水平。

其次，管理层的应用。合规管理体系评价报告应及时提交给公司管理层，以便让管理层了解合规管理工作的落实情况。管理层在推进合规管理工作执行与促进合规要求融入业务流程管控中发挥着核心作用。通过评价报告，管理层能够深入了解企业合规管理体系运行的经验、存在的问题及改进方向，从而更加集中精力推动合规管理体系的有效实施。这种集中关注将有助于提升企业的合规管理水平，降低合规风险。

再次，董事会的应用。合规管理体系评价报告应向企业董事会提交，以便让董事会了解企业合规管理体系的执行效果。董事会可以根据评价报告作出相应的决策，从而确保合规管理体系的有效运行，防范合规风险。通过这种方式，董事会能够更好地履行其监督职责，确保企业在合规方面的持续改进。

最后，更广泛的应用。企业可以向其他利益相关方展示合规管理体系评价报告。例如，在与投资者、媒体及政府监管部门的交流中，企业可以部分或完整地披露合规管理体系评价报告。一份客观公正的评价报告不仅能够帮助企业赢得更多的信任，还能提升企业的社会形象和影响力。通过透明的信息披露，企业能够与利益相关方建立更为良好的关系，促进各方的合作与共赢。

参编人员简介

(按章节顺序)

主　　任：蔡晨风

副主任：陈正荣、张　顺

主　　编：王志乐

副主编：张　顺、胡国辉、樊光中

　　王志乐，深圳市企业合规协会会长，联合国全球契约组织第十项原则专家组成员。获国务院颁发国家有突出贡献专家证书和享受国务院政府特殊津贴。

　　1992年以来，先后完成了德国、日本、韩国、美国和新加坡跨国公司在华投资研究。在此基础上于2007年建立了全球型公司和全球型产业理论框架，并且据此论证了如何在对外开放中发挥全球公司的作用以及如何促进源于中国的全球公司发展。这一研究成果得到了政府高层领导的重视并且引起国内外企业的关注。

　　2001年中国入世以来，先后调查了国内外60余家大型跨国公司强化合规管理（包括强化社会责任、环境责任和反商业腐败）提升软竞争力的经验与教训，撰写和主编了一系列关于合规管理的论著。2018年就强化中国企业合规管理提出的政策建议得到国务院领导的肯定。近年来协助数十家中国企业建立和完善合规管理体系，从而提升企业合规竞争力。

编写人员（按章节顺序）

上　册

第一章　蒋　姮、李福胜

　　蒋姮，曾就读于南京大学、北京大学、中国政法大学，分别获得文学学士、法学硕士、法学博士学位。在商务部系统内从事跨国投资与企业合规研究20年，其成果获中央领导多次重要批示。兼任联合国、世行、亚行等国际项目的法律与合规专家。

李福胜，中国进出口银行原信贷审批委员会委员，中国社会科学院教授、硕士生导师，北京新世纪跨国公司研究所副所长。先后获得中国社会科学院研究生院经济学博士学位、美国斯坦福大学商学院工商管理硕士学位。长期从事金融合规与海外项目ESG合规的研究与实务工作。

第二、三、四章　樊光中

樊光中，国际标准化组织ISO/TC 309组织治理技术委员会中国专家组成员，国际标准ISO 37301：2021《合规管理体系 要求及使用指南》全程制定中国专家组成员，国家标准GB/T 35770-2022《合规管理体系 要求及使用指南》主要起草人，GB/T 35770-2017《合规管理体系指南》主要起草人，参与《企业境外经营合规管理指引》及有关省属企业合规管理指引起草工作，主持评审和修改了国内第一个地方《民营企业合规管理指引》，主持设计了国内第一个SAAS型合规管理工具软件和第一个政府服务企业的企业合规服务数字化平台。在头部央企一级、二级、三级总部14年的合规监督、合规监察与调查实践经验，是全国企业效能监察、流程效能管理、流程管理与优化、项目管理与流程审计、采购与供应链管理、内控、风控、反舞弊、合规管理、反舞弊反贿赂与廉洁合规风控领域知名专家。

第五、七、八章　郭凌晨

郭凌晨，毕业于南开大学经研所，并获得博士学位现为中国国际贸易促进委员会商事法律服务中心企业合规促进处合规业务主管。从事对中外跨国公司的合规管理研究与咨询工作十五年。作为项目主要负责人，曾承担了中海油、吉利、东方电气、国航、中石化、首钢等中国企业的合规管理项目建设课题，撰写及主编的书籍有《走向全球公司——吉利公司全球化之路》《合规三——全球公司的可持续发展》《合规四——加强商业伙伴合规管理》《合规——企业合规管理体系有效性评估》等。

第六章　胡国辉

胡国辉，资深合规从业者，国际标准化组织TC 309机构治理技术委员会注册专家，GB/T 35770：2022-ISO 37301：2021《合规管理体系 要求及使用指南》标准主要起草人。曾任美国戴尔公司北亚区道德与合规总监，德国戴姆勒公司大中华区合规官。

第九章　张　顺

张顺，曾任中国国际贸易促进委员会商事法律服务中心副主任。参与申报企业合规师国家新职业、制定企业合规师职业技术技能团体标准、编写企业合规师培训教材和企业合规师新职业前景手册等工作。

第十章　丁继华

丁继华，知名企业合规管理专家。长期专注于跨国公司发展战略、合规、责任的研究与咨询，承担国家部委等委托课题40余项，参与多项企业合规管理体系标准制定，负责东方电气、中国移动、中海油、吉利等60余家中国企业合规管理体系建设与有效性评估工作。丁继华博士现是北京丹华盛管理咨询有限公司首席合规专家。

图书在版编目（CIP）数据

企业合规通论／中国国际贸易促进委员会商事法律服务中心编著. -- 北京：中国法治出版社，2024.11.
ISBN 978-7-5216-4824-9

Ⅰ. D922.291.914

中国国家版本馆 CIP 数据核字第 2024LS3348 号

策划编辑：王彧　　　　　　　责任编辑：王悦　　　　　　　封面设计：李宁

企业合规通论
QIYE HEGUI TONGLUN

编著／中国国际贸易促进委员会商事法律服务中心
经销／新华书店
印刷／保定市中画美凯印刷有限公司
开本／787 毫米×1092 毫米　16 开　　　　　　　　印张／20.5　字数／318 千
版次／2024 年 11 月第 1 版　　　　　　　　　　　2024 年 11 月第 1 次印刷

中国法治出版社出版

书号 ISBN 978-7-5216-4824-9　　　　　　　　　　　　　　　　定价：79.00 元

北京市西城区西便门西里甲 16 号西便门办公区
邮政编码：100053　　　　　　　　　　　　　　　传真：010-63141600
网址：http://www.zgfzs.com　　　　　　　　　编辑部电话：**010-63141830**
市场营销部电话：010-63141612　　　　　　　　印务部电话：**010-63141606**

（如有印装质量问题，请与本社印务部联系。）